REMEMBRANCE

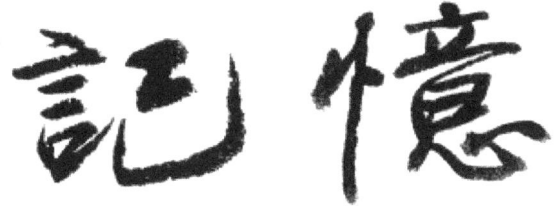

Vol.7　No.1

2025 年　第 7 卷　第 1 期

记忆	REMEMBERANCE
2025 年 第 7 卷 第 1 期	Vol.7 No.1　2025
冬季刊	Winter Quarterly

主　　编：方惜辰　　　　　　　　　　　　　　　**Editor:** Fang Xichen
副 主 编：夏明　乔晞华　　　　　　　**Associate Editor:** Ming Xia, Joshua Zhang
　　　　　美国纽约城市大学　　　　　　　　　The City University of New York, USA
责　　编：森智海　　　　　　　　　　　　**Managing Editor:**　Zhihai Sen

编　　委　　　　　　　　　　　　　　　　　　　　**Editorial Board**

葛　凯（美国加州大学圣地亚哥分校）　　　Karl Gerth (University of California, San Diego, USA)
何若书（美国耶鲁大学）　　　　　　　　　　　Denise Ho (Yale University, USA)
韩俪娜（德国海德堡大学）　　　　　Lena Henningsen (Heidelberg University, Germany)
金光耀（中国复旦大学）　　　　　　　　　　　Guangyao Jin (Fudan University)
李　洁（美国哈佛大学）　　　　　　　　　　　Jie Li (Harvard University, USA)
李悦歆（英国牛津大学）　　　　　Jennifer Altehenger (Oxford University, UK)
梅嘉乐（德国海德堡大学）　　　　　Barbara Mittler (University of Heidelberg, Germany)
潘鸣啸（法国高等科学研究所）　　　　　　Michel Bonnin (EHESS, France)
裴宜理（美国哈佛大学）　　　　　Elizabeth J. Perry (Harvard University, USA)
秦　晖（中国清华大学）　　　　　　　Hui Qin (Tsinghua University, China)
日吉秀松（日本大学）　　　　　Hiyoshi Hidematsu (Nihon University, Japan)
宋永毅（美国加州立大学洛杉矶分校）　　　　Yongyi Song (CSU at LA, USA)
单少杰（中国人民大学）　　　　　Shaojie Shan (Renmin University of China)
施　敏（美国密歇根州立大学）　　　Aminda M. Smith (Michigan State University, USA)
孙沛东（美国康奈尔大学）　　　　　　Peidong Sun (Cornell University, USA)
唐少杰（中国清华大学）　　　　　　　Shaojie Tang (Tsinghua Unviersity)
魏昂德（美国斯坦福大学）　　　　　Andrew Walder (Stanford University, USA)
魏格林（奥地利维也纳大学）　Susanne Weigelin-Schwiedrzik (University of Vienna, Austria)
文　浩（德国科隆大学）　　　　　Felix. Wemheuer (University of Cologne, Germany)
吴一庆（加拿大多伦多大学）　　　　　Yiqing Wu (Toronto University, Canada)
萧小红（法国国家东方语言文化学院）　　Xiaohong Xiao-Planes (INALCO, France)
叶维丽（美国麻省大学波士顿分校）　　Weili Ye (U. of Massachusetts Boston, USA)
余凯思（德国齐柏林大学）　　　Klaus Mühlhahn (Zeppelin Universität, Germany)
余敏玲（台湾中研院近代史所）　　Minling Yu (IMH Academia Sinica, Taiwan)
芮纳·米德（英国牛津大学）　　　　　Rana Mitter (Oxford University, UK)
康迺希（中国独立学者）　　　　　　　Chinese Independent Scholar
李　逊（文革研究者）　　　　　　　Cultural Revolution Researcher
越　人（中国独立学者）　　　　　　　Chinese Independent Scholar

ISSN 2687-9964 （Print-印刷版）
ISSN 2687-9972 （eBook-电子版）

出版日期：2025 年 2 月

《记忆》季刊

2025 年 第 7 卷 第 1 期

【独立评论】

呵护中国的精英阶层　　　夏　明［美］...1

我们这一代——女附中"八五事件"杂感　　　叶维丽［美］...............................7

【思想文化】

从"兴无灭资"到"人类命运共同体"　　　梁幼志..15

工农兵学员制度产生的渊源　　　李红云..19

【历史研究】

"文革"初期的北大工作组　　　胡宗式、章　铎...32

关于"资产阶级反动路线"——刘少奇与毛泽东的分歧辨析之四　　　余　清.....47

"四面楚歌是姑息的剑"——也说辛亥　　　刘翠香..70

【读书与评论】

为康生翻案的《康生年谱》　　　可　白..73

既然正义缺席，真相更该到场——读《我的父亲姬应五》随想　　　蒋　健.....91

中共军情局的乌龙——1958 年"八二三炮击金门"　　　曾　兵........................98

直面历史创伤——韩江荣获 2024 年诺贝尔文学奖有感　　　何与怀［澳］....101

"思想的耗子"——诺奖作品中的禁书概览　　　傅正明［瑞典］....................104

【序跋与导语】

《中国文化大革命史稿》（全十卷）　我为什么要研究文化大革命？自序　　　孙其明............112

《中国文化大革命史稿》结束语　　　孙其明..118

　　附一：全书概要...123

　　附二：作者介绍...124

【艺术与媒体】

原色：母亲徐坚白与她的油画创作　　阿　陀 [美] ……………………………… 125

原色与底色——徐坚白的艺术人生　　杨小彦 ………………………………… 128

　　附：徐坚白年表 ……………………………………………………………… 130

近事打油七首　　张宝林 ………………………………………………………… 133

现代诗三首　　郭小林 …………………………………………………………… 134

【人物】

《星火》杂志的接力者——刘鹤守与他的《时文汇编》　　从　鹤 …………… 136

爸爸的遗愿——邓小平与"潘杨王"案　　于向真 [新加坡] ………………… 145

【往事】

难忘的一零一中学—— 一个所谓"红二代"的人生轨迹（2）　陈楚三 …… 151

非常年代——我的文革岁月　　刘雅君 ………………………………………… 172

我是怎样参加115师的　　唐昭东 ……………………………………………… 180

青海：我抛洒青春的第二故乡（三）——社会底层之底层　　李耿立 ……… 182

【读者来信】 ……………………………………………………………………… 191

【美国华忆出版图书总目录】 …………………………………………………… 192

【独立评论】

呵护中国的精英阶层

夏 明 [美]

任何有点成功体验的人都不会否认才华的重要性；任何有点管理经验的人都会意识到人才的难求。千年前，刘备为了得天下，三顾茅庐而得一相才；今天全球化的知识社会更使各国求贤若渴，展开了人才争夺大战。

精英体系：多元开放或垄断封闭

由于智商、教育、经历等关系，人们在能力上有很大差异，表现在专业能力、组织能力和领导能力等上面。财富、家庭背景、人脉关系的差异又带来资源的不平等分配；不同的长相和谈吐等又造就千差万别的人格魅力。由于以上诸多差异，人群自然分为上、中、下三等。我承认，人们在机会上、人格上和政治权利上是平等的；但即便在民主社会，精英阶层或集团一定会自然出现。德国政治社会学家米歇尔斯（Robert Michels）在仔细研究了德国最民主的政党社会民主党后，悲观地得出了"寡头政治的铁律"，亦即在任何组织中权力最后都会集中在一小部分人手里。由此可见，精英不可避免，问题的实质在于它是寡头的还是民主的。所谓精英就是那些对公共事务行使较一般民众更多的权力和影响的人群。健全的民主的精英体制一般由国家政权内的精英和社会精英两部分组成，他们既是一个多元的群体，又是一个动态的，而且内部还有良性互动的关系的复杂体系。

从多元性来看，一个社会应该有政治、经济、教育文化、娱乐体育、宗教和军事等多个精英群体；它们有各自的选拔进入渠道、升迁表彰机制，也有不同的社会声望和权力地位。比如，如果以"仁义礼智信勇"为简单的衡量标准，恐怕政治、经济精英更需先有"仁义"，文化教育精英更需要先有"礼智"，军事精英更需要先有"信勇"。相反，中国今天的社会有一个以权力本位垄断各行业的精英体系：所有的精英体系的地位都最终归于行政级别；握有行政权力的政治精英形成"赢者通吃"的霸局，去攫取经济精英的财富、争夺教育文化精英的头衔和证书、抢占娱乐文化精英的风头。今日中国，以权力为资本去攫取财富，然后以豪富的经济基础去执掌权力，已经不是个案了。至少江绵恒、李小鹏、胡海峰走过的是同样路径。官员在职读博士、书记成"博导"、部长变院士早已蔚然成风。江绵恒拿了洋博士回国做老总，捞足票子而后做官，做上官又去争院士，引领风潮，用事实正面回答了陈胜、吴广的天问："王侯将相，宁有种乎？"

从动态性来看，不同的时间和地点出场的应该是不同的精英团体。比如在美国，总统就职典礼，出尽风头的是政治精英们；纽约的经济全球化战略讨论又由华尔街的精英主导称霸。我曾出席参加过好莱坞的奥斯卡奖颁奖典礼，放眼看到的是争奇斗艳的影星。而在中国，"各位领导"总是出现在最重要的、最抢眼的场合。任何集会总有为领导保留的主席台。这种"官一统"的毛病还带到了国外。记得我在瑞士的少女峰参观，看到了黄山与之结为姐妹山的标记，其中最引人注目的是安徽和黄山两位书记的"党政标准照"。

民主精英系统的动态性还表现在，它废除了血统上的世袭制，它内部具有鼓励和接纳流动的"社会升降机"机制。这一机制是开放的，所以它不同于寡头制。民主的精英体系主要依赖开放的、唯才是举的教育体系。曾几何时，中举、上大学成为中国贫寒家庭社会升迁的主要渠道，所以造就了今日的温家宝和李克强。但"太子党""富二代"带来的既得利益集团的形成，共产党日益依赖血缘和精神"双世袭制"，贫富分化造成的城乡新贫阶级等现象，反映出八九十年代以后中国曾有的精英流动已日渐停滞。

从精英内部的良性互动来看，精英的整合与和谐是国家治理的基础。尽管民主国家也有反体制的精英，但精英层的主要分化还是在"小国家"内和"大社会"中的两大群体之间。精英们各司其职，引领和帮助大众自己组织起来进行最大限度的自治。只有在中国这样的体制下，我们看到体制内（国家权力）精英和体制外精英的巨大裂痕和敌视对立。随着越来越多的体制内精英流失到民间社会，权贵精英对民间精英恨从胆边生，不断肆意骚扰、寻衅进行围剿。艾未未、王力雄、唯色、艾晓明、韩寒、郭德纲等都是例子。

可怕的是，执政精英内部也展开了自我厮杀，最高权力之间的派系斗争充满血雨腥风。成克杰、胡长清成为刀下鬼；陈希同、陈良宇成为阶下囚。随着十八大的临近，党国接班人的卡位战已经打响，"反腐"和"打黑"都被用作杀手锏，又将会制造出新的一批刀下鬼和阶下囚。政治精英对行政官僚精英的挤压反映在党权高于行政首长权上；政治精英对经济精英的掠夺反映在最近的"国进民退"现象上；政治精英对学术精英的侮辱几年来都有增无减，集中反映在假文凭现象、党委治校和宣传部管学术等弊端上。被枪决的重庆前公安局副局长和司法局局长文强动用警权对数十位来渝影星、歌星雁过拔毛、强迫陪睡，又提供了权力精英对娱乐文艺精英侵犯的最新案例（毛对孙维世、上官云珠的迫害则是老账了）。近来中共官方喉舌《人民日报》甘肃分社社长林治波撰写"方舟子与唐骏、章子怡是一路货色"一文，再次显示党棍的霸道，携"祖国与人民"，一竿子打了海外的民间知识精英、本土的经济精英和演艺界精英，并辱骂了广大国人。林治波这样写道："无论方舟子、唐骏，还是章子怡，还是那些数不胜数的崇洋媚外的影星、歌星、学者、官员、'企业家'和大款们，都是一路货色；他们不但自己崇洋媚外，并且深刻洞察了解国人崇洋媚外的劣根性，并且对这种劣根性加以充分利用，从而成就了自己如日中天的所谓事业。是的，他们的确成名成家大发横财，但他们的身躯里包藏着一颗虚弱、自卑、庸俗甚至肮脏的灵魂，靠着这样的灵魂，他们不可能成就真正有益于祖国和人民的伟业，而只能胀起一个个经不起历史考验的虚幻的泡沫，随时随地都可能破灭。"

如果连可爱的而又无政治野心的国际巨星章子怡都成为官方喉舌讨伐的对象，郭德纲成为官方"反三俗"整治运动的牺牲品，人们也只能见惯不惊了。可见，今日中国精英阶层出现了内部分化加剧、矛盾冲突升级的危机。而且，体制内精英还面临着日渐深刻的外部危机：民众对它的不信任和仇视；已经净身出户的民间精英对它的道德蔑视和在创造力上表现出的胜于体制内精英的优势。

民粹主义的态度

2004年，我去上海参加"转型期中国与秘密结社国际研讨会"，许多所见所闻至今记忆犹新。一晚，在出租汽车里，我和司机进行了漫无边际的闲聊。对我这样一个长期居住海外而又从事中国问题研究的人，出租司机成为我观察中国的窗口之一。这位司机生活在社会中下层，而且正为房子、孩子和票子忧虑重重，他对一系列的社会不公进行了抨击：从飘升的上海房价到永无宁日的道路建设，从泛滥的色情业到恶化的治安，从大学教授教德下降到学生的天文数字般的学费，最后轮到弄虚作假、贪污腐败的官僚。他的结论："如果毛主席现在从水晶棺里走出来就好了！把这些贪官一个一个统统杀掉！"

我在上海学习工作生活了十年，而且几乎每年都会回到上海。仅2004年就去了三次。我自认为了解上海和上海人。上海作为中国现代化的橱窗，被认为是中国管理得最好、干部素质最高、人民生活质量数一数二的城市。秉承吴侬软语的江南文化，上海人，尤其是上海男人，又最不具有造反闹事的胆量。当一个"杀"字从这位上海出租司机口中说出，我可以理解为中国现在干群关系和党群关系已经紧张到白热化程度，而且成为了共产党取得政权以来不得不面对的最为严重的挑战。四年后上海滩之上的"杨佳事件"就是这种矛盾白热化的一个例证。

官民矛盾激发此起彼伏的"民变"。例如，东北下岗工人的游行，四川万州和开源、贵州瓮安、湖北石首的暴乱，中西部农民、银行系统下岗员工的上访请愿，和至今尚未休停的法轮功活动、维权活动、地下教会活动；西部的新疆回族和藏族的抗争，等等，部分释放出中国民众的愤懑。在此大背景下，许多人开始怀念起了毛泽东，想起了我们都非常熟悉的曲调："太阳最红，毛主席最亲！"事实上，十几年前"毛泽东热"就已涌动，"新左派"也从毛泽东思想的武库中寻找弹药，以人民的名义讨伐新贵阶层。我的一些并非"新左派"的学界同僚也认同以下结论：中国已经进入社会革命的酝酿阶段；目前的体制和社会危机，没有一场社会大革命是不可能解决的。有人已经提出了"枪杆子里面出民主"的口号。

我完全没有任何保留地认同从下层阶级的角度来观察中国社会，并同意在上述许多事实的基础上分析出的结论。我不赞同的是解决问题的激进取向和暴力方法。我的观点是：除去经济增长率不论，中国过去三十年改革的最大成果就是打造出了一个社会精英阶层。中国社会的未来走向和可持续性发展都有赖于这一阶层指引方向、引发动力、造就规范和卫道守成。我们必须珍惜这一成就，精心呵护这一正在发育成长中的新阶层。毋庸讳言，这一阶层还有许多不成熟的地方，它的一些成员也经常以某些俗不堪言的行为或自私的思维模式招摇过市。但中国社会问题的解决和上下层阶级关系的融合不会从精英阶层（尤其是有别于党政权力精英的社会精英）的再次被摧毁找到答案。问题的症结主要在于：我们如何推动中国精英的嬗变，尤其是如何鼓励社会精英与权贵精英不要绑在一起；如何协调和平衡中国上层建筑和下层结构的关系。而这一平衡必须以打造稳固和倡变的精英阶层为前提。

毛的反精英实践

在《万历十五年》和《黄河青山》等一系列著作中，已故历史学大师黄仁宇指出：千百年来，中国的统治危机都可归结于其上层建筑和下层结构的紧张和冲突。以上百年为例，蒋介石试图通过打造一个上层建筑来解决中国的问题，但他忽略了对下层结构的维护和控制，最终失去了政权。毛泽东则通过积极营造和控制下层结构来与蒋介石争夺政权。

在1949年共产主义革命胜利后，出于对上层结构成员的不信任，毛泽东将以儒家哲学熏教的文人雅士、拥有土地的乡村绅士以及新生的资产阶级统统以革命的名义消灭掉。在"三反五反"、镇压反革命、土地改革和资产阶级公私合营等运动后，蒋介石留下的上层结构灰飞烟灭。剩下的残余分子则必须不断接受工农的再教育、完成工农化的改造。对于共产党自己亲手缔造的新的上层建筑，毛泽东后来表现出了同样的不信任。"反右"是他对社会主义制度上层建筑的第一次大手术。以后又有"四清运动"，最后发展到号召全国的老百姓用"大民主"的方式来冲击和改造官僚体制。期间，政府被军管，后又让位给"工农兵"

三结合的"革命委员会"。"公检法"被砸烂,"文化革命"在无数地方成了社会垃圾的盛大节日。握笔的、握琴弓的和握音乐指挥棒的纤纤细手成为无产阶级政权的最大威胁,其所有者统统被归入管制、镇压、消灭之列。中国历史上经过"欧风美雨"洗礼最深的优秀学者被驱出校门、赶进了牛棚。大学成了"工农兵"的天堂,其入场券则为父母在社会底层受难的深度和他们手上老茧的厚度。社会流行的风尚是"大碗吃饭,大块吃肉,大碗喝酒,大声说话。"礼仪和社交场合的谦恭之词是"我是大老粗,不会说话。"孩提时的我和班上所有的同学都被强制参加运送粪肥的劳动,目的是在幼小的心灵深处培养"脏才美,资产阶级灵魂最肮脏"的观念。正如已故相声艺术家侯宝林所言,一场文化大革命,实质上是一场"大革文化命"。中国最优秀的精英文化遭到千年未有的浩劫,人们最基本的美丑观遭到扭曲。

毛泽东作为发动底层运动的大师,通过无休止的革命和运动消灭异己,稳固自己的权力地位,真可谓动中求静。毛泽东的政权也在西方享有"动员型和运动型体制"的称呼。这一体制彻底实现了他年轻时的理念:"痞子革命好得很!""革命不是请客吃饭,不是绣花绘画,不要那么温文尔雅。"共产党革命的实质是毛泽东领导了一批无法在社会结构中升迁从而与上层建筑无缘的底层民众,用暴力获得社会升迁。出于维护合法性的需要,也因气质上的不合,再由于"自卑后的自狂",毛泽东领导民众鄙视他们无法融入且被接受的精英文化,最后彻底砸烂之。毛泽东摧毁了传统的精英文化,在他弥留之际,他一方面继续批判孔孟之道,另一方面又号召全国人民学习梁山水泊英雄;他在政治体制上的遗产是一个充分动员的和骚动不安的下层结构,一个支离破碎的上层建筑。

邓-江的精英重建

邓小平作为毛体制下官僚体制的运营者和呵护者,受尽了毛泽东民粹主义之苦。因此邓小平复出后在设计中国制度走向时,他关注的一个核心内容就是,首先通过结束文革、拨乱反正,把骚动的民众驯服住;其次,通过恢复高考、强调干部的知识化和专业化打造一个政治精英层;最后,经过十几二十年的发展,恢复了知识精英层和经济精英层。社会精英层的恢复和稳定是邓小平对二十世纪中国的一大贡献。他的治国理念是要最终确立上层建筑与下层结构的良性互动和协调平衡,在上层建筑的主导下实现共同富裕的"小康社会"。

总体来说,江泽民为核心的"江-李(鹏)-朱(镕基)"体制体现了邓的逻辑。"三个代表理论"的提出和写进党章,吸纳私营企业主入党,提高国家公务员的工资待遇,全面提升干部的文化教育水平,等等,都巩固和整合了中国的精英阶层。中国在江泽民执政的十年中经历了权力精英、经济精英和知识精英发展和整合的过程。如果说,邓小平的改革是先让农民受益,而后让工人受惠;那江泽民的十多年统治就是让有知识、有资源的人群受益。这不仅是过去半个世纪闻所未闻的成就,也是"江-李-朱"体制试图"代表先进的生产力和先进文化"的必然步骤。

然而,"江-李-朱"体制也留下了一系列的问题,其中最为严峻的是吏治的腐败和贫富差距的拉大。在朱镕基主政期间,他下了几帖猛药:房改,教育付费,社保改革,国营企业下岗,和1994年的税制改革。凡是种种,都加剧了地方和老百姓的实际负担和官员民众的心理紧张。城市的职工下岗问题和房屋搬迁问题,农村的农民负担过重问题,全国的流动人口问题,交织在一起,引发了空前的社会紧张和冲突。对朱镕基这样一个自诩为"为百姓办事"的"清廉"总理,不能不说是一个悲剧。而这些矛盾在官吏腐败基本失控、贪渎虚假之风盛行政坛的背景下,就更加凸现出来。全国"民变"因而此起彼伏。

后来的"胡(锦涛)-温(家宝)体制"看到

了中国的问题和危机。他们提倡的"亲民"和"以人为本"的政策，以及"立党为公，执政为民"的理念，显示出了正确的方向，如果切切实实地落实，也可能会产生出一些积极效果。人们明显感到了在"胡-温体制"下反贪力度加大了。我的在上海做官的同学和朋友也告诉我，每年新年临近，他们都忙于走访基层和贫困户，分发柴米油盐、现金、购物卡，问寒问暖。国家干部也开展了扶贫帮教（每人拿出上千元去帮助双亲都下岗的中小学生），国家机关也开展了对口扶贫（帮助本地区和外地的贫困地区）。如果这些事情都能落到实处，而不是借此照个相上镜头，做做表面文章，党群关系和干群关系的紧张会得到一定程度的缓解，社会精英的形象也会有所改善。时下中国流行"和谐社会"一词，如果整个精英群体都能意识到下层社会是他们生存的外围环境，多给他们一些人文关怀，对自己的道德和行为多一点规束，多做些"拔一毛而利天下"的善事，中国就会离"和谐社会"近些。

精英阶层：反动还是进步？

人们常说中国有上、下两张皮。做好这两张皮的文章不容易。在上海参加的"转型期中国与秘密结社国际研讨会"和我自己对黑社会问题所作的研究都让我对中国的发展前景忧心忡忡。除去非组织化力量引发的"民变"之外，大量下层的流氓无产阶级已经开始利用黑社会的形式和权力来敛财致富。中国社会的黑社会化和中国精英阶层的"流氓化"、黑社会化都已从暗流变为"邪恶的常态化"（我这里借用阿伦特的术语：the banality of evil）。如果中国的社会和政治精英不想与黑道同流合污，而又想继续生长进化下去，选择只有一个：必须提升自己的素质，不断进取变革，以回应来自下层的要求和化解下层发出的挑战。

中国今天的上层建筑与下层机构要想达到和谐，努力必须来自两个方面：上层精英必须有远见、勇气和大度接受并积极推动社会、经济和政治变革；下层阶级必须有耐心接受变革中奉行的渐进主义。上层精英首先必须推动自身精英体制的变革：权力精英必须通过民主选举获取合法性，自身转化为民主精英。当民主选举取代暗箱选拔成为政治权力精英产生的制度手段后，它会终止专制的中央权力造成的官员与民众的异化和对立，保留政治精英于本土。重建地方精英体系、恢复中国几千年的乡绅阶层传统也是重造中国地方自治的制度基础。政治权力精英必须尊重经济、文化教育、娱乐体育、技术行政官僚、宗教和军事事务的相对独立性，尊重各个领域的本行、本土精英。国家精英和社会精英必须地位平等。体制内精英必须停止对反对派精英的围剿。俗话说，行行出状元。引用哈佛大学前校长詹姆斯·科南的话，"每个体面的事业和生活各行当都有基于业绩卓越而产生出自己的精英、自己的贵族。"精英的多元和平等由此可见。它应该成为健康民主精英体系的基础。

如果上层社会精英（尤其是权力精英）无法推动自身的变革和升华，同时无法推动和促成公正的社会、政治、经济体系的建立，它就必然会丧失法统上和道义上的合法性。如果它再对下层的疾苦漠然视之或对百姓动辄"以死惧之"，下层社会必然会从中国"官逼民反"的传统文化中寻找出路。下层无序力量的涌动和膨胀只会召回中国惯有的"顺民"走向"刁民"而后成为"暴民"的历史逻辑。这一逻辑对社会上层建筑的冲击势必会拖垮专制的共产党体系；但也存在这一个风险：它会彻底地破坏过去三十年来中国取得的改革成就，但却未能摆脱"王朝循环"。中国人民今天仍然在努力摆脱毛泽东留下的负面遗产，但也有许多的政客文人在竭力为毛泽东招魂。中国的民主转型必须避免堕落为"痞子革命"；又一次的"痞子革命"只会给中华民族和世界带来新的无穷灾难。

如何看待精英的重要性，有人会跟随黑格尔的说法：民众就像无数的零，再多也没有意义；只有前面加上精英引领，犹如零前加个一，才会有意义。也有人会采纳马克思主义"人民崇拜"的观点：人民，只有人民才是创造历史的动力；"高贵者最卑贱，最愚蠢"。其实我们不必走向极端。柏拉图在论述政治家时谈道：当我们鞋坏了，我们会找鞋匠；当我们推车坏了，我们会找机械工匠。但当我们的国家治理出问题时，我们每个人都跳出来，认为自己可以为王治国。如果"人人皆可为顺尧"在两千年前行不通，在今天的知识社会下更会是死路一条。莫斯卡在《统治阶级》一书中写道："当统治阶级无法通过从社会的底下层汲取新鲜元素，以获得新鲜血液和新的生命重造自己，从而应对时代变化的需要，国家就死亡了。我们还看到，如果把大众个人整合为集中和有严明纪律的并为公共利益奋斗的道德力量日趋萎缩，亡国也不远了。一句话，理念和情感是政治肌体维持团体精神、产生集体行动必不可少的；如果他们丧失了影响力和不再被尊重，新的理念和情感又无法产生来替代老的，作为死亡前兆的老衰就降临政治肌体了。"[1]

在二十一世纪的发展过程中，中国需要一个高质量、奉行进步主义的民主精英阶层。他们应为社会发展的火车头、财富的创新机制、道德价值的护卫者、高雅文化文艺的赞助人、中华传统文化与西方文明整合的桥梁。历史上的威尼斯和英国都曾出现过积极推动社会、经济、文化、政治进步的贵族。如何做到这一点，中国所极力模仿的新加坡有经验可提供。六年前，我在我女儿就读的一所新加坡小学墙上看到这样一句话："Sustain meritocracy and incorruptibility!"译成中文应是："维护英才治国和德行纯洁不染！"中国社会要维持英才治国；而中国英才必须维持德行纯洁不染。这应该是中国精英阶层与社会民众达成的一揽子协议，也是协调上层建筑与下层结构的根本原则。

中国多的是痞子，少的是贵族（十九世纪英国式的开明贵族）。西人有言，三代才能造就贵族。中国的社会精英已经经历了一代人的打造和成长，它还需要一两代时间才能成熟、最终发挥积极的主体效应。

在中国面临大变局的重大历史时刻，请呵护中国的精英阶层，给他们施加适当的外在的压力，促使他们积极自我更新和转型！我们没有必要把孩子和洗澡水一起倒掉。当然，面对不确定的历史变革，中国的体制内精英也必须自爱自重，明辨历史，争取在民主化过程中完成华丽转身；而不要骄横狂妄，更不要自掘坟墓、走向集体自杀道路！

---

[1] Mosca, *Ruling Class*, New York: McGraw Hill Book, 1939, P. 460.

【独立评论】

我们这一代
——女附中"八五事件"杂感

叶维丽 [美]

一、"拱卒"

我们这一代（辈），不但"上山练过腿，下乡练过背"，也参加过文革，这代人往往只愿提"上山下乡"，很少提文革，我们不能对自己的文革经历"失忆"，它是我们的一段重要历史。

2014年年初，一些北京老三届学生开过一次以文革为主题的座谈会，会上一位朋友提出要以"拱卒"精神推动中国社会对文革的"直面"与反思，首先要从我们这代人做起。一个星期后，五十几名女附中师生相聚于校园，名为"老三届师生见面"，实为共同直面文革罪恶，悼念包括卞仲耘校长在内的女附中所有文革遇难者。2017年陈小鲁去世，我在追思文章中谈到他对这两个会的参与和支持，引了他的一句话："这是我们这代人的责任"。

我自2002年开始调查女附中"八五"事件（下称"八五"），2006年写出《卞仲耘之死》（原文为英文），迄今已有22年，不久前清点了一下，这些年里我写了七篇与"八五"相关的文章，最后一篇写于卞校长的丈夫王晶垚先生去世之际的2021年，如果算上出版于2008年的拙著《动荡的青春》中涉及"八五"章节，共写出十来万字。[1]

最近，因所谓"文革标志性人物"宋彬彬的去世，海内外又出现了一轮对"八五"的热议，说"又出现"，是因为2014年女附中师生"见面会"后有过一轮，那次的社会反响让我意识到，"八五"已成为中国当代史上不折不扣的"公共历史"。我之前的文章偏于冗长（抱歉，这篇又长了），这次改一改，以"杂感"形式表达我对时下舆论的看法。既是"杂感"，难免粗略杂乱，欢迎朋友们去读我的文章书籍。下面的一些话，有些出自旧文，不妨拿出来晾晾，有些则是新的。

下笔之前我很迟疑，不想再重复自己，在眼下这个当口冒头，更非我所愿，但我知道，在"八五"一事上，我是"过了河的卒子"，那就再拱一把吧。

二、"八五"事件与我

2007年9月，北京师大女附中（现名北京师范大学附属实验中学）庆祝建校90周年。我人在波士顿，举行庆典的那个周末，我在一家拥有众

---

[1] 请见：The Death of Bian Zhongyun, The Chinese Historical Review, Fall 2006；《卞仲耘之死》，载吴迪主编，《故事不是历史》，台湾秀威书局，2013；《动荡的青春》中有关章节，新华出版社，2008；《好故事未必是好历史---我看卞仲耘之死》，《记忆》，2010年4月28日，第47期；《从女附中"八五"事件谈起》，《记忆》，2012年1月31日，第80期；《给王晶垚叔叔的一封信》，共识网，2014年1月23日；《活在今天的历史——48年后看女附中'八五'事件》（一），《记忆》，2014年4月30日，第112期；《活在今天的历史——48年后看女附中'八五'事件》（二），《记忆》，2014年5月15日，第113期；《陈小鲁："这是我们这代人的责任"——2014北京老三届的文革道歉与反思》，《记忆》，2018年4月15日，第219期；《'八五'事件不是一笔糊涂账》，《记忆》，2021年10月15日，第305期。

多国内读者的海外网站上发表《卞仲耘之死》的中译文，并写下一段话：

> 本人1966年文革开始时是北京师大女附中的初中学生。是年8月5号，副校长兼党总支书记卞仲耘老师在受到本校学生施加的体罚和折磨后不治惨死。这一事件成为这所著名女校历史上的奇耻。2002年母校纪念成立85周年时我恰在北京，注意到在为这一庆典制作的校史《大事记》上，对卞校长之死只字未提，不但如此，整个文革十年的历史几乎是一片空白……在母校喜庆的日子，拿出一篇祭奠卞仲耘校长的文章，有些"煞风景"，但是，我们不但应该庆祝校庆，也不应该忘记校耻。[2]

《卞仲耘之死》是一篇学术性论文，有一百四十多条注释，我从2002年开始调查"八五"事件，到2006年写出文章，前后达三四年，在写过的所有与"八五"相关的文字中，我最看重这篇，它不仅花时最长，而且带有分析框架，将"八五"事件置于最高领袖"再次发动"文革的政治大背景中去理解，考察暴力在其中的功用，并探讨我们这代人为何能够如此迅速地"拥抱"暴力，提出"表演革命"的看法。

在我写于2011年的一篇文章中，有这样一段话：

> 在一定意义上，文化大革命经过"再次发动"才真正揭幕，才称得上"史无前例"。女附中的"八五事件"恰恰发生于"再次发动"期间，发生在上层政治激烈震荡（在八届十一中全会上毛、刘公开摊牌）、中层因思想困惑导致不作为以致瘫痪、基层"革命群众"拥有前所未有的革命"自主权"（需要强调，不是什么人都有资格革命的）这几条"线"的交点上。它有重重的背景，不是一个单纯的"学生打老师"事件。[3]

写作的过程也是自我认识的过程，我这样写道：

> 做历史、特别是审视本人亲历的历史事件，无法回避研究者本人与研究对象之间的关系。在调查写作《卞仲耘之死》的过程中，我逐渐意识到我所具有的双重身份：一方面，我是个史学工作者，同时，我也是一名1966年在校的女附中学生，是广义上"学生斗老师"（王友琴女士语）那代人中的一员。这个双重身份，使我在面对卞校长之死"谁之责"的问题时，无法站在"外面"或"高处"来评点事件、臧否人物，而是把自己"放进去"，怀抱愧疚忏悔之心，感受历史难承之重，即使"八五事件"发生时我本人并不在场。[4]

三、"如果……"

我在2001年深秋造访王晶垚先生，从此开启对"八五"的调查。王先生对我说过一段话，我记录在《卞仲耘之死》中：

> 卞仲耘的丈夫王晶垚认为，如果老师们能够集体行动，如果较成熟的高年级学生能够积极阻拦，如果师生代表会的成员能够坚决反对过火行为，这场导致死人的暴力本来是可以制止的。

"如果"没有成真，卞校长不幸惨死。在文章里，我逐一分析了为什么"老师们""高年级学生"和"师生代表会成员"的表现都令王先生寒心。宋彬彬去世后，海外媒体人柴静女士做了一个题为《红二代宋彬彬给毛泽东戴的袖章上沾着卞校长的血吗？》的专题节目，结尾处有段话：

> 如果"八五"施暴者没有责任，如果区委、市

---

2 白芳，《卞仲耘之死》，二闲堂，2007年9月7日。白芳为我的化名，周子平先生为中文译者。
3 《从女附中"八五"事件谈起》。
4 同上。

委和文革办没有责任,如果工作组没有责任,如果文革发起者不承担责任,那么作为一个符号的宋彬彬,就不得不承担起超乎个体的责任。

这里一连出现了四个"如果",前三个语焉不详:何谓"没有责任"?它和"不承担责任"区别在哪儿?再者,将"施暴者""区委、市委和文革办""工作组"和"文革发起者"并列,四者中有没有"责任"的孰轻孰重?这四个"如果"令我困惑,最后的那句结语,由柴静一本正经地说出,她没感到其中的荒诞吗?

既然说到"如果",我也有一个:文革结束后的1970年代末,有关部门曾对文革初期北京市中小学暴力死人事件进行过调查,卞仲耘之死为一重点,案情应该基本查清。如果调查结果不被封存,而是公布于众,使作恶者得到应有惩罚,那么在几十年后的今天,"作为一个符号的宋彬彬",还会被要求"承担超乎个体的责任"吗?

由"一个符号"承担历史不能承担之重,这是什么道理?一个号称有五千年历史的国度,难道就这样对待自己"史无前例"十年的历史罪责吗?

四、"历史政策"

在思考"八五"事件的过程中,我脑子里出现了一个词:"历史政策",既然有"经济政策""文化政策",那么在文革结束后,有没有一个如何处理文革期间大量案件的"历史政策"?我以为,是有的。在我写于2014年的《活在今天的历史:48年后看女附中"八五"事件》(下称《活在今天的历史》)中,这样说:

如果用几句简单的流行语来概括文革后国家不成文的"历史政策",那就是:"林彪四人帮""宜粗不宜细""向前看"。

具体到如何对待文革初期干部子弟/红卫兵暴行造成的命案问题,文革后的"历史政策"应包括:不追究"老红卫兵"在"'破四旧'运动"中"抄家""打人"甚至"打死了人"的"过火行为"[5]。

《活在今天的历史》中还有一段话:

1980年代,参与北京市委组织调查文革期间中小学命案的刘秀莹(原女附中副教导主任)接到"上面"通知,要她将所有案卷封存上交。文革后受害人家属上告不果、已开展的命案调查半途而废——这样的情况绝不是个别和孤立的,而是有关文革"历史政策"的具体体现。没有司法正义,没有来自各级政府的关怀抚恤,没有国家最高当局的诚恳道歉,只有一纸纸语焉不详的"平反"通知,一笔笔的糊涂账,然后要大家一起"向前看"——这就是我们对待文革中数百万冤魂的态度。

刘秀莹老师在2012年的一次访谈中提道,不得不将材料封存上交后,她仍在《北京中小学教育若干问题的回顾》(下称《回顾》)一书里披露了"四个学校的东西",除了女附中的,还有北京六中、二十六中(原汇文中学)和女三中的,刘老师说,这些学校"都有材料",北京六中当年堪称"红色恐怖"的"人间地狱",女三中校长沙坪死得"很惨很惨"。《回顾》出版时,那些材料"都给我们删了"[6]。

今天,学者们已在研究"改革开放史"。我想请教方家,"历史政策"一说能否成立?如果并非虚妄,那该如何评价?

---

5 关于如何对待文革初期"老红卫兵"暴力行为造成的包括打死人等涉及刑事犯罪的问题,见《记忆》第112期女附中专辑六的"资料"部分,它收入中央政治局会议文件(1984)2号孔丹、董志雄同志给陈云的信,及陈云、胡耀邦和李先念的批示,其中心意思,就是对"老红卫兵"在文革初期"打、砸、抄"行为造成的恶劣后果不予追究。

6 戴为伟整理,《刘秀莹访谈》,《记忆》,2014年4月30日,第112期("北京师大女附中专辑六")。

五、"好故事"

我们不知那些官方调查案卷如今躺在哪里。就"八五"而言，这一状况给"故事"的传布造成巨大空间。"故事"离不开"主角"，"八五"故事离不开宋彬彬，连一般公认的严肃学者说起那天发生之事，也是张口闭口都是宋，宋彬彬已经成为人们认知"八五"的基本视角，牢牢根植于公众的意识（甚至潜意识）中。我曾在一篇文章中调侃，如果那天在天安门城楼上给毛泽东戴红卫兵袖章的不是宋彬彬，而是"县委书记的好榜样"焦裕禄的女儿焦守凤，人们还会这样没完没了吗？——就连人死了，都不放过。

调侃归调侃，作为一个做历史的，我不得不认真对待如此有魅力的"故事"，反复琢磨为什么是这样，美国历史学家柯文的《历史三调——作为事件、经历和神话的义和团》[7]等著述给我以启迪，帮助我去理解史学家书写的"历史"与民间传说/故事之间的关系。我在《活在今天的历史》中写道：

> 柯文教授一系列的著作让我明白，"故事"不仅是人类与"过去"，更是与"当下"发生联系的一种重要方式，要承认它的位置和功能。同时，我也要接受，与一个"好故事"的影响力相比，严肃的学术著述往往处于劣势。但即便如此，我只会做历史，不会讲故事。

作为一个"公共历史事件"，发生在女附中校园的"八五"暴行穿越了1966年，活在了今天，没有哪一桩基层文革事件具有如"八五"一样强大的时间穿透力和长久的社会影响力。"八五"是以"故事"而非"历史"的形态存在于公众头脑中的，其明证，就是将宋彬彬当作了主角。

六、高一3班

柴静女士在她节目中开宗明义，说要对宋彬彬与"八五"暴力关系"做说明"，因为我对"八五"材料十分熟悉，不但听出节目里大量内容的出处，也看出柴女士取材和剪辑镜头的用心，在自媒体时代，她的做法不稀奇，尽管并不符合我心中严肃作品的标准。

同时我要说，柴静为了做这期节目，下了不少功夫，镜头中展示出王晶垚先生保存下的"八五"惨案实物，这让她的观众（我想绝大多数都没有文革经历）对那场"浩劫"获得具体感性的认知，在文革有卷土重来之势的今天，柴静的努力是可贵可赞的。

节目中，柴静公布了1966年文革爆发时女附中高一3班全体学生的名单，这让我有些惊讶：一个意在说明宋彬彬与"八五"关系的节目，为什么提道一个与宋没有干系的班级？柴静告诉我们，参加调查"八五"事件的"各方"，都指出"当天暴力的直接发起者"为高一3班，另一处又说"打人最凶的高一3班"如何，这说明柴静注意到这个班与"八五"暴力缘起的关系。在一个观者甚众的节目上公布该班名单，不啻将几十名学生曝光于众目睽睽之下，好在名单一晃而过，观众不会看清，更不会发现其中的一个名字：王友琴。

柴静提道的调查过"八五"事件的各方，显然应该包括节目中被正面提及的王友琴。作为高一3班学生，王友琴早在1986年就在一篇题为《女性的野蛮》（下称《野蛮》）文中讲述该班一些学生与"八五"的关系，后来她的"口风"变了。我以为，恰恰是王友琴关于"八五"前后不一致的叙事，带来柴静节目中叙述链条的紊乱。

---

[7] 【美】柯文（Paul Cohen）著，杜继东译，《历史三调——作为事件、经历和神话的义和团》，江苏人民出版社，2015。此后柯文又写了两本关于"故事"与"历史"关系的书籍。

这里不妨援引《野蛮》中的关键段落，看看1986年时王友琴是怎么说的：

> 8月，曾领导了中学运动一个多月的工作组撤走了。控制学校局势的是新成立的红卫兵组织……由于对工作组的看法不同，红卫兵又分两派。保工作组的一派人多势众，似乎正在全盛时期，但在工作组问题上，却已显得不够紧跟潮流，有些冷落。一天下午，这一派的一些同学在教室里开会，"我们要坚持斗争的大方向""走，打黑帮去！"她们这样说，似乎可以使她们摆脱因工作组问题而产生的困境，并以此进一步证明她们的"革命性"……我不是红卫兵，不是因为我拒绝当，而只是因为没有资格。见班里同学去打黑帮，我却无事干，就下楼去看。[8]

从这段话中可以读出：（1）王友琴所在的高一3班一些"红卫兵"在本班教室开会，决定"打黑帮去"，（2）开会时王本人在场，（3）会后那些学生立即行动，去"打黑帮"，王本人也"下楼去看"。

以上解读如不正确，请王友琴纠正。早在十多年前，我就在《好故事未必是好历史》中向王女士提出她所在班与"八五"关系的问题，始终未见答复，这里提醒一下。《野蛮》一文是王友琴关于"八五"事件缘起最诚实的叙述，除了"红卫兵"的称谓——8月5号的女附中校园尚无"红卫兵"——也是态度最诚恳的，请看"下楼去看"后面的一段话：

> 我站在操场上，看着这一切。我什么也没做。如果一个人对自己身边发生的罪恶未加制止，那么就是罪恶的同谋——但是我在十年之后才学会了这句话。

《野蛮》一文也是关于"八五"事件的最早记述。1986年是"八五"事发20周年，高一3班学生王友琴无法释怀，写出文章为历史存证。整篇无一字提到宋彬彬。该文与后来广为流传的王友琴《文革受难者》中卞仲耘篇[9]，在"八五"叙事上差异显著，或可将后者称作王关于"八五"的2.0版。两个版本突出区别有三：（1）王友琴不再说她事发时在场、本人是女附中学生，她的视角不再是把自己放进去的平视，而是站在"外面"一处"高地"的俯视，（2）她一次未提发起批斗校领导的是她同班同学，她们变成称谓含混的"高一红卫兵"，（3）宋彬彬的出现，这是2.0版中"最吸人眼球"处。虽然通篇并无宋彬彬打人字句，但在这一版中，宋是"八五"毫无争议的"主角"，作为"红卫兵负责人"，她的名字反反复复地出现，相比之下，"高一红卫兵"只被提到一次，就连宋彬彬的父亲1966年8月成为政治局候补委员，都莫名其妙地与其女连上，更不必说文革初期女附中学生"第一把手""八一八"那天让宋彬彬带人上天安门的刘进，变成宋后面的"等人"了。为了突出宋彬彬，王友琴十分刻意。

1966年8月18号在天安门城楼上被毛泽东"赐名"的"开国上将之女"宋彬彬的出现，大大增强了"八五"的故事性。几十年来，作为"故事"的"八五"在海内外广为流传，王友琴"功不可没"。

王晶垚先生是接受王友琴2.0版"八五"叙事的。我注意到，他不再追问更有警示意义的"三个如果"。我尊重王先生后来在"八五"案上所持态度，我更加尊重的是真凭实据，真相比天大[10]。

前面提道，在《野蛮》文中，王友琴将高一3班发起"打黑帮"的革干革军子弟称作"红卫兵"，

---

[8] 王友琴，《女性的野蛮》，文章写于1986年，收入王友琴著，《校园随笔》，北京出版社，1988。
[9] 见王友琴，《文革受难者》，开放杂志出版社，2004年，琴艺书屋2019年简体电子版中"受难者列传"中"卞仲耘"篇，页39-64。
[10] 在写于王先生去世时的《"八五事件"不是一笔糊涂账》文中，我对有关问题有比较详尽的阐述。

并不符合事实[11]。指出 8 月 5 号那天女附中尚无"红卫兵"是必要的,"魔鬼在细节中"。不但这一事实细节重要,《野蛮》文中描述的高一3班"保工作组"的干部子弟,在工作组撤离后,为"摆脱因工作组问题而产生的困境",而决定去"打黑帮"这一细节也极为重要。我一直想知道那些发起斗争校领导的学生"表演革命"背后的动机和心态,但没有机会接触她们中人,感谢彼刻身在近处的王友琴提供的观察和解释,看来她们那天的行为是要"证明"自己的"革命性",这可被看作是她们对工作组突然撤离的"应激反应"。

前面提道,1966 年 7 月底 8 月上旬的中国北京,从上层、中层直至基层都经历着文革"再次发动"的猛烈冲击;在很多北京市中学校园,还要加上那个狂热鼓吹"出身论"的"对联"[12]的横空出世,这种种的突如其来,相当程度上达到了毛泽东想要的"大乱"局面。在副校长胡志涛眼中,当时的女附中校园是"工作组走了,没有人管"了[13]。

被毛指责为文革"灭火队"的工作组的撤离,让高一3班"保工作组派"的干部子弟"有些冷落",但她们是有"革命"资格的"红五类",为"紧跟潮流"、扳回失去的"分","打黑帮"成了她们的当然"选项",这是"坚持革命大方向"的体现,五位校领导成了她们"表演革命"的"人肉道具",暴力行为是她们革命的"成年礼",《湖南农民运动考察报告》则是指导手册,其中最关键的话是:"革命不是请客吃饭"。

当年做"八五"调查时,我曾访问过高一3班原班主任艾老师,他对我表示,他不能理解的,是这个文革前"不起眼"的班,怎么会在 8 月 5 号那天表现得"那么反常"?艾老师在办公楼里亲眼看见了自己一些学生当天的"反常"表现。

高一3班干部子弟们"策划""打黑帮"时,教室里有"非红五类"学生在场,包括王友琴。今天,在该班学生中,除了个别人,如顾溪,则无论是批斗校领导的当事者还是知情人(两者当然不能相提并论),都没有在班级之外公开站出来,纠正王友琴编造的以宋彬彬为主角的故事。

自女附中"百年校庆"(2017 年)以来,年迈的艾老师一直致力说服动员高一 3 学生道出真相,晓之以理,动之以情,苦口婆心,锲而不舍。柴静在她的节目中公布该班全体学生的名单也许是应当的,否则当代中国的一桩带标志性意义的公共历史事件,将以失真的故事形式占据国人头脑,并流传下去。有朋友提道"灭史"的可怕。"灭史"有不同的方式,以"故事"替代基于事实考证的"历史"为其中一种。

七、"对生命的漠视,是一代人的问题"

上面这句话,出自《从女附中"八五事件"谈起》(2011)文中,我写道:

"八五"那天动手打人的,毕竟是少数;但"八五"之后对下死持冷漠态度的,却并非少数。继下仲耘之后,北京市又有一批中学校领导和教师被学生打死。下手的人是少数,但对一个又一个的死亡持冷漠态度的,不是少数。十年前第一次去看望王晶垚先生时,我怀着深深的自责。那自责,是因为冷漠的人群中有我。

这次重读王友琴《野蛮》文,我仍然不时受

---

11 见李红云,《师大女附中红卫兵是何时成立的——从一份原始记录说起》,《记忆》,2013 年 9 月 30 日,第 102 期。其中对女附中"红卫兵"出现的日期,有详细考证:1966 年 7 月底,女附中出现了一个名叫"毛泽东主义红卫兵"的组织,女附中学生一般称之为"主义兵"。该组织人数很少,基本上不在校园活动,影响力很低。王友琴将"主义兵"与后来出现的"红卫兵"混淆了。柴静在节目中说,"八五"过后"三天",刘进和宋彬彬"顺利当上红卫兵领袖",看来她读了李红云的文章,知道女附中"红卫兵"出现在 1966 年 8 月 7 号。
12 对联为"老子英雄儿好汉 老子反动儿混蛋",当时在北京中学生中的影响极大和极为恶劣。
13 《"八五"祭——一场史无前例的教育大摧残》,丁丁、胡志涛著,《生活教育论》,安徽教育出版社,1996,页 134-44。

到感动，包括这段话：

> 很多年里，我就模模糊糊地常用所谓"付代价"来解释那些无法解释的事情，却不去想这"代价"已经是人的生命，已经是对我们共同生活所依赖的根本原则，人身安全原则的威胁和破坏。对死亡的淡漠，显然只能表明我们的心灵对于罪恶有太大的容量。

这段话听起来是我们这代人。

2002年我做"八五"调查过程中，偶然遇到1966年8月6号向女附中全校师生宣告卞仲耘死讯的刘进。出事那天我不在场，第二天从广播里听到"卞仲耘死了，死了就死了"时受到的震惊不亚于卞死亡本身。我走近刘进，有些突兀地问：你当时是不是说了这话？刘进承认她说了，没有吞吐躲闪，这是我们交往的起点和基础。

在女附中学生里，我也许是最早提到8月6号"死亡宣告"的人，我的小书《动荡的青春》里讲述"八五"那节的标题就是"死了就死了"。刘进告诉我，这句话是北京市委负责人吴德8月5号夜听到卞仲耘死亡汇报后的表态。在我之后，又出现了若干"死了就死了"的"扩充版"，多出了一些话，包括这次柴静节目里引用的版本，我无法证其"伪"，恐怕柴静也无法证其"真"。

八月六号之后的女附中校园，卞仲耘确实是"死了就死了"，王友琴《野蛮》文里这样描述高一3班学生听到卞死讯时的反应：

> 教室里似乎静了一阵，然后有人议论了几句什么，话题很快转向了别处。死亡，以及制造死亡，都还是第一次发生，可是已经成了无所谓的、并不令人震动的事情。

据说有的初中班听完广播宣告后甚至欢呼。

在纪录片《八九点钟的太阳》[14]里，我问道：nice girls 怎么变成了 murderers？王友琴在《野蛮》文中也问，对待死亡如此"淡漠"的态度，"究竟是怎么形成的"？

文革结束后，这是压在女附中很多学生心头的问题，是我们这代人应该问的。进入新世纪后，一些女附中人走到一起，调查和思考与"八五"案相关事项，更多的人（五百名左右）捐款为卞校长塑像。前面提道，2014年1月的一天，20余位老教师、30多名老学生，带着各自"记忆的疮疤"，在放有卞校长塑像的会议室围坐一堂，敞开心扉，直面"八五"，反省文革中我们的表现，会议的主角不是哽咽道歉的刘进和宋彬彬，而是每一位到会的女附中师生。

之后，一些女附中学生开始了对我们过去所受教育的清理，这不但包括大量收集和认真审视文革前"十七年"的语文、政治等教学科目内容，也同时采访了四十余位老教职员工，其目的，是试图回答我们这代人心头的共同问题，其成果，是2017年女附中百年校庆之际推出的四本自印书[15]。我们没有止步于弄清八五那天发生了什么（What），而是再进一步，要弄明白为什么它会发生（Why），换句话说，是要寻找作恶的根源。

文革中，全国各地不知有多少学校出现了"学生打老师"的现象，文革后能够直面那不堪回首的一页历史并郑重道歉的极少，在北京，比较突出的是北京八中和师大女附中，而认真清理反思我们受到的以"阶级斗争"为宗旨反人道教育毒害的，也许只有师大女附中的一些老女生们。

疫情中的2020年，这些已入古稀之年的老学

---

14 【美】长弓影视（Long Bow Group）制作，《八九点钟的太阳》（英文名 Morning Sun），2003年。
15 四本书为《远去的女附中》、及《岁月女附中》中的《口述春秋》《教育叙事》和《史料文存》三册。详细情况请看《女附中丛书诞生记》，里面讲述了四本书的基本内容和出版过程。《远去的女附中》涵盖了1917年到1968年女附中历史的各方面。世界图书出版公司在2015年作为重大题材送审，同年通过审批，审批文件说，"这本书的集体记忆，对于认识和研究我国文教事业发展，总结'文革'历史教训，具有史料价值和存史意义"。2016年这本书被突然中止出版。之后以自印方式出版。在《岁月女附中》中，值得一提的是《教育叙事》，它通过对语文、政治等科目的梳理，反映出我们对包括"十七年"教育的认识和反思。《口述春秋》以对40余位教职员工访谈为主要内容。

生又把与"八五"相关资料集结起来,出版了一套题为《北京盛夏一日——1966年"八五"事件回忆、思考、争论》的书籍[16],有厚厚三大册,王友琴等人的文章均被收入。这样做,是为了把材料尽可能完整全面客观地保存下来,留给后人,也便利研究者。

八、"直面历史,拒绝遗忘,反思文革在此基础上达到宽容和解"

本节标题是2014年1月女附中师生开会的主旨,今天写下它,我十分感慨。那次会议是在老师们的鼓励和建议下召开的,会场氛围诚挚、坦率、理性,令两位以个人身份参会的资深中央电视台记者深受感动;置身其中,我受到了一次净化灵魂的教育,并想到:中国人是有反省、道歉与和解的愿望和能力的,女附中人正在做出可贵的尝试。会后,北京其他一些学校老三届学生也欲跟进,一时中国社会似乎出现了关涉文革的"道歉与和解"的可能性,它来自民间,来自带着向善愿望的我们这代人,与此同时,各方(有官方,但不仅是官方)的打击也劈头盖脸而来,最终,会议果实遭到扼杀,一次历史性的机会稍纵即逝。

文革一代——姑且称我们这代人为"文革一代"——还有下一次机会吗?我没有理由乐观。宋彬彬去世后汹汹而至的社会舆论,只能强化我的悲观。最近,研究北大反右运动同时也了解北大文革历史的郭力写到,文革结束后,反右参与者向受害者道歉的情况相对普遍,对比之下,"至今却没有见到任何(文革)施害者出面担责、道歉",尽管北大文革中死难者甚众[17]。

"文革施害者"道歉阙如是个普遍现象,值得人们深思。女附中的道歉学生不是"八五""施害者"。我对刘进、宋彬彬等人当天表现的看法是:"劝阻不力、抢救迟缓"[18]。这些年来,她俩没有推诿,没有退缩,承担自己应该承担的责任。前面提到的一系列书籍,是在刘进和罗治(为卞校长集资塑像领头人之一)带领下做出的,宋彬彬始终如一地参与各种活动,同时承受着社会上对她永无休止的污名化。

"八五"惨案当然有"施害者",她们是谁?是多年来公众最关心的问题。我在《活在今天的历史》文中,专辟《谁是"凶手",何谓"真相"》一节予以回应,这里不赘述,只想再说一遍,在"八五"事上,Why(为什么会发生)比Who(是谁)更值得追问。

女附中道歉学生虽然不是施害者,但我们都曾或深或浅地接受了"阶级斗争"的教育,都能背出"革命不是请客吃饭",都在相当长一段时间里"忘记了"1966年8月5号校园里那草菅人命的一幕。十年前2014年,已步入老年的我们终于站了出来,直面女附中历史上的血迹,明示我们的知耻之心,忏悔之意。

道歉会后,我们受到来自社会的许多诘问,用一位朋友的说法,女附中人挨了一顿"铜头皮带"。陈小鲁给我们写来一封鼓气长信,其中有一句:(为了人们不忘记文革教训),"我觉得当靶子也是贡献",承受压力最大的宋彬彬也表态:"我从没说过退出战斗"[19]。

今天,已在另一个世界的宋彬彬,继续在"当靶子"。也许有一天,我会写写生命晚期的宋彬彬。罹患绝症的她表现出来的襟怀与良知、对社会不公现象的义愤、与那些被侮辱被损害的中国底层百姓的共情,每每令我感佩不已。

(下转第18页)

---

16 《北京盛夏一日——1966年"八五"事件回忆、思考、争论》,华忆出版社,2020。
17 郭力,《道歉、反思与和解——北大反右研究》,2024年10月11日,网上发表。
18 见《活在今天的历史——48年后看女附中"八五事件"》。
19 见我在陈小鲁去世后写的:《陈小鲁:"这是我们这代人的责任"——2014年北京老三届的文革道歉与反思》一文。

【思想文化】

从"兴无灭资"到"人类命运共同体"

梁幼志

毛在病榻上说，他这辈子干了两件事，一是把蒋介石赶到了几个小岛上去了，二是搞了一个赞成的人少，反对的人多的文化大革命。这两件事，前一件在 1949 年以前，后一件在 1949 年之后。这是毛在垂危之际的简而言之，其实他在四九年之后，干的最宏大最持久的一件事，就是"兴无灭资"。

毛要兴的无，指的是无产阶级和社会主义。毛要灭的资，指的是资产阶级和资本主义。毛为了这一兴一灭，苦干了一辈子，直到晚年，还毅然决然地发动了长达十年的史无前例的文化大革命，动员群众，打倒走党内走资本主义道路的当权派，打倒资产阶级反动学术权威。遗憾的是，这两个打倒，与他的军营小农式乌托邦一道，都成了"烂尾工程"，没羞没臊地立在红色历史的人造草坪上，期待着后人的重建。

一、毛泽东要让资本主义绝种，周恩来说资产阶级就是唯利是图

据说，"兴无灭资"是 1958 年大跃进时提出的，其实，早在延安，最迟在 1949 年中共建政之后，"兴无灭资"就开始了。如人民公社、鞍钢宪法、"插红旗拔白旗""反修防修""思想革命化"、革命样板戏，都属于兴无。灭资就更多了。毛时代所有的政治运动，如忠诚老实、批武训传、知识界的思想改造、三反五反、反胡风反胡适批红学，反右派、反右倾、社教……都是朝资本主义和资产阶级去的。

1953 年 6 月 15 日，毛泽东在政治局会议上说："我们现在的革命斗争甚至比过去的武装革命斗争还要深刻，要在 10 到 15 年使资本主义绝种。"[1] 薄一波说，毛泽东是从反右后，把资产阶级视为剥削阶级的。[2]事实上，毛泽东和他的同事从骨子里是容不得资产阶级的。1952 年 6 月，在一篇谈统一战线的文章中，以宽厚著称的周恩来对资产阶级的本质做了这样的概括："损人利己、唯利是图、投机取巧"。[3]

仇视、打倒资产阶级是共产党的本性和使命。即使没有反右，没有匈牙利事件，在中共治下，等待资产阶级的也只能是家家流血，户户悲声。1964 年，刘少奇问毛，谁是走资本主义道路当权派？毛脱口而出：张霖之。两年后，1967 年 1 月 22 日，煤炭部部长张霖之被造反派活活打死。[4]此后"上至国家主席，下至生产队长、车间主任，被打成走资派，遭到批斗、抄家、毒打、关押或囚禁，受尽了非人的折磨。中央和国家机关副部长以上、地方省级以上的高级干部被立案审查的占

---

1 《党的文献》，2003，第四期。
2 薄一波，《若干重大决策和事件的回顾》，页 1297-9，人民出版社，1997。
3 周恩来，《关于国际国内统一战线问题》，1952 年 6 月。
4 张霖之死于他杀。详见张光渝，《告别元老》，页 5-9，香港北星出版社，2007。又见王年一，《大动乱的年代》，页 151。河南人民出版社，1988。

75%，许多人被整得妻离子散，家破人亡。"[5]

1981年1月《读书》发表了一篇批判"兴无灭资"的文章，文章说，"兴无灭资"是个似是而非的口号，理由是，马克思主义就是从资本主义的土壤上产生的，资本主义创造发明了好多优秀的科技和文化，值得学习。不能灭，也灭不了。[6] 文章发表后，恶贯满盈的"兴无灭资"自知罪恶深重，没有哭喊，没有挣扎，自动走上了历史的断头台。

二、戈尔巴乔夫佩服邓小平，邓小平抛弃了"兴无灭资"

2004年6月某日，李肇星在国际航班上遇到了戈尔巴乔夫。他问这位苏共中央总书记：为什么那么大的苏联，那么强的社会主义大国，在短短的几年内就解体了？"戈尔巴乔夫犹豫了片刻，面色凝重地说：'关于这个问题，我想告诉你的是，在各国领导人当中，我最佩服的是邓小平先生。而我们那里没有个邓小平。'"[7]

戈尔巴乔夫佩服的是，邓小平的"打左灯向右拐"，说的是坚持四项基本原则，干的是资本主义，培养的是红色资产阶级。1950年代到1980年代，在社会主义统治了中国三十年之后，在天怒人怨的动荡之中，邓小平悟出一个道理："社会主义是什么，马克思主义是什么，过去我们并没有完全搞清楚。"[8]邓小平间接地承认，我们反资本主义，反资产阶级，反了半个世纪，可什么是资本主义、什么是资产阶级，也没完全搞清楚。

因为搞不清楚，邓小平只好在"不争论"中"看一看"——从1979到1987年的八年间，邓一直在看。从广东养鱼的陈志雄，到安徽卖瓜子的年广久，邓小平摸索出了逐步解脱之法：1983年中央一号文件提出私企"不宜提倡，不要公开宣传，也不要急于取缔"。1987年中共五号文件，去掉了对雇工"七上八下"的限制，将"三不原则"改成了"允许存在，加强管理，兴利抑弊，逐步引导"的十六字方针。尽管有了这十六字方针，邓小平还不踏实，他仍在琢磨这个纠缠了国际共运半个世纪的难题。吴邦国讲了这么一件事——

1992年2月10日，邓小平视察上海贝岭公司。当公司总经理陆德纯介绍通过合资引进的大束流离子注入机时，邓小平沉思了一会儿，意味深长地指着离子注入机问，你们说这台设备姓"社"还是姓"资"。当我们正在发愣的时候，小平同志接着说，这台设备原来姓"资"，因为是资本主义国家生产的，现在它姓"社"，因为在为社会主义服务。"资"可以转化为"社"，"社"也可能转化为"资"。对外开放就是要引进先进技术为我所用，这台设备现在姓"社"不姓"资"。[9]

将异域之产，移为本党之用，此物从而具有了为制度/主义服务的属性。这既是天下的通则，更是中共一贯的做法——蒋介石这个运输大队长，给中共送去了多少美式装备？上海、天津的工厂给中共留下了多少西方的机器设备？西方科技为共产中国贡献了多少力量？——为什么文革之后，这个常识常理竟上升为制度之争？还需要第二代领导人观察思考八年之久？

1991年8月20日，邓小平同江泽民等人谈话，议论苏联发生的"819"事件和国内局势，邓强调："我们搞改革开放，把工作重点放在经济建设上，没有丢马克思，没有丢列宁，也没有丢毛泽东，老祖宗不能丢啊，问题是要把什么叫社

---

5 《大动乱的年代》，页622。
6 孙越生：《试论"兴无灭资"》。
7 李肇新，《说不尽的外交》，中信出版社，2014。转引自林蕴晖，《历史反思，探寻新路》（三），页80。
8 邓小平，《改革是中国发展生产力的必由之路》，1985年8月28日，《邓小平文选》第三卷，页137。
9 吴邦国：《牢记谆谆教导，推进伟大事业》，《光明日报》，1998年2月18日。

主义搞清楚。把怎么样建设和发展社会主义搞清楚。"[10]

在这场谈话中，说的与听的都堪称冬烘——马克思发表《共产党宣言》时只有三十岁。在发达的资本主义面前，《资本论》已经成了经济学界持久的笑柄。列宁1917年就宣告，资本主义已经进入了垄断的垂死的腐朽的帝国主义阶段。74年之后，苏联解体，人们发现，原来"垄断的垂死的腐朽的"是他建立的社会主义。在封建小农土壤上生长起来的毛泽东，除了苏联，连一个资本主义国家都没去过，凭着《联共（布）党史》上的说教，他盲人骑瞎马地反了一辈子资本主义和资产阶级。直到他死后，邓小平才发现，毛已经把中国人领到了深渊的边缘。这些老祖宗不会告诉江泽民什么是社会主义。不丢掉老祖宗，只是邓小平的心愿。后来的事实证明，真正不能丢的，只是党的领导。

尽管邓小平不清楚老祖宗与社会主义是什么关系，但有一件事，邓小平是清楚的：凡是跟着美国的国家都富了。也就是说，你要跟着美国发财，就得接受，至少是接近人家的价值观。于是，资产阶级和资本主义这两个词无须官方下令，就在朝野上下迅速地改变了形象，从面目狰狞的魔鬼，变成了人见人爱的散财童子。

三、江胡时代的"兴无灭资"变成了"兴资灭无"

1997年2月19日，邓小平逝世，我至今还记得江泽民咧着大嘴涕泗滂沱的样子。我当时想："你是国家元首，哭成这副样子多难看！你们不总是让人民'化悲痛为力量'吗？你的力量哪儿去了，怎么死了一个六四屠夫，你就如丧考妣？"

后来，我明白了，江泽民是真难过，难过的不是邓大人死了，而是难过于自己要独自面对这个怪异局面——既要坚持四项基本原则，又要与资本主义暗结连理；既要走"社会主义道路"，又要培养自己的掘墓人中产阶级。[11]

江泽民的担忧是有道理的，经过邓小平的大刀阔斧的改革，"兴无灭资"已经变成了权贵主宰之下的"兴资灭无"。在紧跟邓小平喊了几天反对资产阶级自由化之后，江泽民奉行了"闷声发大财"的政策，只谈资本，莫谈主义，免谈阶级。

胡锦涛对江泽民的那一套是亦步亦趋，萧规曹随。在他那里，连资产阶级自由化也听不到了，人们听到的是"不折腾""和谐社会""以人为本"。经过邓江胡三代苦心经营，权贵资本主义已经树大根深，陈云的愿望实现了——以改开之名，谋私利之实的红二代们保住了自己的祖坟。

祖坟保住了，马列毛的牌位却不见了。乌有之乡急眼了，原教旨说话了。民间文革史家水陆洲拿出了上千万字的扛鼎之作——《文化大革命简史》。他要用历史证明，毛发动文化大革命是多么富有远见，"永不翻案"的邓小平在毛死后，开历史倒车，使资本主义复辟，使修正主义复活，使中国在"兴资灭无"的路上迅跑。

清醒的人虽然少之又少，但总还是有的。2005年，瞿希贤作品演唱会在北京举行，当粉红的观众们纷纷起立，向台上高喊："《全世界无产者联合起来》！《全世界无产者联合起来》！！"的时候，瞿希贤出现在舞台上，给热情的粉红们泼了一头冷水："我事前就跟指挥打过招呼，不唱这首歌。"

这首歌创作于1963年，被誉为"第二国际歌"，光未然的词，大气磅礴，庄严肃穆。瞿希贤的曲，激情澎湃，荡气回肠。那词那曲，唱响六七十年代的中国，入心入脑入魂：

山连着山，海连着海。全世界无产者联合起来。海靠着山，山靠着海，全世界无产者联合起

---

10 《邓小平年谱》（1975-1997），下册，页1330-1。
11 尽管理论家们声称，中产阶级是处于资无之间的阶层，他们并不是资产阶级，因为他们并不占有生产资料。他们只是无产阶级中较为富裕的一部分。但这种以阶级理论为标准的说法，已经不能准确地描述中国的社会阶层了。

来，红日出山临大海，照亮了人民解放的新时代，看旧世界正在土崩瓦解，穷苦人出头之日已经到来。帝国主义反动派，妖魔鬼怪。怎抵得革命怒潮排山倒海，哪怕它是纸老虎，张牙舞爪，戳穿它，敲碎它，把它消灭……我们打碎的是脚镣手铐，我们得到的是整个世界。

一位评论家写道："时代确实变了，全世界无产者没有联合起来，全世界资产者倒是联合了起来，世界五百强纷纷涌入中国。带来资本、科技、经营理念，引爆了繁荣。而中国原先那些无产者及其后代，不少也摇身一变成了既得利益的资产者，顽强地抗拒着一切政治变革，坚决地镇压着一切意见。旧世界并没有土崩瓦解，倒是以苏联为核心的社会主义阵营分崩离析了，向着各国国内大多数人民应允的与原先截然不同的方向进化。"[12]

一百年来，资本主义在改良、纠错中不断提升。于是，腐朽的、没落的、寄生的、垂死的制度，逐渐走向了民主、自由、文明、人道、富裕。一百年来，共产主义也在变，如何变，请看北韩越南红色高棉。为什么变，请看苏联解体、东欧变色，中国改开。瞿希贤为什么制止乐队演唱这首歌？答案尽在其中矣。

四、"人类命运共同体"信奉的是哪种价值观？

新时代降临，摆脱"兴无灭资"和"兴资灭无"的恶性循环，顺应"东升西降"的世界大势，成了中国梦的头等大事。从2012年11月起，一个"关于人类社会的新理念"——"人类命运共同体"在中南海呱呱落地。这个怪胎，见风就长，仅仅十二年，就占据了新时代热词榜的榜眼。

中南海告诉欧美发达国家："国际社会日益成为一个你中有我、我中有你的'命运共同体'，面对世界经济的复杂形势和全球性问题，任何国家都不可能独善其身。"因此，世界各国结成了"人类命运共同体"。

"人类命运共同体"躲开了姓社还是姓资的诘难，却躲不开政党价值还是普世价值的拷问，更躲不开国际事务中正义与奸邪的选择。有共同的利益，才成为共同体，要成为共同体，必须有共同的价值观。既要坚持所谓的"四项基本原则"，又主张"一种以应对人类共同挑战为目的的全球价值观"（百度/人类命运共同体）。既要支持侵略者，打压反抗者。又要重建世界秩序，充当"人类命运共同体"的代表。天下岂有这等好事！

（上接第14页）

如果说她是当今被误解最深的人，或许不夸张。

由于种种原因，我们2014年的道歉会成了这代人的"绝唱"，没有后来者。我很想问一句：对于我们这一代，后人将如何评说？

写这篇文章时，我眼前浮现出当年在数九寒天中从京城各处前来开会的老师们，其中的一位，是卞校长去世后唯一给王晶垚先生写信慰问的，那天中断打点滴参会。今天，老师们的理解和支持仍然温暖着我们，也温暖着宋彬彬未寒的尸骨。

女附中"八五"事件再次成为舆论的热点。唯希望今后它不止以"故事"，也以基于实证的"历史"被国人记住，认真思考它给予我们的教训。

12　网文《瞿希贤：不要再唱全世界无产者联合起来》，作者不详。

【思想文化】

工农兵学员制度产生的渊源

李红云

内容摘要：产生于文革的工农兵学员制度虽然只存在了短短的7年时间，但它对教育和社会都产生了重要影响。它的产生绝非偶然，其中包含着极其深刻的社会历史根源，对该制度的研究有着重要的历史意义和现实意义。其中该制度产生的渊源是一个有意义的命题，本文从该问题入手，对该制度的渊源进行了分析和阐释。

本研究表明，工农兵学员制度产生的渊源与"十七年教育"不无关系。1949年之后在教育领域的一系列操作：从教育中的"苏联模式""招生中贯彻的阶级路线政策""教育必须为无产阶级政治服务""教育必须与生产劳动相结合"，到"培养无产阶级革命事业接班人"，使得教育只强调为政治服务的方向。最终导致的结果就是"左"的错误冲击了教育本身，而这种结果在文革期间发展到了极致，工农兵学员制度只是其中的集中体现。因此，以上内容可以确定为工农兵学员制度产生的渊源。

关键词：工农兵学员、渊源、苏联模式、党的教育方针、革命接班人

文化大革命中所进行的"教育革命"是一个改革时间最长、也最有影响的领域。毛泽东关于"教育革命"的设想是其文化大革命理论中最富有想象力的部分，不仅表现在教育的指导思想、教育体制、教学原则上，而且表现在具体的课程、教学方法、招生和考试等方面，在所有这些方面，毛泽东都提出了大胆地改变现实的主张。[1] 而工农兵学员制度正是这场"教育革命"的重要组成部分，集中体现了毛泽东的主张。

该制度被称为是"教育革命"的新生事物，其产生绝非偶然，其中包含着极其深刻的社会历史根源，说它是文革的产物，其实并不尽然。该制度的产生并非一朝一夕，有着比较深厚的历史和政治上的渊源。接下来的问题是，工农兵学员制度产生的渊源是什么。这是本文的命题。这里的"渊源"是笔者从国际法学理论中借来的一个词，其含义是指："法律原则、规则和制度第一次出现的地方。"[2] 本文中，"渊源"指的是工农兵学员制度最早出现的地方。简言之，笔者要做的工作，即"追根溯源"。搞清它的来龙去脉，然后做出分析和评论。

中华人民共和国的教育通常分为三个不同的阶段，即：文革前十七年（1949-1966）、文革十年和结束文革之后、改革开放时期。其中第一阶段的"十七年教育"，既是新中国教育的原型，又是文革否定、摧毁的目标。这三个不同时期似乎是断裂的，每一阶段都意味着对前一阶段的激烈否定和改造，但事实上这是一个大致连续的过程。[3]

---

1 程晋宽：《"教育革命"的历史考察：1966-1976》，福州：福建教育出版社，2001，页159。
2 王铁崖主编：《国际法》，北京：法律出版社，1995，页10。
3 杨东平："新中国'十七年教育'的基本特征"，载《清华大学教育研究》，第24卷第1期，2003年2月，页9。

因此，探索文革期间的工农兵学员制度的产生的渊源，还是要从"十七年教育"说起。这里讲的"十七年教育"，指的就是从1949年到1966年的教育。即共产党夺取政权后到文化大革命开始，这段时间共17年，一般称之为"十七年教育"。

一、教育中的"苏联模式"

谈到"十七年教育"，首先要谈的是其中的"苏联模式"。中国共产党夺取政权后，开启了向苏联学习的模式。这主要是由于中国革命的胜利是在苏联十月革命后30多年才取得的，所以苏联的经济、文化、教育、建设的经验对于中国来说有着重要的借鉴意义。

1949年6月30日，毛泽东在"论人民民主专政"中指出："我们必须克服困难，我们必须学会自己不懂的东西。我们必须向一切内行的人们学经济工作，拜他们做老师，恭恭敬敬地学，老老实实地学……苏联共产党是胜利了，在列宁和斯大林领导之下，他们不但会革命，也会建设。他们已经建立起来了一个伟大的光辉灿烂的社会主义国家。苏联共产党就是我们的最好的先生，我们必须向他们学习。"[4]

不仅在经济工作上向苏联学习，在外交上也确定了"一边倒"[5]的外交政策，高等教育方面也开启了苏联模式。1949年之后，为了维护新生政权的巩固，执政的共产党非常重视发挥教育为政治服务的功能。其在教育方面的首要任务，是将教育作为巩固新政权、贯彻新的意识形态的工具，通过对知识文化系统的控制与改造，培养造就"无产阶级知识分子"[6]。

至于如何完成教育方面的首要任务，1949年之后的教育是以苏联为唯一样板的。1949年12月，在第一次全国教育工作会议上提出的当时教育改革的方针是"以老解放区教育经验为基础，吸收旧教育有用的经验，借助苏联经验，建设新民主主义教育"[7]。"借助苏联经验"是当时教育改革中明确提道的一个方面。随着向苏联学习的原则确立，中国的教育开始了苏联模式。尤其是高等学校，从学制、教材、课程、方法等各个方面都按照苏联的模式进行了系统的全盘移植。

1950-1952年，中国政府发布了一系列教育行政命令，将学校教育的管理权乃至整个教育制度的控制权都按照苏联教育的模式进行了改造。这其中最重要的工作就是1952年全国高校进行的大规模的"院系调整"。这次调整就是把民国时期效仿英式、美式构建的高校体系，按照苏联模式建立起了新的高等教育模式。例如，从1952年秋季起，大学从一年级起采用苏联教学计划和教学大纲。从1952年至1956年底，共出版了苏联高等学校教材译本1393种。[8]从此中国的高等教育纳入了苏联式的高度集中计划和专才教育模式。

不仅如此，在苏联对中国的影响问题上，学者程晋宽在其著作中认为："苏联对中国的影响不局限于教育方面，中国共产党所采纳的社会主义和共产主义概念就直接来自苏联，中国教育结构的变化是在国家政治、经济和文化领域对苏联模式进行全方位借鉴的背景中展开的，也与更为广

4　毛泽东："论人民民主专政"，《毛泽东选集》（第四卷），北京：人民出版社，1960，页1485-6。
5　1949年春、夏之间，毛泽东主席先后提出了"另起炉灶""打扫干净屋子再请客"和"一边倒"三条方针，这是根据中国的历史和现实以及当时的国际环境做出的重大决策。"一边倒"政策就是宣布新中国将倒向社会主义一边。1949年9月在北京召开的中国人民政治协商会议第一次会议通过的《中国人民政治协商会议共同纲领》不但规定了新中国外交的基本原则，而且规定了新中国外交的一些具体政策，包括把"另起炉灶""打扫干净屋子再请客"和"一边倒"三大决策法律化。见外交部网站：https://www.fmprc.gov.cn/web/ziliao_674904/wjs_674919/2159_674923/200011/t20001107_7950038.shtml，访问时间：2024年4月8日。
6　杨东平："新中国'十七年教育'的基本特征"，前引，页9。
7　《教育文献法令汇编》（1949-1952），北京：中华人民共和国教育部办公厅，1955，页14。转引自杨东平："新中国'十七年教育'的基本特征"，页9，注释1。
8　《人民日报》，1957年11月6日。转引自杨东平："新中国'十七年教育'的基本特征"，页10。

阔的社会结构是一致的，当中国社会的总体发展偏向苏联后，教育方面向苏联学习也是可以理解的。"⁹这段话表明，在当时中国包括外交政策方面的基本政策采取了"一边倒"的原则，在各个方面都向苏联学习。在这种情况下，教育方面也向苏联学习也就是顺理成章的事了。这是由当时国家的大政方针决定的。

但到了1957年，苏联教育已经受到了各方面的批评。随着中苏关系的破裂，苏联教育在50年代末受到了官方的批判。尽管如此，其影响仍不能小觑。1958年我国把"教育必须为无产阶级政治服务，必须与生产劳动相结合"作为党的教育工作方针，教育为政治服务得到了全面的体现。到了文革的教育革命中，关于教育与生产劳动相结合的思想是被作为毛泽东思想的活的表现，但没有注意到这一思想的苏联来源。实际上，中国1949年之后的许多教育方针、教育政策和教育原则，包括教育为政治服务、教育为工农服务、教育与生产劳动相结合等都可从苏联教育模式的影响中找到阴影。究其根源都可以追溯到苏联的影响上。[10]

这里有一个例子就是，1958年苏联教育改革的构想是：让所有中学生都做好参加劳动的准备，生产训练也被列入必修课中。而且每年升入苏联高等院校的新生，至少应有80%从那些中学毕业后劳动过两年以上的人中招收。[11]这些在工农兵学员制度中都可以找到类似的做法。正因如此，苏珊娜·佩珀在麦克法夸尔主编的《剑桥中华人民共和国史》中认为："中国的新战略并未放弃苏联模式，更确切些说，是力图造成一种能让人接受的对苏联模式的适应性。"[12]笔者认为这种观点是有道理的。

二、教育为无产阶级政治服务

1949年中华人民共和国成立之后，教育方针的表述虽然发生了几次变化，但本质都是相同的，教育都是为"无产阶级政治"服务，其中的"无产阶级政治"是指中国共产党的理论、路线、方针和政策等。[13]"教育为无产阶级政治服务"方针的形成是中国共产党吸收了列宁主义的教育思想、老解放区和苏联的教育经验而逐渐形成的。在1962年之后教育方针开始强调为"阶级斗争服务"。

1957年2月，毛泽东在最高国务会议上做了"正确处理人民内部矛盾的问题"的讲话，提出了新的教育方针："我们的教育方针，是使受教育者在德育、智育、体育几方面都得到发展，成为有社会主义觉悟的有文化的劳动者。"[14]这里提出的学校教育的目标，是培养"有文化"的"劳动者"。"劳动者"的提法是与剥削者相对立的，它既包括体力劳动者，也包括脑力劳动者。还有一种意见认为，该提法是针对当时大量城市中小学毕业生升学困难，鼓励他们回乡务农而提出的。该教育方针表明了进入社会主义建设时期对教育工作的基本要求，具有鲜明的社会主义性质，是一个比较完整和具有影响的社会主义的教育方针。[15]

---

9   程晋宽：《"教育革命"的历史考察：1966-1976》，页117。
10 同上，页118。
11 转引自【美】R.麦克法考尔、费正清/编：《剑桥中华人民共和国史》（下卷 中国革命内部的革命 1966-1982年），北京：中国社会科学出版社，1992，页365。
12 同上，页366。
13 隋子辉："'无产阶级政治'指导下的北京市中小学教育（1949-1966）"，首都师范大学博士论文，2012年5月，页30。
14 见毛泽东："关于正确处理人民内部矛盾的问题"（节录），载于杨学为编：《高考文献》（上），北京：高等教育出版社，2003，页235。
15 崔相录主编：《东方教育的崛起——毛泽东教育思想与中国教育70年》，郑州：河南教育出版社，1993，页221。转引自隋子辉："'无产阶级政治'指导下的北京市中小学教育（1949-1966）"，页34。

1958年《中共中央、国务院关于教育工作的指示》中提出了一个新的教育方针,并正式将之确定为"党的教育工作方针":"党的教育工作方针,是教育为无产阶级的政治服务,教育与生产劳动相结合,为了实现这个方针,教育工作必须由党来领导""今后的方向,是学校办工厂和农场,工厂和农业社办学校。"[16]这一方针明确了:一是教育是为"无产阶级政治服务";二是"教育与生产劳动相结合";三是教育工作"必须由党来领导"。尤其是突出了党的领导,这一点有很强的针对性,导致了此后教育政治化的加速。更重要的是,在贯彻这一方针的实践中,它已与阶级斗争问题紧密地联系在一起了。

1958年中共中央《关于教育工作的指示》和开展的教育革命,标志着一种有别于50年代照搬苏联模式的新的教育方针、教育路线的形成——在批判了"无产阶级教条主义"和"资产阶级教条主义"之后,毛泽东开始走自己的路。[17]这一教育方针与毛泽东1957年提出的教育方针结合起来,作为统一的教育方针加以贯彻,这就是1961年的《教育部直属高等学校暂行工作条例(草案)》(即"高教六十条")中提出的,"教育必须为无产阶级政治服务,必须同生产劳动相结合,使受教育者在德育、智育、体育几方面都得到发展,成为有社会主义觉悟的有文化的劳动者"。[18]虽然毛泽东在1958年的一次谈话中也提道过两个必须,但这次是以条例的形式下达文件。

这个方针是当时我国特殊的政治、经济、文化、教育形势的产物,尽管在某些方面是正确的,但在指导思想上却反映了明显的"左"倾观点和错误,在"以阶级斗争为纲"、片面突出政治的年代,在长期执行过程中产生了不良的影响,甚至给教育工作造成了损失。[19]这一系列的操作,最终导致在文革中提出要把大学建成为"无产阶级专政的工具"。1975年在《为使学校成为无产阶级专政的工具而奋斗》一文中公开申明"学校应当成为无产阶级专政的工具""要不要把社会主义觉悟放在首位,这是无产阶级教育同资产阶级和一切剥削阶级教育的分水岭。"[20]如此一来,教育完全背离了教育教化陶冶、树人育人,传承和发展人类文明的功能和使命,彻底地被异化,与教育的本质背道而驰。[21]

三、教育与生产劳动相结合

工农兵学员这代人从小受的教育是"劳动光荣"。在中国传统文化中有着"劳心者治人,劳力者治于人""万般皆下品,唯有读书高"的旧观念,这就需要不断加强社会主义劳动教育,从而改变旧社会遗留下来的错误观念,这是没有问题的。中华人民共和国成立之初,在具有宪法性质的《共同纲领》中将"爱劳动"列为国民公德的重要内容,但劳动教育还没有列入学校的具体教学计划之中。随着新中国教育事业的不断恢复和发展,中小学的毕业生人数显著增多,但国家教育的发展程度还不能满足所有毕业生的升学要求。在这种情况下,毛泽东等中央领导人专门召开会议讨论教育工作,要求强调小学和初中毕业生积极参加生产劳动。[22]通过劳动教育让学生懂得劳动的光荣与伟大,从而自觉树立起热爱劳动的良好习惯。这也是解决当时高小、初高中毕业生出路问题的有效办法。

---

16 "中共中央国务院关于教育工作的指示"(一九五八年九月十九日),《人民日报》,1958年9月20日,第一版。
17 杨东平:"新中国'十七年教育'的基本特征",页15。
18 见中华人民共和国教育部政府门户网站:http://www.moe.gov.cn/jyb_xwfb/moe_2082/zl_2019n//2019_zl69/201909/t20190916_399243.html,访问时间:2023年9月2日
19 网络资料:https://baike.baidu.com/item/教育方针/6148930?fr=ge_ala,访问时间:2024年4月14日。
20 杨学为编:《高考文献》(上),高等教育出版社,2003,页681-2。
21 王智敏:"失落的十年——中国高等教育可吸取的基本教训",湖南师范大学硕士论文,2008年5月,页19。
22 中央教育科学研究所:《中华人民共和国教育大事记(1949-1982)》,北京:教育科学出版社,1984,页77。

此后，在1958的党的教育工作方针中，将"教育与生产劳动相结合"明确写入。1961年又加上了"必须"二字。至此，"教育必须与生产劳动相结合"与"教育必须为无产阶级政治服务"并列成为教育方针中的"两个必须"。"教育与生产劳动相结合"，原本是马克思主义教育学说的基本原理之一，但在中国的教育实践中，却采取了实用主义教育思想的一些具体做法，过分强调生产劳动，忽视了系统知识的学习。在认识上出现了错误的理解和执行上的偏差。这种偏差表现在，不仅将"劳动"一般理解为"体力劳动"，还从政治上赋予了"劳动"特殊的功能：强调学生参加体力劳动的重要性，认为学生只有通过下乡下厂参加劳动，通过实现自身的劳动化和工农化，才能彻底消除资产阶级的思想影响，成为社会主义事业合格的接班人。1964年8月19日，中共中央、国务院转发《高等学校毕业生劳动实习试行条例》，并指出：高等学校毕业生劳动实行制度是促使青年知识分子劳动化、革命化，提高社会主义觉悟，抵制资产阶级思想侵蚀，防止修正主义和教条主义的一项重大措施……高等学校毕业生的劳动实习，必须以体力劳动为主。[23]

"劳动"还被认为是提高思想政治觉悟的有效方法。尤其是知识分子，通过参加生产劳动，可以树立正确的思想意识，提高政治觉悟，培养工农感情。这一点在1958年开始的大跃进中表现得尤为突出。这样一来，"教育与生产劳动相结合"的原则被赋予更广泛的意义。甚至将劳动作为一种惩罚的手段，以达到思想改造的目的。如在1957年的"反右"运动中，对右派分子实施劳动改造，等等。

虽然在1958年对学校片面强调"教育与生产劳动相结合"所导致的不良后果做过纠正，但由于"左"的思想的影响一直存在，而且教育与政治的关系问题一直未得到解决，到了文革时期，这种"左"的偏差以更大的力量反弹，出现在了工农兵学员制度中。其中的招生制度和"开门办学"就是这种反弹的突出表现。

工农兵学员的招生制度实行的是取消考试的"推荐制"，其中把劳动实践作为重要招生条件。从现有的资料看，将"劳动实践"作为招生条件的过程大致如下。

1968年7月12日，在中央文革碰头会上，毛泽东在谈到大学教育问题时说："我看还是从工人中选调大学生。做三四年工，再到学校学两三年，又有文化，又有经验。"[24]这里提道的"做三四年工"，显然指的是在工厂的劳动。同年7月22日，在《人民日报》为调查报告"从上海机床厂看培养工程技术人员的道路"加的按语中，引用了毛泽东的话："要从有实践经验的工人农民中选拔学生"。[25]这就是著名的"七·二一"指示。

9月10日，毛泽东审阅了姚文元送审的《人民日报》《红旗》杂志评论员文章《一个极其重要的问题》，并做了一些修改和批示，在批改内容中再次指出："从有生产实践经验的工人、农民和解放军战士中选拔学生"。[26]随后，在实践中开始贯彻这一指示。为了执行"从有实践经验的工人、农民中选拔学生"，建立所谓的无产阶级教育新的体系，1970年6月，中共中央批转了《北京大学、清华大学招生（试点）的请示报告》[27]，在北京大学、清华大学具体的招生意见中，明确要求学生的条件之一就是"有实践经验"，而且"还要招收

23　程晋宽：《"教育革命"的历史考察：1966-1976》，页139。
24　中共中央文献研究室编：《毛泽东年谱（1949-1976）》（第六卷），北京：中央文献出版社，2013，页172。
25　"《人民日报》为调查报告《从上海机床厂看培养工程技术人员的道路》加的按语"，载杨学为编，《高考文献》（上），页630。
26　《毛泽东年谱（1949-1976）》，页194。
27　"中共中央关于北京大学、清华大学招生（试点）的请示报告的批示"（1970年6月27日），载杨学为编，《高考文献》（上），页631-3。

一些有丰富实践经验的工人、贫下中农，他们不受年龄和文化程度的限制"。此外，文件中还提道："从农村中招生，应注意招收那些有三年以上劳动锻炼，表现较好……的知识青年"。[28]之后，北京大学、清华大学按照请示报告要求，开始招收工农兵学员。"有实践经验"这样的措辞，也成为工农兵学员招生中的标准用语。

1973年高等学校的招生虽然强调了"文化考查"，但其他方面仍按照原来的招生办法，4月，国务院批转国务院科教组《关于高等学校一九七三年招生工作的意见》，该意见强调有两年以上实践经验，严格掌握政治条件，其中把"积极参加生产劳动"作为政治条件之一[29]。1974年6月，国务院又批转了国务院科教组《关于1974年高等学校招生工作的请示报告》，其中进一步要求，要全面掌握学生入学条件的情况，"要无产阶级政治挂帅""坚持选拔具有两年以上实践经验的优秀工农兵入学"。[30]此后的工农兵学员的招生办法，均按照该文件规定的原则执行。在招生条件中使用的"实践经验"的措辞，实际就源自"生产劳动"。

刊登在1973年《教育革命通讯》上的文章"大学招生制度的根本变革"中称："从有实践经验的工人农民中招生，这是大学招生制度的根本变革，是无产阶级文化大革命带来的一个重大成果。它为贯彻'教育必须为无产阶级政治服务，必须与生产劳动相结合'开拓了新的道路[31]。"

在1966年6月13日中共中央、国务院决定高校推迟半年招生后，7月24日，中共中央、国务院又发出了"关于改革高等学校招生工作通知"[32]。在该通知中不仅认定"解放以来，高等学校招生考试办法，虽然不断地有所改进，但是基本上没有跳出资产阶级考试制度的框框"。而且提出了高校招生中的"推荐与选拔"办法。其中就包括"具有高中毕业或相当于高中毕业文化程度、劳动两年以上的工人、贫下中农、劳动青年，以及退伍军人、在职干部（包括中小学教师）、四清工作队员"。上述人员也采取推荐与选拔相结合的办法，选拔后"保送入学"。其中"劳动两年以上"是这类人员具备的一个条件。这一条件在工农兵学员的招生中逐渐演变为具有"两年以上的实践经验"。

根据笔者查到的资料，早在1964年"教育部关于一九六四年高等学校招考新生的规定"[33]中就出现过有关"体力劳动"的规定。该规定出现在外语考试的事项上："外国语分俄语和英语两种，由考生任选一种。参加过两年以上工农业生产和其他体力劳动的知识青年、退伍士兵和在职人员（包括中小学教师），报考文类专业的，可以申请免试外国语，但报考外国语专业的，不得免试。"

在1965年"高等教育部关于一九六五年高等学校招生工作的通知"[34]中，在该通知第二条第（二）款规定："对于经过一定实际锻炼的、政治思想好、具有高中毕业或相当于高中毕业文化程度的工人、贫下中农、参加过两年以上工农业生

---

28 "北京大学、清华大学招生（试点）具体意见（修改稿）"（1970年5月27日），载杨学为编，《高考文献》（上），页633。
29 "国务院批转国务院科教组《关于高等学校一九七三年招生工作的意见》"（1973年4月3日），载杨学为编，《高考文献》（上），页652。
30 "国务院批转国务院科教组《关于一九七四年高等学校招生工作的请示报告》"（1974年6月15日），载杨学为编，《高考文献》（上），页676。
31 "大学招生制度的根本变革"（1973年8月11日），原文载《教育革命通讯》，转载杨学为编，《高考文献》（上），页663。
32 "中共中央、国务院关于改革高等学校招生工作的通知"（1966年7月24日），载杨学为编，《高考文献》（上），页626-8。
33 "教育部关于一九六四年高等学校招考新生的规定"（1964年6月3日），载杨学为编，《高考文献》（上），页512-3。
34 "高等教育部关于一九六五年高等学校招生工作的通知"（1965年6月9日），载杨学为编，《高考文献》（上），页545-52。

产或其他体力劳动的知识青年、退伍军人、在职人员（包括中小学教师），继续实行推荐与考试相结合的办法，由所属单位或所在人民公社负责推荐，参加全国统一招生考试，如果他们的学业和健康条件达到报考学校的最低要求，可以优先录取。"

以上资料表明，工农兵学员招生条件中的"有实践经验"的要求，并非从专业知识的角度考虑需要一定的实践经验，而实际指的就是"教育与生产劳动相结合"中的"劳动"。再说得具体点就是指的"工农业生产劳动"或"其他体力劳动"。

下面来谈谈工农兵学员制度中的"开门办学"。

1970年第8期《红旗》杂志发表了"为创办社会主义理工科大学而奋斗"[35]一文。文中指出，建立无产阶级教育新体制，绝不是简单的组织变动，而是为了全面贯彻教育与生产劳动相结合和教育为无产阶级服务的方针，因此，学校要紧密联系社会实际，实行开门办学，只有这样才能坚持正确的方向，进行反修防修。文章认为，开门办学，厂校挂钩，把大学办到社会上去，不仅改变了旧教育的与世隔绝，而且使知识分子更广泛地接触工农兵群众，从而接受再教育，改造世界观。文章还认为，建立"无产阶级教育新体制"的目的，就是为了全面贯彻落实"教育与生产劳动相结合"。而开门办学就是改变旧制度的方式。此后，开门办学成为工农兵学员教学体制中的主要内容。

1971年"全国教育工作会议纪要"中提道："建立教学、生产劳动、科学研究三结合的新体制。教育同三大革命实践结合，应以厂（社）校挂钩为主，多种形式，开门办学。"[36]该文件肯定了开门办学的形式，这种形式一直持续到工农兵学员制度的终结。

所谓的开门办学，其实就是要求学生参加体力劳动，到农村开门办学就是干农活儿，到工厂开门办学就是下车间劳动。在实践过程中往往过分强调教育与生产劳动相结合，不惜用开门办学占用正常的教学时间，所造成的结果是，忽视了基本理论的学习，轻视知识，干扰了正常的课堂教学。由于错误地强调学生参加体力劳动的重要性，将教育与生产劳动相结合片面理解为教育加劳动，而且劳动越多越好，越艰苦越好。认为只有参加体力劳动才能消除资产阶级思想的影响，成为合格的接班人。如此过分地强调政治考量，用"以劳动代学习"取代学校正常的教学计划，导致的结果只能是在教育实践中经历严重挫折。

四、高校招生政策中的阶级路线

高校招收工农兵学员的做法并不是一朝一夕就形成的，实际上在1949年之后高校招生就执行了一条明确的阶级路线。这从建国初期的高等学校"向工农开门"的政策中就已经开始尝试了，只不过具体做法与后来有所不同。在1949年12月召开的第一次全国教育工作会议和第一次全国高等教育会议强调的方针是：教育为工农服务，高等学校为工农开门。在这次会议上，时任教育部长的马叙伦在大会的开幕词中指出：

"我们的社会教育毫无疑义的应以工农为主体外，我们的小学校应该多多地吸收工农的子女，我们的中学校和大学校，也应该有计划有步骤地为工农青年大大开门，以便大量地培养工农出身的新型知识分子，作为我们国家建设的新的坚强骨干。这是中国新教育建设的工程中具有头等重要意义的工作，我们应该首先努力促其实现。"[37]

由此可见，"向工农开门"在建国初期已成为

---

35 驻清华大学工人、解放军宣传队："为创办社会主义理工科大学而奋斗"，载《红旗》杂志，1970年第8期。
36 杨学为编，《高考文献》（上），页641。
37 "在全国教育工作会议上的开幕词"（节录）（1949年12月23日），载杨学为编：《高考文献》（上），页2。

我国高校的招生政策。现在的中国人民大学就是在中华人民共和国成立后不久，以吸收工农干部为主，学习苏联经验，加强马列主义理论学习，培养国家建设干部而建立的新型学校。在"教育部关于高等学校一九五〇年度暑期招考新生的规定"中，对录取标准做了特别说明："具有下列条件之一者，考试成绩虽稍差，得从宽录取：有三年以上工龄的产业工人；参加工作三年以上的革命干部及革命军人；兄弟民族学生；华侨学生……"[38]

此后，政府有关部门又陆续通过了一系列优惠规定，以扩大工农进入高校的机会。其中包括对工农干部、革命军人和产业工人采取优先录取、降低分数线、免考外语、加分、选送等方式。当时，不仅高等学校要为工农开门，中学也是如此。做法是办工农速成中学。当时要解决的问题是为多年参加革命斗争的青年和成年工农干部提高文化水平。先将他们的文化水平提高到中学程度，再升入大学学习。

1953年高校招生规定，速中毕业生、革命干部、产业工人考试成绩达到所报系科录取标准者优先录取。这样一来，这些人在高校招生中就享有了一般考生没有的优先权。于是，高校中工农子女、革命干部所占比例逐年增加，而以速成方法难以给学生打下扎实的知识基础。于是，教育部、高等教育部在1955年7月联合发出通知：自1955年秋季起工农速成中学停止招生。但直到1958年，高校招生仍然对"工农速成中学毕业生、工农干部和参加革命工作时间较久的老干部、优秀的高中毕业生等，经审查认为符合条件的……可以采取保送入学的办法。"[39]

在1958年7月3日《人民日报》发表了一篇题为"加强党的领导做好高等学校招生工作"的社论中指出："高等学校招生，还要注意贯彻阶级路线。目前，高等学校在校学生中的工农成分学生的比重，只占在校学生总人数的三分之一左右。这和社会主义国家的性质以及我国工农群众在全国人口中占80%以上的情况是不相适应的。这种不合理的状况，必须逐步加以改变……教育部规定了对于政治、业务条件都好的工人、农民、工农速成中学毕业生、工农干部和参加革命工作时间较久的老干部等，采取免试保送入学和优先录取的办法。这个规定是必要的、合理的……那些轻视劳动人民，歧视工农学生的资产阶级观点是错误的，应该进行批判。"[40]

同一天《光明日报》《文汇报》等报纸都发表了社论，支持在招生工作中"要纠正重业务轻政治的倾向，要贯彻阶级路线"[41]，认为"对于工农学生可以采取保送入学或优先录取等办法""这是我国高等学校招考新生的一项重大改革，也是一件十分令人振奋的事情"[42]。这样一来，高校招生中的"阶级路线"得到了彻底的贯彻。1959年虽然停止试行保送优秀高中毕业生免试入学的办法，但对于工农和工农干部却继续实行选送报考和优先录取的办法。[43]这种做法表明，在高校招生中，政府一直实行的是给予工农、革命干部优惠的政策。

这种政策的另一表现是高校招生中的政治审查制度。1949年新政府建立后，1950年普通高校招生开始实施高考政治审查制度。当时政审主要是对考生的家庭出身、直系亲属和主要社会关系的政治情况进行审查，对考生本人的政治表现、

---

38 "教育部关于高等学校一九五〇年度暑期招考新生的规定"(1950年5月26日)，载杨学为编：《高考文献》(上)，页4。
39 "教育部关于工农速成中学毕业生、工人、农民、工农干部和老干部以及优秀的高中毕业生保送入学的通知"(1958年6月17日)，载杨学为编：《高考文献》(上)，页314。
40 "加强党的领导做好高等学校招生工作"，《人民日报》社论，1958年7月3日，载杨学为编：《高考文献》(上)，页329-30。
41 "作好高等学校的招生工作"，《光明日报》社论，1958年7月3日，载杨学为编：《高考文献》(上)，页332。
42 "欢迎今年的高校招生规定"，《文汇报》社论，1958年7月3日，载杨学为编：《高考文献》(上)，页333。
43 杨学为编：《高考文献》(上)，页340。

品德情况进行考查。[44]1953 年，高教部第一次发出了关于报考高等学校学生的政治审查问题的通知，要求各招生委员会成立人事组，对考生政治情况"作适当的审查"。1955 年高教、教育、公安、内务等部 6 月 4 日发出通知，正式发布《关于高等学校招生进行政治审查的规定》：由所在单位了解情况，提出初步意见；由招生委员会进行政治审查。政审标准经修改后报国务院批准。重要专业、军事国防工业、外交性质的学校，单独制定了标准。

政治审查制度将所谓"地主、富农和反动官吏等剥削阶级家庭出身"的考生排除在高等学校的大门之外，虽然有过一些纠正，但在"阶级路线"的要求下，仍然没有根本的改变。政审制度是与专业密级规定合在一起执行的。高校招生专业分为"一般、机密、绝密"三种。随着密级的提高对家庭成分的要求也越来越高，所有剥削阶级家庭出身的考生一律不能进入各机密专业。因此，政审和专业密级的规定大大限制了剥削阶级家庭出身的子女进入高校接受教育。

对哪些考生不予录取，在 1958 年"高等学校录取新生的政治审查标准"中有具体的规定："曾被判刑、被管制或依法被剥夺政治权利的分子；反革命分子或坏分子；有现行反革命活动嫌疑的分子；政治历史复杂，尚未弄清的分子；品质作风恶劣的分子；直系亲戚被我处死，没有证明已确实划清界限的；直系亲戚因政治问题被判处徒刑、管制或直系亲戚在资本主义国家、台湾、香港、澳门等地从事反革命活动，本人没有划清思想界限的；直系亲戚中有反革命、反党、反社会主义分子，本人没有划清界限的；亲密的社会关系因政治问题被我处死、判刑、管制，或在资本主义国家、台湾、香港、澳门等地从事反革命活动，本人没有划清思想界限的；地主、富农、反动官吏等剥削阶级家庭出身，没有划清思想界限，表现落后的。"[45]

上述规定后来逐渐形成了对于地（主）、富（农）、反（革命）、坏（分子）、右（派），即所谓"黑五类"子女不予录取的政策，又加上有"海外关系"的不予录取的做法。这样一来，到 1966 年文革开始时，通过执行阶级路线，用政治干预的方式，将这些人挡在了大学之外。相反，工农和干部子女获得了更多地进入高校学习的机会。

1966 年文革开始，在确定高校推迟招生后的 7 月 24 日，中共中央、国务院发出"关于改革高等学校招生工作的通知"，其中强调："高等学校选拔新生，必须坚持政治第一的原则。应该贯彻执行党的阶级路线，对于工人、贫下中农、革命干部、革命军人、革命烈士子女以及其他劳动人民的子女，凡是合乎条件的，应该优先选拔升入高等学校。至于剥削阶级家庭出身的应届高中毕业生，一定要经过严格审查，对于那些在政治上确实表现好的，也允许挑选适当数量的人升入高等学校。"[46]

1966 年高等学校招生工作座谈会参考材料中，公布的一组数字清楚地证明了这一点："为了向工农开门，多录取工人、贫下中农及其子女入学，改变知识分子队伍的面貌，培养和造就无产阶级革命接班人，招生工作注意了贯彻阶级路线。高等学校学生中工农成分学生的比重逐年有所增长。1953 年工农家庭出身和本人是工农成分的新生，仅占新生总数的 27.39%，1958 年上升为 55.28%，1965 年又上升为 71.2%。剥削阶级家庭出身的学生比重逐年下降。1958 年剥削阶级家庭出身的新生，占新生总数的 16.9%，1965 年下降

---

44 网络资料，网址为 https://zhidao.baidu.com/question/1905203034348022180.html，访问时间：2024 年 4 月 27 日。
45 笔者未查到该文件原文。转引自董美英："教育机会均等视阈下重点高校大学生来源的历史研究"，华东师范大学博士论文，2009，页 51。
46 "中共中央、国务院关于改革高等学校招生工作的通知"（1966 年 7 月 24 日），载杨学为编：《高考文献》（上），页 627。

为6.1%。"⁴⁷

这组数字清楚地表明了高校招收的新生中工农成分的变化。工农家庭出身和本人是工农的比重逐年增加，而剥削阶级家庭出身的学生比重逐年下降。这"一增一降"的原因就是贯彻阶级路线。而这种做法到了招收工农兵学员时更是发挥到了极致。需要注意的是，文革前17年的招生制度是学业成绩和政治质量间争斗的时期，时而强调学业成绩，时而强调政治质量。而文革时期高校招生制度则走向政治挂帅。⁴⁸

到1970年恢复高校招生时规定的学生条件是："政治思想好。在三大革命运动中，特别是在近四年无产阶级文化大革命中，能活学活用毛泽东思想，突出无产阶级政治，密切联系群众，有阶级斗争和路线斗争觉悟。要贯彻党的阶级路线，既反对忽视成分，又要反对唯成分论，要重在表现。"⁴⁹这种"既……又要"的句式表现的正是在当时的情况下高校的一种尴尬、无奈的处境。在当时的政治环境下，人们很自然地将家庭出身作为推荐上大学的一个硬性条件。从笔者了解的情况看，在工农兵学员招生中对阶级路线的规定仍然得到了坚决的贯彻执行。虽然后来提出了一个"可以教育好的子女"的补充方案，但仍然未能从根本上解决问题。工农兵学员的招生制度，强调政治挂帅的结果是，把绝大部分所谓的"黑五类"子女挡在了大学之外；两年以上的实践经验，把应届毕业生挡在了大学之外。强调政治条件和实践经验，其目的是为出身于工人、贫下中农、革命干部等所谓的"红五类"子女进入大学提供更多的机会。

1948年12月10日联合国大会通过的《世界人权宣言》第26条第1款指出："人人都有受教育的权利，教育应当免费，至少在初级和基本阶段应如此。初级教育应属义务性质。技术和职业教育应普遍设立。高等教育应根据成绩而对一切人平等开放。"在该文件中，"受教育权"被确认为是一项人权。而高等教育应"根据成绩""对一切人平等开放"。这是受教育权作为一项基本人权所决定的。《世界人权宣言》是有关人权问题的第一个国际文件，为日后国际人权领域的发展及人权条约的制订奠定了基础。虽然它是以联合国大会决议的形式通过的，并不具有法律上的拘束力，但其包含的习惯国际法规则却是具有法律上的效力的。值得一提的是，在9人组成的《世界人权宣言》起草委员会中有一位中国人——张彭春（Peng-chun Chang）⁵⁰。他在整个起草过程中发挥了重要作用。

可在1949年之后的中国，有多少人知道《世界人权宣言》呢？

1954年9月20日第一届第一次全国人民代表大会通过的《中华人民共和国宪法》（即"54宪法"），以1949年的《共同纲领》为基础，又对《共同纲领》有所发展。在54宪法第94条规定："中华人民共和国公民有受教育的权利。国家设立并且逐步扩大各种学校和其他文化教育机关，以保证人民享受这种权利。国家特别关怀青年体力和智力的发展。"⁵¹从该条款看，将"受教育权"作为一种公民的基本权利，规定在宪法中，还是相

---

47 "高等学校统一招生工作结束（修订稿）（1966年9月21日）"，载杨学为编：《高考文献》（上），页572。
48 董美英："教育机会均等视阈下重点高校大学生来源的历史研究"，页80-1。
49 "北京大学、清华大学招生（试点）具体意见（修改稿）"（1970年5月27日），载杨学为编：《高考文献》（上），页632。
50 张彭春（1892年4月22日-1957年7月19日）(Peng-chun Chang)，字仲述，出生于天津，中国近代教育家、早期话剧（新剧）活动家、导演、外交家。哥伦比亚大学文学硕士、教育学硕士、哲学博士。南开大学教授。1940年起，正式担任国民政府外交官。1946年联合国大会期间任联合国经济社会理事会中国代表。1947年7月任联合国安理会中国代表。1948年任联合国人权委员会副主席，参与起草《世界人权宣言》。资料来源"百度百科"：https://baike.baidu.com/item/张彭春/3021686，访问时间：2024年6月9日。
51 转引自余立主编：《中国高等教育史》（下），上海：华东师范大学出版社，1994，页9。

当不错的。问题是，执行情况如何呢？

还值得一提的是，正当中国热火朝天地搞文化大革命的1966年，联合国大会通过了两项重要的人权条约，即：《经济社会文化权利国际公约》（简称A公约）[52]和《公民权利与政治权利国际公约》（简称B公约）[53]。这两个条约与《世界人权宣言》一起被称为"国际人权宪章"，是当代国际人权法的基本文件。在A公约中关于受教育权在第13条是这样规定的："人人有受教育的权利……教育应鼓励人的个性和尊严的充分发展，加强对人权和基本自由的尊重……高等教育应根据成绩，以一切适当方法，对一切人平等开放"。

当这两项公约通过时，国内没见有什么报道。人们对其中的内容更是闻所未闻。当今天中国已成为《经济社会文化权利公约》的缔约国时[54]，我们回过头来看看我们以前的做法，是否应该有所反思呢。

可喜的是，高校招生中的"阶级路线"今天已经不复存在，政审制度从1977年恢复高考以来，就不断放宽高考政审条件，这被认为是高考制度的进步，我国于1999年实施的《高等教育法》第九条明确规定："公民依法享有接受高等教育的权利。"[55]可以说，这是一种进步。也是中国政府履行《经济社会文化权利公约》的一个实例。

五、培养无产阶级革命事业接班人

绝大多数"50后"都会唱一首歌——"我们是共产主义接班人"。笔者至今仍然记得上初中时参加"十一"国庆节游行的情景，那时我们正是唱着这首歌经过天安门城楼，接受党和国家领导人的检阅。那种虚幻的使命感和自豪感让我们这些还戴着红领巾的"接班人"们陶醉其中。

防止"和平演变"和培养革命事业接班人，是毛泽东在50年代末、60年代初提出的。从1958年开始，中苏关系逐渐恶化。到1960年年初，中苏两党的分歧进一步加剧，论战进一步公开。从1963年9月到1964年7月，以《人民日报》和《红旗》杂志编辑部的名义，相继发表了9篇评苏共中央公开信的文章，点名批判"赫鲁晓夫修正主义"。这就是著名的"九评"[56]。其核心主张就是：反对"修正主义"，防止"和平演变"。

1964年2月毛泽东发表了春节谈话，就教育问题做出了一系列指示。于是，防止"和平演变""反修防修"的一系列运动开展起来，教育领域也被席卷其中。在这种背景下，毛泽东于1964年

---

[52] 《经济社会文化权利国际公约》，由联合国大会1966年12月16日第2200A（XXI）号决议通过，于1976年1月3日生效。原始作准中文本作"公民及政治权利国际盟约"；2002年1月联合国应中国政府建议，将"盟约"一词改为"公约"。详见北京大学法学院人权与人道法研究中心网站，网址为：http://www.hrhl.pku.edu.cn/rqwj/lhgrqwj/9262.htm，访问时间：2024年5月1日。

[53] 《公民权利与政治权利国际公约》，由联合国大会1966年12月16日第2200A（XXI）号决议通过。1976年3月23日生效。原始作准中文本作"公民及政治权利国际盟约"；2002年1月联合国应中国政府建议，将"盟约"一词改为"公约"。详见北京大学法学院人权与人道法研究中心网站，网址为：http://www.hrhl.pku.edu.cn/rqwj/lhgrqwj/9263.htm，访问时间：2024年5月1日。1998年10月5日，中国常驻联合国代表秦华孙大使在联合国总部代表中国政府签署了《公民权利和政治权利国际公约》。但至今尚未批准。详见外交部网站，网址为：http://russiaembassy.fmprc.gov.cn/ziliao_674904/wjs_674919/2159_674923/200011/t20001107_7950，访问时间：2024年5月1日。

[54] 中国政府于1997年10月27日签署《经济社会文化权利国际公约》，并于2001年2月28日批准该公约，并完成了条约缔结程序，成为该公约的缔约国。详见 https://www.gov.cn/gongbao/content/2001/content_60701.htm，访问时间：2024年5月1日。

[55] 网络资料 https://zhidao.baidu.com/question/1905203034348022180.html，访问时间：2024年4月27日。

[56] "九评"又称"九评苏共中央公开信"。它批判的对象就是1963年7月14日苏共中央《给苏联各级党组织和全体共产党员的公开信》。毛泽东从1963年9月6日至1964年7月14日亲自主持撰写了9篇评论苏共中央《公开信》的文章，指名批判赫鲁晓夫的修正主义。《九评》的发表表明毛泽东已作好了与苏共决裂的准备，不再有什么忌讳了。参见李瑗：《试述<九评>与中苏论战》，载《理论学刊》，2008年第4期。资料来源于百度百科，网址为：https://baike.baidu.com/item//中共九评苏共/14584206?fr=aladdin，访问时间：2023年8月15日。

正式提出了"培养革命事业接班人"的问题[57]，使得本已从八届十中全会后日益加强的阶级和阶级斗争意识更加强化。1964年以后我国的教育目标明确提出是"培养无产阶级事业的接班人"。因为要完成这一使命，教育具有不可推卸的责任。1964年，在毛泽东亲自主持撰写的"九评苏共中央的公开信"中提出："毛泽东同志提出为了保证我们的党和国家不改变颜色，我们不仅需要正确的路线和政策，而且需要培养和造就千百万无产阶级革命事业的接班人。"接着，毛泽东提出了接班人的五个条件。[58]这五个条件是：

1. 他们必须是真正的马克思列宁主义者…

2. 他们必须是全心全意为中国和世界的绝大多数人服务的革命者…

3. 他们必须是能够团结绝大多数人一道工作的无产阶级政治家。

4. 他们必须是党的民主集中制的模范执行者，必须学会'从群众中来，到群众中去'的领导方法，必须养成善于听取群众意见的民主作风。

5. 他们必须谦虚谨慎，戒骄戒躁，富于自我批评精神，勇于改正自己工作中的缺点和错误。

这五个条件的提出不是作为组织部门进行工作的方针政策和选拔干部的标准，而首先是作为对青少年的一种公开和直接的召唤。毛泽东的号召，很快就从社会、共青团、学校等各条渠道渗入到青少年群体之中，结果对政治家要求的这五个条件同时成为对青年学生的政治要求。[59]当笔者还是个初中生的时候，就知道这五个条件。

再看一下这五个条件，都是政治、思想和品德上的笼统标准，而没有能力和文化知识方面的要求，其导向使得学生容易忽视文化知识，而只追求思想上的革命化、政治觉悟的提高[60]。回想起来当年笔者作为一个刚走进中学的懵懂少年，就开始投入到阶级斗争和意识形态领域的斗争中，满脑子被灌输了与年龄不相符的阶级斗争理论。在这种"左"的思想的指导下，教育陷入了以"阶级斗争为纲"的错误中。以至于文革开始后，无数青少年就被当成了"革命小将"，以红卫兵的不良形象充当了文革的急先锋。当年的"九评"等文章，是发动文革的理论利器，那种攻其一点、不及其余、盛气凌人、横扫千军如卷席的文风；那种不容商量、不容讨论、唯我独左、唯我独革的思维，包括笔者在内的一代人都深受影响。

在1964年毛泽东正式提出接班人的问题之后，高校的招生工作直接跟"培养接班人"联系在了一起。据笔者查到的教育部下发的文件中提道"接班人"问题的有：

1. 1964年4月11日《教育部、公安部、内务部、关于对一九六四年报考高等学校的考生进行政治审查的通知》中称："高等学校招生的政治审查工作，直接关系到国家培养什么样的接班人的问题，因此必须做好。"[61]

2. 1964年5月4日"中共中央、国务院批转教育部临时党组《关于克服中小学学生负担过重现象和提高教学质量的报告》"。该报告中称：克服中小学学生负担过重的现象和片面追求升学的思想，"是关系到办什么样的学校，培养什么样的人的重大问题，是关系到培养坚强的有文化的劳动的革命后代、发展国家科学文化的根本大计，必须引起各级党委和政府的足够重视"。[62]

---

57 薄一波：《若干重大决策与事件的回顾》（下卷），北京：中共中央党校出版社，1993，页1157。
58 "关于赫鲁晓夫的假共产主义及其在世界历史上的教训——九评苏共中央的公开信"，载于《人民日报》，1964年7月14日。
59 米鹤都：《心路：透视共和国同龄人》，北京：中央文献出版社，2011，页58。
60 隋子辉："'无产阶级政治'指导下的北京市中小学教育（1949-1966）"，页35。
61 《教育部、公安部、内务部、关于对一九六四年报考高等学校的考生进行政治审查的通知》（1964年4月11日），载杨学为编：《高考文献》（上），页481。
62 "中共中央、国务院批转教育部临时党组《关于克服中小学学生负担过重现象和提高教学质量的报告》"（1964年5月4日），载杨学为编：《高考文献》（上），页482。

3. 1964年5月20日"中共中央批转高教部党组《关于改进高等学校招生工作的请示报告》"。该报告在指出:"为了培养又红又专的无产阶级革命事业的接班人,高等学校的招收学生,应该进一步贯彻阶级路线和政治与学业兼顾的原则,严肃认真地挑选政治思想好、学业成绩好、身体健康的学生入学。"[63]

4. 1964年10月31日"高教部党组关于一九六四年高等学校招生工作情况简报"总结了1964年高校招生工作,指出:"为了进一步贯彻……教育方针,培养又红又专的革命事业的接班人,今年高等学校招生,进一步贯彻了阶级路线,在保证政治质量的前提下,兼顾了新生的学业成绩和健康条件。"[64]

以上资料表明,从1964年开始高校招生与培养接班人就联系在了一起。1975年北大、清华大批判组在一篇文章中就提道:"由于他们(指工农兵学员——笔者注)有三大革命运动的实践经验,无论学文科,还是学理工科,理解能力和实践能力都比较强。他们上大学,管大学,用马列主义、毛泽东思想改造大学,成为教育革命的一支生力军。这是过去那种从家门到校门,从小学、中学到大学的学生根本做不到的。我们深深感到,只有坚持从工农兵中招生,才能使培养无产阶级革命事业接班人从阶级路线上得到保证。"[65]

从这篇文章中可以看到,从工农兵中招收大学生的制度已经明确地与"培养无产阶级革命事业接班人"联系在了一起。而且将"从工农兵中招生"上升到了"阶级路线"的高度——是为培养革命接班人从阶级路线上提供了保证。这与从1964年高校招生的目的几乎是相同的,同样明显超出了教育承载的内容。后来成为工农兵学员的这代人,在他们很小的时候就开始接受政治性很强的革命教育,被作为"共产主义接班人"来培养。文革中发生的"教育革命"是当时的历史条件造成的,是一种对社会理想的追求,是想实现一种理想化了的教育。[66]而在"十七年教育"中突出的矛盾,如政治与教育的关系、党与知识分子的关系问题,在某种程度上在文革中大爆发,并以粗暴、荒诞的方式突显了这一新中国教育内在的基本矛盾。[67]

以上研究表明,工农兵学员制度的产生是与"十七年教育"分不开的。虽然文革中的教育革命以否定"十七年教育"开始,但从根本上讲,文革中的教育与"十七年教育"是一个连续的过程,二者不可分割。因此,本文在探讨该制度产生的渊源时,主要考查的是与"十七年教育"有关的渊源。笔者认为,1949年之后在教育领域的一系列操作:从教育中的"苏联模式""招生中贯彻的阶级路线政策""教育必须为无产阶级政治服务""教育必须与生产劳动相结合",到"培养无产阶级革命事业接班人",使得教育只强调为政治服务的方向。最终导致的结果就是"左"的错误冲击了教育本身,而这种结果在文革期间发展到了极致,工农兵学员制度只是其中的集中体现。因此,以上内容可以确定为工农兵学员制度的渊源。

正是由于以上几项渊源的合力,再加上当时的政治环境和背景促成了工农兵学员制度的产生。该制度的产生肯定还有其他的渊源,但上述几项不容忽视。

---

[63] "中共中央批转高教部党组《关于改进高等学校招生工作的请示报告》"(1964年5月20日),载杨学为编:《高考文献》(上),页488。
[64] "高教部党组关于一九六四年高等学校招生工作情况的简报"(1964年10月31日),载杨学为编:《高考文献》(上),页522。
[65] 北京大学、清华大学大批判组:"教育革命的方向不容篡改",《北京大学学报(哲学社会科学版)》,1975年第6期,原载《红旗》杂志一九七五年第十二期,页4。
[66] 程晋宽:《"教育革命"的历史考察:1966-1976》,"序"页1。
[67] 杨东平:"新中国'十七年教育'的基本特征",页16。

【历史研究】

"文革"初期的北大工作组

胡宗式、章铎

内容提要：1966年6月1日前，中央已经决定派工作中进北大。一线领导以反右派斗争的思维领导文革，必然和毛泽东发生冲突。面对偶发的"六一八"群体事件，张承先错误定性并上报《九号简报》，这也影响了刘少奇的地位。毛泽东做出撤销工作组的决定。张承先成了"资产阶级反动路线"推动者，直到晚年他也没有深刻认识。

关键词：文化大革命、工作组、资产阶级反动路线、张承先、聂元梓

一、以张承先为首的工作组仓促进入北大

1966年6月1日当晚，中共中央华北局、中共北京新市委负责人吴德、苏谦益、池必卿、黄志刚等率领以张承先为组长的华北局派驻北京大学工作组32人进校，并立即召开中共北京大学委员会会议，由华北局负责人宣布：北京大学党委抗拒文化大革命，压制群众，打击左派，包庇右派。北京大学是一个顽固的资产阶级反动堡垒。华北局决定派以张承先为首的工作组进校，放手发动群众，坚决支持革命，把北大的社会主义文化大革命进行到底。会上，华北局负责人向"党内坚决走资本主义道路的当权派"提出警告：必须老老实实彻底交待自己的罪行；必须停止一切非法活动。同时向党委宣布约法三章：不许搞秘密活动；不许搞两面派；不许阳奉阴违。

6月2日凌晨零点30分，华北局工作组在办公楼礼堂召开全校党团员干部、学生干部大会，一千多人出席。会上，宣布华北局决定：派工作组进校领导文化大革命。

向北大派出以张承先为首的工作组的事，是中央决定的。早在5月29日，刘少奇、周恩来、邓小平等中央一线领导人就做出了向北大派出以张承先为首的工作组的决定，并获得在杭州的毛泽东的同意。[1] 在毛泽东还没有见到聂元梓等人大字报的时候，中央一线领导就已经在筹建工作组了。聂元梓等人的大字报即便不广播，工作组也是要派的。数十年后，张承先在1998年发表的《"文革"初期的北大工作组》（以下简称"张文"）一文中回忆说：

> 在极其紧急的情况下，我奉命进入北大担任工作组组长。
>
> 1966年5月，我正在北京参加中共中央华北局主持召开的华北地区"文化大革命"工作会议（当时我任河北省委书记处书记）。在会上听了5月18日林彪在中央政治局扩大会议上的讲话。他在讲话中大讲世界上"政变成风"，并称中国有些人阴谋搞政变，要杀人。会上还传达了彭真、罗瑞卿、陆定一、杨尚昆等的所谓"反党错误"。当时感到气氛很紧张。

---

[1] 中共中央文献研究室编：《周恩来年谱（1949-1976）》（电子版），页1123。

在这次会上，还传达、学习了中央决定发动"文革"的《五一六通知》。我对这一通知进行了反复认真的研读。其中对国内政治形势所作的那些极其严重的估计，真使我大吃一惊，心想：情况有这么严重吗？但由于毛主席在我心中的崇高威望，我又不能不相信，也不敢怀疑。当时只是考虑自己要努力学习提高，跟上毛主席的重大战略部署。同时认真对照检查我在河北主管的文教工作，考虑在这方面工作中有无问题。

6月1日下午，我突然接到通知，让我在傍晚到北京饭店向北京新市委第二书记吴德领受任务。吴德对我说：毛主席决定要向全国广播北京大学聂元梓等七人5月25日贴出的大字报，广播后北大党委可能陷入瘫痪状态，中央决定任命你为北大工作组组长，并由你代行北大党委书记职务，要赶在广播前进驻北大，领导那里的"文化大革命"运动。当晚召开了华北局和北京新市委负责人参加的紧急会议，讨论工作组进驻北大后的工作方针和行动计划。然后，吴德和华北局负责人苏谦益、池必卿、黄志刚带领我急忙赶到北大，召开党委会议，宣布了华北局决定。这时中央人民广播电台已于晚八点广播了聂元梓等的大字报。6月2日晨零点三十分，紧急召开了全校党团员、干部和学生干部大会，我讲了话，表示要坚决支持北大的革命运动，放手发动群众，把北大的"无产阶级文化大革命"进行到底！[2]

二、在党中央的号召下，北大燃起"文革"烈火

1966年6月1日，《人民日报》发表了社论《横扫一切牛鬼蛇神》。当晚，按照毛泽东的批示和电话指示，广播了聂元梓等人的大字报。在大字报被广播以前，公开支持和反对大字报的人都是少数，反对大字报的人虽然气势汹汹，但那是表面上的，其中的许多学生是被利用的。大多数师生员工，特别是普通学生和职工，搞不清楚是怎么回事，并没有发声。另外，还有一大批师生在外地参加农村"四清"运动，他们还不知道大字报的事情。大字报广播后，情况就不一样了。

6月2日，《人民日报》头版以《北京大学七同志一张大字报揭穿了一个大阴谋》为题，全文刊登了这张大字报，《人民日报》还发表了社论《触及人们灵魂的大革命》和评论员文章《欢呼北大的一张大字报》。评论员文章宣称："为陆平、彭珮云等人多年把持的北京大学，是'三家村'黑帮的一个据点，是他们反党反社会主义的顽固堡垒。" 于是，情况发生了根本性的转折，出现了全校师生一致声讨"陆平黑帮"的浪潮。很快，参加外地农村"四清"的师生也回到学校，参加到这一史无前例的浪潮中来。一些参加过围攻聂元梓等人大字报的学生认为自己被欺骗了，他们表现出了更大的愤怒，他们的行动也更为激烈，矛头所向，首先是前几天带领或鼓动他们围攻聂元梓等人大字报的干部和老师。这同后来"六一八事件"的发生，在某种程度上是有因果关系的。

6月4日，《人民日报》发表了经毛泽东审阅批准的两篇新华社电讯。第一篇电讯是关于改组北京市委、成立新市委的，兹不赘引。第二篇电讯宣布了新改组的北京市委的决定：一、派以张承先为首的工作组到北京大学对社会主义文化大革命进行领导；二、撤销北京大学党委书记陆平、副书记彭珮云的一切职务，并对北京大学党委进行改组；三、在北京大学党委改组期间，由工作组代行党委的职权。消息公布后，北京市群众敲锣打鼓，游行庆祝，欢迎新市委。对于毛主席、党中央的决定，广大人民是热烈拥护的。

事实证明，陆平、彭珮云是中央要打倒的，也是被中央打倒的。6月5日，《人民日报》又发表社论《做无产阶级革命派，还是做资产阶级保

---

[2] 张承先：《"文革"初期的北大工作组》，载《百年潮》，1998年第5期。

皇派？》，社论说："陆平等这一小撮保皇党，拼命抵制和破坏社会主义教育运动……他们对一批积极分子进行的这种残酷斗争，竟长达7个月之久。这是1965年发生的一个极端严重的反革命事件。"

这篇社论宣示了中央对北大社教运动的新的评价，在第二次国际饭店会议上遭到围攻、打击的左派们终于获得解放。听到这篇社论的广播，对北大1964-1965年间那场严重党内斗争一无所知的学生们，深感震惊。总支书记一级的官员们的一些问题，在1964年社教运动中只是在党内被提出来质问，现在被用大字报公布出来了，在工作组主持的群众大会上被批判了。并且，他们都被称为"黑帮"。

当时的北大学生，都是解放后长大的，从小就受到共产党的教育，都认为中央人民广播电台、《人民日报》《解放军报》《红旗》杂志，等等，传播的都是毛主席、党中央的声音，都是真理，只能学习、紧跟，是不容许有丝毫怀疑的。特别是自八届十中全会提出"千万不要忘记阶级斗争"之后，在国际上开展了反对苏联修正主义的斗争，在国内开展了"四清"运动，报刊上早已充斥着种种批判文章，北大学生的头脑中，已经被灌满了阶级斗争和"反修防修"的意识。经过多年的宣传教育，学生中对毛泽东的个人崇拜和个人迷信，也已达到很高的程度。另外，自开展批判《海瑞罢官》和"三家村"的运动以来，火越烧越旺，报刊批判文章的调子越来越高，气势汹汹，咄咄逼人，充满了火药味。因此，在这一系列急风暴雨般的鼓动之下，北大学生一边倒地声讨"陆平黑帮"，是非常自然的事情。这也是多年来中国的大学当局对学生进行"以阶级斗争为纲"的政治思想教育的必然结果。北大有上万名年轻学生，中央媒体发表一张大字报，再发表一篇评论员文章，便足以让他们热血沸腾了。

工作组进北大后，很快向全校师生传达了《五一六通知》及其附件，传达时还特别说明，这份文件中的许多段落是毛主席亲自写的，所以，《五一六通知》将来是要收入《毛泽东选集》的。听了传达，师生们无不感到震惊、骇然和气愤，震惊、骇然和气愤之余，便把怒火撒向了"陆平黑帮"。工作组进校后，首先面临的是全校师生在毛主席、党中央的号召下，群情激愤，批判"陆平黑帮"的火爆场面。毛泽东说："北大一张大字报，把文化革命的火点燃起来了，这是任何人压制不住的一场革命风暴。"[3]从6月1日到6月6日，校内共贴出大字报五万多张。每天都有社会各界上万人来北大看大字报和表示声援。仅6月上旬，全市各校、各单位到北大"声援"、串联的就超过30万人。[4]有一次还来了一大批警察，表示要坚决保护北大的无产阶级革命派。

面对这种情况，以张承先为首的工作组显然没有思想准备。工作组总想把运动完全控制在自己的手里，总想在群众中抓些右派。他们仍然按照过去的老办法，对群众按左、中、右排队，而"左"的标准首先是看出身、是否党团员等等。一些单位在小组讨论会上，积极分子拿小本子记录他人的发言而自己并不积极发言（这显然是在收集证据）。有的工作组整了群众的黑材料，有的没有整，或者说还没有来得及整。他们的这种做法，造成了群众的分裂。张承先在《"文革"初期的北大工作组》一文中对当时情况的描述，颇有失实之处。[5]这篇文章表明，张承先对文化大革命和北大形势的认识是混乱的，他无法站在前面领导这场运动，工作组最终被撤走也就是必然的了。

相对于中央的一系列举措，相对于各大报刊的一篇又一篇社论，相对于北大师生被煽动起来的革命激情，张承先及其工作组无疑远远地落在

---

[3] 中共中央文献研究室编：《毛泽东年谱（一九四九──一九七六）》（第五卷），北京：中央文献出版社，2013，页593。
[4] 卜伟华：《砸烂旧世界》，页256。
[5] 参见古樟：《文革初期的北大──浅析张承先的〈"文革"初期的北大工作组〉》，载《记忆》第147期。

了后面，这中间的矛盾很快便爆发出来。另外，报刊社论对"陆平黑帮"的问题上纲很高，帽子很大，但工作组领导下的系一级会议上的揭发批判却空洞无物，这也产生了矛盾。这些矛盾的结果之一，便是开始出现了过火的斗争行为。一些"黑帮"或"黑帮爪牙"遭到揪斗，他们被戴上高帽子、挂上黑牌游街，受到推搡、揪头发、坐喷气式、往身上贴大字报，甚至殴打等粗暴的对待。工作组采取了一些劝阻措施，但未能奏效。

有过火行为的北大学生在当时也只是少数，要考证这些过火行为的渊源，其实同聂元梓并没有什么关系（张承先是把这些过火的斗争行为归罪于聂元梓的），倒是和毛泽东的《湖南农民运动考察报告》有点关系，特别是"革命不是请客吃饭，不是做文章，不是绘画绣花，不能那样雅致，那样从容不迫，文质彬彬，那样温良恭俭让。革命是暴动，是一个阶级推翻一个阶级的暴烈的行动"这段语录。那个年代的学生们都要学习《毛选》，学的最多最熟的，就是《毛选》第一卷开头的几篇文章，学以致用，恰逢文革，就模仿了一下（文革初期，毛泽东的这段语录及《湖南农民运动考察报告》全文，就曾被抄成大字报，张贴于27楼对面马路边的大字报苇席栏上）。另外有重大关系的，是《五一六通知》和一系列社论，"彭、罗、陆、杨"是"反党集团"，陆平党委是"黑帮"，北京大学"是'三家村'黑帮的一个据点，是他们反党反社会主义的顽固堡垒"……这不都属于敌我矛盾吗？他们不都是最危险的敌人吗？对他们，还能那样文质彬彬，那样温良恭俭让吗？多年后，有校友指出，"先有文革当局以煽动幼稚青年为目的的极端野蛮暴力的语言暴力，才有受蒙蔽青年对受害者身体实施的物理暴力。"[6]回顾历史，不就是这样的吗？

很快，全国许多地方都燃起了"文革"的烈火。后来连毛泽东都说："我也没有料到，一张大字报一广播，就全国轰动了。"[7]为什么全国都轰动了？还不是毛泽东、党中央和中央媒体的威望带来的吗？

三、"六一八事件"及工作组报送中央的两个文件

工作组进校半月有余，没有"斗争黑帮"，这引起少数激进学生的不满。6月18日上午，一些学生冲破工作组的限制，自发地起来批斗所谓"牛鬼蛇神"，校园里多个地方出现了乱批乱斗的现象。其中，38楼门口的"斗鬼台"最为显眼，因为该楼东面入口处有个高台阶，东面和南面是一片空地，是集会的好场所（高台阶东面的外墙上贴了"斗鬼台"三个大字标语）。一些人被抓来示众、游街，受到罚跪、戴高帽、坐"喷气式"、用墨汁涂面、拳打脚踢等暴力对待，场面非常混乱。

中文系学生奚学瑶在他的回忆录《青春非常之旅——我的"文革"印迹》[8]（以下简称"奚文"）中写道：

> 大学生们也不甘落后，以毛泽东《湖南农民考察报告》为思想武器，经常念着这样的语录："革命不是请客吃饭，不能那样文质彬彬，那样温良恭俭让。革命是暴动，是一个阶级推翻另一个阶级的暴烈行动。"也学当初湖南农民的样子，给"黑帮分子"戴上高帽，有的甚至将装便纸的铁丝篓扣在他们的头上。6月18日，一个批斗"牛鬼蛇神"的高潮掀起来了，各系纷纷将本系的"黑帮分子""反动学术权"拉到学生宿舍区批斗，有些学生为了表示自己的革命，采取了激烈的行动。

---

6 杨子浪：《我所目睹的最早的文革暴力——北大"六一八事件"追忆和反思》，载王复兴主编：《回顾暴风雨年代》（第二集），香港，时代文献出版社，2019。
7 中共中央文献研究室编：《毛泽东年谱（1949—1976）》（第六卷），页9-10。
8 丛璋、亚达、国真编辑整理：《燕园风云录》（一），页101。

化学系学生唐利在其《我的北大文革记忆》[9]（以下简称"唐文"）中有大体相同的记述：

> 六月十八日，趁工作组正在开会之机，哲学系带头，不经批准，建立"斗鬼台"，拉来陆平一伙斗争（陆平、彭珮云等人在工作组严密监护之下，是拉不来的——引者），全校不约而同，各单位群体揪斗，既没有请示工作组，又出现了过火行为。

> 那一天我觉得到处乱哄哄，人群骚动，原来大家决定按《湖南农民运动考察报告》的一段话办事："革命不是请客吃饭，不是绘画绣花，不能那样雅致，那样从容不迫，文质彬彬，那样温良恭俭让，革命是暴动，是一个阶级推翻另一个阶级的暴烈行动。"觉得既要革命，就要像个样子，比如像湖南的泥腿子一样，搞搞戴高帽子，挂黑牌子，上街游行。

"唐文"还写到化学系的乱斗现象："又听到化学系有革命行动，我往那赶，一路上不断看到游街的，有的年长，有的年轻。到化学楼，斗的是党总支委员桂琳琳……几个女生架着她，头发散乱，面色苍白，双眼紧闭，任凭愤怒的人群七嘴八舌的吼叫。""唐文"在评述毛泽东的那一段话时写道："毛的这句话在文革非常著名，是文革中一切过激行动堂而皇之的合理外壳，非法行为有恃无恐的理论。"北大的学生为什么会这样子来应用毛泽东的这段语录呢？这是一个至今仍值得思考和研究的问题。

要复原"六一八事件"的过程，已无可能。上引"奚文"和"唐文"所述，不过是一定距离之外的旁观者的印象，被斗者和斗人者，他们基本上都不认识。马生祥的《文革初期北大见闻录》一文，[10]指出38楼东门被斗的有历史系20多人，其余是哲学系师生，"马文"还列出了9名被斗者（其中历史系8人，哲学系1人）的姓名和职务。作者是历史系学生，又住在38楼，是距离较近的观察者，所以认得这些人。"马文"所列出的有姓名的9位被斗者，职务不过是团总支书记、年级党支部书记或辅导员等（其中有调干生），罪名则是"修正主义苗子""推行修正主义教育路线""保皇派"之类。他们之被揪斗，当有多种原因。笔者以为，原因之一，可能是他们在聂元梓等人大字报贴出之后采取了保陆平党委的态度，曾经"误导"过学生。另外，他们生活在学生中间，是当时随手抓得到的人物。

"新北大井冈山公社《批判者》"在1967年7月印行的一份材料中说，哲学系"风雷激"战斗队负责人胡××等人是"六·一八的积极参加者"。[11]另据"唐文"关于"哲学系带头，不经批准，建立'斗鬼台'……"的说法，胡××等人是否就是38楼东门乱批乱斗的始作俑者呢？

对"六一八事件"的产生起到刺激作用的，还有6月16日的《人民日报》。对此，李雪峰比北大校友记得还清楚：

> 6月16日《人民日报》发表了《南京大学革命师生揪出反党反社会主义分子匡亚明》的消息和社论《放手发动群众彻底打倒反革命黑帮》。这篇社论无疑给北大的学生点了一把火，因为学生们认为陆平的问题比匡亚明大得多，而且是中央点了名的，但是至今未被斗争过。由于陆平等领导被工作组隔离，他们找不到，于是他们就斗那些能找到的人。[12]

时为北大学生的李海文在其《1966年夏北大

9　共识网，http://www.21ccom.net/articles/lsjd/lsjj/article_2012022254193.html，2012年02月22日发布。
10　马生祥：《文革初期北大见闻录》，原载《文史精华》，2006年第7期。
11　"新北大井冈山公社《批判者》"：《把颠倒的历史再颠倒过来——北大两条路线第三场大搏斗真相兼为井冈山、红联军翻案》，1967年7月。
12　李雪峰：《回忆"文化大革命"初期的"五十天路线错误"——从"6.18"事件到"7.29"大会》，载张化、苏采青主编《回首"文革"——中国十年"文革"分析与反思》，北京：中共党史出版社，2014，页513。

见闻》中也有记录：

> 6月16日《人民日报》发表了南京大学斗校长的消息，并发表社论肯定这种做法。这个消息引起一些同学的不满，他们说南大斗了校长，北大还不斗。何况北大领导是第一张大字报点的名。言外之意，认为北大工作组太右了。[13]

必须指出，这一天的乱批乱斗，同工作组并不是毫无关系的。中文系学生陈景贵的日记表明，至少中文系这一天的批斗，一开始是经工作组批准，并由工作组领导的。[14]"六一八事件"是一个自发的群体性事件，参与的人很多，场面非常混乱。工作组对乱斗现象进行制止是对的，但对这一事件的描述和定性显然与实际情况不符。"六一八事件"当天晚上张承先做了一个广播讲话，讲话的全文无可查考，我们现在所见的，只有当时哲学系学生陈焕仁在日记中记下的一段话。这一段话颇长，兹不赘引。但张承先在这个广播讲话中，确实是把"六一八事件"说成是"一起极端严重的破坏无产阶级文化大革命的反革命事件"，说这是"背着工作组捣鬼，企图借此赶走工作组"。[15]

口头讲话难免有不准确之处，毕竟制止乱斗现象是当务之急。但是，工作组还有一个《北京大学文化革命简报（第九号）》（下文简称《九号简报》）和《关于北京大学二十天文化革命情况的报告》（以下简称《报告》），是报送中央的。这两个文件不同于口头讲话，是严肃的事情，笔者不得不略做探讨。这两个文件在当时都是秘密的。《九号简报》虽经刘少奇批转全国，但北大群众并不知情。同年7月底，根据毛泽东的意见，中共中央发文宣布撤销这个文件。[16]

《九号简报》称："今天发生的问题，同北大革命运动刚开始时所出现的一些问题，性质根本不同。据初步掌握的材料分析，带头给被斗人戴高帽子、动手打人的主要是坏人有意捣乱，这很有可能是有组织、有计划的阴谋活动。"《九号简报》虽然没有"反革命事件"的提法，但所做分析给人的印象，就是"反革命事件"。

关于"六一八事件"，《报告》写道："现在初步查明，这完全是校内外敌人结合对我们实行的突然袭击，制造混乱""我们抓住这场反革命分子制造混乱，破坏文化大革命的事件，召开了全校广播大会进行了揭发，用以教育群众，从中接受教训……揭露那些有意破坏政策，背着工作组搞秘密活动的别有用心的人，对敌情的重大线索，组织专案结合群众一查到底，把反革命挖出来。"按照《报告》所说，下一步工作就是"把反革命挖出来"。

据张承先回忆，《报告》系曹轶欧签字发出，张并未过目，但张事后仍为此承担了责任。张说："我是工作组组长，报告的指导思想是我的，至于谁批发，那只是个手续问题。"张承先没有说《九号简报》的签发情况，显然是他自己签发的。据笔者了解，《九号简报》同工作组的简报组也没有关系，是工作组领导层自己写的。

关于被揪斗的人员身份和人数，《九号简报》说是"斗了四十多人。在这些被斗的人当中，有重点人，也有些有问题的党团干部和教师，还有两个反动学生。"张承先的回忆说："前后有六十多人被揪斗，多是一般干部。"被揪斗的人员里并没有陆平、彭珮云等人，也没有各系的一把手，"多是一般干部""还有两个反动学生"，这正说明这是一起没有组织、没有计划、没有预定目标的"乱斗"行动。有的人可能正好从附近路过，被揪来批斗。关于乱批乱斗的情况，《九号简报》写

13　李海文：《1966年夏北大见闻》，见丛璋、亚达、国真编辑整理：《燕园风云录》（一），页47。
14　陈景贵：《1965—1970那几年我在北大》，香港：香港人民出版社，2019。
15　陈焕仁：《红卫兵日记》，香港中文大学出版社，2006，页48。
16　《毛泽东年谱（1949-1976）》（第五卷），页608。

道:"斗争时,发生了在脸上抹黑、戴高帽子、罚跪、少数人被扭打的现象。当时情况比较混乱。"这一描述是符合实际的。张承先的回忆所述,与此相同,只增加了"还发生了多起污辱女同志的流氓行为"一句。

《九号简报》点了 4 个"坏人"的名字,列举了他们的"恶劣行为"。张承先手里大概保存有《九号简报》,所以在多年后写文章时仍然引用了其中的内容。我们无法核查这些情况的准确程度,但其中所说的东语系一同学的情况,则明显与事实不符。据询东语系校友,当时张承先在大会上点了一同学的名字,但系里同学认为,该同学并不是张承先所说的那样的"坏人",并未将其当作"坏人"对待。至于指该同学"有流氓习气,人称'小阿飞'",则完全是无中生有,是《简报》作者的刀笔手法。东语系是培养小语种外语人才的,招生时的政治条件就颇严格,对于犯错误的学生,处分起来是很严厉的,故系里的风气一向较好,绝无"流氓习气"和"小阿飞"存在的空间。该同学实际上是一个不错的人,毕业后为某大军区录用,在军队工作到退休。张承先在数十年后的回忆录里重复当年无中生有的诬陷之词,毫无反省之意,实在是遗憾的事情。

张承先在"六一八事件"的当晚作了广播讲话后,学生们连续三天进行讨论,对照、检讨,参与乱揪乱斗的人更是个个要作检讨。作检讨的人数应该在一百以上,大多是一、二年级的学生。于是,北大校园恢复"平静"或"冷冷清清"。白天,学生们关起门来学习报刊。到晚上,则有"积极分子"组成的巡逻队打着手电四处巡逻。"奚文"回忆道:

> 当晚,北大工作组组长张承先发表了一个声色俱厉的广播讲话,强烈谴责师生们当天的行动,认定这是一个有预谋、内外勾结的反革命事件。此事被工作组写成简报,上呈当时刘少奇主持的党中央,又由党中央转发全国各地。与此同时,工作组在校内追查反革命,给一些参与 6 月 18 日的积极分子以很大的压力,我们班的一位干部子弟便曾为此不思茶饭。这么一来,北大便出现了冷冰冰的局面,似与初期的火热大相径庭。

"唐文"写道:

> 我们各班文革小组是层层追查的最低端,扮演了不光彩的角色,被要求彻查 6.18 那天所有同学的表现,哪些人有异常,参加了过火事件,大家都要反思,批判出轨行为,深刻认识阶级斗争新动向。我们自己当然是左派,出身不好,表现"落后"的同学成了追查的重点。运动搞到了学生头上,一时间,风云骤变,人人自危。文革会不会又是一次引蛇出洞,疑云四布。

> 6.18 是北大运动的急转弯,大方向从批黑帮批反动学术权威转到了整学生,学校里笼罩着肃杀冷清的气氛。

工作组急急忙忙上报了《九号简报》和《关于北京大学二十天文化革命情况的报告》,但并没有作进一步的调查研究,对于这两份文件中的一些纯属推测的不实的内容,没有进行核实和修正。相反,他们开始把矛头指向学生。

以张承先为首的工作组是要整群众的,他们也确确实实这样做了。他们进入北大以后,按照以往搞运动的路子,把群众分成左、中、右,又借"六一八事件"整群众的黑材料。工作组指使一些学生暗中整同学的材料,而被整的学生还浑然无知。最后,因为形势发生变化,工作组匆忙撤离,这些整学生、整群众的事未能搞成。这样的事情有多少,恐怕永远是一个谜。其中只有极少数的例子,因为后来整人者内部发生了矛盾和分裂,才被揭露出来,但那已经是很晚的事了。可以想象,倘若工作组继续搞下去,1957 年反右派的情景一定会重现。

《九号简报》带来的后果极为严重。据李雪峰回忆,6 月 19 日,刘少奇以中央名义加上批语转发了这份简报,20 日就下发全国了。刘少奇的批语说:"现将《北京大学文化革命简报》(第 9

号）发给你们。中央认为北大工作组处理乱斗现象的办法是正确的、及时的。各单位如果发生这种现象，都可以参照北大的办法处理。"《九号简报》转发后，北京各高校开始大抓"游鱼"，矛头完全指向群众，使人感到"反右斗争又来了"。李雪峰写道："刘少奇认为牛鬼蛇神出动了，和毛主席的看法有分歧。"[17]刘少奇没有发现，《九号简报》对敌情的估计是错误的，是建立在推测想象之上的，缺乏证据，是经不起推敲的。直到数十年后张承先写回忆文章，也没有拿出《九号简报》中所称的"六一八事件"是"内外勾结、有组织、有计划的阴谋活动"的证据。《简报》中被点名的几个人，也够不上"牛鬼蛇神"。刘少奇赞同《九号简报》，"认为牛鬼蛇神出动了"，匆匆忙忙将其批转全国，后来成为"资产阶级反动路线"的源头。不久，当张春桥把刘少奇批转《九号简报》所写的批语送给毛泽东看后，毛泽东说，怪不得到处镇压群众，现在才明白有一个资产阶级司令部。[18]这也是促使毛泽东写出《炮打司令部》那篇著名文字的动因之一。数十年后的文革史学者也指出，北大工作组处理"六一八事件"时"上纲过高""结果不仅压而不服，而且授人以柄"。[19]

据杜钧福《李雪峰北大讲话的罗生门》一文[20]，在毛泽东回到北京之前，从6月23日李雪峰"反干扰"讲话，到7月12日陈必陶等人大字报发表之前的十几天里，北京新市委李雪峰、吴德等领导人对北大"文革"的立场和对"六一八事件"的看法已经发生了显著改变，中央文革康生、陈伯达的态度也有了转变，但发生这种变化的动因，以及这段历史的细节，尚待研究。

张承先工作组进北大时，是受到全校师生欢迎的。那时候谁也想不到会有一条"资产阶级反动路线"，但工作组对"六一八事件"的处理，让许多学生感到压抑，有些工作队员在参加学生班级活动中表现出来的对抓"右派学生"的兴趣，已经引起了矛盾。人们对工作组开始有了看法。把"六一八事件"定性为"反革命事件"是不对的，但后来因为政治需要将其誉为"革命事件"，其负面影响也是深远的。

四、陈必陶等人写大字报给工作组提意见

1966年7月12日下午，地球物理系陈必陶等五名同学贴出了《把运动推向更高阶段》的大字报。[21]大字报在"对当前运动的几点估计与意见"一段中写道：

> 运动在当前发展较慢，几乎停止不前。
>
> 现在我们就是既不运也不动。每天早晨7：30—11：30是坐在宿舍里，下午2：30—4：30是坐在宿舍里，晚上还是坐在宿舍里，几乎没有什么串联，班与班，年级与年级，系与系，学校与学校互不通气，甚至同层楼也是"鸡犬之声相闻，老死不相往来"。整天在宿舍里，东拉西扯，没有讨论出什么东西……早晚7：30、下午2：30到宿舍的规定，很多同学感到被卡得死死的，憋得慌，满腔热情，一身干劲不能充分发挥。
>
> 核心小组还未充分发挥作用，有些干部每天开会太多，脱离群众，核心小组是上头有什么布置就往下传，下头有什么情况就向上反映，一件事做完就要指示，不来就等，没有一点主动性，创造性，说难听点只起传声筒的作用。

---

17 李雪峰：《回忆"文化大革命"初期的"五十天路线错误"——从"6.18"事件到"7.29"大会》。
18 中共中央文献研究室编：《毛泽东传（1949-1976）》，中央文献出版社，2003，页1422。
19 王年一：《大动乱的年代》，北京：人民出版社，2009，页34。
20 杜钧福：《李雪峰北大讲话的罗生门》，2014年1月22日发布于共识网，http://www.21ccom.net/articles/lsjd/lsjj/article_2014012299470.html
21 陈必陶等：《把运动推向更高阶段！》，见胡宗式、章铎主编：《北京大学文革资料选编》（上），奥斯汀：美国华忆出版社，2020。

陈必陶等人认为：当前运动"工作组要放手发动群众""不要卡得太死，不要搞清规戒律，要让群众的积极性充分发挥出来""要搞运动就不要怕乱，不搞运动当然也就不'乱'。要在乱中求不乱，有点'乱子'才好呢，这样每个人都要接受检验，人们就会分化，各派队伍就会分明起来。左、中、右分明了，我们看，这就比'一锅粥'好搞"。

五、张承先对陈必陶等人大字报态度的转变过程

陈必陶等人的大字报可能是全校第一份给工作组提意见的大字报，写这样的大字报，是要有勇气的。这张大字报打破了北大运动死气沉沉的局面，引起了各方面不同的反响。

"张文"说：

1966年7月12日下午，地球物理系陈必陶等五名同学贴出了《把运动推向更高阶段》的大字报，批评了工作组在运动中不敢放手发动群众。工作组领导小组决定通过这张大字报，进一步贯彻"放"的方针，把运动搞活。

这是多年后张承先写回忆文章时的说法，而当初的事实并非如此。张承先及其工作组，一开始并没有这样的认识。

"唐文"写道：

7月12日，地球物理系的陈必陶五人，首先贴出了批判工作组的大字报"把运动推向更高阶段"，石破天惊。张承先回应，这是打着红旗反红旗，向工作组夺领导权……在北京新市委吴德的一再强压下，张承先硬着头皮，做了几次检查。一时间，批工作组大字报纷纷上墙，只是调门不一。

陈焕仁所著《红卫兵日记》也记载了工作组对陈必陶五人大字报的反应：

7月17日 星期日 雨

天下着瓢泼大雨，我们冒雨来到大饭厅，听张承先同志的紧急报告。陈必陶大字报在北大引起极大混乱，对工作组持不同观点的群众，一直盼着工作组对陈必陶大字报明确表态，听到通知，纷纷冒雨来到大饭厅。

"同志们，我今天的报告题目是，'高举毛泽东思想红旗，把运动推向更高阶段'"，张承先在报告中，首先总结了前段运动，然后布置了今后的工作，点名批判了陈必陶等5人大字报，他用了很长时间，对陈必陶大字报罗列的工作组"五大罪状"，一一地予以批驳，说陈必陶等人的大字报完全是别有用心，北大的运动只能在工作组的领导之下，坚定不移地按照中央部署和要求进行，决不能让少数别有用心的人去左右，从而走偏方向。

7月18日 星期一 晴

……学校的大喇叭突然响了，校广播站宣布，张承先又要向全校发表紧急讲话。

张承先在广播讲话中，突然来了一百八十度的大转弯，昨天他说陈必陶大字报完全是别有用心，今天突然又说陈必陶的大字报是"革命的大字报"。张承先还在报告中承认，前段工作组的确依靠和发动群众不够，压制了群众的积极性，张承先代表校工作组，热诚地欢迎全校师生，对工作组的工作提出批评。

我们全都让张承先搞糊涂了。同是陈必陶那张大字报，他昨天定性为"别有用心"，今天竟然又说它是"革命大字报"，无论是拥护还是反对陈必陶大字报的人，听了都大骂张承先简直在开玩笑。

张承先态度的转变，是新市委领导李雪峰和吴德一再做工作的结果。面对陈必陶等人的大字报和北大文革"冷冷清清"的局面，吴德和李雪峰先后对"六一八事件"定性的问题提出了质疑，他们似乎感觉到了这件事情有点问题。

据杜钧福的文章，吴德7月15日曾到北大听取汇报，明确说："现在正确处理陈必陶这张大字报，是把运动搞活的关键。"吴德还说了"这个问题搞不好，就会变成过去北大党委那样的性质"。[22]吴德的这句话已经说得很重了。吴德的指示，使工作组无法再把大字报说成"打着红旗反红旗"，更不可能对大字报的作者进行批判整肃了。吴德还说："六一八事件中好人是多数，坏人极少，但好人也做了检讨，好处是警惕性提高了，副作用是对工作组的意见不敢提了。加上工作组控制得比较紧了些，运动死巴了。"

北京新市委领导人急于扭转"冷冷清清"的局面。据"张文"，吴德在7月17日凌晨一点半给张承先打电话，传达李雪峰的指示，说对"六一八事件"要重新进行估计。凌晨一点半打电话，可见其刻不容缓的紧急之状。当天早上8时，吴德又召见了张承先，话很严厉："你的立场哪里去了，你的党性哪里去了，竟然如此地顽固不化，如不改正，你是要栽大跟斗的！"[23]

次日（18日）上午，李雪峰在北京市委书记处会议上，对北大工作组领导小组进行了批评。李雪峰说：对"六一八事件"估计错了，这件事是万人革命的行动，估计这个事件是反革命事件是错误的，估计错了就应当进行自我批评。北大的文化大革命十八天"轰轰烈烈"，一个月"冷冷清清"，跟这件事有很大关系。

张承先工作组并没有原原本本地向北大师生传达李雪峰和吴德的指示。对于李雪峰和吴德的一再批评，张承先及其工作组始终都是抵触甚至抵制的，最后才很不情愿地、有保留地在全校广播大会上作了一个检查报告。"张文"对这一过程有详细记述，兹不赘引。按照"张文"的说法，"工作组引火烧身的行动，在全校引起很大反响"。校园里出现了许多大字报，开始了有关工作组实行了一条什么路线的辩论。

校园里批评工作组和拥护工作组的大字报都很多。拥护工作组的著名大字报，如《爱护工作组，保卫工作组》《批评工作组，拥护工作组》等，都是高干子弟写的。也有高干子弟贴出大字报，批评工作组是"保姆"，提出不要"保姆"。

张承先工作组受到新市委李雪峰、吴德等人的制约，在北大工作中没有犯清华工作组那样严重的错误，引起的反弹也小一些，但工作组的《九号简报》被刘少奇批转全国，引起毛泽东的愤怒。在北大，如果一定要划一条线区分是保工作组还是反工作组，那就是：认为工作组犯了路线错误，就是反工作组；说工作组犯了错误，但不是路线错误，就是保工作组。双方对垒并不鲜明，时间也不长，矛盾没有激化，没有产生领军人物。有人曾提出"踢开工作组，自己闹革命"，但没有产生足够的影响。工作组是要在学生中抓"右派"的，但他们没有来得及。

六、聂元梓7.19讲话引起的风波

在陈必陶五人大字报引发的辩论过程中，7月19日晚上，一些哲学系的学生在38楼前征询了聂元梓的看法，聂元梓说"工作组犯了方向、路线错误"，又说"北大的文化革命处在一个关键时刻"。随后，学生们又通过大饭厅舞台上的广播（可能还有大字报）将聂的讲话进行了传播。据孙月才日记，聂元梓的讲话"影响极大""历史系同学写了一封给党中央毛主席的公开信，批评工作组的错误路线。"[24]次日，孙月才等8人贴出《张承先同志，如果你不革命，我们就不要你领导》的大字报，说工作组犯了右倾路线错误。[25]

22　杜钧福：《李雪峰北大讲话的罗生门》。
23　同上。
24　孙月才：《悲歌一曲：文革十年日记》，香港中文大学出版社，2012，页59。
25　同上。

从7月12日陈必陶等人大字报贴出，到7月19日聂元梓发表讲话，在一周的时间里，北大同学围绕工作组问题展开了辩论。当时，认为工作组犯了"右倾"错误的大字报已经很多，聂元梓因为身份特殊，尤其在学生中有影响力，她的讲话无疑起了推波助澜的作用。对于聂元梓的讲话，张承先及其工作组做出了很强烈的反应。张承先连夜召开了领导小组紧急会议，"张文"写道：

> 大家对聂元梓的做法非常气愤，说聂曾任领导小组办公室主任，工作组所有工作情况她是清楚的，处理"六一八事件"时她也是表示同意了的，为什么又跳出来反对工作组。

那么，聂元梓当过"领导小组办公室主任"吗？为了弄清楚这个问题，笔者先后询问了聂元梓、王茂湘和李清崑等人。

聂元梓说："我又不是工作组成员，说我是工作组办公室主任，我的办公室在哪儿？"笔者问："那个时间你在哪里上班呢？"她说："我一直在哲学系总支办公室"。

王茂湘说："工作组进校后，从各系抽调了十个人进入工作组。经济系是我，哲学系有李清崑，没有聂元梓。好像工作组对聂的印象不大好，说她陷入'两派'太深。"

2020年初，90岁高龄的李清崑老师将他写的一篇短文《聂元梓当过张承先工作组办公室主任吗？》发给笔者。文中写道：

> 聂元梓当过张承先工作组办公室主任吗？关于这一问题，有两种不同的答案：王学珍等人主编的《北京大学纪事》和个别北大校友认定聂元梓曾任过此职；而聂元梓本人则断然否定。
>
> ……
>
> 我在简报组有一特殊待遇：可以作为工作人员列席旁听领导小组会议，因而了解情况较多。工作组领导小组组长是张承先，副组长有多位，其中最为显眼的是第一副组长曹轶欧，她是康生的夫人。由于曹的这一背景，她实际上成为工作组的太上皇。张承先对她十分尊敬，每次会议讨论和决定的问题，张承先最后都很谦恭地问曹："大姐，你看怎样""大姐，你还有什么意见"。曹一般都说："可以""就这样吧"。有时曹也讲点具体意见。
>
> 在我的记忆里，领导小组曾研究决定要聂元梓当工作组办公室主任，杨克明任办公室副主任。但过了一两天，曹在领导小组会上传达了康生的意见，说康老的意思是要聂元梓等写大字报的人到群众中去，发挥更大的作用，不必在工作组担任职务了。大家都知道，当时康生是毛主席最信任和倚重的领导人，领导小组成员一致表示：同意康老的意见。这样，对聂元梓、杨克明的任命就作罢，亦未下达。
>
> 我所在的简报组有权参加工作组核心组的会议，负责做记录。组长任小凤，是河北省委文教部的一个处长。据我所知，工作组办公室主任和副主任都是张承先从河北带来的。主任是李芳林，原河北省委文教部长，据说是十级的老干部。副主任刘寄久，也是十三级高干；任小凤也是副主任。我在工作组期间，从始至终均同以上三位主任、副主任打交道，从未见过聂元梓来办公室办公。
>
> 我的结论是：聂元梓从未担任过工作组办公室主任这一职务。

显然，聂元梓这个"办公室主任"，就是"被当的"，仅仅在工作组刚进校时出现于某次会议记录上，或者只是在口头上提起过，从未下达任命，聂元梓不知道此事，更未在"领导小组办公室"上过班。否则，拿聂元梓在"办公室主任"任内的表现说事，岂不可以大做文章？然而，这样的文章似乎并未出现。聂元梓当然出席过张承先召集的会议，但其身份，应该是哲学系的负责人，而非"办公室主任"。

聂元梓等人的大字报被用来打破北大这个"反动堡垒"，但曹轶欧、张恩慈都是工作组的成员，他们对聂元梓是有看法的，这决定了工作组不会信任聂元梓，不会把"办公室主任"的要职交给她。何况，张承先来北大时是带了自己的一班人马来的，"办公室主任"，当然要用自己熟悉的人。正因为聂元梓并未当过工作组的"办公室主任"，相对超脱一些，自由一些，可以有自己的观察和看法，所以才会发表"工作组犯了方向、路线错误"的讲话。

"张文"说，"处理'六一八事件'时，她（聂元梓）也是表示同意了的"，但没有作具体的说明。王年一的《大动乱的年代》却有一相反的说法：张承先在6月18日晚作了讲话后，"绝大多数师生员工同意工作组的看法，聂元梓则认为'六一八事件'是革命行动"。[26] 但作者也没有提供这一说法的来源。

聂元梓7.19讲话后，工作组如临大敌，张承先在20日晨便赶往市委找李雪峰作了汇报。李雪峰的见识远在张承先之上，他说：你们不能把聂元梓的讲话简单看成是违犯组织纪律问题，要从政治上考虑问题，要考虑工作组本身工作上有什么问题。他要工作组听取聂元梓的意见，并广泛听取群众意见，多做自我批评，争取主动。[27]张承先接受了李雪峰的意见，但留给工作组的时间已经不多了。

七、毛泽东回到北京，决定撤销工作组

7月16日，毛泽东在武汉畅游长江，场面非常壮观，"跟着毛主席在大风大浪里前进！"的口号响彻大江南北。官方媒体在7月25日报道了这一活动，广大群众深受鼓舞。《毛泽东传》的作者写道："这是一次万众瞩目的富有象征意义的活动。'跟着毛主席在大风大浪里前进！'很快成为全国家喻户晓的政治口号。"[28]

7月18日，毛泽东回到北京。毛泽东回到北京后，中央上层有多次会议，对运动形势和工作组问题进行了讨论。毛泽东说："回到北京后感到很难过，冷冷清清，有些学校大门都关起来了，甚至有人镇压学生运动。"[29]

7月19日，毛泽东决定撤销工作组。[30] 7月23日，毛泽东说："我考虑了一个星期，感到北京的运动搞得冷冷清清，我认为派工作组是错误的。现在工作组起了什么作用？起了阻碍作用。"[31] 7月24日上午，毛泽东召集中央常委和中央文革小组成员开会，批评了刘少奇、邓小平，做出了撤销工作组的决定。7月25日，毛泽东在接见中央文革小组成员并有各大区第一书记参加的会上说："我到北京一个星期，前四天倾向于保张承先的，后来不赞成了。"[32] 7月26日，中央政治局召开扩大会议，决定撤销工作组。[33]

中央高层的这些事情，群众是不了解的。现在来看，事情就清楚得多了。中央文革在北大召集的7.25、7.26两次群众大会，目的就是贯彻毛泽东撤销工作组的决定，主持人的倾向非常明显，辩论不过是个形式，结论是毛泽东和中央已经定了的。

八、中央文革在北大召集大会批判工作组，李雪峰宣布撤销工作组

既然毛泽东做出了撤销工作组的决定，中央文革就走向前台，来落实毛泽东的决定。据江青

26　王年一：《大动乱的年代》，页31。
27　张承先："文革"初期的北大工作组。
28　《毛泽东传》，页1421。
29　王年一：《大动乱的年代》，页35。
30　《毛泽东年谱（一九四九——一九七六）》（第五卷），页600。
31　《毛泽东年谱（一九四九——一九七六）》（第五卷），页601。
32　席宣、金春明：《"文化大革命"简史》，北京：中共党史出版社，2006，页95。
33　《毛泽东传》，页1424。

1966年7月26日大会讲话，她21日就来过北大了。江青听取了聂元梓和东语系郭兴福的意见，随后又听取了31位干部子弟的5名代表的意见。22日和23日，江青、陈伯达来北大看大字报并开座谈会，了解运动情况，为召开全校大会做准备。参与了这一活动的一些学生由此了解到江青等人对工作组的态度。江青、陈伯达7月22日的公开讲话只有几句话，而7月23日的讲话略多，肯定了北大同学的革命热情，陈伯达还表示把"六一八事件"说成反革命事件是不对的，错误的。[34] 江青、陈伯达这两天的讲话，传播不广，至于座谈会的情况，广大师生是不了解的。

7月25日晚9时半，在北大东操场召开了全校辩论大会，辩论工作组问题。中央文革在京成员和李雪峰出席了大会。据孙月才日记，有四五位同学发了言，揭露张承先执行的右倾机会主义路线。[35]江青主持会议，没有单独讲话。康生作了一个简略的讲话，他说："有人把北京新市委派来的工作组说成是党中央派来的，毛主席派来的。你们别听那一套，毛主席一个工作组也没派""文化大革命你们是主人，不是我们，也不是工作组。这正是毛主席首先叫我告诉你们的重要任务。"[36] 数十年后，张承先在回忆文章中说"多数发言者不赞成说工作组犯了路线错误"，是不符合事实的。自7月12日陈必陶的大字报以来，北大关于工作组问题的辩论，已经进行了多日，形势已经明朗。时至7月25日，认为工作组犯了方向、路线错误，已经成为多数人的共识。张承先还忘掉了一个基本事实：7.25大会是江青主持的，她能让保工作组的发言占上风吗？事实上，几个主要的批判工作组的发言，发言者几天前已经见过江青了。

7月26日，张承先参加了市委召开的工作组组长会议。会上李雪峰讲了话，并传达了毛泽东24、25两日在中央政治局扩大会议上的讲话。关于会议内容，张承先在回忆文章中有详细记述。对于工作组将被撤销的问题，他已经很清楚了。7月26日晚7时半，在东操场继续召开全校辩论大会。中央文革小组的成员，除三人有工作未来外，全都来了。新市委李雪峰、吴德等人也出席了。大会仍由江青主持。这次大会的突出之处是中文系学生李扬扬作了一个维护工作组的发言，发言末尾宣读的她所代表的高干子弟的名单，竟然有31名（或29名）之多。据孙月才记载，李扬扬发言时，"会场上不时鼓掌，说明支持张承先的同学还是不少。"[37]

针对李扬扬的发言，江青讲话说：

> 21号我到了北大，找了聂元梓、郭兴福（东语系朝鲜科）谈了一个钟头，有五个同学在外面听着，后来这五个要找我谈话，说聂元梓、郭兴福不能在座。我说，刚才他们讲话，你们听了，现在你们讲不让他们听，这民主吗？最后聂元梓、郭兴福二同志只好退席。他们代表的31人就是今天李扬扬代表的29人。20日张承先给他们开了会。我觉得他们是受欺骗、受蒙蔽。还以为张承先是代表党中央和毛主席的。他们是上了当……那天谈话的五位同志贺晓明、雷渝平，我讲得对不对？[38]

这些学生跨系联名发表意见，是张承先给他们开会的结果。北大学生跨系串联，这大概是第一例。他们的五名代表，也是在大会前几天就见过江青，申述过他们的看法了。张承先给他们开会的事情，大概是他们自己告诉江青的。但是，从20日到26日，高层对工作组问题的看法，已经发生了转折，而这些学生并不知道，还在按20

---

34 胡宗式、章铎编：《北京大学文革资料选编》（下），页10-2。
35 孙月才：《悲歌一曲：文革十年日记》，页62。
36 胡宗式、章铎编：《北京大学文革资料选编》（下），页14。
37 孙月才：《悲歌一曲：文革十年日记》，页63。
38 胡宗式、章铎编：《北京大学文革资料选编》（下），页327-8。

日开会的调子发言，于是就碰了钉子。李扬扬宣读的名单中，竟然有张少华（毛岸青之妻）的名字。这使江青大为光火，于是说了一段既同家务事有关，又同当前政治斗争大局有关的话。

现在人们可以对江青和她的关于家务事的一段讲话大张挞伐，但当时是没有人敢公开说三道四的。至少，平民家庭出身的学生是不会说什么的。"唐文"描述道："所有人都愣了，傻了，一片寂静，谁也不敢多想，谁也不敢多说。"因为这牵涉到中国第一家庭的内部事务，江青口口声声"我们"如何如何，是把毛泽东也包括在内的，北大的大多数师生既无从了解真相，又何能判别是非，只能姑妄听之了。

江青这段讲话中涉及的与毛家有关的人物中，只有李讷还健在，其他人都不在了。笔者不想探讨已故的这些人的事，清官难断家务事，何况这是毛家的家务事。但我们当初是听得清清楚楚的。至于江青说某某人"是一个全国通报的政治骗子手"，是否有过"全国通报"，是可以核查的。笔者以为，江青当时批评支持工作组的那些高干子弟，甚至不惜在万人大会上把家庭内部的事也抖搂出来，其动因和目的，主要是政治上的。批判工作组、撤销工作组，是一场严重的政治斗争，在这样的政治斗争中，一个与毛家有特殊关系的小辈，居然站在对立派的阵营里，出现在万人大会上发表反对意见的一些人的名单里，江青怎么能容忍呢？

陈伯达代表中央文革小组讲话。关于工作组，他说："这个工作组是一个障碍，同志们进行文化大革命的工作组……要撤掉这个障碍物……实际上这个工作组是压制同学们革命的盖子，我们建议新市委把这个盖子揭开。"关于"六一八事件"，陈伯达作了进一步表态："应该说，'六一八'是群众的革命事件。"陈伯达还代表中央文革提出了通过选举成立文化革命委员会的建议。[39]

李雪峰的讲话，笔者无文本可考。据陈景贵日记，李雪峰承认犯了官僚主义、迷信旧框框的错误。但有同学认为他话里有话，好像不太甘心。[40]据张承先的回忆文章，陈伯达讲话后，"李雪峰即代表北京市委宣布撤销工作组"。看来，对于工作组的去留问题，张承先比我们记得清楚。

7月28日，中共北京市委发出《关于撤销各大专学校工作组的决定》。

7月29日，在人民大会堂召开"北京大专院校和中等学校师生文化革命积极分子大会"。会上，李雪峰宣读了这个《决定》，刘少奇、周恩来、邓小平等领导人讲话，对派工作组一事承担了责任，并且说这是"老革命遇到了新问题"。大会结束时，毛泽东出现在主席台上，表示他对这个决定的肯定和支持。

8月1日，在毛泽东主持下，中共八届十一中全会在北京开幕。同一天，毛泽东给反对工作组的清华大学附中红卫兵写了一封信，赞扬他们的"革命造反精神"。8月4日，毛泽东召集中央政治局常委扩大会议，对在一线主持工作的中央领导人提出了更加尖锐的批评。[41]这些情况，北大师生当时并不了解，但这是8月4日第三次全校大会的历史背景。

8月4日，在北大东操场召开了第三次全校大会，朱德委员长也到场了。这次会议就是批判张承先的会议了。江青、康生在讲话中对张承先工作组的路线进行了严厉的批判，指其是"反党反社会主义走资本主义的右倾机会主义路线"，对顽固执行这条路线的张承先等人"应当斗倒、斗臭，批倒、批臭""他们是不革命的，是来镇压你们革命的。"康生特别批判了工作组的两个文件即《九号简报》和《关于北京大学二十天文化革命情况的报告》，指其"是镇压革命的文件，是反革

---

39 同上，页15-6。
40 陈景贵：《1965-1970那几年我在北大》。
41 《毛泽东传》，页1426-8。

命的文件，是代表资产阶级的文件"。[42] 比起他们上纲上线的水平，北大学生真正是望尘莫及。

至于工作队成员，江青、康生都说对他们要采取一分为二的态度，他们不是坏人，大多数是好人。[43] 由聂元梓于7月27日发起，在市委大学文化革命委员会派出的观察员的协助下，北大迅速成立了校文化革命委员会的筹备委员会，康生在讲话中对此表示祝贺。有同学递条子询问建立干部工农子弟协会的事，江青、康生都表示反对。他们指出，阶级组织是共产党和共青团，"不要另外搞一套""别上人家的当""现在的任务不是成立贫协，而是成立文化革命委员会，这是党中央和毛主席的指示。"[44] 李扬扬等人作了检讨，江青、康生都表示欢迎，指出是张承先"利用了他们，欺骗了他们""这责任都要张承先负责，不要同学们负责。"[45]

九、工作组顺利撤出北大

张承先工作组从6月1日进驻北大，到7月26日李雪峰代表北京市委口头宣布撤销工作组，再到8月13日工作组全部撤出北大，前后也就两个月左右的时间。应该说，北大工作组的撤离是很顺利的，并未受到阻拦。究其原因，一是暗地里被整的同学，自己还蒙在鼓里，不知道已经被工作组整了黑材料，没有人出来为难工作组。另外，刚成立的北大文革筹委会主任聂元梓的态度也起了重要作用。

1966年8月5日，聂元梓作了一个广播讲话。她指出，"工作组是犯了路线错误，但属于人民内部矛盾；工作组所犯错误的责任由组长张承先和副组长张德华来承担，大多数的组员要和他们区别开来。"[46] 聂元梓当时有很大的影响力，所以，工作组办完必要的移交工作后，迅速撤出了北大。

张承先工作组早早撤离了北大，这是他们的幸运。否则，等到批判"资产阶级反动路线"的风暴刮起，麻烦就要大得多了。张承先在其回忆文章中还提道1967年初被揪回北大，并在学生宿舍被软禁了半年的事情。从张承先的回忆看，此事事出有因，并非北大故意同他过不去，也没有特别为难他。笔者当年是北大学生，从未听说此事，毫无印象，可见这件事是做得非常秘密的。如果大张旗鼓地搞，后果就很难说了。

张承先工作组自进入北大起，就陷入了两条路线斗争的漩涡之中，并且成了推行"资产阶级反动路线"的发源地之一。但这一点，人们还要过一段时间才能明白。

---

42 胡宗式、章铎编：《北京大学文革资料选编》（下），页21-9。
43 同上。
44 同上。
45 同上。
46 《聂元梓1966年8月5日的广播讲话》，见胡宗式、章铎编：《北京大学文革资料选编》（上），页10-7。

【历史研究】

关于"资产阶级反动路线"

——刘少奇与毛泽东的分歧辨析之四

余 清

内容提要： 毛泽东发动文革的重要目的是搞掉刘少奇，他以超常规的方式点燃了文革之火，刘少奇以惯常的方式派工作组，控制局面，与毛泽东发动文革的指导思想和意图发生分歧。工作组与激进的学生发生矛盾和冲突，刘少奇对反工作组学生进行了打击和压制。此事成为毛泽东打倒刘少奇的重要突破口。毛泽东严厉批判其执行了资产阶级反动路线，将其定为最大的走资派。但最后却以"叛徒、内奸、工贼"的罪名将刘少奇彻底打倒。刘少奇在极端迫害下凄然去世，而导致这一切的原因盖源于他曾积极提倡的个人崇拜。

关键词： 工作组、资产阶级反动路线、个人崇拜、刘少奇、毛泽东

1966年8月5日，毛泽东在八届十一中全会期间，写下了《炮打司令部——我的一张大字报》，对刘少奇文革初期主持的中央工作进行了异乎寻常的严厉批评。文中写道"在五十多天里，从中央到地方的某些领导同志，却反其道而行之，站在资产阶级立场上，实行资产阶级专政，将无产阶级轰轰烈烈的文化大革命运动打下去，颠倒黑白，混淆是非，围剿革命派，压制不同意见，实行白色恐怖，自以为得意，长资产阶级的威风，灭无产阶级的志气，又何其毒也！"刘少奇就此从中央第二领导人的高位跌落。在而后10月召开的中央工作会议上，将刘少奇的所谓"错误"定为资产阶级反动路线，在全国范围内掀起批判浪潮。刘少奇一步步被文革巨浪吞没。那么，刘少奇的资产阶级反动路线的实质是什么？其与毛泽东的无产阶级革命路线的分歧点在那里？本文依据现有资料对此做一梳理和辨析，以就教于方家。

一

毛泽东发动文革的重要意图是将刘少奇搞下台。刘少奇与毛泽东的分歧由来已久。毛泽东在文革中谈话中说，鉴于苏联的教训，我们"就搞了一个一线，二线。出了相当多的独立王国""从许多问题看来，这个北京就没有办法实行解决，中央的第一线存在的问题就是这样……我感觉到，在北京我的意见不能实行，推行不了。"[1] 1970年12月，毛泽东会见美国记者埃德加·斯诺时，斯诺问他从什么时候开始明显感到必须把刘少奇从政治上搞掉，毛泽东回答说是制定《二十三条》那个时候。一九六四年，在四清问题上，刘少奇与毛泽东发生分歧，甚至发生当面冲突。毛泽东认为刘是他选定的接班人却不听他招呼，冒犯了他的个人权威，在他头上拉屎拉尿。一线领导形成了独立王国，使他的意图不能贯彻执行，有大权旁落之虞，难以容忍。

---

1 《毛泽东年谱》（1949-1976）第六卷，页357。

同时，毛泽东固执地坚持传统的高度集权的计划体制，认为"我们这个国家有大量的修正主义分子"[2]。一九六二年党内一些讲求实际的干部，如邓子恢、陈云、田家英主张"三自一包"，发展市场经济因素，被视为走资本主义道路。毛泽东对此说道，六二年刮歪风，如果不是我和几个常委顶着，不要好久，只要熏上半年，就会变颜色。[3]他曾对身边的工作人员说过"我多次提出主要问题，他们接受不了，阻力很大。我的话他们可以不听，这不是为我个人，是为将来这个国家、这个党，将来改变不改变颜色、走不走社会主义道路的问题。我很担心，这个班交给谁我能放心。我现在还活着呢，他们就这样！要是按照他们的做法，我以及许多先烈们毕生付出的精力就付之东流了。"[4]毛泽东认为刘少奇是他们的总后台，党内形成了一个以刘少奇为首的资产阶级司令部，就萌生了整倒他的念头，但一直没有找到适当的机会。毛泽东发动文革，首先要寻找打倒刘少奇的突破口。

1949年后逐步形成的官僚阶层到了文革前已呈现出与人民群众对立的倾向。自从1949年中共成为执政党，官僚主义就与之相伴而生，如影随形。毛泽东敏锐地关注、体察到了这种官民对立的社会矛盾，将危及共产党的统治。引起他的震动。他甚至发动了三反和整风等全国性的政治运动来反对官僚主义，但由于没有建立有效的权力制衡和监督机制，都没有能从源头上遏制和消除官僚主义。1964年的"四清"运动，暴露了许多干部化公为私、多吃多占、侵占群众利益的现象。

1964年12月，毛泽东在一份报告上批示："官僚主义者阶级与工人阶级和贫下中农是两个尖锐对立的阶级""这些人已经变成吸工人血的资产阶级分子……这些人是斗争对象，革命对象。"[5]这是毛泽东首次提出了"官僚主义者阶级"的概念。1965年6月26日，毛泽东在一次谈话中说：卫生部的工作只给全国人口的百分之十五服务，而这百分之十五中主要还是老爷。而百分之八十五人口在农村。广大农民得不到医疗。毛泽东对人民日报评论员文章的批注是"一无医，二无药。卫生部不是人民的卫生部，改成城市卫生部或城市老爷卫生部好了"。[6]因此，他提出文革中要烧一烧官僚主义[7]，以达到反修防修的目的。从1965年底，毛泽东就采取一系列重要措施为发动文革做准备。

1. 开展党内斗争，剪除刘少奇羽翼彭罗陆杨

彭真是刘少奇顺直省委和北方局工作时的老部下，被称为"刘少奇系统第一号大将"[8]。彭真延安整风时期坚定支持毛泽东，获得重用，1944年替代陈云任中央组织部部长。七大时，成为中央政治局委员，后任中央书记处候补书记。（以至于延安整风时也受到批评的陈毅，在二十多年后的1967年"二月逆流""大闹怀仁堂"的会上，还直率表达不满：延安整风时拥护毛主席的刘少奇、彭真等，现在又怎么样了？挨整的还不是总理、我们这些人。[9]）1949年后彭真一直是党和国家重要领导人，同时任北京市委第一书记兼市长。

---

2 《毛泽东年谱》（1949-1976）第五卷，页571。
3 转引自《毛泽东传》（1949-1976），页1390、1393。
4 转引自《毛泽东传》（1949-1976），页1390。
5 1964年12月12日，对陈正人《在洛阳拖拉机厂的蹲点报告》的批示。《建国以来毛泽东文稿》第十一册，页265。毛泽东此后再也没有使用"官僚主义者阶级"的概念，可能是如广泛使用此概念，将容易导致否定整个官僚体制。
6 《毛泽东年谱》（5）中央文献出版社，2023，页505。
7 《中央警卫团团长张耀祠回忆毛泽东》，群众出版社，2001，页63。
8 高华：《红太阳是怎样升起的》，香港中文大学，2000，页382。
9 《毛泽东年谱》（1949-1976），（6），页56；王力：《文革第一年》，《传记文学》1995年5期；《戚本禹回忆录》，中国文革历史出版有限公司，2016，页577。

他管辖的北京市被毛泽东多次称之为"水泼不进，针插不入"的独立王国。为了削弱刘少奇的政治力量，毛泽东首先拿彭真开刀。

1965年11月10日，上海《文汇报》发表了姚文元批判吴晗的文章《评新编历史剧〈海瑞罢官〉》。该文是江青在上海同张春桥秘密策划，经毛泽东审阅，批准发表。该文就成为文化革命的序幕和导火索。该文的出笼过程是高度保密的，有资料显示刘少奇等主持一线工作的中央领导事先不知情。[10]而后12月毛泽东主持召开的中央政治局常委扩大会议，突然袭击，批判了总参谋长罗瑞卿，解除了他的军职。同样刘少奇事先也不知情[11]。作为中共中央第二领导人的刘少奇被排除在这样重大决策之外，显得很蹊跷和不正常。刘少奇是否感到了不被毛泽东信任呢而有所警觉？现有资料没有披露他对此的看法和反应。

对吴晗的批判受到彭真、陆定一等不满和抵制。彭真主持草拟了《文化革命五人小组关于当前学术讨论的汇报提纲》（通称《二月提纲》），试图对文化领域的大批判进行约束，不使它发展为政治斗争。并为吴晗辩解、开脱。1966年2月5日，在京的中央政治局常委开会同意《二月提纲》的意见。刘少奇指示彭真等人去武汉向毛泽东汇报。在得到毛泽东同意后，[12] 2月12日中共中央将《二月提纲》批发全国。

事后证明，这是毛泽东欲擒故纵的策略。毛泽东在党内外斗争中一再运用此策略，如1957年反右时的"引蛇出洞"等。3月28日至30日，毛泽东与康生、江青、张春桥等谈话，严厉批评《二月提纲》，不分是非，是错误的。他尖锐指出：中宣部、北京市委包庇坏人，要解散。中宣部是"阎王殿"，要打倒阎王，解放小鬼。如果中央出修正主义，地方要造反。[13] 3月31日、4月9日至12日，康生向周恩来等中央负责人和中央书记处传达了毛泽东的谈话。4月，中央书记处会议批判了彭真。4月24日，中央政治局常委扩大会议上，毛泽东继续严厉批评彭真和北京市委。彭真拟定《二月提纲》及为吴晗辩护被毛泽东紧紧抓住，成为他垮台的罪责。5月4日至26日，刘少奇主持召开中央政治局扩大会议撤销了《二月提纲》，集中批判了彭真、陆定一和先前于1965年底已垮台的罗瑞卿、杨尚昆，撤销了他们的职务。毛泽东就此更加牢牢掌握北京市和舆论宣传、军队、中央机要等大权，大大削弱刘少奇在中央的政治力量，为发动文革提供了组织保障。

2. 严密防范反革命政变

虽然毛泽东对林彪518讲话"专讲政变""总感觉不安"。但实际上他对此保持着高度警惕。5月5日，毛泽东在会见阿尔巴尼亚党政代表团时说："你晓得哪一天修正主义占领北京？现在这些拥护我们的人摇身一变，就可以变成修正主义……要把两个可能放在心里，头一个可能是反革命专政，反革命复辟。把这个放在头一个可能，我们就有点着急了。"[14]他对此十分警觉，调兵遣将，严密防范，以防不测。林彪在518讲话中说"毛主席最近几个月，特别注意防止反革命政变，采取了很多措施……毛主席这几个月就是做这个文章。"根据毛泽东的指示，5月15日，成立了以叶剑英为组长的首都工作组，直接隶属中央政治局常委，负责保卫首都。调六十三军一八九师和六十五军一九三师到京担任卫戍任务。[15]毛泽东

---

10 《毛泽东传》（1949-1976），中央文献出版社，2003，页1397；黄铮：《风雨历程：晚年刘少奇》，人民出版社，2018，页174。
11 黄铮：《风雨无悔：对话王光美》，人民出版社，2015，页388。
12 《毛泽东传》（1949-1976），页1402。
13 《毛泽东年谱》，页572。
14 《毛泽东传》（1949-1976），页1410。
15 《周恩来年谱》，中央文献出版社，1998，页31。

在文革中的一次谈话中说：当公开发表北京市委改组的时候，我们增加了两个卫戍师……所以，你们才能到处走，我们也才能到处走。[16]并对在京要害部门和广播宣传机关加强警卫。调六十三军参谋长王寿仁任中央广播事业局副局长，负责广播事业局的安全保卫工作。此前根据毛泽东对广播事业局加强领导的指示，已调六十三军军政委丁莱夫任中央广播事业局党委第一书记。[17]

3. 制定通过了文革的指导性纲领《五一六通知》

4月16日，毛泽东在中央政治局常委扩大会议上严厉地说："出修正主义不只文化界出，党政军也要出，特别是党军出了修正主义就大了。"[18]在他看来，当前最大的问题是中央出了修正主义，必须"全面地系统地抓"，发动一场大革命。来解决这个当前迫在眉睫的问题。4月，中央书记处会议决定成立文化革命文件起草小组。起草一个通知，彻底批判《二月提纲》。[19]随后，由陈伯达、康生、江青、张春桥等人组成的文化革命文件起草小组着手起草通知，毛泽东亲自领导了通知的起草工作，先后八次审阅修改通知，加写了许多重要的话。5月中央政治局扩大会议通过了《中国共产党中央委员会通知》（简称五一六通知），决定重新设立文化革命小组，隶属于政治局常委之下。[20]《五一六通知》的发出和中央文化革命小组的成立标志着文化大革命的开始。

毛泽东在通知中加写的两段话："高举无产阶级文化革命的大旗，彻底揭露那批反党反社会主义的所谓'学术权威'的资产阶级反动立场，彻底批判学术界、教育界、新闻界、出版界的资产阶级反动思想，夺取在这些文化领域中的领导权""混进党里、政府里、军队里和各种文化界领域的资产阶级代表人物，是一批反革命修正主义分子，一旦时机成熟，他们就会要夺取政权，由无产阶级专政变为资产阶级专政。这些人物，有些已被我们识破了，有些正在受到我们的信用，被我们培养为我们的接班人，例如赫鲁晓夫那样的人物，他们正睡在我们的身旁，各级党委必须充分注意这一点。"

这反映了毛泽东发动文化革命的主要观点，他认为党的领导层出了修正主义，党和国家面临资产阶级复辟的现实危险，因而提出严重警告。这种估计严重背离了中国实际，混淆是非，混淆敌我。从社会阶级结构看。中国资本主义的发展很不充分，旧中国资本主义经济成分比重很低。土改和公私合营的完成，使国内社会阶级结构发生了根本变化。地主富农和资产阶级作为一个阶级已经基本消灭。[21]

党的八大政治报告及决议作出了"我国社会主义和资本主义谁战胜谁的问题，现在已经解决了""我国的无产阶级同资产阶级之间的矛盾已经基本上解决"的论断。1957年的反右运动完全改变了这一论断。1958年刘少奇在党的八大二次会议代表中央所做的报告，提出了与"八大"结论相反的论断，指出："在整个过渡时期，也就是说，在社会主义社会建成以前，无产阶级同资产阶级的斗争，社会主义道路同资本主义道路的斗争，始终是我国内部的主要矛盾。"会议报告正式采用

16　转引自《晚年毛泽东》，春秋出版社，1989，页37。
17　余汝信《林彪"5·18讲话"前后的防政变措施》。
18　毛泽东在中央政治局常委扩大会议上的讲话，转引自《毛泽东传》（1949-1976），页1408。
19　《毛泽东传》（1949-1976）》，页1407。
20　同上，页1408。
21　政务院通过的《划分阶级成分决定》规定："凡地主成分，在土地改革完成后，完全服从政府法令，努力从事劳动生产，或作其他经营，没有任何反动行为，连续五年以上者，经乡人民代表大会通过，县人民政府批准后，得按照其所从事之劳动生产或经营的性质，改变其地主成份为劳动者的成份或其他成份。"富农在土地改革完成后合予上述条件满三年者，亦可改变其成分。

了国内阶级状况的新论点，宣告："我国现在有两个剥削阶级和两个劳动阶级。两个剥削阶级：一个是反对社会主义的资产阶级右派、被打倒了的地主买办阶级和其他反动派，另一个是正在逐步地接受社会主义改造的民族资产阶级和它的知识分子。"将并不占有生产资料，没有以雇佣劳动剥削他人的知识分子划入资产阶级范围，列为剥削阶级。这种阶级属性的划分，违背了经济关系作为阶级成分划分的标准这一唯物主义原则。毛泽东认为"经济上消灭阶级不等于政治上思想上消灭阶级"[22]。这样开启了"以政治思想划分阶级属性"的阶级斗争模式。这种阶级划分完全背离中国实际，虚拟和夸大了中国社会中资产阶级的成分占比。

从经济结构看，当时的中国处在高度集中的计划经济体制的严密管控下。国民经济中公有制经济所占比重几乎达100%，国家垄断和配置着主要社会资源，通过指令性计划调度、掌控着整个国民经济运行。从政治体制方面看，反右运动关闭了监督的大门，禁锢了思想，堵塞了言路，开始形成万马齐喑，造成监督机制严重缺失。因此，从1957年反右运动为转折点，左倾指导思想从此开始占据支配地位。强化了高度集权的官僚体制，毛泽东的个人崇拜日趋膨胀，个人专断逐渐代替集体领导，形成了从中央到地方的各级党组织及领导人都拥有不受监督的绝对权力，不容批评、质疑和提出不同意见。"权力没有关进笼子"的个人专制大行其道。任何对党组织及领导人提出质疑、批评和不同意见都被视为反党，是不能容许的。各级党组织将下属人员在内部划分为左、中、右几类，形成严格身份等级，运动来了，则依靠左派，团结中间派，打击右派，从而牢牢控制着社会。学者杜钧福将这种体制称之为党支部专政

体制。[23]这种体制特征为58年的虚夸狂潮、60年代初的大饥荒等全局性的灾难铺平了道路。1962年在毛泽东"千万不要忘记阶级斗争"的指引下，全党都投入反对修正主义的斗争中。阶级斗争为纲成为一切工作的中心和社会生活的最高准则。文革前，全国上下都处于这种高度集权的领导组织体系的严密掌控下，处于左倾政治的思想控制中。在这种社会政治经济背景中，何来的资本主义复辟的现实危险？

面对即将来临的文革风暴，刘少奇是什么样的心理状态？一方面他缺乏思想准备，批判《海瑞罢官》事件发生后，他忙于国家事务，没有过多参与。他在政治局扩大会议上的讲话中说，对于文化革命，"我们过去是糊涂的，很不理解，很不认真，很不得力，包括我在内。最近这个时期对于文化革命的材料看得很少，生了一次病，出了一次国，很多材料没有看，接不上头。"[24]另一方面，在六二年、六四年两次受到毛泽东严厉批评后，在毛泽东个人崇拜日益强化的当时，刘少奇对毛泽东也更加依从和忍让，更加谨言慎行，难以提出不同意见，采取自保策略。关于当时对彭真的批判[25]。刘少奇3月份出访国外时，彭真还以党和国家领导人的身份去机场送行，待他4月份回国时彭已被定为反革命修正主义分子，对彭深有了解的刘少奇未必不知道其中有冤情，因这是毛泽东的决定，刘少奇只有顺从。因此，他非但没有为彭施之援手，而且，他还与彭进行了切割，6月27日在中共中央召开的与民主人士座谈会上他说，"彭真是长期隐藏在我们党内的资产阶级代表人物，是彻头彻尾的修正主义者""彭、罗、陆、杨事件是有发生政变的可能的，这是激烈的、国际、国内阶级斗争在我们党内领导机关的反映。如果他们政变成功，我们的国家就要变颜色。"于

---

22 《建国以来毛泽东文稿》13册，中央文献出版社，2023，页222。
23 《记忆》130期。
24 刘少奇在中央政治局扩大会议上的讲话，1966年5月26日，转引自《风雨历程：晚年刘少奇》，页194。
25 刘少奇1966年6月27日在中共中央召集的民主人士座谈会上的讲话，宋永毅主编：《中国文化大革命文库》。

是，唇亡齿寒，与彭真同样的命运不久将降临在他身上，这也是他当时大概没想到的。

二

6月1日晚，在杭州的毛泽东批示中央人民广播电台播放了北京大学聂元梓的"第一张马列主义"大字报（刘少奇、周恩来事先均不知情），矛头直指北大党委、北京市委。这是1949年以来，第一次下层群众对上层领导的公开批判，有着极大的鼓动示范效应。同日，《人民日报》发表火药味极浓的社论《横扫一切牛鬼蛇神》，6月2日《人民日报》评论员文章说："对于无产阶级革命派来说，我们遵守的是中国共产党的纪律，我们无条件接受的是以毛主席为首的党中央的正确领导。对于一切危害革命的错误领导，不应当无条件接受，而应当坚决抵制。"之后，3日、4日、5日、6日……《人民日报》连续以每天一篇社论的阵势向全社会扩散、传达了五一六通知精神。宣传机器全部开动起来，连篇累牍发表煽动性口号、消息。在全国引起强烈震动和连锁反应，局面顿时大变。群情激愤，许多大中学校学生纷纷自发起来"造修正主义的反"，贴出矛头指向学校领导和教师的大字报。

6月2日，清华大学（热002班）学生贴出题为《蒋南翔究竟站在什么立场上？》的批评党委的校大字报。[26]同日北师大政教系谭厚兰与三位历史系同学贴出了第一张炮轰北师大校党委的大字报；[27]南京大学学生贴出批评校党委的大字报[28]；南开大学数学系学生于泽光等9名同学贴出针对校党委的《这是为什么》的大字报；[29]郑州大学中文系14名学生贴出了全校第一张批评校党委的大字报《请问学校领导，对文化大革命究竟抱什么态度？》[30]；哈尔滨工业大学研究生班学生贴出《责问校党委把运动引向何处？》的大字报；[31]湖南大学土木系道建62级"女生战斗小组"在校园内贴出了第一张大字报《十一个为什么》，质问校党委站在运动的对立面反对群众；[32]新疆大学中文系学生仲高贴出《革命永远不会过火》大字报，质问校领导，为什么大字报不能上街；[33]宁夏大学中文系9名学生贴出《检查我校领导在文化大革命中的精神状态》。[34]6月3日，辽宁大学、东北工学院都出现指责校领导的大字报，[35]这致使一些学校党委陷入瘫痪，局面失控。

面对这种不同于以往的局面。刘少奇等主持一线工作的中央领导"老革命遇到了新问题"，认为有失控危险。仓促上阵，以传统的思维、惯常的领导方式来应对局面。这从一开始就同毛泽东发动文化革命的指导思想和意图发生了分歧。在得到毛泽东同意后，刘少奇主持向《人民日报》和北京大学派出第一批工作组。6月3日，刘少奇主持中央政治局常委扩大会议，同意北京新市委向大中学校派工作组的决定。会议制定了大字报不要上街，不要串联，不准打人等八条规定。[36]目的是强调党的领导，稳定局面，限制运动范围，把文化革命的群众运动纳入各级党组织掌控的轨道上来。

上级派工作组到所属单位去，强力发动群众、推进运动，是1949年建政后，从土改、三反五反

---

26 杨继绳：《天地覆慨而慷》，电子版，第五章。
27 《师大文革大事记》，《记忆》，154期。
28 《记忆》，16期。
29 《天津文革述略》，《记忆》，224期。
30 一丁：《郑州大学文革概述》。
31 《黑龙江文革述略》，《昨天》，136期。
32 《湖南文革述略》，《记忆》，87期。
33 《新疆文革述略》，《昨天》，167期。
34 《宁夏文革述略》，《昨天》，163期。
35 《辽宁文革述略》，《昨天》，139期。
36 《刘少奇传》，页1019。

到两年前的四清运动等历次运动中普遍的惯常做法，特别是刘少奇主持四清运动时，在他的大力督促下，曾派出有众多高级干部参加的上百万人的工作组下乡，替代原有组织领导系统，曾在短时间内迅速打开了局面。因此，工作组被认为是党组织掌控运动行之有效的方式，也是刘少奇驾轻就熟、得手应心领导方式。实际上，在阶级斗争思想主导的情况下，派工作组的方式，将在更大的范围内造成严重的负面作用，并会在更大范围内伤害无辜。四清运动对广大基层干部的伤害就是典型例子。中央政治局常委扩大会议后，北京新市委迅速向一些大专院校派去了工作组。各省市和国家部委也向所属院校及有关文化单位派出工作组。

北京大学的工作组以河北省委书记处书记张承先为组长，中央组织部副部长杨以希、团中央候补书记张德华、海军航空兵政委彭林、北京军区政治部副主任郑希文、国务院文教办公室秘书长武振声等为副组长，208名组员（其中十三级以上高干62人）组成。[37] 清华大学进驻了以国家经委副主任叶林为组长、解放军中将、冶金部副部长周赤萍、林业部副部长杨天放等为副组长，王光美为顾问，[38] 由513人组成的庞大工作组。这样高规格、大阵容的工作组，显示了刘少奇等一线领导对用组织化的外力控制文革局面的高度重视，也是刘少奇四清运动中运用工作组经验的重演。

工作组进驻后，大多接管了学校的领导权，强调党的领导，一方面贯彻五一六通知精神，批判资产阶级"学术权威"、斗黑帮；另一方面约束学生的过火行为，限制运动范围，求稳怕乱，力图维持正常秩序。6月18日，北京大学发生一些学生乱斗黑帮的情况，比较混乱。工作组发现后迅速予以制止。6月20日，刘少奇将北大工作组关于这次事件处理情况的《北京大学文化革命简报（第九号）》转发全国。[39] 但是，深受阶级斗争观念灌输的青年学生，是在《人民日报》连篇累牍的煽动性社论、口号、消息激发起来的，视工作组的约束为"清规戒律"，他们在"保卫毛主席、保卫党中央"口号下，要求突破工作组的管束，在更大范围内，对黑帮开展更激烈地揭露和批判。于是，很快就同工作组发生矛盾和冲突，甚至驱赶工作组。

6月16日，清华大学工程化学系三年级学生蒯大富贴出了《工作组往哪里去？》，批评工作组。[40] 6月20日早上，北京师范大学高树奎等学生贴出了针对工作组的《孙友余要把运动引向何方？》的大字报。[41] 6月20日，北京地质学院院党委常委李贵和部分干部、教员一起上书党中央、国务院，揭发工作组的错误，很多学生支持他们，举行了声势很大的示威游行，矛头指向邹家尤为首的工作组。[42] 6月21日，北京航空学院，3511班学生石兴国贴出大字报《一条"无头"黑线》，怀疑工作组。[43] 6月6日，西安交大工程物理系学生李世英贴出了《工作组十大罪状》的大字报。[44]

面对此局面，刘少奇从传统的观念看来，本能地认为反对工作组就是反党，是不能容许的行为，是开展文化革命的障碍和干扰。于是刘少奇指示对反对工作组的学生进行反击，抓右派。6月17日，在北师大一附中，工作组进校后，将近90%的干部被打成"牛鬼蛇神"和"黑帮分子"。工作

---

37 《北京大学1966年记事》，《记忆》，114期。
38 杨继绳：《天地覆慨而慷》，电子版，第五章。
39 《刘少奇传》，页1024。
40 杨继绳：《天地覆慨而慷》，电子版，第五章。
41 《北师大文革大事记》，《记忆》，150期。
42 《北京地院文革大事记》，《昨天》，54期。
43 戴维堤回忆录：《逝者如斯》；《北航文革残篇》，《记忆》，193期。
44 《陕西文革述略》，《记忆》，149期。

组的做法引起了一些师生的不满，6月20日，学生陈永康、何方方贴出题为《揪出钻进我们肝脏的牛鬼蛇神！》的大字报，指出工作组犯了方向、路线错误。[45]当天，刘少奇接见了该校工作组组长等，说："这张大字报和善意批评不一样""现在人家向你们进攻，人家向你们采取攻势了，这好嘛。敌人出来了，这个蛇出洞了，你消灭他就容易了。"他要求工作组"利用矛盾，争取多数孤立少数，各个击破。"[46]

1966年6月23日，刘少奇在批转中南局和西北局有关报告时写道："当牛鬼蛇神出笼攻击我们的时候，不要急于反击，要告诉左派，要硬着头皮顶住，领导上要善于掌握火候。等到牛鬼蛇神大部分暴露了，就要及时组织反击"[47] "对于大学生中的反党反社会主义分子，一定要把他们揪出来，打击面应控制在百分之一以内""高中应届毕业生，是打击个别最坏的，经过市委批准，可以批判斗争和戴帽子。"[48]同日，北京市委第一书记李雪峰在市委工作会议上说，现在形势大好，"各校反动势力，反动观点，反动活动出台了……有反革命也没有什么了不起，抓起来不就完了！""情况复杂，反革命、黑帮、保皇派，资产阶级的'权威'及其拥护者、右派学生跳出来，趁机制造混乱，浑水摸鱼，与工作组争夺领导权。"[49]

清华大学在工作组的主持下，把蒯大富等反工作组的同学打成了反革命，剥夺了人身自由。全校700多人被打成了反革命（比57年清华大学全校划的571名右派还多），自控系青年教师史明远被逼自杀身亡。[50] 北京师范大学工作组提出反对工作组就反革命，将几百名同学打成反革命。[51]北京地质学院工作组搞反干扰运动，将李贵、王大来等13名批评工作组的师生当作右派在全校批斗。其他批评过工作组的师生，也受到压力，面临打成右派的危险。[52]北航工作组在石兴国贴出怀疑工作组的大字报的第二天，就召开大会，宣布石兴国的怀疑工作组的大字报是反动的，连日组织全院进行辩论、批判，约有五分之一的师生被整黑材料。各基层单位对师生进行排队，五千学生中，约有十分之一近五百人排为四类分子。[53]人大工作组在全校内定了538个右派，占全校总人数的12%。[54]

在6月20日前后几天时间里，北京市有39所大学发生学生反工作组和工作组镇压群众的事件。7月13日，北京市文教系统大学组根据24所高校所作的初步内部排队统计：10211人被排队划为右派（占学生总数的10.1%），[55]远远超过57年全市大学所划4874名右派的数量。[56]同时，全国各地如南京、西安、广州、武汉、贵阳、长春都发生了工作组压制、打击学生事件。进驻西安交大的省委工作组把李世英等贴工作组大字报的学生定为现行反革命分子，导致李自杀（未遂），一名学生自杀身亡。[57]华中师范学院被斗300多人。武汉邮电学院被斗23人。武汉水运工程学院共1400学生，就批斗了200多人。建筑工程学校，

---

45 杨继绳：《天地覆慨而慷》，电子版，第五章。
46 《风雨历程：晚年刘少奇》，页201。
47 转引自卜伟华：《砸烂旧世界——文化大革命的动乱与浩劫》，香港中文大学，2008，页165。
48 《批转中南局[关于文化大革命的情况和意见的报告]》，《批转西北局[关于无产阶级文化大革命的情况和意见的部署]》，转引自《中国无产阶级文化大革命文库》。
49 转引自杨继绳：《天地覆慨而慷》电子版，第五章。
50 同上。
51 《北师大文革大事记》，《记忆》，150期。
52 《北京地院文革大事记》，《昨天》，54期。
53 北航文革残篇，《记忆》，193期。
54 转引自《昨天》，189期。
55 转引自杨继绳：《天地覆慨而慷》电子版，第五章。
56 1957北京全市大学所划右派4874名。《当代北京.大事记》，2003，当代中国出版社，页111。
57 《陕西文革述略》，《记忆》，149期。

全校 500 多人，逮捕了 18 人，批斗了 30 多人。[58] 运动一开始，武汉水利电力学院的工作组和院党委就在内部将学生分类排队，划为左、中、右。右是打击对象。全校右派学生 250 人左右，占学生总数的 8%。华中工学院在 37 天内 383 人被划为"右派"。武汉医学院被斗学生 62 人。

6 月 6 日，贵阳师范学院贴出了批评贵州省委的大字报，部分学生到《贵州日报》造反。6 月 8 日，省委将学生的行为定为"六·六反革命事件"，省委派出 147 个工作组进入全省大中学校抓反革命分子。贵州大学打击面占在校学生（不计下乡参加四清的人）50%以上，贵阳医学院在清查"六·六事件"中受株连 273 人，两人被迫自杀。在这期间，全省共有 7200 多人被打成反革命分子，对他们进行批斗、关押、劳改，到 7 月 10 日，被迫自杀的 189 人，其中身亡的 107 人。[59]

批评、反对工作组的学生，从他们的大字报内容看，多是指责批评工作组压制学生批判、揭露黑帮，以种种清规戒律限制、约束学生。他们批判的思想武器仍然是传统的阶级斗争理论。[60] 因此，他们的行为带有左倾激进色彩。但同时他们对工作组的批评或反对，在某种意义上说，也表达了基层群众对官僚体系压制民众，听不得不同意见，动辄将人打成反革命行为的抵触和反抗。

刘少奇及工作组对学生的管束和规制一定程度上约束了学生的过激行为，其目的是在各级党组织的掌控下，有序地开展文革运动。但对学生的打击、压制，动辄将不同意见的学生打成反革命做法，是长久以来左倾整人的恶劣作风。他们"强调从中央到地方、基层的党组织、党的领导干部都代表党，对任何一级党的官僚提出不满、质疑、反对，都是反党，而反党就是反革命；同时强调'个人服从组织，下级服从上级，全党服从中央'的党的铁的纪律，从而要求所有的党员和群众，都要做党的驯服工具，不允许在党的掌控之外的独立思想、独立组织的存在；而始终坚持的是'无产阶级专政'的原则"。[61]

对于贯彻执行《五一六通知》，刘少奇有着自己的理解和认识。通知提出文化革命的两个矛头指向，其一是"彻底揭露资产阶级反动'学术权威'"，刘少奇是认同的。1949 年以来，从批判电影《武训传》、批判俞平伯的《红楼梦研究》、知识分子的思想改造运动、批判胡适思想、反右、到文艺界整风，都是进行着这方面的批判。可以说，对文化思想领域的资产阶级思想的批判是十七年阶级斗争的主要内容。因此，刘少奇认为批判资产阶级反动'学术权威'是文化革命的题中应有之义。他在与民主人士座谈会上指出："这次大革命是空前的，来势很猛，对资产阶级、封建阶级的文化，来了一个很大冲击""有了这个大革命，可以来个突变，来个大变化。"[62] 他和各省市主政者都认为这是文化革命的重点。五一六通知发布后，各省市主政者怕这把火烧到自己身上，纷纷上挂下联，组织批判当地的"三家村"和所谓资产阶级"学术权威"作为他们抵抗群众运动的挡箭牌。西南局在贯彻执行五一六通知的决定中，"要求四川、云南、贵州、西藏和重庆要在报刊上点名批判一两个影响较大的反党反社会主义的资产阶级代表人物，每个大学也要批判两三个

58　转引自杨继绳：《天地翻覆慨而慷》电子版，第五章。
59　同上。
60　蒯大富当时在大字报上的批语中写道："革命的首要问题是夺权斗争。从前权在校党委手里，我们和他们斗，把它夺过来了。现在，权在工作组手里，那我们每一个革命左派就应该考虑，这个权是否代表我们，则再夺权。"《记忆》，170 期。为何要夺权？蒯大富认为是资产阶级篡夺了学校领导权。"那时我对毛主席的文化革命理论吃得比较透，核心就是革命政权嘛。政权问题是首要问题，学校里是资产阶级专政，中央有赫鲁晓夫式的修正主义分子，就这两个思路。这个思路正好就符合毛主席发动文革的思路。"《炎黄春秋》，2013 年第 3 期。
61　钱理群：《从清华大学红卫兵运动看文革时期的群众政治》，《记忆》，170 期。
62　刘少奇在与民主人士座谈会上讲话。1966 年 6 月 17 日，转引自宋永毅主编：《中国文化大革命文库》。

资产阶级代表人物。"[63]各地急忙抛出大批著名知识分子，进行批判。他们当中有武汉大学校长李达、重庆大学校长郑思群、兰州大学校长江隆基、上海音乐学院院长贺绿汀、山西工学院院长赵宗复、辽宁大学校长邵凯官、东北农学院院长刘绍本、东北林学院院长王禹明等五十多位大学校长，作家赵树理、周立波、康濯，历史学家郑天挺、林增平，文学家李何林、李霁野、蹇先任等。[64]他们成为文革初期的第一批受难者，不少人死于非命。

其二是清洗"混进党里、政府里、军队和各种文化界领域里的资产阶级代表人物"，刘少奇也是认同的。6月27日，刘少奇在中共中央召开的与民主人士座谈会上指出：文革的重点是党内反党反毛泽东思想的当权派，要采取剥笋政策，一层层剥掉。[65]他认为批判揭露彭真、罗瑞卿、陆定一、杨尚昆就是进行这方面的斗争，他在6月11日和周恩来、邓小平会见胡志明的谈话中说，"彭真……反对毛主席，他是中国党内的赫鲁晓夫，修正主义者"。[66]此时的他还不认为文革之火会烧他头上（而当时彭真看了《五一六通知》后对他女儿说，中国的赫鲁晓夫不是指他，他不够格。）[67]

在批判彭真，改组北京市委的同时，5月22日至7月25日，华北局召开前门饭店会议。会议批判了中央政治局候补委员、国务院副总理、内蒙古第一书记乌兰夫反对毛泽东思想，另立旗帜，自成体系，进行地方民族分裂，搞独立王国的错误，将其打倒。会议期间，刘少奇、邓小平代表中央与乌兰夫谈话，对他进行了极其严厉的批评。刘少奇指责乌兰夫违背毛泽东思想和中央方针、路线，不搞阶级斗争，搞地方民族主义，是资产阶级路线，代表蒙古地主、牧主和资产阶级利益。邓小平指责乌兰夫搞独立王国，是彭罗陆杨一类的人。[68]（刘、邓何曾想到，同样的罪名不久也将扣在他们头上，饱尝了阶级斗争的恶果。）8月12日，中共中央批准撤销乌兰夫华北局第二书记、内蒙古第一书记职务。华北局会议还批判、打倒了河北省委第一书记林铁，[69]至此华北局所辖的三省、区一市的四个第一书记被打倒三个。会议还批判了天津市长胡昭衡，天津市委宣传部长白桦，山西省委书记处书记、太原市委第一书记袁振等。[70]

6月21日，刘少奇接见北京师大一附中工作组时说："刘超（校长、党支部书记）是反党反社会主义分子，是可以肯定的"[71]（北京师大一附中是刘少奇当时指导文革运动选择的点）。7月11日，刘少奇再次听取驻北京师大一附中工作组汇报，说：这次运动，怎么搞法？先斗争黑帮，学习毛主席著作，清理这些坏人，清出来留到学校；然后是批判"权威"；还要搞清经济；最后搞一段教学改革、学制改革。[72]可见，在刘少奇心目中，从中央、各省市到基层，批判、斗争走资派、黑帮同样是文化革命的题中应有之义。

各地的主政者害怕文革这把火烧到自己身上，急忙抛出主管文艺的或与他们有分歧的官员，以转移斗争矛头，被称为"舍车马，保将帅"。在

---

63 《贵州文革大事记》，《昨天》，111期。
64 杨继绳：《天地慨而慷》。《甘肃文革述略》，《昨天》，144期；《重庆文革述略》，《记忆》，126期；《天津文革述略》，《记忆》，224期；《吉林文革述略》，《昨天》，131期；《黑龙江文革述略》，《昨天》，136期；《辽宁文革述略》，《昨天》，139期；《山西文革述略》，《昨天》，190期；《湖南文革述略》，《昨天》204期。
65 刘少奇1966年6月17日在中共中央召集民主人士座谈会上的讲话，宋永毅主编：《中国文化大革命文库》。
66 《刘少奇冤案始末》，九州出版社，2012，页10。
67 《彭真年谱》第四卷，中央文献出版社，2010，页486。
68 启之：《内蒙文革实录，"民族分裂"与"挖肃运动"》。
69 《天津文革述略》，《记忆》，224期。
70 同上；山西文革述略，《昨天》，190期。
71 《刘少奇对北师大一附中工作组的谈话》，1966年6月20日，转引自《中国文化大革命文库》。
72 《刘少奇年谱》下册，中央文献出版社，1996，页644。

刘少奇主持中央工作期间，批转、签发了十几个文件，这些文件点名批判了近两百名党内的重要干部。他们当中有陕西省委第二书记赵守一、陕西省长李启明、辽宁省委书记处书记周桓、云南省委书记处书记高治国、宁夏自治区书记处书记吴生秀、罗成德，贵州、吉林、河南等省的宣传部长汪小川、宋振庭、宋玉玺等。[73]他们与前述知识分子一道也成为文革的第一批受难者。

"正是神都有事时，又来南国踏芳枝。"正当刘少奇按照自己的理解主持文化革命时，毛泽东一直居住在杭州、上海等地，从旁静观。他6月17日到韶山滴水洞住下，十一天内足不出户，闭门沉思（期间仅有一次散步离开过滴水洞三百米[74]），静静地思考、梳理文革思路，谋篇设局，酝酿着一个全局性大部署。作为战略家的毛泽东清醒地认识到，担任党的第二领导人长达二十多年的刘少奇在党内有着广泛的人脉资源和巨大的影响力，要在文化革命中清洗刘少奇及其众多的追随者，彻底消除其影响，并对党内普遍存在的官僚主义烧一烧，阻力很大，难度不小。因此他决心采取超常规方法，不惜打破十七年建立起的党的领导组织系统和社会治理秩序，来推进文化革命。

因此，毛泽东认为搞文化革命关键是充分放手发动群众，自下而上揭露"阴暗面"，才能形成前所未有巨大浪潮，解决中国出修正主义的问题。6月10日，他在中央政治局常委扩大会议上指出："关于文化大革命，要放手，不怕乱。放手发动群众，要人搞，这样把一切牛鬼蛇神揭露出来。"[75]7月8日，他在写给江青的信中说"天下大乱，达到天下大治。"要达到这样目的，依靠原有的党政领导体系，组织系统，由各层级的当权派自己批判自己，显然是不行的。毛泽东在文革中的一次谈话时指出："过去我们只抓了个别的问题，个别的人物。此外还搞了文化界的斗争，农村的斗争，工厂的斗争，就是社会主义教育运动，这些都不能解决问题，因为没有找到一种形式、一种方式，公开地、全面地、由下而上的来揭发我们的阴暗面。"[76]

于是毛泽东另辟蹊径，撇开原有的领导组织体系，突破了历来各级党组织领导群众开展运动范式，利用巨大的个人权威和党中央的威望通过中央广播电台、《人民日报》、《红旗》等新闻媒介向全国人民直接发声，与群众直接对接和互动，开启运动闸门。发动群众"公开地、全面地、由下而上的来揭发我们的阴暗面"，推进文化革命。他指出"对危害革命的错误领导不应无条件接受，而应该坚决抵制，在这次文化大革命中广大革命师生及革命干部对于错误的领导，广泛地进行抵制。"[77]（此提法颠覆了党历来强调的"下级服从上级的"组织原则和纪律。问题是何谓错误领导？由谁界定？）

刘少奇、邓小平"对毛泽东发动这场政治运动的意图依然毫无意会，更不要说在思想上和行动上紧跟。"因此他们采取的派工作组、约束学生、求稳怕乱等措施"从根本上与毛泽东的想法背道而驰。"[78] 7月18日毛泽东回到北京，在听取了各方面的汇报后，7月23日、24日、25日连续召开会议严厉批评工作组。他说：感到北京的运动冷冷清清。学校的问题是斗批改，工作组一不会斗，二不会改。起了坏作用，阻碍群众运动。阻碍革命势必帮助反革命，帮助黑帮。凡阻碍一斗

---

[73] 《陕西文革述略》，《记忆》，149期；《辽宁文革述略》，《昨天》139期；《贵州文革大事记》，《昨天》111期；《吉林文革述略》，《昨天》131期；《宁夏文革述略》，《昨天》163期；《山西文革述略》，《昨天》190期；《湖南文革述略》，《昨天》204期；《甘肃文革述略》，《昨天》，144期。
[74] 《中央警卫团团长张耀祠回忆毛泽东》，群众出版社，2001，页64。
[75] 《毛泽东传》（1949-1976），页1417。
[76] 毛泽东1967年2月3日在会见阿尔巴尼亚代表团巴卢库时的谈话。
[77] 毛泽东对人民日报评论员文章的批注，转引自《毛泽东传》，页1415。
[78] 邓榕：《我的父亲邓小平——文革岁月》，三联出版社，2013，页17、18。

二改者，统统驱逐之。现在搞文化革命斗争，一斗二改。斗什么？斗争那些党内走资本主义当权派。这些是你们清楚一些，还是学生清楚一些？还要斗争翦伯赞这些人，谁了解些？群众对工作组有意见，不得向上反映，怕人告到中央。打不得电话，打不得电报，写信也写不得。西安交大就是这样。要允许群众通天，任何人都可以写信给中央。我们有些人不革命了，你不革命，总有一天命要革到自己头上。文化大革命一定要依靠各学校、各单位的基本群众，左派，包括中间派。[79]

在这里，毛泽东站在道德制高点上，以高屋建瓴之势，以受压群众代言人的口吻，否定了工作组以外力包办代替，批评工作组压制群众，赋予了群众批评领导的民主权利（要允许群众通天，任何人都可以写信给中央）和开展各单位文化革命的主体地位（文化大革命一定要依靠各学校、各单位的基本群众），从而突破了党历来强调的"各级党组织代表党的领导""群众必须在各级党组织领导下干革命"的观念。

7月26日，中央政治局召开扩大会议，决定撤销工作组。7月29日，在"北京大专院校和中等学校师生文化革命积极分子大会"上，宣布了北京市委《关于撤销各大专院校工作组的决定》。刘少奇在会上讲话，对派工作组承担了责任。他说："文化革命如何搞，你们不晓得，不知道，你们问我们，我也不晓得。"[80]作为党中央的第二领导人，居然在万人大会上公开说他不知道文化革命怎么搞，表现了他受到毛泽东批评后深感困惑和不解。但毛泽东却紧紧抓住派工作组问题不放。在而后召开的八届十一中全会上，刘少奇多次检讨错误，承担了责任。他在代表中央所做的报告中说，"文化革命有错误，特别是在工作组问题上出了问题，责任主要由我负。"[81]他在8月4日，他在中南组讨论时说：主席不在家的一段，由我主持工作，决不逃避责任，中心问题是，站在资产阶级立场上，反对群众运动。[82]

毛泽东继续尖锐地批评刘少奇，8月4日在中央政治局常委扩大会议上说，"在前清时代、以后是北洋军阀、后来是国民党，都是镇压学生运动的。现在共产党也镇压学生运动。中央自己违背了自己的命令，中央下令停课半年，专门搞文化大革命，学生起来了，又镇压他们。说的轻一些是方向性问题，实际上是方向问题，是路线问题，路线错误，是违反马克思列宁主义的""所谓什么群众路线，所谓相信群众，所谓马列主义，都是假的，已经是多年如此"[83]"为什么天天讲民主，民主来了，又那么怕？"[84] 8月5日毛泽东写下《炮打司令部——我的一张大字报》，以前所未有的严厉态度，指责刘少奇"站在反动的资产阶级立场上，实行资产阶级专政，将无产阶级轰轰烈烈文化大革命运动打下去""实行白色恐怖""又何其毒也"。同时还追溯了刘少奇一九六二年右倾和一九六四年形左实右的错误。

毛泽东的严厉批判和刘少奇的多次公开检讨，承认错误，使刘少奇的下台成为势所必然。在毛泽东的提议下，全会改组了中央领导机构，林彪当选为党的第二领导人，替代刘少奇成为接班人。虽然刘少奇仍然当选为政治局常委，排名第八位，但从此就不再参与中央的领导工作。全会通过了《关于无产阶级文化大革命的决定》（通常称为《十六条》）规定了文化革命的具体方针、政策和措施，成为文化革命的又一纲领性指导文件。《十六条》反映和表达了毛泽东发动文革的重

---

79 《毛泽东年谱》（1949-1976）第五卷，中央文献出版社，2013，页601-3。
80 《风雨历程：晚年刘少奇》，页206。
81 《刘少奇传》，页1032。
82 《风雨历程：晚年刘少奇》。
83 《刘少奇传》，页1029。
84 《毛泽东传》（1949-1976），页1427-8；《刘少奇传》，页1029。

要思想。《十六条》规定这场全国性政治运动"重点是整党内走资本主义道路的当权派",此规定从形式上引导群众将运动矛头指向各级当权派(即民整官),颠覆了历来运动均为各级领导掌控群众,矛头指向群众中的阶级敌人(官整民)传统运动模式。同一时期的《人民日报》更是明确宣布"党中央就是党中央,一个地区,一个单位的党组织,就是一个地区,一个单位的党组织。任何一个地区,一个单位的党组织,如果违背了以毛泽东同志为首的党中央的正确领导,违背了毛泽东思想,为什么批评不得?""那些走资本主义道路的顽固派,荒谬地把自己本单位的领导,同党中央,同整个党等同起来。他们利用广大工农兵群众对党的热爱,利用一些群众不明真相,提出什么保卫本地区、本部门的党委的口号,如有革命学生批评他们,起来造他们的反,就被说成是什么'反党',反党中央',说成是什么'反革命'。"85

《十六条》规定:无产阶级文化大革命,只能是群众自己解放自己,自己教育自己。"文化革命委员会是群众自己教育自己的最好的新组织形式。它是我们党同群众密切联系的最好的桥梁。它是文化大革命的权力机构。是长期的常设机构""文化革命委员会的产生,要像巴黎公社那样,必须实行全面的选举制。"

这些规定突破了历来的"各级党组织代表党的领导"的观念;打破了原有的自上而下,层层委任制的权力结构;这些前所未有提法引颠覆了历来"党组织领导群众开展运动"的治理模式。这些规定使宪法规定的人民群众的言论、结社自由等民主权利首次得以部分短暂实现,成为文革中人民群众有限地表达自己意愿的依据。从观念和政策层面上打破了群众参加文革的束缚和限制,唤醒了民众政治参与的热情。这些措施体现了文革初期不同于、超越以往政治运动的特点。

但是,这些民主权利是毛泽东个人恩准的,是他为了鼓动组织群众的承诺,许多还仅仅停留在纸面上。我们将看到,不久这些民主权利转瞬即逝,被毛泽东收回。

刘少奇虽然在八届十一中全会上下台了,但对他的批判并没有停止,反而加剧了。虽然全会批判了他,但许多高级干部并未想通,存在许多疑惑。刘少奇推行的路线仍在,成为运动前进的主要障碍。10月2日《红旗》十三期社论首次将刘少奇路线概括为资产阶级反动路线。八年前,刘少奇代表中央在八大二次会议上的报告,将不占有生产资料,没有剥削行为的知识分子定为剥削阶级——资产阶级,他大概未曾想到,八年后的他也被扣上了资产阶级的帽子。

10月召开的中央工作会议,主题是批判资产阶级反动路线。陈伯达做了《无产阶级文化革命中的两条路线》主题报告,报告中指出"毛主席提出的无产阶级革命就是让群众自己教育自己,自己解放自己的路线""压制群众,打击革命积极分子的错误路线,是资产阶级反动路线。"86在这里,资产阶级反动路线的基本特征被概括为:压制群众,"围剿革命派。压制不同意见"。而压制不同意见,则是1949年后历次政治运动如反右运动、反彭德怀右倾机会主义等的一贯做法。但那时强调的这是党领导无产阶级批判资产阶级。而此时批判者与被批判者、压制者与被压制者的阶级属性发生根本位移。按照党领导运动的惯常做法,管束、压制反对工作组的学生的刘少奇成了资产阶级反动路线,反对工作组的学生却体现了革命派的首创精神。"让群众自己教育自己,自己解放自己"这类从未有过的提法成为无产阶级革命路线,这使刘少奇大惑不解。1967年4月,他在书面答复"南海革命造反队"提问"为什么提出和推行资产阶级反动路线"时,写道:"我现在也还不知道为什么,也没有看到一篇能够完全说

85　1966年8月23日《人民日报》社论《工农兵要坚决支持革命学生》。
86　《毛泽东传》(1949-1976),页1448。

清楚为什么犯路线错误的文章。在八届十一中全会批判了我的错误之后,又有人犯同类性质的错误,可见他们也不知道为什么。"[87]彻底批判资产阶级反动路线的提出,解脱了受压制和打击的民众,广泛地动员了民众起来造反。但这只是毛泽东的一种权宜之计。不久我们将看到,当群众的造反之火威胁到他至高无上的个人权威时,他就无情地抛弃了"让群众自己教育自己,自己解放自己"的提法,完全回归到以压制群众为特征的运动模式,即刘少奇的党组织牢牢控制的运动模式。

中央工作会议后掀起了席卷全国的批判资产阶级反动路线浪潮,产生两大后果,其一,推动了造反派的兴起。10月5日,中共中央转发了中央军委《关于军队院校无产阶级文化大革命的紧急指示》,要求对运动初期被打成反革命、反党分子、右派分子和"假左派、真右派"的同志一律平反,恢复名誉。一批被工作组和原党委打击、压制的群众在毛泽东和中央文革的支持下获得平反,他们此时的批判工作组,争取平反的行为,是对传统官僚体制压制不同意见,随意将人打成反革命的抵制、反抗和冲击。同时,部分群众运用十六条赋予的权利,对一些当权派的官僚主义和搞特权腐败进行揭露和批判,表现了基层民众对官僚体制的不满和憎恶。这些都有其正当合理性。其后他们纷纷成立群众组织,发展为造反派,成为批判资产阶级反动路线的生力军。如聂元梓、蒯大富、谭厚兰、王大宾、韩爱晶及其麾下的新北大公社、清华大学井冈山、北航红旗、北师大井冈山、地院东方红成为名震全国的造反派。但此时他们的造反行为并没有独立的政治主张,完全唯毛泽东和中央文革的"马首是瞻""充当成了毛泽东文革路线的'急先锋'和中央文革的'铁拳头'。"[88]全国各地的造反派大体上都是沿着同一路径在批判资产阶级反动路线中兴起、发展壮大的。

其二,冲击了全国的党政领导体系、组织系统,使之几乎全部陷入瘫痪状态,造成"天下大乱"。由于刘少奇的路线是通过党的组织系统贯彻执行的,全国各级当权者都是执行者。批判资产阶级反动路线,使他们大都成为批判和斗争的对象,丧失了领导和掌控运动的地位。66年底至67年初,自中央以下各省市党政领导体系几乎都陷入瘫痪状态,党组织停止活动,原有权力结构瓦解。1967年初,毛泽东号召全国造反派向各级走资派全面夺权,将文革引向高潮。此后,全面内战,打倒一切,天下大乱,群众组织山头派系林立,权力争斗无休无止,武斗愈演愈烈,社会失序,局面失控。毛泽东体悟到,脱离了自上而下的国家行政领导系统控制,放任群众运动的自发性、盲动性,任由群众组织干预国家事务,将导致社会失控,政权倾覆的危险,这是他决不允许的。毛泽东采取强力手段重新掌控局面,派军队军管各地,解散群众组织。1968年后,全国建立了新的权力机构——革命委员会,恢复了各级党组织。革命委员会的运作模式基本上是原有体制的复原。各省革命委员会的一把手均由中央提名或任命,其他成员组成均由中央批准,其内设机构基本上与原体制对接,革命委员会的权力仍集中于一把手之身。恢复了原有的自上而下,层层委任制的权力结构,十六条规定的"像巴黎公社那样,实行全面的选举制"被永久搁置,不再提及。

1968年7月27日,毛泽东派三万多名工军宣队开进清华大学,控制局面。此后工军宣队接管了全国所有大中学校。他们同样不懂学校的斗批改,同样不懂翦伯赞(翦伯赞在工宣队进校后,被专案组军代表威逼自杀身亡);同样迫害、压制和排斥知识分子。此时的工军宣队从组织形式和运作方式上都等同于刘少奇两年前的工作组。毛

---

87 《风雨历程:晚年刘少奇》,页354。
88 戴维堤回忆录:《逝者如斯》。

泽东此时指出，单靠学生、知识分子不能完成教育战线的斗、批、改及其他一系列任务，必须有工人、解放军参加，必须有工人阶级的坚强领导。[89]再也不提"群众自己解放自己，自己教育自己"；再也不提"文化大革命一定要依靠各学校、各单位的基本群众"；此时的毛泽东否定了文革初期的毛泽东，回归到了刘少奇的思路。

此后的八年，开展了清理阶级队伍、一打三反、抓五一六等一系列运动，恢复了各级党组织掌控打击群众中的阶级敌人（官整民）的运动模式。运动的特征同样是压制群众、压制不同意见。一切向文革前的运动模式、向刘少奇所谓资产阶级反动路线时的运动模式复归。文革由起点回到了原点。这表明文革前期，虽然群众运动从外部冲击了传统的领导体系、权力结构，造成了该体系短期运作失效，但从未撼动该体系的主干。居于权力顶端的毛泽东，其最高权威地位大大强化，个人崇拜达到顶点。这时候毛泽东感到，需要将一切置于他个人绝对权威的控制之下，于是将"群众自己解放自己，自己教育自己"、让群众批评和监督党国家的各级领导机关和各级领导人等承诺无情地抛弃，"像巴黎公社那样，实行全面的选举制，充分实现人民民主权利"的民主模式并没有建立，转而强调党的领导，实则服从他个人的绝对权威。恢复了自上而下，层层控制的社会治理模式。此时，人们才感悟到：刘少奇资产阶级反动路线与毛泽东的无产阶级革命路线并无根本的、实质的不同。批判刘少奇资产阶级反动路线只是毛泽东打倒刘少奇的一个借口、一种策略的运用。

三

虽然刘少奇在八届十一中全会受到批判，并遭到实际上的罢官，在此后的几个月中，依然就"五十多天"的错误做了多次检讨，承担责任。在67年10月份的中央工作会议上，刘少奇宣读了他的检讨。检讨了他在文化革命中所犯的路线错误、历史上所犯的错误和犯错误的原因。检讨的稿子曾送毛泽东审阅，毛泽东批示："少奇同志：基本上写得很好，很严肃。特别是后半段更好。"建议他征求意见后，再做修改。[90]中央工作会议上，毛泽东说"对刘少奇不能一笔抹杀……对刘、邓，要准许革命，准许改正""把刘、邓的大字报贴到大街上不好，要准人家革命，不要不准人家革命"[91]"也不能全怪刘少奇同志、邓小平同志，他们两个犯错误也是有原因的。"[92]当康生说，刘少奇、邓小平在八大所做报告中有取消阶级斗争思想时，毛泽东说"我们都看了的嘛，大会都通过了嘛，不能单他两人负责。"[93]

1967年1月13日，毛泽东派秘书接刘少奇到人民大会堂谈话，谈话中刘少奇提出了辞去一切职务，以解脱广大干部群众。毛泽东对此避而不谈，只是问候了他家人，要他保重身体，认真学习。[94]1月17日，毛泽东在一次会见外国共产党领导人时说"刘、邓是不是能选上（中央委员），我的意见是能够选上。"[95]据官方资料记载，这个时期毛泽东对刘少奇态度看起来还比较温和，似乎还不准备彻底打倒刘少奇。毛泽东对刘少奇态度的明显改变是在3月份，但变化的原因语焉不详。[96]

---

89 《毛泽东年谱》，（1949-1976），六卷，页187。
90 《风雨历程：晚年刘少奇》，页283。
91 《毛泽东年谱》（1949-1976）（6），页6。
92 《刘少奇传》，页1046、1047。
93 转引自《风雨历程：晚年刘少奇》，页218。
94 《刘少奇传》，页1046、1047。
95 同上。
96 《刘少奇传》，页1055。

事实上，进入1967年后，对刘少奇的大批判、人身迫害和栽赃陷害就日趋严重，直至1969年他凄然去世。刘少奇个人的悲剧折射出左倾错误是如何在文革中发展到极端的。对刘少奇的批判和迫害是通过三种途径进行的。其一，通过在报刊上发表批判文章，组织全国性的大批判。其二，策动造反派群众组织进行围攻、揪斗等人身迫害。其三，设立专案审查，制造伪证，栽赃陷害。三种途径是交叉进行的，前两种是公开进行的，后一种是在幕后进行的。

大批判始于1967年4月1日，北京各报刊发表毛泽东审阅修改的戚本禹长篇文章《爱国主义还是卖国主义——评反动影片〈清宫秘史〉》。戚文使用无中生有、颠倒黑白、断章取义、恶意中伤的手法对刘少奇进行大批判。文章末尾责问刘少奇八个方面的错误和罪状。并据此，指称刘少奇是假革命、反革命，是中国的赫鲁晓夫，党内最大的走资本主义当权派。戚本禹文章的发表标志着对刘少奇大批判的公开化。5月8日，《人民日报》发表了毛泽东批准的，政治局常委会议通过的长篇批判文章《〈修养〉的要害是背叛无产阶级革命》，不顾历史事实，对《论共产党员的修养》一书进行大肆批判。该书是1937年7月刘少奇在延安马列学院的讲演，受到毛泽东的赞扬，后发表于《解放》并出单行本，延安整风时该书被列为干部必读的文件之一。

此后对刘少奇大批判的文章连篇累牍，充斥于各报刊。至9月，大小报刊的批刘文章达一百五十余篇。江青在9月5日的讲话中说："现在对党内头号走资本主义道路的当权派的大批判运动正在全国展开，各条战线都在向他开火。要把他批倒、批臭、批深、批透……要做到家喻户晓，臭得比当年的托洛茨基还要臭。"[97]

造反派对刘少奇的围攻批斗始于1967年初，从1月3日至8月5日，中南海信访处、中央办公厅秘书局等单位的造反派对刘少奇的进行了六次批斗。1月17、18日中南海电话局造反派强行撤除刘少奇办公室的两部电话，切断了他同中央政治局的联系。特别是7月18日，在江青、康生、陈伯达的策划下，戚本禹亲自布置安排，中南海造反派300多人分别批斗刘少奇、王光美两个小时。专案组同时抄了刘少奇家。之后，刘少奇、王光美被分别看管，互相见不到面，子女也不准见面。从此刘少奇实际上被囚禁起来，病重也得不到认真救治，受尽折磨、虐待，直至迫害致死。

对刘少奇的专案审查始于1966年12月28日，中央决定成立王光美专案小组，其目的是针对刘少奇，组长为谢富治。王光美专案小组后来改称刘少奇、王光美专案小组。[98] 1967年3月21日，中央决定将有关刘少奇的材料交王光美专案小组"调查研究"，对刘少奇的专案审查正式开始。[99] "整个专案工作受江青、康生、谢富治这三个人的操纵和直接指挥"[100]。他们是文化革命中靠反对刘少奇得势的人，为了在九大前完成彻底打倒刘少奇的既定目标，他们利用把持专案组的大权，加紧使出浑身解数，刑训逼供、制造伪证，栽赃陷害，炮制了文革中最大冤案——刘少奇冤案。

初始，专案组寄希望于搜集到物证，动员了大量人力物力查阅档案、图书、报刊等，结果一无所获。于是，专案组只得从证人口中掏取口供。为此，专案组关押了相当数量的高级干部、高级知识分子、民主人士和普通居民。据统计，专案组直接关押的就有60多人。江青为制造诬陷刘少奇的伪证，一人就单独决定逮捕11人之多。至于因有嫌疑或专案需要由各地逮捕、拘留、监护的

97　转引自《风雨历程：晚年刘少奇》，页295。
98　《刘少奇传》，页1051。
99　同上。
100　《风雨历程：晚年刘少奇》，页317。

人就更多了。在一年多时间里,专案组对关押人员极尽刑训逼供、威胁利诱。最后炮制了《关于叛徒、内奸、工贼刘少奇罪行的审查报告》(以下简称《审查报告》)。《审查报告》诬陷、指控1925年刘少奇在长沙被捕叛变;1927年在武汉充当内奸;1929年8月,刘少奇到东北任满洲省委书记在奉天纱厂被逮捕叛变。当年专案组《审查报告》提供刘少奇被捕叛变的关键证据全是证人的口供,并无任何一件当年的审讯记录,收押及移送刘的公文,和法院的判决书等案卷物证。从证据学看,这些口供证据破绽百出,苍白无力。由于做贼心虚,"专案组存在的三年时间里,从未同刘少奇、王光美接触过,一次也没有听取过他们的申述。"[101]

1968年10月召开的八届十二中全会上,以叛徒、内奸、工贼的罪名,将刘少奇永远开除党籍,撤销党内外一切职务。而最大走资派的罪名却没有成为最终打倒刘少奇的依据。原因何在?因为最大走资派的罪名始终是含混不清的,经不起辩驳,难以定案,不足以彻底打倒刘少奇。文革中对刘少奇走资本主义道路的权威性指控,均来源于经毛泽东审阅批准发表的戚本禹的批判文章(以下简称戚文)。刘少奇和王光美在文革中,多次依据历史事实对此做了说明和有力的辩驳。[102] 如刘少奇天津讲话被戚文指控为鼓吹"剥削有功",颂扬资本主义制度的所谓进步。刘少奇辩称讲话主旨是"纠正当时对资本主义工商业某些过分性急的情绪和做法"[103]。实际上,总的来说,天津讲话阐述了党对民族资产阶级政策,与毛泽东关于私人资本主义历史进步性的论述是基本一致的。[104]

戚文指控刘少奇"叫嚷长期保护富农经济""鼓吹发展农村的资本主义经济"[105]。实际上保存富农经济是为了平稳推进新区土改,由毛泽东提出,七届三中全会做出的决定,在新区土改中实行的一项政策,并被写入《土地改革法》。[106] 戚文指控刘少奇"极力反对资本主义工商业的社会主义改造"[107],刘少奇断然反驳道"我极力主张资本主义工商业的社会主义改造,没有反对。"[108] 戚文指控刘少奇"反对农业合作化,大砍合作社"[109],实际上在中国农村要走集体化道路这个根本方向上,刘少奇与毛泽东是一致的,刘少奇没有反对农业合作化,他们之间的分歧是在合作化的步骤上。所谓大砍合作社是1955年,浙江省合作化推进过快,邓子恢为首的中央农村工作部建议压缩整顿,由浙江省实施的压缩,与刘少奇无关。[110]

戚文指控刘少奇在三年困难时期"恶毒攻击三面红旗,鼓吹'三自一包''三和一少'"[111]。刘少奇明确反驳道"三年困难时期,我没有攻击三

---

101 同上,页321。
102 刘少奇于1966年10月在中央工作会议上做检查。1967年4月6日、12日两次就戚本禹文章中关于所谓走资本主义道路问题,向身边工作人员做了说明和辩驳。之后,又交出一份书面答复。《风雨历程:晚年刘少奇》,页231、232。1967年4月10日,清华大学造反派批斗王光美时,她对刘少奇所谓走资本主义道路问题进行了辩驳。同上,页356。
103 《刘少奇在中央工作会议上的检讨》,1966年10月。
104 刘少奇当时说,中国不是资本主义太多了,而是太少了。毛泽东在《论联合政府》中也同样说过"我们的资本主义是太少了""拿资本主义的某种发展去代替帝国主义、本国封建主义的压迫,不但是一个进步,而且是一个不可避免的过程。它不但有利于资产阶级,同时也有利于无产阶级,或者说更有利于无产阶级。"《毛泽东选集》第三卷,人民出版社,1991,页1060。参见《刘少奇"巩固新民主主义制度"构想的提出与终结》,《记忆》,257期。
105 戚本禹:《爱国主义还是卖国主义——评反动影片<清宫秘史>》。
106 参见《刘少奇"巩固新民主主义制度"构想的提出与终结》。
107 戚本禹:《爱国主义还是卖国主义——评反动影片<清宫秘史>》。
108 《刘少奇写给中南海"卫东"革命造反队的检查》。
109 戚本禹:《爱国主义还是卖国主义——评反动影片<清宫秘史>》。
110 参见《刘少奇"巩固新民主主义制度"构想的提出与终结》。
111 戚本禹:《爱国主义还是卖国主义——评反动影片<清宫秘史>》。

面红旗。"[112]同时他还说明，包产到户是邓子恢等同志提出的，他当时没有及时反对。三和一少是个别同志提出的，与他无关。[113]

刘少奇还就戚文中的其他指控一一做出说明和辩驳。[114] 刘少奇虽然在文革氛围中，违心地做了一些检查，但他仍然申明，在走社会主义道路这一根本方向上与毛泽东是一致的。他没有走资本主义道路。许多所谓走资派错误实际上只是工作上的不同认识。王光美在1967年4月10日，被清华大学造反派批斗时，面对强大的现场压力，她仍然明确申辩道，刘少奇在许多关键时刻是坚持社会主义的。[115]

尽管戚文采用隐匿历史背景，断章取义，捏造谎言，栽赃陷害，不容争辩等历来左倾整人手法，曾蛊惑人心于一时，尽管刘少奇的答辩被置之不理，但历史的真实不容抹杀。由于当权者底气不足，整个文革期间，从没有对刘少奇走资本主义道路问题作出过任何明确决议，最终意识到单靠所谓走资本主义道路的罪名是无法彻底打倒刘少奇的。于是依靠刑讯逼供炮制出来的，易激起民愤的"叛徒、内奸、工贼"罪名就成为置刘少奇于死地的杀手锏。而戚文的卑劣和阴毒正折射出文革的荒谬与黑暗。"多行不义必自毙"，文革的忠实走卒戚本禹也被江青以同样的手法关进了秦城监狱。而刘少奇的所谓执行资产阶级反动路线的罪行也不再提起，可见所谓资产阶级反动路线只是打倒刘少奇的一种借口、一顶帽子，此时已被轻轻放在一边了。回顾刘少奇从身居党的第二领导人、国家主席的高位在短短两年时间内就被彻底打倒，然后凄然离世的过程，人们不禁要问这种悲剧的产生，原因何在？

造成刘少奇悲剧和冤案的原因从根本上说是毛泽东的个人崇拜导致的。刘少奇的政治命运始终与毛泽东紧密相连。在1949年前的党内斗争中，刘少奇坚定支持毛泽东清算、批判王明历次错误路线，刘少奇的支持和拥戴是毛泽东战胜错误路线和政治对手的重要因素，在毛泽东的支持、提携下，一直党内地位并不太高的刘少奇，1943年一举跃升为中央书记处排名毛泽东之后的三名书记之一，成为党的第二领导人，得到毛泽东的高度评价和信任。[116]此后的二十三年里，刘少奇作为党的第二领导人，毛泽东的重要助手，参与了其间的全部重大决策。所以，王光美文革中回复中南海造反派的责问时说"毛主席是最了解刘少奇的。"[117]

在社会主义道路的根本方向上，基本走向上，刘少奇与毛泽东和其他中央领导认识是一致的、共同的。由于思想认识方面的差异，在社会主义建设的策略或枝节上，产生了一些分歧。刘少奇在同身边工作人员谈到这些分歧时说："我和毛主席一起共事几十年，不论是战争时期，还是和平建设时期，都遇到多次很复杂的国际国内形势，特别是在这十几年的社会主义革命和建设中，大家都缺乏经验，在一些事情形成决议之前总会有不同意见，甚至争论，这种不同意见和争论是正常现象。不能说成谁反对谁，也不能叫不尊重。"[118]但这些分歧在毛泽东个人崇拜和个人专制的情况下，就被视为大问题了。

---

112 《刘少奇写给中南海"卫东"革命造反队的检查》。
113 同上。
114 《刘少奇在中央工作会议上的检讨》，1966年10月；《刘少奇写给中南海"卫东"革命造反队的检查》。
115 《风雨历程：晚年刘少奇》，页361。戚本禹也不得不承认"王光美在批斗会上回答了红卫兵学生提出的问题。她的回答都很得体。很巧妙。"《戚本禹回忆录》，中国文革历史出版有限公司，2016，页631。
116 1946年1月7日，毛泽东在致斯大林的电文中说："在我休息期间，我的日常工作由刘少奇同志接替。他完全可以胜任这方面工作。他是中共中央政治局委员和中央3位书记之一，也是我党建立25年来未犯过原则性错误的人之一。15年前他曾两次到过莫斯科，在我党享有崇高威望。"《俄罗斯解密档案，中苏关系》第一卷，页121。
117 王光美写给中南海革命群众的检查，1967年7月27日。转引自《中国无产阶级文化大革命文库》。
118 刘振德，《我为少奇当秘书》，中央文献出版社，2003，页352。

毛泽东的个人崇拜发端于延安时期。1945年4月刘少奇在党的七大上做《关于修改党章的报告》，"报告在肯定毛泽东的历史功绩的同时，做了过分的称颂，把一切功劳都归于毛泽东个人，并把他摆到了党组织之上的不适当地位。"[119]何方评论说：刘少奇"这个报告是制造个人崇拜的标本"。[120]

作为党的第二领导人，刘少奇这些过分颂扬，对当时的风气起到了引领作用。1949年建政后，刘少奇对毛泽东个人崇拜的形成是负有重要的引领和助推责任的。1959年在庐山反彭德怀时，刘少奇他以前所未有的调子呼吁要搞对毛的个人崇拜，说："……我这个人历来是提倡'个人崇拜'的，也可以说'个人崇拜'这个名词不妥当，我是说提高毛主席的威信。我在很长时间就搞这个事情。"[121]刘少奇作为党内第二领导人，他的积极支持和提倡，对个人崇拜起到了重要的引领和助推作用。之后，党内领导层的个人崇拜的气氛持续升温。特别是林彪主持军委工作后，别有用心地高调颂扬毛泽东。到了文化革命，林彪的极力鼓吹，个人崇拜达到顶峰。毛泽东一言九鼎、乾纲独断，成为党和真理的化身。毛泽东"年轻时便养成的强悍性格"[122]得到膨胀和强化。

但这种个人崇拜导致的个人专断是逆历史潮流的。无数近现代历史表明，失去了民主监督和权力制衡的权力必然导致滥用和腐败。毛泽东与黄炎培在延安的"窑洞对"，回答中共如何跳出"其兴也勃焉，其亡也忽焉"的周期率时说："只有人民监督政府，政府才不敢松懈，只有人人起来负责，才不会人亡政息。"但显然，1949年后，并没有建立起有效的民主监督和权力制衡制度。对毛泽东要不要民主监督和权力制衡？刘少奇那一代革命家没有这种意识和观念，反而众星捧月般营造起个人崇拜的氛围。1967年4月在毛泽东审阅批示的戚本禹的文章中，已经指称刘少奇为党内最大的走资派、中国的赫鲁晓夫的情况下，刘少奇还对子女说："不论过去和现在，就是将来永远不反对毛主席。"[123]可见在刘少奇的观念里，如果对毛泽东的错误决策说不，对毛泽东进行权力制衡，那就是反对毛泽东，万万使不得的。1967年4月19日，王光美在回答清华大学造反派审问时说，对刘少奇的问题，"我们相信伟大的毛主席会弄清楚的""我等待毛主席讲话，等毛主席讲最后一句话。"[124]这还是一种期待"圣主""明断"的思维，而不是依靠法律和民主程序来洗清冤情。结果，苦苦等来是，在没有听取刘少奇、王光美任何申辩的情况下，王光美被逮捕，系狱十二年，刘少奇被诬陷为叛徒、内奸、工贼，永远开除党籍。刘少奇"历来提倡的个人崇拜"成为置他于死地的利器。

这种情况下，刘少奇与毛泽东发生的分歧，就容易被毛泽东看作是篡夺领导权和搞修正主义。毛泽东文革中在会见一个外国党负责人时说："我们党内有党，这点你们过去不知道。表面上一团和气，实际上是斗得很厉害""没有这场文化大革命，我们毫无办法。讲了多年了，虽然我的

---

119 林蕴晖：《论党与刘少奇的晚年悲剧》，《炎黄春秋》，2005年12期。
120 《记忆》243期，第56页。《报告》说："过去有无数历史事实证明：当革命是在毛泽东同志及其思想的指导之下，革命就胜利，就发展；而当革命是脱离了毛泽东同志及其思想的指导时，革命就失败，就后退。"120《刘少奇选集》上卷，页319、334。十七年后的1962年七千人大会上，林彪力挺毛泽东说："我们的工作搞得好一些的时候，是毛主席的思想能够顺利贯彻的时候，是他思想不受干扰的时候。反之，他的意见受不到尊重或者受到很大干扰，事情就要出毛病"。此话几乎是十七年前刘少奇原话的重复和翻版。报告称颂毛泽东是"天才的创造的马克思主义者""中国民族与中国人民革命斗争的舵师"。这些颂词几乎是二十年后林彪"天才地、创造性地""伟大舵手"等颂词的原版。报告中提到毛泽东的名字有105次之多。高华《红太阳是如何升起的》，页608。
121 转引自《曲折发展的岁月》，人民出版社，2009，页225。
122 陈晋：《读毛泽东札记》二集，三联出版社，2020，页20。
123 《你所不知道的刘少奇》，河南人民出版社，2000，页195。
124 王光美回答清华大学红卫兵的审问，1967年4月10日，转引自《中国无产阶级文化大革命文库》。

名声很大，但他们还是那么搞法。在北京就没人听我的话。"[125]自一九六二年起，刘少奇在主持中央一线工作中与毛泽东发生一系列分歧，特别是一九六四年刘少奇与毛泽东发生冲突，使毛泽东认为刘少奇是自己选拔的接班人，竟然如此不听招呼，他的主张和意见受到抵制，得不到贯彻执行，藐视他的个人权威，甚至骑在自己头上拉屎拉尿，难以容忍。"谁不听他（指毛）的话，他就想整一下，"[126]（邓小平语）

毛泽东的态度决定了刘少奇的境遇。这从邓小平与刘少奇的不同境遇可以看出。刘少奇、邓小平同被认为是资产阶级反动路线的代表，戚本禹批判文章中指称刘少奇是最大的走资派，邓小平是另一个最大的走资派。毛泽东"批刘也批邓，但批判的矛头始终主要对着刘""对于毛泽东来说，他的'无产阶级震怒'，最主要的是对着他原本选定的接班人刘少奇而发的。"[127]到了1967年7月，"批判刘少奇可谓声势浩大、如火如荼，但对于邓小平的批判，则显得相对温和。其中的缘由，一是刘少奇是第一号'最大走资派'，首先要打倒就是他，当然声势不同。二是，到了此时，在毛泽东的心里，仍然将刘邓的处理加以区别。"[128]1967年11月毛泽东在一次谈话中说："我的意见还要把他（指邓）同刘少奇区别一下，怎样把刘、邓拆开来。"[129]邓小平女儿在回忆文章中说"把刘、邓拆开来，话只是一句……是对刘、邓个人生死前途的决定""由于毛泽东对刘、邓的处理有区别，因此刘、邓的处境也大不相同。"[130]

刘少奇与邓小平被批判后，毛泽东分别找他们谈话。1966年1月13日毛泽东与刘少奇谈话时并没有批评他，反而客气地抚慰了他。[131]可是一转脸，仅仅过去四五天，"中南海电话局的造反派强行撤除了刘少奇办公室的两部电话，切断了他与中央政治局的电话联系。"[132]现有的官方资料没有披露此事的策划者和批准者，但毛泽东起码是知情或默许的。因为对刘少奇的批斗，事先有人批准，如中央碰头会决定，事后都写有报告上报。[133]此后，刘少奇多次给毛泽东写信也杳无回音。刘少奇曾四次致信汪东兴反映情况，请求处理，但均无回应，[134]使刘少奇从此陷入于求助无门的处境。

毛泽东与邓小平谈话时，"主席批评他派工作组的错误。父亲说他向主席表示接受批评。"[135]毛泽东对邓小平说，有事可找汪东兴，也可以给他本人直接写信。这使邓小平一直保持着与毛泽东联系沟通的管道。他能通过毛最信任的汪东兴将情况和请求转达给毛泽东。[136]如邓小平的儿子邓朴方在北大受迫害，摔伤导致下身瘫痪，得不到认真的救治。邓小平给毛泽东写信，请求组织安排进一步治疗。毛泽东和周恩来对此信做了批示，

125　《毛泽东传（1949-1976）》，页1468。
126　邓榕：《我的父亲邓小平：文革岁月》，中央文献出版社，2000，页42。
127　《我的父亲邓小平：文革岁月》，页42。
128　同上。
129　同上，页57。
130　同上。有人认为毛泽东之所以做出将刘、邓加以区别，拆开来有关他们"生死前途的决定"，是因为他认为刘少奇历史上有问题而邓小平历史清白，有战功，故尔采取此策。这或许有一定道理。但事实上，毛泽东讲此话的时间为1967年11月，当时刘少奇专案组对刘的历史问题尚在调查中，还未形成明确的结论。尚未有资料证明毛泽东当时已认定刘少奇有严重历史问题。这表明毛泽东当时对待刘、邓的处置上，是有着复杂的内心考虑的。这有待更多的档案等解密而得到揭示。
131　《风雨历程：晚年刘少奇》，页229。
132　同上，页347。
133　同上，页347、349。
134　同上，页347。
135　《我的父亲邓小平：文革岁月》，页41。
136　同上。

由汪东兴出面安排邓朴方到301医院住院治疗，[137]为邓小平解除了后顾之忧。

1967年7月18日，刘少奇被批斗、抄家，之后被囚禁在家中，夫人王光美被逮捕关进秦城监狱，孩子们被赶出家中，身边无一亲人。家中的厨师郝苗被逮捕，其助手也被调走。[138]身边工作人员换成监管人员。刘少奇身患重病，却无人照顾，备受折磨。而邓小平在7月19日，也被抄家，被正式打倒，"虽也遭受囚禁，但始终没有把他和我们的母亲分开。要知道，在艰难的时刻，能与亲人在一起是最重要的。"[139]邓小平身边的秘书王瑞林、警卫张宝忠和司机被调走了，但厨师杨维义和公务员吴洪俊保留下来了。有他们在，"父母的生活还有人照顾。"[140]

8月5日，中南海造反派批斗刘、邓、陶三夫妇，批斗会上，刘少奇遭到暴力殴打，被揪头发、坐"喷气式"、拳打脚踢，鞋被踢到一边，光脚挨斗，受尽凌辱、折磨。[141]"这次批斗刘、邓、陶，对邓，还是最文明的"[142]"对于邓小平，毛泽东在对其打倒的同时，在政治上是有所保留的，在人身上也是保护的。对邓小平的监管，毛泽东只让他所信任的汪东兴来管，从来没有让林彪和中央文革插手""父亲没有受到其他'走资派'所受的迫害和虐待，并不是侥幸……这是毛泽东的意思，也可以说是毛泽东的一种政治安排。"[143]

而刘少奇则没有这般幸运，他被打倒后，对他的监管由谁负责，官方的资料没有明说（可能是出于忌讳，不便明说）。我们看到的是正在这种监管下，江青、康生、陈伯达以及戚本禹得以上下其手，肆无忌惮地对刘少奇进行迫害、摧残。

八届十二中全会上，刘少奇被永远开除党籍。邓小平在毛泽东的坚持下保留了党籍。1969年10月中央决定将刘少奇疏散到河南开封，当时他处于"可能随时突然死亡"的重病中。中办负责人仅让一名护理员通知了刘少奇，之后刘少奇被用担架强行抬上飞机，押送至开封。到开封仅26天即病亡，整个过程身边无一亲人。[144] 而同期邓小平被决定疏散到江西，汪东兴和中办副主任王良恩亲往当面通知，答应邓夫妇和邓继母一同前往，并为其搬家提供方便。周恩来事先电话要求江西方面妥善安排，给予照顾。之后，汪东兴帮助将邓小平的女儿邓榕，儿子邓质方分别从陕西、山西插队处迁到江西，与邓小平夫妇团聚，并安排他们上大学。[145]这些都为邓小平的复出准备了条件，埋下伏笔。

在专案审查方面，官方公开的资料大都强调康生、江青、谢富治对刘少奇冤案所起的直接操纵作用，毛泽东是看了他们资料受了骗，固然江青等人对刘少奇冤案的形成起到重要作用，但无疑毛泽东是对刘少奇定案的最高裁决者和最终决策人。以毛泽东的高屋建瓴、思维敏锐、明察秋毫的大智慧，是不难看出专案组上报材料的破绽的。

事实上，毛泽东对专案组的报告也不是都相信的。1968年5月，他在一次中央会议上说："整出来的刘少奇的材料，也不能全信。比如说他1946年冬季和美国勾结，组织反共同盟军，要美国大规模出兵打共产党，并且要沈其震经过司徒雷登介绍去见杜鲁门、艾奇逊。有的材料是故弄玄虚，

---

137 同上，页53。
138 《风雨历程：晚年刘少奇》，页347。
139 《我的父亲邓小平：文革岁月》，页53。
140 同上，页54。
141 《风雨历程：晚年刘少奇》，页347。
142 《我的父亲邓小平：文革岁月》，页49。
143 同上，页56。
144 《风雨历程：晚年刘少奇》，页347。
145 《我的父亲邓小平：文革岁月》，页53。

是骗我们的,耍我们的。"[146]可见,专案组原来的材料中居然有"1946年冬季刘少奇和美国勾结,组织反共同盟军,要美国大规模出兵打共产党"这样荒诞无稽的指控。专案组还有哪些材料"是骗我们的,耍我们的"?是否进行了核查?这些我们都不得而知。我们看到的事实是以中央刘少奇专案小组上报的《关于叛徒、内奸、工贼刘少奇罪行的审查报告》,虽然有明显的破绽,还是经毛泽东批准定案。

有研究者认为毛泽东之所以将刘、邓加以区别,拆开来,是因为他受专案组误导,认为刘少奇历史上有问题而邓小平历史清白,有战功,故而采取此策,这自然有一定道理。但事实上,毛泽东讲此话的时间为1967年11月,当时刘少奇专案组对刘的历史问题尚在调查中,还未形成明确的结论。尚未有资料证明毛泽东当时已认定刘少奇有严重历史问题。这表明毛泽东当时对待刘、邓的处置上,是有着复杂的内心考虑的。"毛泽东之心,实如大海之深,深不可测"[147]哪些是出于对历史问题的政治考量,哪些是出于个人的情感的好恶,这有待更多的档案等资料的解密而得到揭示。而正是这种不同的考量和好恶,决定了刘、邓不同的"生死前途"。

这所有这些都证明"只有毛主席才能左右他(刘少奇)的命运"。[148]正是在这种背景下,导致了发展到极端的左倾整人手法被施之于国家主席刘少奇身上的悲剧。戚本禹的批判文章谎称刘少奇当年说"《清宫秘史》是爱国主义的",无中生有说刘少奇反对资本主义工商业的社会主义改造,大砍合作社等。当刘少奇看到戚文时,愤怒地说"这篇文章有许多假话,我什么时候说过那部电影是爱国主义的?什么时候说过当'红色买办'?不符合事实,是栽赃!""如果这些人无所畏惧,光明正大,可以辩论嘛!在中央委员会辩论,在人民群众中辩论嘛!"[149]但事实上,由于民主与监督机制的缺失,之前历次政治运动中从来没有设定过这样的辩论程序,从来都是对斗争对象单方面的不容置辩的批判。1955年反胡风集团案,从私人信件中寻章摘句,揪出一个反革命集团,让人申辩了吗?反右运动时,葛佩琦被人栽赃诬陷为要杀共产党,容许他申辩了吗?1962年1月,刘少奇在中央扩大会议上毫无证据,凭空指称彭德怀的问题"与某些外国人在中国搞颠覆活动有关。"[150]对此诬陷,彭德怀极为愤懑,写了八万言申辩,但刘根本不理。那时身居高位的刘少奇怎么没有愤怒呢?只是到了文化革命,同样的谎言,同样的诬陷被安在刘少奇身上,他才感到冤屈了,愤怒了。

1967年8月5日,中南海造反派批斗刘少奇,他遭到暴力殴打、凌辱。会后,刘少奇拿出《中华人民共和国宪法》,对机要秘书说"我是中华人民共和国的主席,你们怎样对待我个人,这无关紧要,但我要捍卫国家主席的尊严。谁罢免了我的国家主席?要审判,也要通过人民代表大会。你们这样做,是在侮辱我们的国家。我个人也是一个公民,为什么不让我讲话?宪法保障每一个公民的人身权利不受侵犯。破坏宪法的人是要受到法律的严厉惩罚的。"[151]这是刘少奇为捍卫

---

146 《毛泽东传》(1949-1976),页1536。
147 《我的父亲邓小平:文革岁月》,页57。
148 刘振德:《我给刘少奇当秘书》,中央文献出版社,2003,页351。
149 《刘少奇传》,页1057。
150 庐山会议上,有人揭发,怀疑彭德怀在1958年中国军事代表团访问苏联时,与赫鲁晓夫会见时与其私下谈话。肖华(访苏军事代表团成员、时任总政治部副主任)揭发,怀疑彭德怀与赫鲁晓夫会谈时有问题。李锐:《庐山会议实录》,河南人民出版社,1995,页233、246。会议期间立即秘密将代表团随访翻译章金树调上庐山,查问彭与赫谈话内容,章如实答复,认为"没有问题"。后来又曾多次向章查问,章均坚持已提供的事实。同时,还向我驻外使馆发报调查,均查无证据。庐山会议后,有人揭发,彭德怀访苏期间,王明派人与彭德怀谈。专案组为此询问了所有代表团人员,均查无事实。《秘书日记里的彭老总》,军事科学出版社,1998,页444、445。
151 《风雨历程:晚年刘少奇》,页47。

宪法的尊严进行的抗争。但这抗争是否来得太晚了点？在此之前，多少违反宪法，侵犯公民的人身权利的事情都发生了。反胡风集团案时，多少人因私人信件而被打成反革命；反右运动几十万知识分子因言获罪，被划为右派，打入社会深渊。那时，身居党的第二领导人的刘少奇，他说了什么呢？到了文化革命，连国家主席的自己也失去人身自由了，刘少奇才痛感需要为维护宪法而抗争了。

株连本是封建专制政治的暴政，是封建统治者维护集权统治的强力手段。可是文革前历次政治运动中对斗争对象进行亲属株连，成为惯用的左倾整人手法。1954年潘汉年事件，1955年反胡风集团案，1957年反右运动都有许多人的亲属受到株连，坠入社会底层，艰难挣扎了几十年。文化革命中亲属株连达到顶点，也被施加于国家主席刘少奇身上。刘少奇夫人王光美被诬陷为美国特务，1967年9月13日被康生亲自下令逮捕，囚禁于秦城监狱，长达近十二年。[152]王光美的母亲董洁如文革前一直与刘少奇全家同住在中南海，刘少奇被批判后，她被赶出中南海。1968年，七十五岁的董洁如作为王光美特务知情人被逮捕入狱，四年后死于狱中。[153]刘少奇的子女中长子刘允斌遭批斗，被逼卧轨自杀。长女刘爱琴被长期关在牛棚。次子刘允若被江青点名后被捕，在狱中患病，出狱后，因病去世。女儿刘平平曾被关监狱和长期监督劳动。儿子刘源曾被捕坐牢。[154]凡此种种，令人发指。此时，连身为国家主席的刘少奇尚且不能保证自身起码的生存权利，遑论平民百姓了。这一幕幕充分反映了文革的反动性、黑暗性和残酷性。应当指出的是，对刘少奇一家的株连主要是当时的国家权力机关执行的，可见当时的国家权力机关异化到何种程度！

"阴逢剥处自阳复，否到极时须泰来。"正因为左倾错误在文化革命中发展到极端，甚至连刘少奇、邓小平、彭真这样的顶层领导都受到肆意迫害，对极左的危害有了锥心刺骨的感受，引起他们的深深的反思，痛感阶级斗争为纲"再也不能继续下去了"。于是才迎来了十一届三中全会的拨乱反正和改革开放局面，迎来了政治清明、经济快速发展的局面。"人类遭遇的每一次灾难，总是以社会的进步作为补偿的。"中国的改革开放是包括刘少奇在内的千千万万个左倾受难者的血和生命换来的。

---

152 同上，页387。
153 同上。
154 同上，页388、389。

【历史研究】

"四面楚歌是姑息的剑"
——也说辛亥

刘翠香

"1911年（农历辛亥年）10月10日，湖北革命团体文学社、共进会在同盟会的推动下，以湖北新军为主力发动武装起义，并迅速获得成功。各省纷纷响应，进而掀起席卷全国的革命风暴，终于推翻清王朝，建立了中华民国"。

— 2011官版《中国共产党历史 上》P15

"百年前宁静的一个夜，巨变前夕的深夜里。枪炮声敲碎了宁静夜，四面楚歌是姑息的剑"。著名台湾音乐人侯德健最著名的作品——《龙的传人》，曾被当年国民党新闻局长宋楚瑜亲自将这两句改为"自强钟敲醒了民族魂，卧薪尝胆是雪耻的剑"，并对作者当面施压令其顺从，否则封杀。德健宁可放弃台湾舞台抵死不从，转身走向海峡对岸。转瞬间此歌唱遍华夏大地。遗憾的是眼下海峡两岸的人都把这两句精彩绝伦的歌词删掉了，那边是对国父的不忍，这边却着实出于懵懂——"四面楚歌？姑息？剑？"风马牛不相及，语文上也不通嘛。可是形容"辛亥革命"，再没有比这句歌词更贴切的了。

1911，辛亥年，延续了2132年的帝制一夜间成为既往。10月9日，一场连皇帝出面领导、洋人鼎力支持也没办成的大事，居然让一颗意外起爆的炸弹给促成了。10日，谋反多年的革命党被迫提前举事，既无领导也无预谋（孙中山11月10日才获悉"革命"消息，回来"领导革命"则更晚），驻汉口的清军协领（旅长）黎元洪被强行推戴为革命军总指挥，湖广总督不战而逃，接下来50天时间里，全国24个省中15个省宣告脱离清廷独立以响应武汉革命党。革命成功，党人宣告此年为"黄帝4609年"。

可是革命成功了吗？那夜，不该爆炸的炸弹确实敲碎了宁静，早该去死的"天朝"也确实四面楚歌，但革命之剑却也的确是"姑息"的，持剑人真有点"拔剑四顾心茫然"——他并不清楚应该用什么取代已被推翻的帝制，"辛亥革命要干什么？要推翻帝制。辛亥革命干成了什么，也就是推翻了帝制'而已'"[1]。

满清军事重臣袁世凯力主跟孙中山的革命党"南北议和"，血腥的"镇反"没有发生，只是孙中山在中华民国第一任临时大总统位置上还没坐满50天，就因严重违背与袁世凯签订的"南北共识"条约，还有一些七七八八拿不上台面的"账目不清"之类，被袁无情讨伐。在衡量利弊后，革命党决定向袁妥协。推翻帝制不足两个月，翌年2月13日，孙退位。前一日，袁氏已迫使末代皇帝溥仪退位，隆裕太后下诏委托他组建中华民国。

袁世凯宣布"拥护民主共和"彻底破灭了清王朝苟延残喘的最后幻想，在清廷与革命党的较量中，虽然各种龃龉龌龊不断发生，终究还是因举足轻重的袁世凯站在了革命党一边，才在形式上和实际上推翻了三百年满清王朝的统治，同时

---

[1] 秦晖：《走出帝制——从晚清到民国历史的回望》，页3，群言出版社 2015。

终结了两千多年的皇权帝制，才有了辛亥革命的胜利，有了中华民国的成立和存在。

袁世凯并非中共官史一贯定义的窃取辛亥革命成果的无耻小人和窃国大盗，而是此革命最重要的参与者和领导者，这一点连当年的革命党也未否认，党魁黄兴就曾将袁氏比作拿破仑与华盛顿。"姑息的剑"彼时确实剑拔弩张，护法、护国不亦乐乎，护法军、护国军风起云涌，却也真的都姑息了。因为姑息，革命没有血流漂杵，相比34年后中国史上规模最大、最残酷的内战——国共内战，辛亥革命几乎没有对民生造成伤害，但也因为姑息，更因为不前，南北中国分裂，丛林政治盛行。辛亥革命还是循了中国的老套路——远交近攻，以夷制夷，就算在亚洲第一个打出"民主共和"旗号，中华民国既未能自由民主，亦未能走向共和。两个甲子过去，企图"君主立宪"的死在君主座椅里，追求"民主自由"的连葬身之地都没有，神往"走向共和"的至今生死两茫茫。除了独裁者或长或短的周期更迭，中国依然是非民主国家（台湾除外），这是全世界包括中国自己的共识。

1914年5月11日，流亡日本的孙中山愤而写信给日本首相大隈重信，竟有如下表白——如果日本能支持他讨袁成功，他将在胜利后以保证日本在华利益和承认日本在满洲地区既得利益作为交换。这位中国头号革命家的孙氏恭称"大隈伯爵首相阁下"，在信中34次口称己国为"支那"。此信被收入藏于日本早稻田大学的《大隈重信文书》，1930年代著名报人王芸生在其名著——七卷本巨著《六十年来中国与日本》中首次全文公布。

暂且不提1915年2月5日孙氏与日本人签订的、被袁世凯骂作"借异虐同之举，引狼拒虎之谋"的《中日盟约》，仅仅这封中日双方史学界都不存疑的信函已足够惊悚。此刻的大隈已做出"出兵占领中国山东"的决定，孙的来信不啻雪中送炭。投桃报李，两个月后的7月8日，大隈内阁默许国民党前身中华革命党在东京成立，4个月后，孙中山在日本人扶植下组建的中华革命军武力讨伐袁世凯，翌年袁世凯退位，去世。

这里插上一个令人百思不解的小花边——29年后的1943年，在中共的延安整风中，孙中山的《致大隈重信书》也被作为学习材料广为印发，要求全体党人学习[2]，其中逻辑殊难勘破——是为揭发国民党的卖国？还是褒扬孙中山的谋略？此举很难不令人联想到中共执政后毛泽东数次"感谢日本侵略中国"的奇谈，莫非早在延安时他就已做此想？这是"且听下回分解"的另一个故事。

无论如何孙中山民族、民权、民生的三民主义，立法、行政、司法、考试、监察的五权宪法，还是向现代化国家的一大步迈进。谙熟英文的他把林肯葛底斯堡讲演中最著名的三个词组、也是美国政制的本质——Of the People, By the People, For the People 传神地对译为民有、民治、民享，不说功德无量，至少证明他还是懂得什么是真正的民主，虽然至死他也没有像华盛顿、杰斐逊那样促成中国的"大陆会议"，发表中国的"独立宣言"，推行中国的"国会制度"。

辛亥的姑息是妥协与谋略，也是慈悲，然而谁也无法掌握这个姑息的尺度。孙氏的"驱逐鞑虏"在多地演化为屠戮满人，仅西安一地就杀尽全城满人，包括妇孺幼儿计1.5万余[3]。辛亥革命说到底不过是一场民族主义起义，思想家殷海光甚至认为辛亥是对戊戌的倒退，革命是对变法的倒退，仅仅孙中山与陈炯明那一场"中央集权、武力统一"还是"联省自治、宪政立国"的政治与武力之争就足以说明民国距离现代国家和政治甚至比"晚清新政"还要远[4]。孙、陈的决裂堵死了

---

2 何方：《党史笔记——从遵义会议到延安整风（上）》，页250，利文出版社，2005。
3 李提摩太：《亲历晚清45年》，天津人民出版社，2005。
4 殷海光：《我对于三民主义的看法和建议》，"自由中国"，第22卷第10期。

中国曾经有过希望的、类似希腊城邦制度的联邦制、自治制，走出集权专制，以工商文明取代动乱、暴力、战争和阶级斗争并同样达到小康的路。

到1925年孙中山殁，"革命"尚未成功，"同志"都已成了敌人。史学大家黄仁宇把辛亥革命叫作"愁丧的开始"——剪了辫子蓄了发，皇帝改称大总统，清朝改称民国，可政还是那个政，制还是那个制，中国依然是"所有因素都无法在数目字上管理"[5]的宗法农耕社会。"多少年炮声仍隆隆，多少年又是多少年"，十数年的私人军事势力各自为政、社会达尔文主义——实力政治盛行，阴谋与政变是家常便饭，军头们将个人野心与高尚宗旨揉做一体——"大爱国者"张作霖、"基督将军"冯玉祥、"洗心儒将"阎锡山、"佛门大将"唐生智、"诗人元帅"吴佩孚……你方唱罢我登场，都把他乡作故乡。军阀混战令新生的民国尊严尽丧，他们可以随意代表中国与别国签约订条，造成民国外交上无法收拾的棘手和丢脸局面。《凡尔赛合约》的签订，就是日本将之前与北京段祺瑞政权签订的"日本将在协约国战胜德国后接收该国在山东一切权益"条款公之于世的结果，再典型不过。

民国的头20年，真是让中国人烦愁、丧气、失望的日子，被诅咒的帝制两次险些复辟不是没有原因的——传统文化连根动摇，舶来文化又无法消化，社会不能创新进步，这使得青年人尤为沮丧。时值一战结束，中国因与德国已经断交两年，加上14万劳工"以工代兵"服役欧洲战场，原以为自己是能分一杯羹的战胜国，却因为政府的软弱无能，反倒要将自己的本土——原来属于战败国的山东租界转让给另一战胜国，而且人家还因为有约在先而理直气壮。

"辛亥"并未能使中国走向光明的未来，如今已是海峡两岸共识。

5　黄仁宇：《资本主义与二十一世纪》，页26，生活·读书·新知三联书店，1997。

【读书与评论】

为康生翻案的《康生年谱》

可 白

> 恶是不曾思考过的东西。思考要达到某一深度，逼近其根源，涉及善恶的评价，才有可能接近恶的本质。
> ——汉娜·阿伦特（致友人书）

一、《康生年谱》炒作"康生的另一面"，寻找康生的所谓亮点

康生何人？公认的整人专家。由于害人无数，千夫所指，终于在1980年10月，康生死去5年后，中共中央审查了康生问题，将康生开除出共产党，他的骨灰也被迁出八宝山革命公墓。然而，近年来，一些人开始炒作所谓"康生的另一面"的话题。其领军人物，是最近出版的《康生年谱》的编纂者余汝信先生。早在2011年1月，余汝信就在《记忆》2011年第3期发表了"康生的另一面"一文，此文在网易博客、天涯博客等大众传媒上发表的时间则更早。此后，陆续有人开始炒作这一话题。

说康生有另一面，可以有多种解读。人民出版社原社长曾彦修先生的说法最为贴切，他说康生"才德反差巨大"。康生既是一个害人无数的坏人，两面派，在政治上道德败坏，玩弄权术，搞阴谋诡计，利用职权，捏造罪名，陷害同志；另一方面，他又是一个中国传统文化的专家，一个书画大家，一个文物鉴赏家。这也是多数人对康生的看法。

然而，余汝信先生对康生"另一面"的研究，却意不在此，他的目的，用他自己的话，是要寻找与世间对康生评价不同的"康生的另一面"。世间评价当然是指中共中央审查康生的结论和处理，认为他政治上是地地道道的坏人。而余汝信却欣喜若狂地号称，他发现了康生的许多"亮点"。这一点，他在他的新作《康生年谱》的序言中，直言不讳地说了出来。

余汝信的新作《康生年谱》，很大的部头，700多页，有名家给此书写序，还被一些评论家溢美为是什么"巨著"云云，有人甚至用上了此书"功德无量"这样的词。这一现象，在寂寞荒芜的康生研究的园地上，着实热闹了几天。不过我想问问，这些评论人士有哪些人真正研读过这部"巨著"？

笔者年轻时曾和康生有过直接接触，深刻领教了康生之恶。那么，余汝信发现的"亮点"到底是什么？我怀着好奇之心，认真研读了这部"巨著"，并和有关康生的现有研究成果加以比对，却惊讶地发现，这是一部内容方面存在重大缺失，记载方面有着硬伤的不合格的年谱。可以说，这部年谱，既不符合年谱写作的基本规范，也没有全面反映出谱主康生的真实面目。

年谱写作的基本规范，是要求资料的全面和真实，这也是年谱的灵魂所在。年谱不同于一般的人物传记，它一般采用编年体裁，以年月日为经，以谱主的行止为纬，尽量全面细致地记载谱主每一天的所思所想，所作所为，从而反映其一生逐步发展的轨迹。所以，年谱写作的基本规范，首要的条件是全面真实，这就需要编纂者尽量详尽的收集谱主一生重要活动的第一手资料，包括

本人的档案资料和著作，别人的记载和回忆。对个人家世、学历、学术及亲朋关系皆要有逐年详录，这就需要编纂者考证、鉴定，从海量的资料里去伪存真，并按年月日的时间线将这些活动加以编排，这样才能理清谱主活动的发展线索，作为对谱主一生评价的基础。

还原历史真相是年谱的责任。年谱的编纂应本着有事即载，有对写对，有错写错的原则，尽量全面真实记载谱主的言行，特别是一些关键事件的细节，不应当有重大遗漏。而此部康生年谱，最要害的问题，恰恰是"遗漏"二字。一是，一些康生有过重大行为，产生过重大影响的日子，有些行为是众所周知，证据确凿的，有的在此年谱中连日期也未见踪影。二是，一些康生参加过的重大活动，年谱中虽有记载，但内容却主要是记载别人的言行，例如有些会议，大段引述了毛泽东等人的讲话，而康生在此会议上的讲话和表态，却被编纂者遗漏。三是，一些康生主持的重大案件，大多都是冤案，年谱中鲜有记载。四是，一些康生的重要经历，年谱中没有记载。例如康生操控中央党校文革的种种恶行很少记载。总之，该年谱对康生一生重要活动的记载有重大遗漏，出现了重大缺失。

出现这些遗漏，有主客观两方面的原因。主观上，一些重要资料，编纂者有意不予采信；客观上，一些重要资料，编纂者根本没有掌握。当然，最根本的还是主观原因。年谱中康生一生重要资料的缺失，主要是由于编纂者预设立场所致。也就是说，编纂者在写作之前，对此书预设了立场，有了主题，对谱主的评价，先期形成了固定的结论。于是，在编辑年谱时，他会本能地刻意回避或舍弃不符合自己立场的资料，出现选择性记载。用编纂者自己的话叫"不予采信"。这是该年谱出现严重缺失的根本原因。

此部康生年谱，编纂者余汝信预设的立场，就是要在年谱中尽力反映出所谓"康生的另一面"。这一点，他是在年谱序言中明说的。序言的标题就是："代序：康生的另一面"。这个序言原封不动地照搬了他在2011年1月《记忆》中发表的"康生的另一面"一文。十几年后的2023年出版该年谱，他的立场没有变化。

序言首先引用了1980年10月中共中央批转的《中共中央纪律检查委员会关于康生问题的审查报告》中对康生的评价。该《审查报告》列举了康生的五大"主要问题"（即"主要罪行"）。其第二大"主要问题"为"在'文化大革命'中，捏造罪名，蓄谋陷害一大批党、政、军领导干部"。余汝信直截了当地说，"笔者最近读了一些有关康生的材料。这些材料中的相当一部分，可以看到与官方上述判定不同的康生的另一面。这些材料，似应有助于我们更全面地认识康生，以及全面认识其在中共高层的同侪。"就是说，他对审查报告中康生"陷害大批干部"的结论不认同，而要"全面认识"。可见，余汝信编写康生年谱预设的立场，是通过论述"康生的另一面"，达到"全面"认识康生，以及全面认识其在中共高层的同侪的目的（无非是想说康生的问题别人也有责任，或受别人指使，特别是最高领袖）。

为此，文中举了康生在文化大革命中的三个批示作为例子。

第一个，关于对谭启龙的批示，序言认为该批示是康生指示保护谭启龙的态度，其中并没有丝毫"诬陷""迫害"的痕迹，相反，是保护他的批示。至于文革后谭启龙的回忆录中并没有承认此事，序言则武断地解释为是谭启龙的回忆失实。

第二个，关于对吴德峰的批示，序言认为其中是可以感受到他对吴德峰的同志之情的，因为这无论如何也不像一个"迫害狂"所说的话。你看，这里否认了康生是"诬陷""迫害"的"迫害狂"的公认评价。其实，这两个所谓康生"保护性的批示"并不奇怪，都是有原因的。可以说，康生的整人和保人，从来不是无缘无故的，而是和党内派系斗争有关，用康生的话说，和两条路线斗争密切相连，都是康生"站队"的需要。康生大肆整人,是党内两条路线的斗争的具体实践,保个把人当然也是如此。他在中央党校多次讲什么"十次路线斗争",他都站在正确一方。顺便说一下,康生在中央党校讲什么"十次路线斗争"的讲话,也被年谱所舍弃。

就拿对济南军区司令员谭启龙那个批示来说吧,1966年9月7日,毛泽东曾就山东青岛文革中工农和学生的关系问题批示林彪、周恩来,康生等人,明确指示"谭启龙和这个副市长(王效禹)的意见,我看是正确的",让他们商议一下,酌定政策。9月11日,中央印发了毛泽东的这个批示,制定了相关政策。(《康生年谱》注释【2040】)毛泽东对谭启龙意见的重视,康生肯定是印象深刻,所以保他理所应当。而吴德峰,是时年最高人民法院的副院长。他是康生在上海特科时期的老战友,是康生的旧部,老关系。康生在批示中说他在上海和西安的白区秘密工作中,是做了一些有益的工作,是忠于党的。对他应是一批二保,这个批示也顺理成章。

余汝信在序言中宣称康生的这两个批示展现历史人物的复杂性,并信誓旦旦地问道,"康生类似这样的保护性的批示,还有多少?在康生文革中所有的批示里,类似的批示,占了多大的比例?这是我们甚感兴趣的课题,因为,弄清了这一问题,也就会使我们向了解一个真正的康生的目标,前进一大步。"

这个问题我也甚感兴趣。从余汝信2011年发表"康生的另一面"起,到《康生年谱》问世的2023年,十几年来,他还发现了多少康生所谓的保护性批示?反过来,序言所引的官方审查报告中也指出:"从档案中查出,许多冤、假、错案都是由康生点名批准、指使逼供,以至定性定案的。据现有确凿的材料统计,康生在'文化大革命'中直接诬蔑和迫害的干部竟达839人(包括曹轶欧点名诬陷的122人);在康生亲自审定的报告上点名诬陷的有247人。被点名的839人中,有中央副部长、地方副省长、部队大军区级以上的领导干部360多人,其余的大部分也是老干部和各界知名人士。其中,已查明被迫害致死的有82人;致残致病的,则无法统计。"

请问,那两个所谓"保护性批示"在恶魔康生极多的害人批示中占多大比例?能推翻中央决议几何?能否定康生是整人专家的社会公论几何?两个所谓"保护"的批示能和他对800多位被点名者的迫害的批示相比吗,而且这些人,许多都是整的生不如死,家破人亡啊。但是,余汝信在和凤凰卫视原主持人杨锦麟的对话中居然说,文革前期,"他是也点名点了很多人,但是我觉得有些人是应该点名的啊。那么比如说他在文革中支持一派的一些领导干部,他点的大部分是这些人啊,但是他点名的时候,其他人员在场,特别是周恩来也在场,也是说的跟他相同的话,起码周恩来不表示疑义。"

我看到这个言论,不禁头皮发麻,言者真是对迫害狂康生情有独钟,处处辩解;对成千上万(包括株连者)被迫害者却非常冷酷,甚至认为应该点他们的名,也就是说,应该迫害。不过,余汝信既然想推翻中央的结论,就应当拿出相关的证据,他认为,这839人中,谁,多少人,因为什么,应当点他的名,拿出名单来,不能这样随口胡说吧。

第三个,关于彭真的那个批示,就更可笑了。康生本人就是彭真专案组的负责人,这个专案组写的《关于逮捕大叛徒、大特务彭真的请示报告》,康生批示为"拟同意",被序言解释为"康生一个人并没有决定权"。定性彭真为大叛徒、大特务,并要求将其逮捕,不正是作为专案组长的康生搞出来的吗?所谓"拟同意",完全是官样文章,余汝信真的不懂吗?

余汝信辩解说,如果"同意"就是诬陷和迫害,就负有罪责,那不仅是康生,以及"坏人"林彪、陈伯达、黄永胜、谢富治和叶群,"好人"毛泽东和周恩来,也同样逃不掉"罪责"。因为他们都是签字同意的。这话有一定道理。整人的都逃不掉历史"罪责"。不过各有各的账，各有各的责任。而整肃彭真等人，康生当然是秉承领导意图所为，但他是直接操盘手。他绝不是被动执行，更不可能"枪口抬高一寸"，而是以制造冤案为目的，积极主动，不遗余力，造假诬陷，株连无辜，甚至还发明了逼供信的手段……康生当然是罪莫大焉。

为整彭真和旧北京市委，康生公然造谣彭真策划了什么"二月兵变"；还制造了株连甚广的所谓"大特务刘仁案件"，要追查"刘仁的美特、日特问题"，下令逮捕有关人员，长期关押，猎取口供。他毫无根据地把"彭真问题"同"刘仁特务案件"挂起钩来。1967年8月4日，康生直接"指示"专案人员：彭真的"叛徒问题，很清楚了"，下一步的重点就是"通过刘仁案搞彭同美国人的关系，与国民党的关系问题"。甚至还株连了王光美。1968年11月11日，康生亲自给刘仁案件定性，宣布："刘仁专案，材料是确实的，铁证如山。主要搞他四个问题：美特；把王光美打入军调部（或并入美特）；给匪国民党中统局供给情报；解放后把北京市的公安局变成间谍中心。"（审查报告）这个批示，年谱中根本没有。

康生搞的这个大冤案，把刘仁、徐子荣、任彬等同志残酷迫害致死。株连所及，仅原北京市委二十个常委，就被逮捕了九人，逼死二人，致残一人，还有六人被长期隔离；原北京市各部局和大专院校领导干部中，也有二十九人被迫害致死。请问余汝信，以上事实，康生难道不是"诬陷和迫害，负有罪责"吗？

二、文化大革命从产生到发展，康生都是重要推手，重要干将

文革前夕，在批判海瑞罢官的问题上，彭真及他领导的北京市委与江青、毛泽东产生了分歧，康生坚决站到了毛泽东一边，靠在《二月提纲》问题上，玩弄两面派手法，陷害彭真，得到领导的欢心，得以步步高升。终于成为最高领导最重要的亲信。

此时毛泽东正在南方部署准备搞文革，康生被委以重任，成了毛泽东和在京政治局成员的联络员，他穿梭在北京和南方之间，一方面传达毛泽东的指示，另一方面向毛泽东汇报北京的情况。1966年5月25日，康生在中央政治局扩大会议上的讲话中说，从1965年12月到1966年516通知前，他听到主席七次指示，批判海瑞罢官，批判吴晗，批判彭德怀，批判彭罗陆杨，批判北京市委，批判三家村，等等，要搞文化大革命。

另一方面，他曲意奉承，揣摩迎合，大肆吹捧毛泽东。大讲毛泽东是伟大领袖，是世界人民的领袖。全面发展了马列主义，是当代的顶峰、是最高最活的马列主义。毛泽东思想全面发展丰富了超过了马列主义。用他自己的话说，没有上本的主席思想很值得学习。

整肃彭真，批判海瑞罢官，是文化大革命的源起。1966年的五一六《通知》，标志着文革开始了，这个文件是由康生、陈伯达主持起草的，康生这样有历史意义的重要行为，年谱却没有载入。祸国殃民的文化大革命，从产生到发展，康生都是重要推手，重要干将，绝不是被动执行。他是文革派的骨干力量，是妥妥的实权派。他"屡屡利用职权，捕风捉影，捏造罪名，陷害同志"，正因为如此，他才被历史学家高华称为领导手中一把"出鞘的利剑"，被美国人约翰拜伦（《康生传》的作者）称为"龙爪"。

文革中，康生一直紧紧把持中央专案工作的大权，也就是整人的大权。康生不止整彭真，在中央专案第一、二、三办公室，由他分管的彭真、刘仁、陶铸、贺龙、薄一波、刘澜涛、安子文、王任重、林枫、"新疆叛徒集团"、"苏特"等专案组，据现有统计，"审查"对象达二百二十人。对其他三十三个专案组（包括刘少奇、彭德怀、罗瑞卿、陆定一、杨尚昆、周扬、小说《刘志丹》等大案），"审查"对象一千零四十人，他也参与谋划，直

接控制。中央专案第一、二、三办公室，十年中陷害了成千高级干部，康生都负有罪责。难道他不是罪责难逃吗？

这些是康生在文革中的重要活动和行为，本应当是该年谱的重头戏，但是，在年谱中，人们基本看不到康生是怎样搞专案、迫害干部的。他的指示，他的决定，他的报告……都付之阙如。

再有，康不光是整干部本人，他还热衷于搞株连。大批干部妻离子散，家破人亡。就拿彭真来说，妻子张洁清被关押八年，四个孩子都未能幸免。彭真专案组还派人到彭的原籍山西曲沃县，向县革委传达康生的"指示"，说："康生同志对专案组发了火，拍了桌子说，你们无能，彭真家明明是地主，你们连这个都搞不清楚！"县里被迫成立"揪斗彭真联络站"，硬把彭的下中农成份篡改为富农，还把他的弟弟傅茂信和一个侄儿定为"现行反革命分子"，逮捕法办，迫害致死。彭的老家被抄，八十多岁的老母亲也被赶到院子里，摔打加日晒，很快折磨死了。彭真的岳父家二十多人受株连：入狱六人，被当作专政对象进行"审查"、批斗、关押，或调离军队、送边远地区插队的十六人。其中，逼死四人，逼成精神病二人，逼迫退党一人。张文松、黄甘英两同志（张洁清同志的弟弟和弟媳）入狱八年，女儿被打成"现行反革命"，逼成精神病；张洁洵同志（张洁清同志的妹妹，原全国妇联国际部部长）被"群众专政"，在机关里关押近八年；张秀岩同志（张洁清同志的姑姑）当时已六十七岁，重病卧床，也被抓去逼供，冤死狱中。

康生的这些恶行，年谱中当然更没有记载。为什么？

三、《康生年谱》声称拒绝所谓"妖魔化"康生，反对中共中央对康生的处理

2023年4月28日，《康生年谱》的编纂者余汝信和凤凰卫视原主持人杨锦麟对话此书，进一步披露了他编纂此书的想法。首先，余汝信说，此书有一个副标题，"一个中国共产党人的一生"，他将康生定位于"中国共产党人这么一个抽象名词的一个典型的具象，是中国共产党人重要的一个典型，有很重要的象征意义。"中国共产党人还有一些具象，就不单只是康生是一个具象，像毛泽东也是一个具象。周恩来也是个具象，邓小平也是个具象。

当然，每个人都是一个具象，但是具象不等于典型。把康生作为共产党员的典型，大错而特错！因为共产党员形形色色，有好人，也有坏人。都是共产党员，其地位，人格和品质却可能有着天壤之别。说康生是典型，难道共产党员个个都是整人狂？否，更多的人是被整的。请问，掌握大权，专事整人者和众多挨整的共产党员能同日而语吗？热衷于搞党内斗争争权夺势的某些人物和众多一心抗日救国、建设国家的共产党员是一样的吗？有着整人专家外号，千夫所指的康生和解救无数人，万人敬仰的胡耀邦以及宁愿下台也要坚持原则的领导人能相提并论吗？说康生这个具象是中国共产党人的典型，具有象征意义，完全是瞎说。

第二，余汝信自豪的是，自己一点也没有将康生脸谱化、妖魔化，还原了康生的本来面目。所谓妖魔化康生，居然是为该年谱写序的大学问家秦晖提出来的。他说，"本书好就好在它一点也没有妖魔化康生这个人。"这里我也想请问秦晖大学者，你认真研究过康生的一生吗？你仔细研读过这部年谱吗？你可曾想过，余汝信的预设立场意味着什么吗？顺便说一句，秦大学者引用了师东兵的所谓对康生的妻子曹轶欧《应当恢复康生的本来面貌》的采访。师东兵本人臭名昭著，由于编造访谈情节、虚构历史内情，惯于造假，已被逮捕判刑。引用他的东西作证明难道不应当慎重些吗？更何况曹轶欧本人也同样是一个整人大家。

什么是妖魔化？是指将某事物或人物进行丑

化，将其存在的问题扩大化，甚至将其描述成比实际更加恶劣、恐怖的状态。妖魔化必定是不实事求是，不真实。然而，康生本就是恶魔，还用妖魔化吗？现实情况不是什么妖魔化康生的问题，而是由于投鼠忌器等原因，目前无论是对康生的揭露，还是对康生的研究，都是大大的不够。现在许多人，已经把康生这个人忘了。2005年，我们来到香港中文大学中国研究服务中心，据说该中心拥有当代中国国情研究最齐全的图书馆，被称为"中国研究的麦加"。我们希望能查阅一些有关康生的资料，当我们向那里的馆员提出要求，她居然问我们，康生是谁？后来在有关中央领导书籍的书架上，只找到了3-4本有关康生的书。足以证明康生研究这片土地，现在是一片荒芜。

那么，余汝信认为到底是谁将康生脸谱化、妖魔化了呢？从余汝信确定了1980年这个时间点来看，他认为脸谱化、妖魔化康生的，起源于1980年中共中央对康生的审查和处理决定。他明确说，"他1975年去世，五年之后，在1980年以来，康生被脸谱化了，将很多不是他一个人的历史责任推在他一个人身上。本来事情是大家一起做的，是一个团体一起做的是吧？是十几个人一起做的，或者是四五个人一起做的。但是都把它推在他一个人身上，就像很多罪名推在林彪或者江青头上。当然林彪和江青康生这些人，他们也是执行了一个左的路线，他们也有他们的历史责任，但是不能把全部责任都推在他们这三个人头上。"

这也不是事实。中央并没有把发动文化大革命的责任推到康生头上，他没有资格，他不配。他只是一个酷吏，一个狡猾凶恶的打手。然而余汝信认为，处理康生之后对康生的研究，出的一些书，都是对康生妖魔化的。他举例美国人约翰拜伦写的《康生传》，仲侃写的《康生评传》，都是"把康生说作为一个坏人啊，坏的典型，这个龙爪啊"。

"拒绝妖魔化"和"寻找另一面"，是完全一致的逻辑。余汝信承诺他的这部年谱，是要"给读者还原一个真正的历史"。就是要说明康生是一个"好人"。这一预设立场成为该年谱对众多有关康生资料的取舍原则。"不予采信""不予记载"是其实现预设立场的主要手段。这样，众多康生作恶的具体内容都不予记载，所以，呈现在读者面前的年谱，并没有"给读者还原一个真正的历史"，呈现给读者的谱主康生的面目，更不是一个全面的，真实的人，而是一个被隐瞒罪恶，刻意美化的人。

年谱与其他作品不同，它不能有预设立场，只能靠资料说话。年谱是资料性的著作，涉及对谱主的评价、结论必须产生于调查研究之后，谱主是好人，或是坏人，或是复杂的人……这些评价都必须产生在全面收集和整理谱主的资料之后，而不是之前，否则必定出现偏差，出现选择性记载和重大缺失。

四、《康生年谱》为康生辩护的几个案例

由于康生整人无数，如果全面记录，会形成比该年谱规模大得多的巨著。限于篇幅，本文只能仅就余汝信所谓拒绝妖魔化、为康生辩护的几个案例做一个简单的梳理。

首先，延安整风和抢救运动中，康生制造的许多冤假错案该年谱不予记载。

康生一生中整人的高峰，在历史上有两段，延安整风时期和文化大革命时期。在延安整风时期，该年谱主要记载康生职务的情况：1942年5月，康生任整风运动的领导机构，叫中央总学委的副主任。主任是毛泽东。1943年10月，总学委增加刘少奇为副主任，排名在康生之前，余汝信说，"现在人们老说康生是副主任，毛泽东是主任，往往忽略了在第二年增加了刘少奇副主任，刘少奇在这个阶段，在整风运动的阶段，他的表现得到了毛泽东的赏识，彭真在43年，他的地位就超越了康生。"这段话的意思是，即使延安整风的方

针政策有问题，也不是康生的责任，而是地位更高的毛泽东、刘少奇、彭真等的责任。

余汝信还说，"康生把中央社会部的日常工作交给李克农来指导。康生就只管大政方针，以便集中力量做情报工作。很多具体的事情不是康生做，是李克农等人去做。中央社会部的具体审查的工作，是李克农负责的。"所以，余汝信认为具体案件的问题也不是康生的责任。

康生不做具体审查工作吗？多少知情人、受害人揭露他在审查中的恶行，他制造了多少骇人听闻的著名冤假错案件，罄竹难书！众所周知，康生在延安，在肃反和抢救运动中一再制造冤案，陷害了大批干部。这一点，在档案资料中，中央文件中，在众多干部的揭发和受害人的回忆录中有大量记录和控诉，是公认的，没有什么疑义。该年谱却不记载。例如，曾经轰动陕甘宁边区的"叛徒特务钱维人案"和"日本特务王遵伋案"，李凝"叛徒、特务"案等等，年谱里没有记载。康生在"抢救运动"中经常散布他的所谓"特务的群众性"等谬论，说"无论青年人、中年人、无论是男人、女人"都有，是"敌人的第五纵队"，要人们都去怀疑周围的人是特务。所以，延安一度被认为"特务如麻"。但是，时至今日，你能说出来当时康生揪出来了真正的大特务是谁吗？笔者孤陋寡闻，只知道一个，当时潜伏在延安的著名特务沈之岳，那还是伟大领袖发现的呢！

公安部顾问汪金祥、和副部长凌云同志1979年7月22日揭发，康生从1939年主持中央社会部工作起，就一贯搞逼供信，制造冤、错、假案。曾经轰动陕甘宁边区的"叛徒特务钱维人案"和"日本特务王遵伋案"，就是康生一手制造的两起大冤案。从侦察、逮捕、审讯一直到定案、关押，都是在康生亲自指挥下进行的。钱维人"内奸"案的当事人钱维人同志1979年7月14日揭发：1939年5月14日，我因所谓"确系内奸分子"的罪名……把我逮捕起来了。1946年6月释放。1955年6月经西北公安部甄别结论，没有政治历史问题。关押了我七年，加上审查时间共十六年。康生在公开发表的文章中与其他地方，曾多次点名诬陷我是"内奸""奸细"。在李凝"叛徒、特务"案中，康生居然说，"李小姐！你长得那么漂亮，不当特务，谁当特务？！"后来李凝不知所踪。

康生还制造了影响极坏的"红旗党"假案和"张克勤事件"，摧残白区党组织，迫害地下党员。康生在"抢救失足者"动员大会的讲话中，把张克勤同志被逼承认的"红旗党"问题，当作典型材料加以引用，并把张克勤同志带到大会上作典型示范。从此，许多来自国民党统治区的地下党员都被进行了追查和逼供。一个人被逼得顶不住，承认了，又去株连别人，这样越搞越多。最后把河南、四川、甘肃、浙江、湖北、贵州等多省的地下党都诬蔑成国民党特务内奸政策制造的"红旗党"，把许多地下党员打成了国民党的特务内奸。

这些冤案，尽管有平反结论，有本人指证，他人证明，有年月日，编纂者均不予采信，这些康生亲自制造或参与制造的许多著名的冤假错案在该年谱中消失了。因为记载这些，不符合年谱的预设立场。

第二，余汝信拒绝所谓妖魔化康生，为康生亲手搞的四大文字狱做辩护。

1. 第一个文字狱，该年谱认为王实味之死和康生没有关系。

该年谱中提到了王实味的名字。余汝信说，"王实味之死，他们都说康生搞的。但是其实王实味的死和康生没有关系。因为王实味的死是在四七年了。当时康生已经去搞土改了。"

王实味之死是谁下令的，本身就有争议，余汝信说是李克农，还有人说是贺龙、王震。不过问题的关键不是具体的死刑执行人是谁，而是王实味到底因何引来杀身之祸，必死无疑呢？1942年，王实味因揭露和批判延安的等级制度，受到毛泽东的高度关注，得罪了毛泽东、王震等一众老干部，善于逢迎上级的康生无限上纲，立刻把这一案件升级为政治问题，反党集团问题。就是他定性了王实味是"托派"，接着他追查与王实味有接触的人，将中央研究院的潘芳、宗铮夫妇和中央政治研究室的成全、王里连同王实味定性为"五人反党集团"。1942年10月23日，王实味被开除党籍。1943年4月1日，是康生下令逮捕了王实味。1946年对王实味重新审查的结论是"反革命托派奸细分子"。1947年3月，王实味被处死。康生负责的中央社会部批复指示："就地秘密处死"。死后又给王实味扣上暗藏的国民党特务的黑帽子。你看，一次又一次案件性质的升级都是康生在推波助澜。在康生等人的谗言下，毛泽东在一次主持高干整风学习总结时说："《三八节有感》虽有批评，但也有建议。丁玲同王实味不同，丁玲是同志，王实味是托派。"作为中共中央社会部和情报部部长，和整风运动的领导机构中共中央总学习委员会副主任，就是他直接插手和"指导"了中央研究院对王实味的批判，把思想问题升级为政治问题、敌我矛盾，王实味在劫难逃。

当时也有人抵制此案，负责中央研究院宣教工作的温济泽向院党委书记汇报说："对王实味的问题，应该作为思想问题批评，不要把思想问题升级为政治问题和反党问题。"第二天，这位书记对温济泽说："你的意见，我向康生汇报了。他批评了我们，还批评你有温情主义。"建国后，温济泽曾担任中央广播事业局副局长兼中央人民广播电台副总编辑、中国社会科学院研究生院院长等职，他曾受当事人李维汉的委托，多方联系奔走，为王实味的最后平反作了大量工作。李维汉说："王实味问题要重新审查。王实味的问题是由我引发的，我有责任把它搞清楚。王实味被定为托派分子，但究竟定托派的根据是什么，大家都不清楚。这个责任要康生负。康生说过，王实味不仅是托派分子，而且是复兴社（蓝衣社）分子，后来又说是'兼差特务'等等。要召集原中央研究院的同志议一议，如果是错案，即使人死了，该平反的仍然应该平反……为了向党内同志负责，我有责任提出我的意见。"（温济泽：《王实味冤案平反纪实》）。

1991年2月7日，公安部发出《关于对王实味同志托派问题的复查决定》，正式宣布："在复查中没有查出王实味同志参加托派组织的材料。因此，1946年定为'反革命托派奸细分子'的结论予以纠正，在战争环境中被错误处决予以平反昭雪。"

关于延安整风中这样一个大案要案，康生在全案过程中插手的重要时间点，何年何月何日，康生的命令、批示、指示，当事人都揭露得清清楚楚，而且有人证物证，年谱中不但不见踪影，编纂者不予采信，反而辩解不是康生所为。

2. 第二个文字狱，该年谱回避《海瑞罢官》的要害是罢官"一说是康生的发明权。

1965年11月，由姚文元署名发表的文章《评新编历史剧〈海瑞罢官〉》，诋毁这出戏是反党反社会主义的大毒草，借此影射攻击彭德怀同志。在海瑞罢官一案中，毛泽东曾说，海瑞罢官的要害是罢官，是康生的发明权。追根求源，最早把《海瑞罢官》和彭德怀问题扯在一起，把水搅浑的，是康生。康生自己都不否认，反而以有功炫耀。他宣称，吴晗的《海瑞罢官》替彭德怀翻案，是他向毛主席讲的。

事实上，吴晗写评价海瑞的文章和酝酿写《海瑞罢官》这个剧本，是在1959年8月庐山会议之前，同所谓彭德怀同志的"罢官"毫无关系。1966年4月25日和5月5日两次中央政治局扩大会议上，康生却说："64年的时候，我曾向主席讲过，吴晗的《海瑞罢官》同庐山会议有关，同彭德怀问题有关。"还说："林总一知道这件事，就提出是个搞政变的问题。"在6月初中央文革小组开会时，康生又宣称，吴晗的《海瑞罢官》替彭德怀翻案，是他向毛主席讲的。6月3日，康生同越南胡志明同志谈话时，再一次提道："我曾经向毛主席讲过，《海瑞罢官》与彭德怀有联系。因为它提出退田分给贫民的口号，彭德怀也提出要恢复单干。"

当然，该年谱1966年4月25日，5月5日，6月初，均没记载康生这些言论。

3. 第三个文字狱，该年谱否认"利用小说《刘志丹》反党"冤案中康生的罪责。

1979年6月，在由中共中央组织部递交的为《刘志丹》案平反的报告里，定性该案是"一起株连甚广的现代文字狱"。《刘志丹》作者李健彤在《反党小说<刘志丹>案实录》"引言"中说："这桩公案是由一部小说《刘志丹》引起的，折腾了17年，株连约6万人，致死上千人。一本小说造成的冤狱，可称是中国之最，世界少见。"可以说，这是中国当代史上的旷世奇冤，开创了现代文字狱的新纪录。

但是余汝信在与杨锦麟的对话中却为康生这样辩护："刘志丹那个书啊，那个习仲勋，他其实已经叫他们不要出啊。但是他们把一些文章发表在工人日报上面，有一个人，就是阎红彦，云南昆明军区司令向中央告密，昆明军区政委向中央告密，然后就成立那个习仲勋专案审查小组。把这个事情挑起来，不是康生哦，就是阎红彦哦，反党小说是一大发明这些话不是康生递的条子给毛泽东吗？一般是这么说，我们找不到证据，是有这么一个说法，但是毛泽东会把你的条子照念，他也没有说这是康生说的话吗？是不是啊？这是毛泽东本人的话嘛，利用小说反党是一大发明，是吧？我们要了解八届十中全会，其实是成立了两个专案审查委员会，有一个叫彭德怀专案审查委员会。你知道他的主任委员是谁？他的主任委员是贺龙。习仲勋审查委员会的主任是康生，这个委员会的秘书长是安子文，中央组织部的部长。如果说康生在习仲勋审查上面，他有什么罪啊？那么你可以说贺龙在彭德怀审查方面他有什么罪啊，是吧？这等于说等同的嘛，大家都是主任，党内的权力斗争的残酷性和高层对毛泽东的服从性，这都是完完全全看得清清楚楚。"

当然，无论是康生审查习仲勋，还是贺龙审查彭德怀，都是制造冤假错案，当然都有罪。但这两个主任结局却大相径庭。后来贺龙被打倒，康生又去主管贺龙案，彭德怀案由周接管，最后贺龙被整死，康生却步步高升。就在那个八届十中全会上，康生升官，被补选为中央书记处书记。

下面我们看看，康生在小说刘志丹案中到底有什么罪。

1958年到1962年，小说作者先后请当年担任过陕甘苏维埃政府主席、时任国务院副总理的习仲勋，原陕北老干部、时任国家经委副主任的贾拓夫、李建彤的丈夫刘景范以及中宣部主管文艺的副部长周扬审阅小说稿件。1962年7月，曾与刘志丹有过历史冲突的，陕北根据地创始人之一、时任中共云南省委第一书记的阎红彦看了稿子后，向康生告密，康生还没看到书就认定："完全为高岗翻案。"他通知中宣部要各报刊一律停止转载，8月24日八届十中全会预备会议召开前夕，康生又通知出版社赶印《刘志丹》六百本，送中央委员会审查。书尚未印好，一条"毛主席语录"就出来了："利用小说反党活动，是一大发明。"后来毛泽东说："利用小说反党，是康生发现的。"

薄一波回忆，毛泽东在会上讲话时，中央政治局候补委员、中央文教小组副组长康生递上一张纸条："利用小说进行反党活动，是一大发明"。然而在《康生年谱》注释【1382】中却说，"至于薄一波在《若干重大决策与事件的回顾》中称，毛泽东这次讲话时，康生递了一个条子说：'利用小说进行反党活动，是一大发明。'毛泽东在会上念了这个条子。薄一波的说法，经不起推敲，不足采信。"可见，就算是当事人的回忆，只要不符合余汝信的立场，他没有任何理由，均可以不予采信。

毛泽东念了这张纸条后，说了一段流传广泛，影响巨大的语录："凡是要推翻一个政权，总要先造成舆论，总要先做意识形态方面的工作。不论革命、反革命，都是如此。"于是会议开始追究《刘志丹》的幕后策划者，在毛泽东和康生都没有看书稿的情况下，毛泽东当场宣布习仲勋、贾拓夫等"罪恶实在太大了"。

9月27日,全会决定成立由康生负责的专案委员会,对习仲勋等人的问题进行审查。1963年5月审查小组写出《对"刘志丹"一书的审查报告》,罗织出四项罪名。什么刘志丹小说为高岗翻案;吹捧习仲勋,为篡党篡国制造政治资本;剽窃毛的武装斗争理论;西北救了中央,夸大西北历史贡献,与井冈山所作的历史贡献相提并论,等等。这一重要的诬陷性的审查报告,年谱中未见踪影。

经过专案委员会审查后,由康生提出定习仲勋、贾拓夫及刘景范为"习贾刘反党集团"。小说作者李建彤日后写的《实录》中还揭露了大量因小说《刘志丹》案所株连的人群。一是工人出版社从上到下的领导和编辑都受到迫害。1965年,康生发话,工人日报有坏人,组织不纯,《刘志丹》编辑是右派。工人出版社社长被发配到外地劳改,文革中再遭揪斗,毒打,最后死去。责任编辑何家栋被停职检查,全家下放到农村,失去了老母亲和两个儿子,家破人亡。他本人遭受造反派毒打头部,震坏了双眼,几乎双目失明……李建彤感叹:"想不到我的一本书被诬告,竟把出版编辑人员全都扯进去了。"周扬也被牵连。1967年1月3日《人民日报》转载《红旗》刊发的姚文元的文章《评反革命两面派周扬》,诬陷周扬"伙同一小撮反党野心家,支持并鼓励为反党分子高岗翻案的反党小说《刘志丹》出版",是进行篡党篡国的阴谋活动,周扬被捕入狱。

文革时康生还到地质部给群众讲话:"你们为什么不揪刘景范?他老婆写了一本反党小说刘志丹,不批他们,你们就还算革命?"全国各地立刻都贴满批判小说《刘志丹》的大字报。项目组还把没收的李建彤的采访记录交给红卫兵,让他们按记录上的名字,到全国揪人。1967年5月7日,"习贾刘反党集团"之一的贾拓夫被迫害致死。1968年1月8日,刘景范、马文瑞和李建彤同时被抓起来,刘志丹的弟弟刘景范因为反抗逼供,揭康生的底,被以"现行反革命罪"戴上手铐,逮捕入狱,坐了七年牢。马文瑞被打为"习刘反党集团"成员,变成了"习马刘反党集团",马文瑞被关进监狱5年,习仲勋1962年起被下放、审查,关押,监护8年。

刘志丹的另一位战友,第一机械工业部副部长白坚受尽凌辱而死。湖南省劳动局副局长刘宗焕,被毒打后扔进河里死去。作者李建彤则于1962年起被关进一个地下室,8年后,1970年被开除党籍,劳动改造。连早就牺牲的刘志丹也被污蔑为叛徒,红卫兵把纪念刘志丹的石碑砸烂。刘志丹的堂弟被打死,表侄被打后自杀。刘志丹的夫人年轻守寡二十六年,最后作为反革命家属,被遣送农村长期劳动。诗人柯仲平在1950年受毛泽东支持回陕西写的长诗《刘志丹》,也变成了"反党长诗",逼他日夜地写交代,心血管爆裂死去。甚至连李建彤在陕北采访、收集素材时,两位为她带路的老百姓也被逼得自杀。

《刘志丹》小说案最后升级为"彭(德怀)、高(岗)、习(仲勋)反党集团",定为"西北反党集团",打了几百干部。被牵连的有6万多人。还有上万基层干部和群众被打成"彭、高、习反党集团"的"黑爪牙"。《实录》记述了一个"一顿陕北饭引来大祸"的真实故事。1962年1月七千人大会期间,作者的丈夫刘景范约了几个陕北老乡到家里吃了顿荞麦面条,惹下大祸,来吃饭的人都被认作参加了写《刘志丹》,都是阴谋家。结果,吃了这顿荞麦面条的宁夏回族自治区副主席罗成德、青海省委副书记谭生彬、甘肃省副省长张鹏图、兰州市委书记王耀华、甘肃省酒泉地区专员毛应时等人均受到专案审查,并被打成"西北反党集团"成员。

康生、江青还诬蔑电影《红河激浪》是"《刘志丹》小说的变种",又株连迫害了近千人。习仲勋说:"因此而遭受迫害的党政军领导干部有三百多人,受害的一般干部和群众就更多了"(《中国青年》1979年4月号)。因《刘志丹》受以株连的中共高官还有彭德怀、何长工、周扬、宋任穷等许多人。《刘志丹》小说案株连之广，连古代的文字狱都难望其项背。

1979年，中共中央组织部向中央递交了《关于为小说〈刘志丹〉平反的报告》，报告指出，小说《刘志丹》是一部很好的革命文化作品。不是反党小说，没有阴谋。并没有所谓反党集团。所谓剽窃毛泽东思想是不存在的，是康生强加的罪名。而小说中的人物罗炎，并非高岗。小说只是采用高岗在陕北时期的某些素材，不存在为高岗翻案问题。《刘志丹》案是康生伙同四人帮制造的一起株连甚广的现代文字狱，应予以平反。之后，中共中央于1979年8月下发了53号文件，彻底为小说《刘志丹》一案被迫害的人平反。小说在成稿17年后的1979年，由工人出版社出版，离刘志丹牺牲已经63年了。阎红彦则在1967年在云南文革中自杀了。这一重大冤案的起因确实是阎红彦向康生告密，但他能掀起多大的浪呢？只有康生，才能制造出这样的千古奇冤！1977年春天，时任中组部部长的胡耀邦签发了一份新华社就《刘志丹》案上报的情况反映，标题就叫作《现代文字狱》。

请问余汝信，此案康生有没有罪？

4. 第四个文字狱，该年谱认为批判杨献珍的"合二而一"案是毛泽东发起的，康生不得不执行。

余汝信对杨锦麟说：他（康生）在六十年代成为毛泽东在意识形态领域的主要管家。他参与了对彭德怀特别是杨献珍等人的批判。那么批判杨献珍呢，不是康生发起的，其实是毛泽东先说的话啊，我这个书里面讲了，毛泽东说，看了《光明日报》两篇关于"合二而一"的文章，"一分为二"是辩证法，"合二而一"恐怕是修正主义，就是阶级调和嘛，你看定性，毛泽东说的话，那你康生不执行吗？对不对啊？这一年的7月10号，毛泽东召集康生艾思奇，中央党校当时的副校长艾思奇，要是文革，如果他没死的话，他可能也是中央文革小组的成员，他毛泽东要公开点名批判这个杨献珍，彭真在7月11号有一个批示，书记处会议已经决定，由高级党校写文章揭露杨献珍同志的"合二而一"的谬论，并在适当时期指名批评。所以这个事情和康生有关系，但是和别的人也有关系。

余汝信为康生的这些辩护，无非是想说，杨献珍案件是毛泽东定的，康生只能被动执行，"所以这个事情和康生有关系，但是和别的人也有关系。"该年谱就是这样定位的。

杨献珍冤案，又是一个文字狱，一个株连超过"十族"的冤案。该年谱对此案中康生具体的行为和作用又是鲜有披露，但目前有大量的这一事件的亲历者、知情人、当事人写的回忆文章，还有杨献珍传记、哲学论述等著作，杨献珍自己也将这段经历，写成了《我的哲学"罪案"》一书。所以，资料不可谓不丰富。这些资料充分揭露了，对杨献珍的迫害，不是与康生"有关无关"的问题，而完全是由康生告密毛泽东后，又直接操控整人的全过程。康生对杨献珍似乎有刻骨仇恨，他一手策划，亲自操刀，步步升级，将其整了十几年。杨献珍之案恰恰是康生这个整人专家面目的真实写照，是康生整人的典型案例，它表明，得罪了康生，必置于死地而后快。而这些，能如余汝信所说，仅仅是"这个事情和康生有关系"这样一句轻飘飘的话就能评价吗？

真相如何？首先要搞清楚一个基本事实，毛泽东看光明日报关于"合二而一"的文章后表态，是康生先告密，还是毛先表态定性？当时康生窥测到了最高领导的政治意图，和阶级斗争为纲的哲学思维，先告密"合二而一"，得到领导的表态后大展拳脚，整人的性质不断升级，扣帽子，先是假装学术问题，引蛇出洞，后上纲到政治问题，反党反毛泽东思想，到反革命修正主义分子，又诬陷为叛徒，甚至是里通外国分子，成为敌我矛盾；最后康生亲自指示将杨献珍抓进监狱。整人的手法，从批判，到批斗，逼供信，追后台，各种虐待，到逮捕，最后开除党籍，不把他整死，踏上一万只脚，让他永世不得翻身，誓不罢休！而这一切，都是为了取悦于领导，使自己步步高升。应该说，他达到了目的。

康生下狠手整杨献珍，大体经过了十一大步骤：

（1）康生早年嫉妒杨献珍与刘少奇的关系，认为杨献珍对自己不尊重而不快。

杨献珍1926年入党，比康生仅晚一年，是一个老资格。他1940年进入党校系统工作，1955年4月至8月任中共中央马列学院院长。1955年8月至1961年2月任中共中央高级党校校长、党委书记。在康生操作下，1964年被撤职。

其实，建国初期，康生还常给杨献珍写信打电话，还让杨献珍把自己的老婆曹轶欧调到高级党校，担任短期训练班主任，又补选为校党委委员。不过曹轶欧到党校后，飞扬跋扈，指手画脚，总想整人。后来康生还通过曹轶欧干涉中央党校的教学活动，硬说杨献珍在教学上犯了"不以毛泽东思想为指导的方针性错误"等等，是"用学马列著作抵制学习毛主席著作"。笔者后来在中央党校时，一直弄不明白这个帽子是什么逻辑，难道学马列也有错？在康生那里，马列和毛怎么成为对立关系了？

由于刘少奇曾经担任马列主义学院院长，所以杨献珍遇有重大问题，总是向刘少奇请示汇报。但康生自认为高级党校应在他领导之下，总认为杨献珍对他不够重视，有些文件未送请他审批，这给康生带来极度的不快，小肚鸡肠，从此记恨上了杨献珍。文革后，康生给杨献珍扣了一顶大帽子，不但说他是刘少奇的黑线人物，还定性党校是反毛泽东思想的顽固堡垒。这顶帽子后来被胡耀邦摘掉了。

（2）50年代杨献珍反对浮夸风，经历了被批判撤职，又甄别平反的波折。不过毛泽东当时并没有想把杨献珍一棍子打死。

1958年大跃进，康生与杨献珍观点不同。对康生鼓吹全面跃进，要不顾一切地实现共产主义，彭德怀、杨献珍说他"简直是疯子，一派胡言乱语，好端端的国家弄成这个地步，还在那里一个劲地吹。"这些话被康生知晓。杨献珍说："1959年是我闯祸的一年。"他用哲学语言，批判在执行总路线、大跃进和人民公社（当时称为"三面红旗"）时弄虚作假等荒唐做法，直率地批评"大跃进"中的主观主义，说"卫星田"是"唯心田"等等。他说，"有的地方提出'人有多大胆，地有多大产'，'不怕做不到，就怕想不到'，到底是唯物主义还是唯心主义？""弄虚作假总不能算作唯物主义吧！"

康生抓住杨献珍的一些言论，说他是"右倾机会主义"。1959年10月中下旬，康生责令中宣部、高级党校对杨进行批判，直至把他弄得"向党低头认罪"为止。11月22日，康生、陈伯达找杨献珍谈话，责令他进行检查。康生的这个重要举动，年谱上当然不见踪影，年谱对康生此日行踪的记载是，"康生与朱德等下午接见河南、湖北、贵州、黑龙江、内蒙古等五省区参观团全体人员和全国金融工作先进集体和先进工作者经验交流大会、高等学校科学研究工作会议的全体代表。"（《康生年谱》注释【1092】）

这里说一句，这种要害事实的缺失在本年谱中比比皆是。12月9日康生召集中央党校党委开会，停止杨献珍的教学领导工作，并解除了他中央党校校长职务。本年谱中对此日期的记载，照例完全遗漏，似乎康生这一天什么也没干。1959年12月15日起到1960年6月16日，党校共开了22次全体会议，进行长达6个月的批判。康生危言耸听地说："庐山会议期间，杨献珍和彭德怀一文一武，一个在山下，一个在山上，一唱一和，反对社会主义建设总路线、大跃进、人民公社，犯了右倾机会主义错误""杨献珍比彭德怀还厉害十倍百倍，他不仅是右倾机会主义分子，而且是个漏网右派。"那时候，康生就已经把杨献珍和彭德怀绑在一起了。杨献珍校长职务被降为副校长。

笔者耐心翻看了该年谱这半年的记载，没见到关于康生处理杨献珍和党校问题的只言片语。

后来形势变化，1962年1月11日至2月7日，党中央召开"七千人大会"，毛泽东在会议期间对杨献珍说："听说1959年你在中央党校也受了批判。我看现在可以翻身了。"后来校党委一致通过给杨献珍平反的决定。彭真在平反报告上批语：同意为杨献珍平反。毛泽东和其他中央领导人都在彭真的批语上划圈同意。看来当时毛泽东还没有想把杨献珍一棍子打死。康生则说，"我说杨献珍问题可以甄别，并没说给他平反"。1963年1月林枫任中央党校校长后，宣布了中央同意为杨献珍平反的批示。康生对此耿耿于怀，文革中他将林枫对杨献珍所谓"假批判，真包庇"，作为林枫的一大罪状。

（3）在康生的告密和挑拨下，毛泽东对"合二而一"作了政治表态。

1963年2月，杨献珍在给中央党校学员讲《唯物主义所引言》时，第一次提出"合二而一"的概念，但并没有否定一分为二。他说："事物既是'一分为二'的，也是'合二而一'的""对立统一规律也可用'合二而一'来表述。"他引用了明代哲学家方以智的"合二而一"来解释对立的统一，说"所谓统一，就是不可分地联系着的"。他讲解了毛泽东关于对立统一规律的论述，认为"一分为二"和"合二而一"都是对立统一的表达方法。

毛泽东最早使用"一分为二"这个词，是在1957年11月8日的莫斯科共产党和工人党代表会议上，当时毛说，"一分为二，这是个普遍现象。"（《毛选》第五卷页498。）1963年12月，毛在审阅周扬的《哲学社会科学工作者的战斗任务》一文时，加进了这样一段话："怎么有些人会从革命的、科学的社会主义学说的拥护者，竟然堕落到反革命的、反科学的修正主义道路上去呢？其实一点也不奇怪。世界上无论什么事物，总是一分为二。学说也是这样，总是要分化的。有革命的、科学的学说，就一定会在其内部的发展过程中产生它的对立物，产生反革命的、反科学的学说。"（《建国以来毛泽东文稿》第十册，页401-2）

一分为二，合二而一，都是学术概念，不是完全不可相容的。但一分为二更符合毛泽东的斗争哲学。当时国内国外的形势，阶级斗争，反修防修，是毛泽东要实施的政治路线，因此，强调一分为二更符合毛泽东的斗争哲学。这一点，康生心领神会。于是1964年夏到1965年春，康生引蛇出洞，策划了株连十族的对杨献珍"合二而一"问题的政治批判。

这场论战起因于康生的"引蛇出洞"，这一点康生是承认的。1967年1月5日，康生接见党校造反派头头武葆华、智纯等人时回顾说："1964年合二而一的斗争，开始好像是学术斗争，我们也有意识地搞一下，先引起大家讲话，以后点了杨献珍，提到政治方面了。"

1964年4月，中央党校教员艾恒武写了一篇《"一分为二"与"合二而一"》的文章，与另一位哲学教师林青山联合署名。文章在把辩证法通俗表达为"一分为二"的同时，强调了另一种通俗概括——"合二而一"。此文投稿到《光明日报》哲学副刊。康生看到此文清样，立刻宣布"合二而一"论是反对毛主席"一分为二"辩证法的，亲自组织"反修哲学写作小组"关锋赶写反击文章，关锋说："这可是一条大鱼，应当捉住，不能让它缩回去，"康生还说艾、林"是杨献珍的代言人"。

作为"钓大鱼"的鱼饵，康生通知《光明日报》发表艾恒武写的《"一分为二"与"合二而一"》，登于1964年5月29日"哲学"专刊，并指示"党校不必急于表态"。（《中央党校大事记》）一个星期之后，6月4日，康生指示《光明日报》又刊登了《"合二而一"不是辩证法》的反驳文章。第二天，6月5日，康生向毛泽东告密，将《光明日报》上发表的两篇文章一并交江青，让她转送毛泽东。在康生的告密和挑拨下，紧接着，6月8日，毛在中央工作会议上表态："一分为二是辩证法，'合二而一'恐怕是修正主义，阶级调和的吧！"

从此之后，康生得到了"尚方宝剑"。到处宣扬："主席讲啦，'合二而一'是阶级调和论，是主张马克思主义和修正主义'合二而一'，无产阶级与资产阶级'合二而一'，帝国主义与殖民地'合二而一'。""合二而一"这个学术观点就这样被扣上了严重的政治帽子。

后来康生又送阅毛泽东中央高级党校7月4日第七期简报，挑拨说："长期以来，高级党校存在着反党反主席著作的思想，这种思想是以杨献珍为代表或明或暗、时隐时现的长期存在着。从这期简报，就可以看得很清楚"。(《康生年谱》注释【1672】) 这样，毛泽东就认为杨献珍这一纯理论的哲学表述是直接反对他的。他说：我这些话触到了有些人的痛处，他们出来搞"合二而一"反对我。(《关于坂田文章的谈话》1964年8月24日)

(4) 康生策划在党报上公开点名批判杨献珍。

1964年7月上旬，康生以"中央理论组"名义，责令《人民日报》以中央党校提供的材料为基础，起草一篇公开点名批判杨献珍的文章。康生说："在党报上公开批判一个中央委员不是随便的，这本身就是一种对杨献珍在政治上的批判。" 7月7日，中央书记处第380次会议，彭真传达毛主席对文艺、哲学社会科学问题的意见，决定公开批评杨献珍在哲学方面的观点，即"合二而一"论。7月12日，7月15-16日，康生紧鼓密锣，连续召集会议，讨论修改公开点名批判杨献珍的稿子。要害是要公开点名。7月17日，《人民日报》终于发表了公开点名批判杨献珍的文章：《就"合二而一"问题和杨献珍商榷》。该文康生逐字逐句亲自作了修改。

(5) 康生进一步操作全面否定杨献珍。

《人民日报》点名批判之后，康生还不过瘾，又提出"要逐渐往政治上发展"。康生讲："党校斗争，从'合二而一'，必然要向另外方向发展。党校讨论'合二而一'已经一个月，会发展向'思维和存在的同一性'问题上去。政治上一定会发展到1959年杨献珍讲话问题和1962年翻案风问题上，党校办校方针、对待学习毛主席著作的态度问题……会涉及到党校八年来的问题。"

在康生的引导下，中央党校对杨献珍的批判，升级到从政治上、理论上、世界观上到个人品质、作风上对杨献珍的全面否定。1964年8月31日，康生出席大区书记会议，并就"合二而一"问题讲了话。当天出刊的《红旗》第16期，《哲学战线上的新论战》一文终于出笼。9月23日，康生在省市宣传部长、党校校长、报刊负责人会议上宣布："合二而一"是国内外意识形态上的阶级斗争。

(6) 康生指挥株连十族。

杨献珍的哲学"罪案"被称之为"株连最广"的冤案。一大批无辜的干部受到株连。康生开始是以学术争论作伪装"引蛇出洞"，有很多人被蒙骗"上钩"。同时他又向《人民日报》《光明日报》等中央报刊下达指令：在参加关于"一分为二"和"合二而一"的讨论中，凡持"合二而一"论者，无论文章发表与否，其姓名、地址和单位，一律登记入册，要报送康生和"反修哲学写作小组"，以便"通过各省市转送原单位进行批判"，秋后算账。后来这些同志许多都挨批了。

这场运动一直持续了有8年之久。受"合二而一"案株连的仅在中央党校就有154人，多数人被迫接受一种以"意见书"形式出现的政治结论。不少人被扣上反党反社会主义反毛泽东思想的罪名，有的还受到党纪和行政处分。其中原哲学教研室的孙定国、黎明自杀，在解放军里面有一个"五好"战士，仅仅因为撰文接受了"合二而一"的观点，就被判处死刑。

原中央高级党校副校长、校党委第二书记侯维煜，1962年因积极参与领导对杨献珍的甄别平反工作，受到康生的记恨，这次就把他定为"杨侯反党集团"的头目。死里逃生的杨献珍曾经悲愤地说，历史上曾经有过株连十族的例子，那就是明朝的方孝孺的故事，而"合二而一"受株连的却远远超过十族。那些受株连的人很多同我毫无关系，我也根本不认识他们，不过仅仅因为写过赞成"合二而一"的文章，竟也遭到了各种各样的迫害，他将自己的这段经历，写成了《我的哲学"罪案"》一书。

（7）康生诬陷杨献珍一贯反对毛泽东思想，是刘少奇总的黑线中的一部分。

康生进一步迫害杨献珍，蓄意把他打成敌我矛盾。1966年6月20日，康生来到党校，对党校文化大革命作了"重要指示"，说"杨献珍一贯反对毛泽东思想""是总的黑线中的一部分""党校要高举毛泽东思想伟大红旗，彻底打垮这条黑线"。8月28日至30日，康生在人民大会堂召开党校各派代表的50人座谈会，说党校"阶级斗争的盖子又大又深又厚""是长期反毛泽东思想的顽固堡垒""杨献珍的党校是'杨家党'，林枫的党校是'林家铺子'"。10月17日，康生组织和豢养的党校造反派红旗战斗队，在康生的一再催促下，贴出大批炮轰刘少奇的大字报，说刘少奇是"中国的赫鲁晓夫"，是党校反革命修正主义分子杨献珍、王从吾、林枫的总后台，是党校反革命修正主义黑线的总根子。

康生还批判杨献珍的办校方针："党校的方针问题，到底是用毛主席的《改造我们的学习》那个方针，还是用杨献珍的'十六字'方针。大家知道'十六字'方针，是杨献珍、侯维煜、刘少奇、彭真一块制定的，叫做'学习理论，联系实际，提高认识，增强党性'，本来这是抽象的。我问过杨献珍：你学习什么理论？是学习马克思列宁主义的理论，还是学习修正主义的理论。你联系什么实际？是联系革命的实际，还是反革命的实际。你提高什么认识？是提高革命的认识，还是反革命的认识。增强党性，是增强国民党党性，还是增强什么党性哩！为什么不用毛主席的方针，而用这个，为什么革命的不用呢？"（1967年1月10日《康生同志指示》）这是典型的强词夺理，无限上纲。

（8）康生诬陷杨献珍为大叛徒。

1966年8月18日，康生出席毛泽东接见红卫兵的第一次大会时，给天津南开大学红卫兵写了一张纸条，让其调查刘少奇的所谓"被捕叛变"问题。授意南开大学的红卫兵成立"抓叛徒战斗队"，重点清查薄一波、安子文、刘澜涛、杨献珍等"六十一人叛徒集团"。1968年7月21日康生在一份"杨献珍是刘记叛徒集团的主要骨干"材料上批示："阅。这个无耻叛徒，平日装成道貌岸然的学者样子。研究叛徒内奸的两面手段，此人可以作为一个标本。"（康生在"杨献珍是刘记叛徒集团的主要骨干"材料上的批示）

（9）康生诬陷杨献珍为里通外国分子。

1968年2月16日，曹轶欧接见"联合指挥部"成员，曹"指示"造反派头头武葆华等人："杨献珍里通外国材料搞得不错""要全面研究利用党校里通外国问题"。1968年4月28日，康生在党校第28期《大字报选辑》上"批示"："党校抓杨献珍、侯维煜里通外国很好""这个问题同刘邓、彭罗陆杨……都有关系"。他说杨献珍现在揭露出来，他是个叛徒，里通外国分子，刘、邓、安的死党。1968年9月，曹轶欧写信给党校军代表车志英：要"为九大准备两个报告"：（1）里通外国问题；（2）杨献珍、侯维煜、范若愚在党校反毛主席的罪行。曹轶欧还"指示"车志英、武葆华："先搞全面的东西，概括的东西，刘邓在党校的罪行""里通外国是从党校搞开的"。

1969年2月21日曹轶欧给武葆华、智纯的信中说："《杨献珍里通外国的罪行》收到了，整理的很好。2月21日送来的一份送给康生同志看了，并批给了林枫专案组参考。在这个批语中说：'党校对杨、侯里通外国的材料整理的很好，这些材料有些是很久就知道的，但系统的整理出来就对此问题作出初步的结论。同时可进一步的审讯杨、侯。'关于杨、侯争取去苏修的活动及给中央文件或信件……这里头有文章，希望你们再作些努力，搜集一下，加以补充，因为这一点将证明一个关键问题。"1970年3月12日，军代表车志英按曹轶欧"指示"，要"杨献珍新疆问题专案组"整理《叛徒杨献珍利用新疆进行里通外国的活动》，诬陷李维汉、习仲勋、安子文、杨献珍、侯维煜"在新疆搞阴谋活动"。

（10）康生亲自下令逮捕杨献珍。

1967年9月22日康生接见指挥部全体同志时说："杨献珍还在你们那，我下令逮捕了，是个包袱，送卫戍区去。那个大叛徒还有什么好客气的。"第二天晚10时杨献珍被逮捕，随即送往北京郊区一所监狱里，受到非法的审讯。1975年5月19日，在结束8年的监狱生活后，杨献珍被开除党籍，迁出京城，流放到陕西省潼关三年半，一撸到底。直到1978年12月才自西安回到北京。

（11）对杨献珍的审查结论决定开除杨献珍党籍。

1975年5月20日，中央专案审查小组第一办公室做出《关于叛徒、里通外国分子杨献珍的审查结论》，决定开除杨献珍党籍。文革结束，1979年杨献珍被任命为中央党校顾问，被选为中共中央顾问委员会委员。1980年8月4日，中共中央组织部转发中央党校委员会《关于杨献珍同志的复查报告》，为杨献珍和受此案牵连的同志彻底平反，恢复名誉。经过十几年，这桩哲学"罪案"终于彻底了结了。

康生主持的冤假错案不计其数，以上仅针对余汝信对康生操办的几宗案件的辩护，简要概述了这些案件中康生的恶行，包括延安整风期间众所周知的一些著名案件，还有康生亲自主持制造的四大文字狱。

年谱应是编年史式的体例，重要的日期和事件都不应当遗漏，但该年谱却不然。尽管资料齐全，众多康生整人的重要事件，发生的日期，年谱或者根本没有记载，或者记载一些其他无关的事件。由于编纂者的预设立场，以上康生制造的这些冤假错案中，康生的所作所为在该年谱中绝大多数不予记载，有的则轻描淡写，点到为止。

该年谱热衷于记载的是，康生职务的变迁，他参加了什么会议，什么活动，对康生的具体行为的细节绝对不感兴趣，甚至回避。例如他的讲话，他的指示，他的批示，他的告密行为，然而，没有这些细节记载，就不能揭示康生在这些整人案件中应负的责任。

康生是共产党历史上的一个疮疤。康生不是党魁，而是打手，不是皇帝，而是酷吏。康生整人，与党争、内斗不无关系，用康生自己的话，是党内两条路线斗争，是中央党校两条路线斗争，也就是说，整人是康生站队的需要。他确实每次都站在最高领导一边。但是，他绝不是被动站队，而是极为积极主动，推波助澜，上纲上线，作恶多端，年谱根本没有将康生的这一真相表现出来。

五、荒谬的政治上的"测不准理论"与康生的见风使舵

根据百度上的解释，测不准原理（理论）一般指不确定性原理。本是海森堡于1927年提出的物理学原理。其指出：不可能同时精确确定一个基本粒子的位置和动量。

大学者秦晖在该年谱序言中，将这个理论移植到政治领域，余汝信深以为然。他荒谬地企图用这一理论说明康生在政治上出尔反尔的表现，为康生辩护。他在和杨锦麟对话中说：

这个秦晖说测不准啊，所谓测不准呢，就是说他以前的表现和他以后的表现不一定是一致的。他说康生是贝利亚一样的人物啊，贝利亚可能也是像赫鲁晓夫一样，是改革派，很难说啊，国际共产主义运动的历史研究上，产生了一个定律叫测不准，在近现代历史上其他国家的政治变迁中，由于各种历史资料的残缺不完整，也产生一个测不准的历史现象。所以我想对康生的测不准，也许长期存在着测不准的现象。

余汝信指的康生揭发江青、张春桥确有其事，

原因何在，有各种分析。但绝对不能证明他是最早想搞掉四人帮的，更不能说明他是什么改革派。因为康生在政治上，言论上的前后不一，出尔反尔是一贯的，他一生如此，并不仅仅在晚年，这也是他在党内斗争中步步高升的晋升之道。秦晖有一句话说得倒是准确，"他（指康生）一生最擅长的还是见风使舵。"

众所周知，还是早年在上海时，他就先是投靠李立三，后来背叛了李立三，又狠整李立三；他后来投靠了王明，从苏联回到延安后，他又坚决抛弃了王明，投向毛泽东，在这个过程中，他有多少言论、行为都是见风使舵，出尔反尔，甚至是匪夷所思的。根据他的需要，不论是肉麻的吹捧，还是严厉的批判，他都是随手拈来，理直气壮，毫不脸红。这一点，我们在党校文革中，对他的所作所为，是体会颇深的。而这么浅显的道理，被余汝信用一个假装深奥的"测不准"，就能够糊弄过去吗？

什么测不准，康生的一切行为，背后都有两个最简单的字：利益。

政治是动态的，政治人物的所作所为也是动态的，没有什么固定的立场，但康生绝不可能是什么改革派，这一点，绝对测得准！

六、余汝信杜撰出康生晚年匪夷所思的两个神话

从这个所谓"测不准"，余汝信还引申出两个匪夷所思的康生晚年的神话。

一是，捕风捉影，编出一个康生与毛泽东离心离德的神话。

余汝信说，在九届二中全会，康生也赞成设国家主席。五个常委有四个是同意设国家主席的，这个事情就可以反映康生跟毛有些离心离德了，显露了他内心深处啊，同毛泽东的一个政见的疏离。他在生命的最后阶段，几次和周恩来及王唐二小姐谈论江青和张春桥在历史上是叛徒。江青和张春桥政治历史上有变节行为。你知道张春桥是从来没有被捕过啊，说他是叛徒，有点勉强。江青好像被捕过。

其实这个事情很容易理解。毛泽东早就批评过四人帮，按照康生的本性和习惯，他当然需要附和。他根本就不是什么和毛离心离德，否则他为什么要两位小姐向毛泽东汇报呢？而且，康生明明知道张春桥没有被捕过，却无中生有，不是更暴露了他一贯诬陷人的本性吗？

二是，杜撰出一个秘书李鑫提出拘捕四人帮动议是什么"继承康生遗志"的神话。

李鑫曾经是康生的大秘。余汝信没有任何根据地认为，康生和毛泽东的所谓政见的疏离，肯定和他的身边人说过，灌输过。而现在有一个说法，李鑫是最早向华国锋和汪东兴提出要去抓捕四人帮的。为什么李鑫会最早提出这个东西是吧？谁向他灌输了这个东西，我们要就有一个大的问号是吧？现在老说是继承谁的遗志，那么李鑫是不是继承了康生的遗志啊？

天方夜谭，这里我也要划一个大问号，你的这个匪夷所思的"李鑫提出抓捕四人帮是继承康生遗志"的说法有什么根据吗？你不能总是信口胡说吧？

看来，余汝信对康生真是情有独钟，对广大受害者则是非常冷酷无情。

七、《康生年谱》的资料来源及选择性载入

从康生年谱的注释可以大体了解该书的资料来源。该书的注释有3000条之多，除了相关党史资料，有关研究书籍，他人回忆录外，最多的部分是源于各种其他人的年谱，大约有1000多条，约占全书注释的三分之一。其中以毛泽东年谱为最多，约有400多条。他人年谱作为资料来源不是不可以，但不能过多。因为里面记述的毕竟是他人的言行，只能作为背景资料，并不能切实反映谱主康生的情况。例如，年谱引用的毛年谱中

有许多毛的讲话，还有许多康与毛同时参加的会议和活动，里面有毛的讲话，毛的态度，却没有康本人态度的记录。

该年谱中还涉及和介绍了大量人物，关于人物的注释有500多条，多是介绍各种当官的人的职务。而人物介绍极少涉及被害人。例如关于延安整风的记载中，曾经轰动陕甘宁边区的"叛徒特务钱维人案"和"日本特务王遵伋案"、李凝"叛徒、特务"案等等，还有红旗党事件的主角张克勤，案件本身和受害人年谱都没有介绍。另外小说《刘志丹》的作者李建彤、贾拓夫、李建彤的丈夫，刘志丹的弟弟刘景范等等，年谱都没有介绍。此外，中央审查康生的文件中揭露的康生点名迫害的800多人，包括许多被整死的人，年谱不但鲜有介绍，甚至余汝信还信口开河，说什么有些人就应该点名，谁？他却没说。居然能够这样没有任何根据的为康生辩护，令人发指。

有关康生的历史研究，最重要的是中央的对康生的审查报告和附件，里面揭露了大量康生的所作所为，还有他人的作证，人证物证俱全。此报告还在附注中特别声明：审查报告中所列举的事实，均有原始证件，现存中央纪律检查委员会。这个审查报告，是对康生的一个严肃的历史研究成果，是文革结束后，康生专案组的工作人员辛辛苦苦采访了多个知情人，绝没有逼供信，认真严肃调查研究的结果，是一部信史，但该年谱对此报告引用仅区区25条，明显对其不感兴趣。他大概认为就是这个文件"妖魔化"了康生。

还有大量回忆录，是知情人、受害人对康生的揭露，该年谱的引用也很少。

正是由于编纂者预设立场载入资料，使这部年谱对康生的一生没有真实完整的表现出来。

当然，该年谱出现重大遗漏和缺失，从客观来看，也和编纂者掌握资料有限有关。其中一个非常重要的缺失，是康生在中央党校文革中的所作所为基本没有反映。

1959年，中央正式委托康生主管中央党校。他在中央党校作恶十几年，特别是文革中，在他的亲自指挥和直接操控下，制造了党校的四大冤案，其中有两任校长：杨献珍、林枫被抓进监狱，其属下工作人员，被康生亲自命名为"杨家党"和"林家铺子"；还有两个的群众组织被镇压：包括打成反动组织的"红战团"和"李桑反革命集团"，这样，当时1000多人的中央党校教职员工和学员，除了康生亲自组建和豢养的造反派的十几人，绝大多数都是整肃和打击的对象，他们挨批判，受处分，蹲监狱，甚至被整死，包括校长林枫。此期间，康生在党校有大量讲话，还有三四百条对造反派的直接指示。康生一再督促他们率先给刘少奇贴大字报，亲自指挥大批杨献珍、林枫，亲自下令将两任校长抓进监狱，残酷虐待，林枫校长最后被迫害致死；康生还亲自指挥打砸抢红战团等群众组织，将党校两个群众组织打成反动组织和反革命集团，并亲自下令将其骨干抓进监狱……他还亲自指挥造反派积极投入批林批孔，最后康生在临死之前，还将这些造反派（即名噪一时，与"梁效"齐名的"唐晓文"）"托孤"给江青，成为江青的得力干将，江青非常喜欢……可以说，康生在党校亲力亲为，坏事做绝。但是这些，在此部《康生年谱》中除了有些支离破碎的零星记载，基本不见踪影。绝对没有体现出他是党校文革，同时也是全国文革的黑手的作用。

正因为康生在中央党校文革中罪恶累累，所以胡耀邦才说党校是文革的重灾区。而胡耀邦正是从1977年初主持中央党校的工作，开始着手揭露康生在党校所犯的种种罪恶，一步一步揭开了康生的真面目，一件一件清算了康生制造的冤假错案，把这个大奸大恶之人送上了历史的审判台。同时开启了历史性的全国平反冤假错案的大运动。

这些内容也应该是严肃的《康生年谱》应有的内容吧？

关于康生在中央党校文革中的所作所为，笔者将会在后文中加以研究。

【读书与评论】

既然正义缺席，真相更该到场

——读《我的父亲姬应五》随想

蒋 健

五十三年前发生的"九一三事件"是中共历史上发生的最大谜案。鉴于林彪当时既是唯一的中共中央副主席、写入党章的毛泽东接班人、毛泽东的亲密战友，又是已经主持军委工作12年之久的军委副主席、国防部长，因此被"九一三事件"一案牵连的军界人物之多堪称空前绝后，姬应五（1923.3.18-2022.9.6）就是其中之一。

姬应五何许人也？

据姬应五女儿姬勤所著《我的父亲姬应五》一书的介绍：姬应五是空军的元老，新中国空军1949年11月刚成立，来自二野17军的团级干部姬应五就被调入空军。姬应五先是担任空军二航校组织科科长，1950年6月通过选飞体检，进入一航校学习轰炸机，因综合素质过硬，又改入四航校学习歼击机。1951年3月顺利毕业后，姬应五进入刚成立的空12师担任副师长，并成为该师飞行主官。1952年3月，空12师出征抗美援朝战场，屡创佳绩，当年12月，姬应五正式出任空12师师长。1953年4月，刘亚楼在向毛泽东汇报空军表现时特别指出："第12师在所有参战部队中，是一番作战打的时间最长的一个师，也是进步最快、战果比最大的一个师。"[1]该师既有鲁珉、郑长华这样的战斗英雄，更有34团这样的英雄团体。在随后的岁月里，无论是在国庆空中阅兵、国土防空，还是在海陆空三军联合解放一江山岛的战役中，姬应五都恪尽职守，并于1959年升任空五军副军长。一年后，由时任空四军政委的江腾蛟向南空点名要求，姬应五调任空四军副军长。1964年，空四军成为全解放军事实上的"标兵军"。在1966年6月6日开始的空军党委第十一次全委会（即六六六六会议）期间，主要因空四军新任政委张少虹的缘故，空四军发生"盐城兵变"事件并卷入军委空军的"罢官夺权"事件，姬应五则被动卷入南空司令员聂凤智与南空（副）政委江腾蛟之争，最终聂凤智失势，张少虹去职，江腾蛟升为南空政委，王维国升为空四军政委。1968年起，姬应五兼任上海市公检法军事管制委员会副主任等职，介入地方军管事务。1969年，空四军军长周建平升任南空副司令员，姬应五的老部下、1967年才任空四军副军长的郑长华升任军长，姬应五则改任第二政委，当年姬应五还作为空四军的唯一代表出席了中共九大，第一政委王维国则在九大上缺席当选中共中央候补委员。

1971年9月13日凌晨爆发林彪、叶群、林立果叛逃的"九一三事件"。军委空军司令部随即绕过王维国直接给姬应五下令：关闭上海所属机场和空四军所辖部队全部机场；无周恩来和吴法宪的命令，禁止任何飞机起降。随后，南京军区

---

[1] 番，空战术语，意为轮次。一番即一轮，时间有长有短，如果飞机损失太多，形不成战斗力，这番就得结束，如果飞机和飞行员损失都小，那么这番战斗的时间就可以延长。

司令员许世友派出工作组进驻空四军，陆军部队全面接管空四军所辖机场。9月17日或20日，王维国、姬应五、郑长华被上海市革委会副主任王洪文通知去市里学习中央文件，三人到后方知是关于林彪叛逃的中央文件（注释1），随即，王维国被当场逮捕，姬应五、郑长华则被要求返回军部管理部队，配合陆军工作组的工作。此时，空四军这支昔日的"标兵军"成为"九一三事件"这场政治台风的重灾区，不断有干部被抓走或隔离，团以上干部几乎都遭受了某种形式的审查。

不过，1971年10月中旬，姬应五和郑长华在参加外事活动时，还受到陪同埃塞俄比亚皇帝来上海参观的周恩来总理的接见，周告诉他俩：只要不知道"两谋"，其他错误都可以原谅。你们现在一定要把部队掌握好，不要出现叛逃事件。然而，到10月下旬，工作组在没有掌握任何证据的情况下，就认定姬应五和郑长华参与"两谋"，勒令二人停职检查，交待问题，接受批判。姬应五还因在上海市政法系统的任职，被迫到市里检查交待相关问题。在被上海政法系统监管期间，姬应五不堪精神折磨，险些酿成自杀事件。从1972年2月19日起，对姬应五和郑长华的处理骤然升级，他们被同机押往北京隔离审查，自此与家人中断联系，他们的家也随即被查抄，当年夏天，两家人都被逐出军部大院……

一年多来，对姬应五和郑长华的审查主要集中在他们与"两谋""三国四方会议"、空四军教导队这三个事情的关联上，这本属子虚乌有，只能不了了之。于是，对郑长华的审查率先于1973年结束，先是安排他到京郊的一家兵工厂劳动一段时间，然后把他降一级任命为武空副参谋长。

大约在1973年年底，姬应五也被告知：问题查清楚了，如果身体还行，可以重新工作……姬应五表态愿意回老部队空12师工作，哪怕是重做副师长。不幸的是，这次谈话后，就没有下文了。直到1978年8月，也就是姬应五到北京被隔离审查的六年半后，专案组给姬应五的结案结论是：

"姬应五参与了林彪反党集团的反革命阴谋活动……罪行严重，属于敌我矛盾，撤销党内外一切职务，开除党籍，开除军籍，交军委空军送河南省国营农场监督劳动。"姬应五在夫人陪同下到达河南黄泛区的一家农场后，在农场领导的关怀照顾下，一边劳动，一边不断申诉，甚至进京上访，终于在1982年8月得到空军党委"回上海空四军等待审查之后重新处理"的通知。

没想到这一等就是三年！1985年7月，经总政治部、军委纪委批准的空军党委的重新处理结论只是将"姬应五参与了林彪反党集团的反革命阴谋活动……罪行严重，属于敌我矛盾，撤销党内外一切职务，开除党籍，开除军籍"改为姬应五"犯有严重错误""给予撤销党内外职务处理"，但恢复党籍和军籍，职级由正军降到正师，"按正师职待遇退休安置"。

姬应五没有等来他所期待的正义，因此拒绝在重新处理结论上签字，作为一个1938年入伍的老八路，他要求把退休待遇改为离休待遇。为此，他走上了长达30年的申诉之路，写信，上访，直接向最高领导人申诉。但所有申诉都石沉大海，没有收到过一次回复。直到2015年，姬应五不得不搬出原空四军军部大院之时，心灰意冷的他放弃了30年无果的漫长申诉。在姬应五剩下的七年余生中，他苦苦期盼四十多年的正义自然不会来临。

有句流行的话是这样的：正义也许会迟到，但绝不会缺席。但对姬应五来说，正义就是缺席了。何况迟到的正义即非正义（Justice delayed is justice denied），遑论缺席的正义了。不过，正义既然缺席，真相更该到场，姬勤女士的个人回忆录就是为展现真相的一种努力。对姬应五来说，不管是1978年8月专案组结案时的"罪行严重"，还是1985年7月空军党委重新处理意见中的"犯有严重错误"，都没有提道具体"罪行"或"错误"的示例，这给想了解姬应五一案真相的人很大困惑：他到底做了哪些犯忌的事？

更令人感到遗憾的是，姬应五本人在万般无奈的情况下于2015年主动、亲自销毁了他在被审查关押时期和发配农场时期这十一年写的日记、交待材料和申诉材料，这对于欲求真相者来说是缺失了非常重要的一家之言。

而且姬应五是个存在感不强的历史人物，比如，中国知网所录入的全部文献资料无一处提及姬应五（伍）；空12师首任师长王明礼和首任政委李明刚在《空十二师在抗美援朝战火中锻炼成长》（注释2）一文中多处提到郑长华等战斗英雄，提及鲁珉的战功也毫无避讳，但只字未提姬应五；《聂凤智将军传》提到1955年许世友当着聂凤智的面大骂姬应五，威胁要撤他的职，也是把姬应五名字隐去，而代之以空12师师长（注释3）……

笔者父亲的从军生涯就是从空12师开始的，他全程经历了空12师的抗美援朝。笔者问他："你对姬应五有印象吗？鲁珉和郑长华都是他手下。他是不是既年轻又能干啊？"父亲回答我："我一到12师姬应五是我们副师长，师长老红军不会飞，实际上姬应五是真正管事的。郑长华是我们34团副团长，团长吕连义也是一个老资格，也不会飞，开战没多久就调师部去了，郑就成了我们团长。因为我当时只是个机械员，除了对郑长华的事了解多一些，36团鲁珉的事也听说一些，对姬应五的具体表现说不出什么来，还不如对聂凤智司令的了解多，聂司令的口才真是好！"

也就是说研究姬应五一案，可利用的资料很少，好在姬勤女士的《我的父亲姬应五》提供了一些宝贵的线索，我们可以从与姬应五命运有交集，且也受"九一三事件"牵连的人着手，比如郑长华、周建平、王维国、鲁珉……

郑长华、姬应五为什么被审查？

这显然与空四军有关的多位人物在"两谋"中扮演的角色有关。江腾蛟、李伟信直接参与了"两谋"；李伟信是"九一三事件"后活着的人当中唯一知晓《五七一工程纪要》的涉案人；"三国四方会议"的"四方"除了空军第五军政委、浙江省革委会第一副主任陈励耘之外，王维国是空四军第一政委且是东道主，江腾蛟是空四军前政委，周建平是空四军前军长，虽然"三国四方会议"的议题不涉及"两谋"，但显然是林立果为理顺自己的队伍而开的，这个所谓的团结会来路不明，它既不是南空要开的，更不是军委空军要开的，副师职的林立果成为会议的主导者，四个老军头被呼来唤去，甘为林立果驱使，这很不正常；基于空四军的"上海小组"和教导队是受林立果控制的，入组须知中居然有忠于、紧跟林副部长之类的要求，"九一三事件"事发当夜，假若不是林豆豆的告发，彻底打破林立果的南下计划，"上海小组"和教导队很可能被李伟信与王维国之子王大璋联手带到广州……

有鉴于此，作为空四军军政首长的郑长华、姬应五被审查乃题中应有之义。然而，在没证据证明郑长华、姬应五与"两谋""三国四方会议"和教导队有任何关系的情况下，还逼着他们无休止的交待、检查又是为什么呢？一个很重要的原因是整人除了可以使自己安全之外，还能获得额外的好处，比如接任被整者的权位，而权位是极稀缺的资源。正如在姬应五走投无路、险酿自杀事件时，郑长华所讲的那样：不要再写什么检查了，他们不就是看上我们的位置了嘛，我们让位吧，干脆离休去别的城市住……

事实上，清查工作组长武占魁后来就接任了王维国的军、地职务。

笔者认为，另一个需要注意的人物是吕连义（1917-1978），笔者之所以注意到他是因为父亲提到他是34团的首任团长。战争期间，能者上，庸者下，这是铁律，郑长华就是顶掉了吕的位置。查其履历，他后来在空12师与郑长华、姬应五做了多年同事，官位在姬后郑前。不知道在做同事的岁月里，姬应五、郑长华与吕连义相处得如何？文革初，吕任空五军副参谋长，但很快倒台，后被送到五七干校劳动，而郑长华、姬应五顺风顺水，发展顺利。但在"九一三事件"之后，吕连义于1971年11月恢复工作，任南京军区清查组副组长、南京空军清查组组长，而郑长华、姬应五则成了他的清查对象。不知道郑长华所讲的"看上我们的位置"的人当中是否有他？吕连义后来确实升任空四军副军长。现在查其履历，很多原本属于郑长华的功劳却挂在了他名下。

郑长华是何时复出的？

姬勤说，郑长华被关押一年多后，于1973年结束隔离，他先是被送到京郊的一家兵工厂劳动一段时间，然后被降一级去武空任副参谋长。从之后的描述看，姬勤认为郑长华在1973年之内就到武空任职了。根据个人经历，笔者认为姬勤不仅搞错了郑长华下放劳动的地点，而且搞错了郑长华的复出时间。郑长华下放的空军21厂，即北空航修厂，不是在北京郊区，而是在河北省会石家庄西北面的获鹿县白鹿泉乡（当时叫公社），属于太行山区。郑长华被安排在21厂的器材库里，辅助几个战士库管员收纳、整理、归类、发放航修器材或工料，但原工资照发。他在那里劳动了大约三年时间，直到1975年秋天才离开。此外，长征出版社1990年代中期发行的《中国人民解放军组织史资料》第五卷上显示郑长华1976年5月才任职武空副参谋长。

说起来，笔者对21厂并不陌生：笔者上中学时有两个发小的父亲就在21厂工作，因此他们暑假时会去21厂看望各自的父亲，其中一个1974年秋选择转学到石家庄以便就近和父亲一起生活。这两个发小从21厂返回后会向我讲讲他们在山里遇到的新鲜事，比如英雄郑长华下放到21厂了，黄永胜的一个儿子也被弄到21厂来了。

毕业后当兵，从1977年3月起，笔者在21厂教导大队接受了为期三个月的机务培训。当时厂里还有不少和郑长华有过深度交往且有深厚交情的天津籍老兵和北京籍老兵，他们和郑长华依旧保持着通信往来。关于郑长华在21厂的故事，笔者听说、看到且印象最深的有三个：第一个和他遭受的屈辱有关，21厂隶属于空13军，且与空13军军部比邻，1973年的最后一天，郑长华随21厂的干部一起到军部大礼堂听传达中央文件，散会后，郑长华主动向传达完文件的褚福田军长打招呼，郑和褚是老战友且同为抗美援朝的空战英雄，没想到众目睽睽之下，褚福田居然不搭理郑长华，这让郑非常难堪，次日厂里元旦会餐，郑还因此喝得酩酊大醉……；第二个和他当时的悲苦心境有关，在他进厂大约两年后，他的妻子和女儿才获准来看他，男儿有泪不轻弹，当妻子、女儿刚从火车下到站台，他们就相拥而泣，哭得一塌糊涂，尽情宣泄思念和委屈之情，夹带着对空四军一众部下遭遇厄运的痛惜……；第三个和他对21厂的感激有关，在送别他的厂会上，他情深意长地说：我们党是讲政策的，21厂的干部战士对我更是讲政策的……

"政策"为什么没有惠及姬应五？

郑长华之所以有这样的好运气，首先，也是最关键的，如时任南空司令员和党委书记的刘懋功所说："周总理出面保了他"（注释4）。郑长华和刘亚楼、刘善本是1954年中国一届人代会空军仅有的三位人大代表，1955年大授衔时，他虽然只是中校，但周恩来总理在莫斯科亲自为他授了衔。其次，郑长华曾因看不惯林立果、王维国在空四军搞的那一套，向军委和空军党委反映过情况，但为此遭到上面的批评，以及王维国组织军里人的孤立，所以郑长华才改弦易辙，凡是林立果和/或江腾蛟来空四军，他虽然和王维国一样也要到场以示欢迎，但他逢场作戏，每喝必醉，然后就由手下送回家，以此逃脱掺和林立果、江腾蛟和王维国的事儿，而且其手下在"九一三事件"后，为他向专案组如实作证他的种种醉酒……

对于姬应五与"两谋"的关系,正如姬应五的老领导、少将张雍耿所言:"小林贼搞的事情,他知道个屁!"但他没有像郑长华那样,曾经对林立果、江腾蛟的活动有过或积极或消极的抵制,至少在姬勤的书中没有这方面的记叙。姬应五没有郑长华的加分项,却比郑长华多了一些减分项,比如,他是江腾蛟推荐来空四军的,在"六六六六会议"的"罢官夺权"和"盐城兵变事件"中,他最终站在江腾蛟一边,而江腾蛟深度卷入"两谋",匹夫无罪,怀璧其罪,就凭姬应五被看作是江腾蛟线上的人,他就难逃厄运!何况他还有个深度卷入"两谋"的老部下——鲁珉。

郑长华的复出有什么大背景?

1975年二三月之交,毛泽东和周恩来先后圈阅、修改并批准汪东兴、纪登奎、华国锋、吴德《关于专案工作情况和处理意见的请示报告》。该报告说:"由中央专案组和公安部、北京市公安局审查的人员现有六百七十名。林彪一案有关人员拟放后一步处理,不包括在内。绝大多数人的问题已经基本查清,现拟释放和安置百分之九十以上人员……"(注释5)请注意报告中"林彪一案有关人员拟放后一步处理,不包括在内"这句话,也就是说王秉璋、梁兴初、温玉成、周赤萍、曾国华、郑维山、龙书金、刘丰、程世清……包括姬应五,是要放后一步才处理的,具体时间未定。这部分人完全没有人身自由权,比如,姬应五是单独关押,几年来和家人完全隔绝。

不过,"林彪一案有关人员"可不止高级将领和高级官员,更有这些昔日高级首长身边的工作人员和亲属,后者中有很大一部分人被集中在学习班学习或农场劳动+学习,但有一定的人身自由权。1971年9月24日,黄永胜、吴法宪、李作鹏、邱会作被逮捕的当天,"黄永胜等人的秘书、警卫、司机被拉到团河附近的一个农场去了。"(注释6)陆陆续续,林办人员,陈(伯达)办人员,王(秉璋)办人员,黄永胜的大儿子,李作鹏的女婿,鲁珉的女儿,林立果的未婚妻张宁外加两个"野妃",都进到团河农场的学习班,加上专案组人员,拢共有六七十人,另外还有一个警卫排。(注释7)林彪的秘书张云生、黄永胜的大儿子黄春光……在他们各自的回忆录中描述过团河农场的生活与各色人等。

不过,没有被他们提及姓名的蒋葆生就像金庸笔下少林寺那个不起眼的扫地僧。1975年6月24日,原林彪保健医生蒋葆生致信毛泽东:"'九一三'事件后,组织上决定我参加学习班,集中学习,到现在已近四年,而我的问题如同其他学员一样,至今仍未作出正式结论。当前,全国正遵照您的指示,认真落实政策,我感到十分鼓舞,渴望自己也能早日回到原工作单位,为党、为人民做一点有益的工作。同时,也希望其他学员同志的问题能够得到妥善的解决。"蒋葆生的信托毛泽东的老保健护士长吴旭君转呈,起先毛见信是林彪身边人所写,面露不豫之色,但吴旭君泣以同理心,遂使老人家动了恻隐之心。毛6月30日阅信后批示:"中央:林办各下级人员,责任较轻,不宜久在学习班。似宜早作结论,免予追究,分配工作,以观后效。请讨论决定。"7月1日,毛就原林办中的嫌疑人员的处理问题又写批语:"如无确证,只是嫌疑,则应释放,免予追究,以观后效。从实践中证明。"(注释8)

毛泽东两次批示之后,邓小平当面向毛提议给林豆豆公开分配工作,毛赞成。(注释9)1975年6月24日至7月15日,中央军委扩大会议召开,各总部、各军兵种、各大军区、国防科委、国防工办、军事科学院、军委直属院校的负责人共70余人出席会议。之后,经毛泽东批准,军委组成叶剑英为首的领导调整班子的六人小组,对25个大单位的领导班子进行调整,于8月和10月分两次下达调整命令。据此,8月的空军党委全会,免去邝任农常委,补选王定烈、余立金、黄立清为常委;10月的空军党委全会,免去原第一书记傅传作，选举张廷发第一书记，马宁第二书记，曹里怀第三书记。

团河农场学习班的人员虽然级别不算高，但涉及方方面面，陆海空军都有，对他们的处理应是军委落实毛泽东批示的一项工作。林立果未婚妻张宁8月离开团河，去了南京。黄永胜长子黄春光8月重回北空机关，后被分配到天津军粮城农场。在21厂下放的黄永胜次子黄春明年底前复员回了广州。（注释10）

笔者熟悉的一个长辈，吕增辉，原为北空宣传部副部长。在黄永胜进京担任总参谋长后，上级部门下令在北空为黄挑选一名秘书，要求具备三个条件：打过仗，文笔好，有机关工作经验。经过千挑万选，最终吕增辉被推荐到总参给黄永胜当秘书，并且担任了黄永胜秘书班子的党支部书记。然而，黄永胜一出事，吕增辉第一时间就被弄进团河农场学习班。审查三四年，也没查出什么问题，可直到毛泽东对蒋葆生来信的批示后，吕增辉才获得重新分配工作的机会。按说吕增辉调离北空已七年，早已是总参系统的干部，可是军委空军指示由北空分配吕增辉的工作，笔者父亲回忆："空军干部部领导给我三条指示：'一、不能留在北京；二、不能放在重要单位；三、不能当一把手。'吕增辉原先在机关时和大家关系都挺好，也有一定领导水平，所以我们干部部讨论时，觉得不能让他太委屈了。我就提了一条建议：现在468医院无政委，就给他下个第二政委的命令，实际上还是一把手。大家都同意，报政治部党委和北空党委以后也都同意，就下了命令。"468医院的正名叫获鹿医院，我也去过，与21厂相距也就几百米。

郑长华当时的生存环境要好于团河农场里的那些人，但工作前景也不明朗，多亏了蒋葆生的信引发的毛泽东批示，才使他摆脱多年的困顿。笔者认为，安置郑长华时，有关部门一定也有个类似安置吕增辉那样的框框：不能在北空，不能在前线，不能当一把手。那就让他去武空当个副参谋长吧。可以说，蒋葆生写信之举不仅自渡成功，而且普渡了北京团河农场里的芸芸众生，并惠及获鹿莲花山中的郑长华。

顺便提一句，1962年，蒋葆生30岁时去做林彪元帅的保健医生，此前三年他是彭德怀元帅的保健医生。离开团河农场八年后，52岁的蒋葆生担任了北京医院的院长，任职七年。（注释11）

姬应五被"双开"的大背景是什么？

当年空军党委"六六六六会议"的失败者重掌要津，不可一世：1977年4月起，聂凤智任中国人民解放军南京军区司令员、军区党委书记；1978年5月9日闭幕的空军第五次党代会上，张廷发、高厚良、曹里怀分别当选空军党委第一书记、第二书记、第三书记，成钧、黄立清、吴富善、何廷一均当选空军党委常委。而"六六六六会议"的胜利者中，吴法宪、王秉璋、江腾蛟被长期关押，余立金已经病亡。也就是说，姬应五当年在二野17军的老上级王秉璋已经成为坏人，而王秉璋与聂凤智的仇怨从抗美援朝时期就结下了，王、聂之争难免殃及姬应五，此时聂凤智不可能出面为姬应五缓颊；而"盐城兵变""罢官夺权"时同阵营的江腾蛟、余立金或坏或亡，不帮倒忙，就是万幸。

1978年4月，经中共中央、中央军委批准，王维国、陈励耘二人党籍被开除。暂时保留他们的军籍，是为了在军事法庭上审判他们。1978年7月，军委秘书长罗瑞卿出国治腿前签署了一批文件，把包括黄、吴、李、邱的妻子们在内的一批涉林案人员统统"三开除"（即开除党籍、军籍和公职），按敌我矛盾处理，并押往农场监督劳改。（注释12）1978年8月，姬应五受到的处理，也是"三开除"，也是押往农场监督劳改，由此可见，对他的处理也是随大流的批发件产物，1980年代初开始的复审也是如此。

实际上，在当时如火如荼地开展的"揭批查"

运动中，还制造产生了一些新冤案，匹夫无罪，怀璧其罪。一个很重要的原因是一些复出的"老家伙"看不惯文革中走上领导岗位的新干部，哪怕他们不是"火箭式"干部。笔者记得，那时接连开了多场全北空或者全空军的拉线实播大会，批判文革中走红的北空或者空军的高级领导干部，比如空军副司令员、空军党委常委、中央候补委员张积慧。笔者记得，有个空军常委在批判大会上说，张积慧天天吃空勤灶，吃得胖胖的，却不上天飞行。最骇人听闻的是，为了搞臭、打倒张积慧，说张积慧打下戴维斯是假的，是他贪功冒领……张廷发甚至找北空司令员、朝战英雄刘玉堤作证戴维斯不是张积慧打掉的，但被刘玉堤断然拒绝。后来，张积慧被关押审查两年，1980年被连降六级，转业到地方。

那一年，因为历史积怨和文革新账，"老家伙"之间也互不相让，从年头吵到年尾，一位红二代回忆："我当时作为工作人员参加了1978年底召开的军委扩大会议（笔者注：1978年12月20日召开的军委座谈会），会上吵得一塌糊涂。给我印象深的是总参、海军、空军、福州军区、兰州军区吵得最凶，互相指责，翻旧账……徐帅主持不下去，搬来了邓，邓走上台来就讲了两个字：'散会！'幸亏没多久广西、云南边境就开打了，否则还得吵下去。"（注释13）

真相不会永远尘封

姬应五经过30多年的努力，也没等到他期盼的正义，从这点上来看，他是不幸的。相比之下，张积慧则是幸运的：经反复申诉，在他蒙冤12年后，中央军委1990年7月决定，将张积慧的关系收回部队，恢复其大军区副职待遇，安排离职休养。这就说明此前对张积慧的审查、关押、处置是完全错误的。张积慧2023年4月26日去世后，得到"久经考验的忠诚的共产主义战士"的称号，可谓正义虽迟终归来到。

事实会被混淆，但真相不会永远尘封！

为了真相终将到场，姬勤和研究者们还须继续努力，加油！

（注释略，有需要者，请与本刊联系）

【读书与评论】

中共军情局的乌龙

——1958 年"八二三炮击金门"

曾 兵

1958 年 8 月 23 日，中共福建炮兵对驻守在金门和马祖岛屿上的国民党军进行大规模的轰击，三万多发炮弹在一个半小时内倾泻到金门和马祖的台湾驻军的指挥部、机场、阵地和码头。台湾的赵家骧、吉星文和章杰将军等 600 余人在这次炮击中丧生。以后，中共打打停停，改为双日不打单日打，持续近 21 年，直至 1979 年元旦才停止。

研究炮击金门事件，涉及两个问题：（1）为什么炮击金门？（2）炮击时间为什么定在 1958 年 8 月 23 日下午 5:30？回答第一个"为什么"的问题，又可从战略和战术两个角度来分析。从战略上看，关于炮击金门的原因有两种意见。第一种意见是，1958 年美国出兵黎巴嫩，国际间美苏矛盾加剧。中共此时对台湾的金门和马祖守军进行打击，起着配合苏联、对美国施加压力、分散其注意力的作用。第二种意见是，中共未与苏联商量，擅自准备打金门。1950 年朝鲜战争爆发，美国派兵封锁台湾海峡，使得中共占领台湾的计划落空，中共对此一直耿耿于怀。1958 年，美苏在欧洲矛盾加剧，中共此时对台湾国民党军金门和马祖守军进行打击，美国未必有精力顾及。炮击的目的，如毛在致彭德怀的信中所说，"准备打金门，直接对蒋，间接对美。"

炮击金门的结果是，中共试探出美国对台湾的态度。在中共向金门开炮的第四天，美总统艾森豪威尔发表讲话，重申美国将不放弃已经承担的武力阻止中共犯台的责任。随着事态的进一步发展，中共采取谨慎对美的策略，由于苏联的干预，美国也重新慎重地改变策略，表明不想与中共直接交战。中共相应地调整战略，把金门和马祖留在台湾当局手中，从而拖住美国。为使岛上守军及时补充给养，中共停止炮击数日，以后改为逢单炮击逢双停炮，直至 1979 年。

关于炮击金门的经过，中共和台湾海峡两岸有许多版本的说法。在众多的报道中，沈卫平[1]比较完整地讲述了这一历史事件。沈经过广泛的资料收集以及对当事人的广泛采访，所述经过具有一定的真实性、可靠性和全面性。现将沈书中的要点归纳如下：

- 1958 年 7 月 15 日，美国出兵黎巴嫩。
- 7 月 17 日，台湾宣布海陆空三军处"特别戒备状态"，全体官兵休假全部停止。
- 7 月 18 日，中共中央军委召开紧急扩大会议，毛泽东宣布政治局做出决定：炮击金门。会上决定，最迟应于 7 月 25 日，以地面火炮实施打击。首次炮击数万发炮弹，准备打三个月。
- 7 月 23 晨，中共炮群按要求完成大规模炮击金门的准备。20 时，中央军委命令全线炮兵立即进入射击位置待命。
- 7 月 26 日凌晨，火炮全部到位，只等北

---

[1] 沈卫平，《八.二三炮击金门》，华艺出版社，1997。

京开炮的命令。
- 7月27日上午10时，毛泽东下令，打金门停止若干天。
- 7月31日至8月3日，苏联领导人赫鲁晓夫访问中国。
- 8月20日，蒋介石总统秘密巡视金门阵地，为时一天。
- 8月22日，蒋下令，台湾战略预备队海军陆战队的一个师即刻启程增援马祖。
- 8月23日下午5时20分，北京解放军总参谋部作战部长王尚荣电话通知福建前线指挥部："主席命令到，17:30准时开炮。"炮击完全是毛亲自指挥，前线一举一动都要向他报告，金门防卫部指挥所是此次炮击最重要的目标。
- 经多方情报证实，炮击毙伤国民党军600余人，金门防卫司令部的三位副司令赵家骧中将、吉星文少将和章杰少将殉命，台国防部长俞大维也负了伤。
- 9月4日，中共宣布领海宽度为12海里，同时下令暂停炮击三昼夜。
- 9月6日23时，北京指示厦门前指，选择有利时机给对方地面目标和海上运输船只以有力还击。还击最好在8日，如8日无显著有利目标时，推迟一两天还击也可。
- 9月7日深夜，北京下令8日对金门重要军事目标进行一次惩罚性的炮击，但不打美舰。
- 9月8日，击沉台湾军舰，封锁金门，美舰后撤。中共达到试探美国的目的。
- 9月13日，北京下令打金门，开展零炮运动，一天24小时不停地打。隔几天大打一次。

关于炮击的战略意义，有两个细节值得注意。

原定7月25日前开始炮击，7月27日上午10时毛亲自下令，打金门停止若干天。7月31日至8月3日，苏联领导人赫鲁晓夫访问中国。赫鲁晓夫访华是秘密进行的，本来准备还是秘密回去，也没打算搞联合公报。但是在他离开中国时，中共突然提出公开欢送赫鲁晓夫。沈志华[2]认为，通过对史料进行解读和分析，不难得出结论：1958年8月23日炮击金门前，中共方面没有与苏联进行协商，也没有向苏联通报这个意图。然而，毛却有意给外界造成一种印象，似乎中国采取的军事行动是中苏协商的结果，这同炮击金门决策期间赫鲁晓夫突然访华的起因和特殊形式有直接关系。综合上述分析，似乎战略意图的第二种说法（即中共试图打金门）更为合理。

关于炮击开打的时间确定，有三个细节值得注意。首先，8月23日下午5时20分，中共总参作战部长电话通知前指："主席命令到，17:30准时开炮。"该书谈到叶飞将军对毛的指挥的评论："毛指挥作战，一般不代替第一线指挥员做太具体的军事部署。他完全信任自己的部下会做得很好。他只考虑战略问题，对战局发展趋势，进行宏观预测把握。决断了便超然泰然，不越俎代庖，事事躬亲。"前线将领石一宸将军说："而此次炮击，炮击的时机是由毛直接掌握，必须由毛亲自下达。"

作为一个聪明的统帅，原则上定出何时打是必须的，但是如果细致到几点几分开打，未必是聪明之举。按毛一贯的做法，毛可能会为炮击定出日期，但是精确地定在17:30，这一举动有悖于毛的惯例。炮击停了三天后，毛给予前线的命令是，再次开炮"最好在8日，推迟一两天还击也可。"9月8日，北京下令8日对金门重新开炮，没有详细规定几时几分开始，而将决定权交还给第一线的指挥员。这样的指挥才是毛的风格。

第二，8月20日蒋介石总统密访金门，逗留

---

2 沈志华，"1958年炮击金门前中国是否告知苏联？"，《党史博览》2005年第01期。

一天离去。

第三，8月22日，台湾增兵一个师去马祖。

为什么中共把炮击时间定在8月23日下午5:30分，而且开炮的命令由最高领导人毛直接下达呢？到目前为止，这一问题还没有引起史学界的注意。事实上，炮击金门的战术目标剑指蒋介石。中共军情×局从破译台湾的密码中得知，蒋介石总统要对金门进行密访，但是具体时间不详。为了让蒋放心赴金门，中共在炮击前没有对金门进行过任何动作。这是示假，让台湾方面认为，中共可能只会对马祖下手，从而增加炮击金门的突然性。

这一招还真灵，骗过了台湾的参谋总部。关于中共究竟将先打马祖还是先打金门的问题，时任台国防部长的俞大维将军同参谋总部的意见相左，坚决把"宝"押在金门上面。参谋总部执意要增兵马祖，俞大维不以为然，对总统直言道："三星期之内，中共必打金门！"俞大维并不同高级将领们争执，他的做法是，偏不去你们派兵增援的马祖，要了架专机直飞金门巡视，于1958年8月22日夜飞抵金门。到达翌日，突发的炮击印证了他的预言。

8月22日至23日，台湾的一个陆战师增兵登上马祖，无线电通报量激增。中共军情×局断断续续破译出密报，发现金门和马祖方面有人员增加的迹象。根据之前截获的蒋介石欲密访金门的情报，×局主要领导人判定，蒋将登上金门岛，所以增加大量的保卫兵力。但是处在第一线的破译员和情报分析员深感没有把握做出如此判断，犹豫不决。×局首脑求胜心切，一再催促情报分析人员做出"蒋当时正访问金门"的判断。第一线的情报分析人员在上司的一再催促下妥协，×局一份急电直飞中共高层，炮击金门也就在23日成为事实。

由于时间紧迫，×局在大量密报没有来得及破译的情况下，做出错误的判断。等到后来破译出密报发现，8月23日报量激增，是单纯的增兵所致，×局后悔不已。×局的首脑受到批评。急功近利、求胜心切是情报界的大忌，×局正是犯了这个大忌。

8.23炮击金门40年后的1998年，前台湾国防部长，时任小金门守备第7师长的郝柏村回顾历史时，否定外界认为"中共因窃听到老蒋总统当时在金门，而决定攻打金门"的说法[3]。郝的理由是，从中共使用500门大炮来看，是老早就准备好了，并非一时决定，且蒋先生在20日早已离开金门。郝的分析有正确的一面，中共确实早有炮击金门的准备，并不是单纯为了打蒋一时作出的决定。如前所述，中共炮击金门有其战略企图。其次，炮击时蒋确实早已离开金门。

但是，郝的两点理由，并不能排除中共有打蒋的企图。如果中共的情报机关发生误判，认为蒋当时在金门岛，炮击中顺带地把老蒋总统捎上不是不可能。作为一名指挥官，郝不可能确切知道对方的行动企图，除非通过情报手段（如间谍、侦听或破译对方的密码）得到确切消息。没有获得情报，仅凭猜测断言对方的意图，缺乏根据。

在×局破译员中还盛传一种说法：为了掩盖×局破译了台湾密码，炮击直指蒋总统的意图，中共故意此后多次炮击，以至于将炮击持续了20多年。"八二三"炮击金门，中共把老蒋作为目标之一，毛泽东亲自过问此事。也许冥冥之中，让老蒋总统躲过一劫。

---

3 《小参考》总第166期，1998-08-23，http://www.bignews.org/980821.tx

【读书与评论】

直面历史创伤
——韩江荣获2024年诺贝尔文学奖有感

何与怀 [澳]

2024年10月10日,瑞典学院将2024年度诺贝尔文学奖颁给了五十三岁韩国女作家韩江(한강,Han Kang),授奖理由是"她的散文充满诗意,直面历史创伤,揭示人类生命的脆弱"(for her intense poetic prose that confronts historical traumas and exposes the fragility of human life)。

(韩江女士)

2007年,韩江出版长篇小说《素食者》。这部被评论家称之为"超现实主义颠覆性小说",写的是受难的女性。女主人公英惠在一场噩梦之后,决意拒绝肉食,甚至把自己当成一株植物。书中描写她面临家庭和社会四面八方的各种暴力,融汇了关于暴力、美、欲望、罪和救赎的种种疑问。读者感觉,全篇行文如诗,捕捉瞬间掠过的情感,勾勒出这位女性无奈又痛苦的命运,有如一则黑暗预言。这是她第一部翻译成英文的作品(书名The Vegetarian),让韩江获得国际知名度,并于2016年荣获重要的曼布克国际文学奖,成为首位获得此奖的亚洲作家。显然《素食者》是韩江非常重要的作品。

不过,诺贝尔文学委员会成员也是瑞典著名作家帕姆(Anna-Karin Palm)女士建议,初识韩江的读者可以先看韩江的《少年来了》。她评析,这部长篇小说展现"生者与亡者总是彼此交缠,历史创伤如何世代承袭"。韩江"强烈、抒情"的文笔抚慰了历史暴力,"书写非常温柔但精准,对于喧嚣的威权暴力带来反作用力"。

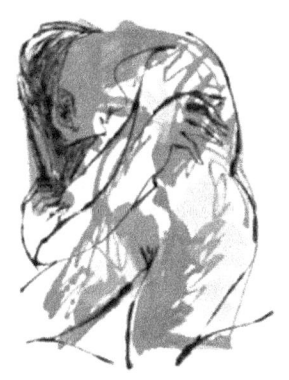

《素食者》英译本封面

我非常认同她的建议和评析。作为一个华人，我看了《少年来了》后感触很深。有人认为，这部作品对韩江获得诺贝尔文学奖具有重大影响。这说明评委会始终坚守自己的基本准则，虽然让很多人大感意外。

《少年来了》封面

韩江这部代表作于2014年问世，2016年英文版出版，书名为"Human Acts"。该作中心人物是一个十六岁的少年东浩，以他的死亡贯穿全篇，带着读者回到了1980年韩国光州民主运动现场。当年5月18日那一天，独裁政府发动了大屠杀，东浩在守护市政厅的最后时刻被戒严部队击毙。全书分为六章和一个尾声，每一章以不同人物观点、以不同人称视角讲述故事，让读者真切地感受到少年东浩、东浩的好友正戴，以及和东浩萍水相逢的那些人，在事件当时和之后内心的所思所想。韩江也以这种独特的叙述方式揭示了这个"光州事件"对幸存者后续的影响。她如实写出了社会的苦痛，追求民主自由要经历的苦痛。这是一部既悲痛又恐怖的长篇小说，散发悲伤心碎和悔恨之情——直面历史创伤！

书中这样描写死亡："我们的躯体以十字形层层交叠。有个大叔的躯体垂直叠在我的肚子上，大叔的肚子上又叠着一名陌生大哥的躯体。那个大哥的头发落在我的脸上，他的膝盖后方又刚好压在我没穿鞋的脚上。我之所以能够看见这一切，是因为我和我的躯体紧紧黏在一起不停飘荡的缘故。他们快步走了过来，身穿迷彩军衣，头戴钢盔，手臂上别着红十字臂章。他们以两人为一组，开始将我们的躯体往军用卡车丢，像是在搬运谷物袋一样，机械性地抛掷。我为了不要和躯体失散，死命黏着我的脸颊、后脑勺，搭上了军用卡车。诡异的是，这世界里只有我一人，看不见其他灵魂。尽管有好多灵魂就近在咫尺，我们也无法看见、感受到彼此。可见黄泉再见这句话根本不成立。第一座堆成人塔的那些躯体最先开始腐烂，上头爬满了白色幼蛆。我默默看着我的脸一块一块腐蚀，五官已经变得模糊不清，轮廓也不再清晰可见，任何人再也辨别不出那个人是我"。

书中发出这样痛苦的拷问："有些记忆是时间治愈不了的伤痛，不会因事隔多年而变得模糊或者遗忘，吊诡的是，时间越久反而只会剩下那些痛苦记忆，对其他回忆则逐渐麻木。世界变得越来越黑暗，就像电灯泡一颗一颗坏掉一样。包括我自己也可能自杀，我心知肚明。现在换我想要问先生您一个问题。所以说，人类的本质其实是残忍的，是吗？我们的经历并不稀奇，是吗？我们只是活在有尊严的错觉里，随时都有可能变成一文不值的东西，变成虫子、野兽、脓疮、尸水、肉块，是吗？羞辱、迫害、谋杀，那些都是历史早已证明的人类本质，是吗？"

这些淋漓尽致的描写和拷问，让人不寒而栗，并感受到得来不易的生的自由的珍贵。

韩江之所以深入探讨暴力的可怕，生命的脆弱，起因就是这个"5.18惨案"。她于1970年在光州出生，十三岁时看到父亲给她的一本相册，目睹了那场惨剧。她后来在采访中回忆说，那本相册成为她"对人类进行根本性质疑的秘密的契机"。写作《少年来了》时，她在心理上经历了巨大的痛苦，"写作过程中几乎每天都在哭，有时写三行文字就要哭一个小时"。她坦承，作为光州人，在光州惨案前几个月离开光州，从此一家人都被"幸存者内疚"折磨着。韩江的文学生涯就像是在赎罪。她在意大利"马拉帕蒂文学奖"得奖感言中说："这本书不是为我个人而写，我想将这本书献给我的感觉、存在，以及在光州民众抗争中不幸身亡者、幸存者，还有罹难者家属……最终，不是我帮了他们，而是他们帮了我。我什么事也没做，只是写了一本书而已。"

当然，单单"赎罪"不会成就她。她在赎罪中升华了。而且，她是幸运的，假如没有那场历史惨剧之后出现的社会巨变，她"只是写了一本书而已"很可能都没有可能。

那场大屠杀的受害者据研究估计有 600 至 2300 名，真是相当惨烈。但是，以此为契机，民心大变了。到了上世纪八十年代后期，韩国逐步民主化。1997 年，5 月 18 日被确定为光州事件的全国纪念日，并建立了一个国家受害者公墓。调查证实了军队犯下各种暴行。2011 年，光州起义的文件被列为联合国教科文组织世界记忆名录。每年 5 月 18 日这一天，韩国总统都要来光州发表讲演，缅怀长眠此地的烈士们对韩国政治民主化的贡献。

正是在民主自由的社会政治环境下，韩国经济蓬勃发展，科学技术突飞猛进。人们有了思想、言论、创作自由，各种讨论禁区消失，文学艺术开始井喷，文化成就辉煌。在自由的环境中，韩国的知识分子，韩国的作家艺术家，充分发挥对社会的责任感。他们为沉重的历史痛彻心扉。他们为逝去的故人、受伤的同胞、多灾多难的民族呐喊。他们直面历史创伤。韩国的文学艺术作品，不仅不避讳历史上的敏感事件，还会大书特书。关于 1980 年光州民主运动的作品，除韩江的小说《少年来了》外，电影电视剧等其他作品据统计就有上百部。这种"敢言"，正是韩国文化事业繁荣昌盛取得辉煌成就的重要因素。

而这种"敢言"，又得到全社会的认同。10 月 10 日韩江荣获 2024 年诺贝尔文学奖的消息传来，韩国民众纷纷表达了兴奋之情和致敬之意，没有人用"只有出卖祖国才能获得诺贝尔文学奖"这句话来把韩江推上舆论的风口浪尖，没有人给她扣上"韩奸""卖国贼""反动文人"的帽子。韩国总统尹锡悦更在第一时间便发表声明说"这是韩国文学的伟大成就，也是举国欢庆的时刻"。他在声明中特别赞扬韩江女士有能力捕捉韩国近代史上的痛苦片段。

作为一个华人，我看了《少年来了》后无限感慨。我自然想到中国的"六四"事件。"六四"是一个悲壮的历史篇章，跟韩国光州事件相比，它的规模更大，它的悲情更为壮烈。但是，如果说光州事件的血没有白流，它直接孕育了韩国的民主化，催生了如今的民主议会制度；非常不幸，中共当局走的显然是另外一条路子，或者说，中国是另一种国运。"六四"之后经过二十多年的政治演变，竟然在中国出现了习近平这样一个倒行逆施的独裁专制政权。他上台才几个月，便指示中共中央办公厅在 2013 年 4 月发出内部文件《关于当前意识形态领域情况的通报》（中办发〔2013〕9 号，简称 9 号文件），列出所谓当前中国"七条错误思潮和主张及活动"，要求坚决禁止。这就是臭名昭著的"七不讲"，即：普世价值不要讲；新闻自由不要讲；公民社会不要讲；公民权利不要讲；中国共产党的历史错误不要讲；权贵资产阶级不要讲；司法独立不要讲。这十几年来，习记政权对中国民众包括中共党员的起码的思想言论自由封杀越来越严，甚至达到非常荒唐的程度。所谓"敏感词"层出不穷，数不胜数，中国人已经沦落到不能正常使用自己祖先创造的方块字。所有有关"文革""六四""反右"……这些涉及中共历史错误的重大事件，不能研究，不能描写，甚至不能提及。今天中国，在思想和表达都被压抑的环境中，人文凋敝，难有优秀的文学艺术作品诞生。如果哪个中国作家今天还企图在作品中"直面历史创伤"，下场将不堪设想。

（下转第 111 页）

【读书与评论】

"思想的耗子"
——诺奖作品中的禁书概览

傅正明 [瑞典]

一

前英国首相丘吉尔于二战之前在一次演说中，尖锐而深刻地抨击了极权主义"铁幕"背后的检查制度："你们看看那些被当作偶像的专制者，被他们士兵的刺刀和警察的棍棒簇拥着。可是，在他们内心却有一种不可言说的东西——说不出来的东西！——那就是恐惧。他们害怕话语和思想！门外讲述的话语，屋里搅起的思想，因为它们是被禁止的而显得更为有力。这就是使他们恐惧的东西。一只小耗子——一个小丁点儿——一只思想的耗子钻进屋里，甚至最强有力的权势者也会被抛进一片恐慌之中。"

丘吉尔这位杰出的反法西斯战争的统帅，后来以他的文学成就而获得1953年诺贝尔文学奖。"思想的耗子"这一奇特的比喻，使人想起希腊神话中的阿波罗。阿波罗是最复杂的神祇之一：他是日神、青春之神、男性的美神、音乐之神、预言之神、医疗之神、智慧之神，同时也是鼠神。在阿波罗神庙中，一尊鼠像供在青铜三角祭坛上，祭坛下还有几只活泼可爱的白鼠。丘吉尔博学多才，也许熟悉耗子在神话中的象征意义，信手拈来化腐朽为神奇，高度赞扬了反抗专制的自由思想者。

极权主义对自由思想的禁锢，在二十世纪遭遇了一次又一次强势的挑战，那就是诺贝尔文学奖对"思想的耗子"的奖掖。极权主义的崩溃，是一切坚持正义的人们长期奋斗的结果。在这些人们中，我们不应当忘记诺奖家族中的一群曾经受到驱逐、监禁、甚至面临死亡威胁的"思想的耗子"，不应当忘记那些曾经被封杀、删节，甚至被销毁的禁书。

这些"思想的耗子"，在战争的烽烟中，在德国、意大利和西班牙与纳粹和法西斯进行勇敢的意识形态的较量；他们活跃在被德国纳粹占领的法国、波兰、捷克、南斯拉夫，出没在被意大利法西斯占领的阿尔巴尼亚和希腊，他们甚至浴血疆场。在斯大林的极权本质暴露无遗之后，他们中间又有人成为共产主义的叛逆者。第三世界获奖的诺奖作家，更是在独裁者的检查制度的夹缝中喷发出思想的火星。

二

1933年掌权的纳粹，给现代主义文艺的发展带来空前的厄运。为了贯彻"领袖原则"，在所谓"纯洁德意志文化"的旗帜下，一切"非德意志"的文化艺术受到剿灭，两万多册图书被付之一炬，1929年获奖的托马斯·曼的小说《布登勃洛格一家》《魂断威尼斯》《魔山》等文学名著，也一夜之间化为灰烬。纳粹东进波兰之后，遍布残酷的集中营，一大批德国知识分子被驱逐出境，欧洲不少作家踏上流亡之路：托马斯·曼流亡美国，不得以其真名出版著作的犹太女诗人萨克斯（1966年诺奖得主）流亡瑞典……托马斯·曼早在魏玛共和国时期，就预见到了并且警告过法西斯主义的兴起。1933年，曼在慕尼黑大学发表演讲，谴责法西斯主义，因此遭到亲纳粹文人的围攻。纳粹暴行，激起了曼强烈的道德义愤，他勇敢地直接抨击希特勒的各种政策。结果，曼的文章被没收查禁。1937年，在思考德国历史悲剧的根源时，曼发现"德国的许多灾祸都产自于这样一种想法，以为要做一个有修养的不问政治的人是可能的。"这位曾经嘲笑过魏玛时代的民主制度的作家，最后终于在希特勒的极权政治中大梦初醒，认识到只有民主政治才是人类理想的生活方式。因此，曼在流亡中成了一只政治上的"思想的耗子"。

另一位德语作家赫尔曼·黑塞（1946年诺贝尔文学奖得主），在一战爆发后，不但谴责德意志民族沙文主义，而且反对反动的"民意"，结果谩骂信像潮水般向他涌来。在法西斯横行时，黑塞与罗曼·罗兰结成真诚的友谊，坚持反纳粹的和平主义思想，因此，他的作品或被纳粹查禁，或散失在战乱中。

意大利是法西斯主义的故乡，早在1906年获奖的意大利诗人卡尔杜齐，就在《撒旦颂》中质问专制统治者："既然信仰自由，为什么到了信仰的至高境界，就不容许思想自由呢？"

法西斯崛起之后的墨索里尼时代，克罗齐这位曾经被提名为诺奖候选人的著名美学家，表现了思想家本色，于1925年发起并草拟了反法西斯宣言，意大利诗人蒙塔莱（1975年得主）等不少知识分子都曾在宣言上签名。青年蒙泰莱还因拒绝参加法西斯党而遭到一个狂热的法西斯分子的毒打，并且被开除公职。四十年代初，蒙塔莱流亡瑞士，参加了抵抗运动。作为抒情诗人，蒙泰莱坚持思想的自由，在他的诗作《希特勒的春天》中，将前往意大利会见墨索里尼的希特勒，描绘成在刽子手的高呼万岁声中疾驶而过的"地狱的使者"。

1936年，在法西斯主义的鼓噪声中，西班牙内战爆发。在持续三年的内战中，来自欧美各地的民主志士和知识分子在西班牙共同组成了反法西斯阵线。进步作家云集西班牙，他们在反抗的炮火中举行了反法西斯作家代表大会。在战后佛朗哥的极权统治和严格的检查制度下，甚至到了五十年代的西班牙，内战题材仍然是禁区，大批富于思想性的文学作品被查禁，不少作家、诗人被迫流亡甚至惨遭杀害或死于狱中。在西班牙诺奖得主中，早在内战之前，戏剧家贝纳文特（1922年得主）揭露社会弊病的戏剧就遭到查禁，内战期间他还因此被捕羁狱。诗人希门内斯（1956年得主）在内战爆发后，坚决支持共和派，被迫流亡国外终身未归。诗人阿莱桑德雷（1977年得主）的作品也被查禁，战争接近尾声时，他的住宅被法西斯分子夷为平地。西班牙作家塞拉（1989年得主）是佛朗哥政权的叛逆者，他的小说《蜂巢》揭发佛朗哥统治下的社会弊端，在阿根廷出版后被西班牙当局查禁十多年，直到1963年才解禁。

在抵抗纳粹的知识分子群体中，萨特是思想界极具影响力的领袖人物。萨特的第一部剧作《苍蝇》，由于借希腊神话影射纳粹占领法国，抨击法国傀儡政权，曾经在德国遭到查禁。诗人圣琼·佩斯（1960年得主）同时也是法国政府的一名外交官。法国傀儡政府组成时，佩斯拍案而起，反对政府与德国妥协，结果官方不但撤销了他的外交职务，而且剥夺了他的法国国籍，没收他的全部财产，同时查禁他的文学作品，佩斯被迫流亡美国。

1939年德军大举东进波兰时，遭到了自由战士和诗人的顽强抵抗。波兰诗人米沃什（1980年得主）在沦陷的华沙参加了反法西斯地下抵抗运动。他的心灵，如诗人的一本诗集所题写的，是《被监禁的心灵》，同时也是力求冲破监禁的"铁幕"的思想的心灵。

三

"铁幕"一词，原本也是丘吉尔的发明。共

产主义是一幅美丽的图画，只能远远地欣赏。一旦走近"铁幕"，情形就有所不同了。它美不美，取决于你在那里扮演的角色。在那里，作为独裁者的斯大林及其继任，同样需要克格勃的刺刀和棍棒的簇拥，需要《真理报》的谎言的粉饰。

获得诺贝尔文学奖的布罗茨基，是一位以诗歌捍卫个性自由的杰出诗人。1963年，诗人被列宁格勒的克格勃秘密警察逮捕，在法庭起诉的罪名是：一个"除了写歪诗之外不务正业的社会寄生虫"，他的"世界观对国家不利""现代主义的颓废思想"，写色情诗，写反苏的诗。在法庭受审之后，布罗茨基被发配到边疆的集体农庄挖土挑粪。出于国际舆论压力，苏联当局提前释放了他，1972年强迫他离境出国。在出国之前，布罗茨基以其俄罗斯的传统精神写了一封信给最高统治者："一种语言是比一个国家更古老更不可避免地势必产生的东西，我属于俄罗斯语言。至于国家，在我看来，衡量一个作家爱国与否不是看他从高台上宣讲的誓言，而是看他如何运用他生活于其中的人民的语言写作……虽然我失去了我的苏联国籍，但我依然是一个俄罗斯诗人。我相信我会回来的。诗人们总会回来的——不是活着回来就是写在诗页上回来。"[1]

七十年代，搜集布罗茨基的诗歌以地下出版物的形式出版，成为一个罪名，不少人因此被审判和流放，但仍然不断有热心人甘愿冒这样的风险。1987年"由于一种富于思想的明晰和诗的激情的包罗万象的创作"，已经是美国公民的布罗茨基获得诺贝尔文学奖。不久，他的第一本书在苏联出版。他虽然没有活着回到俄国，但他的大量作品，包括他以英文写作的散文俄译本，终于在苏联解体后从地下冒出来，源源不断回到了自己的祖国。

另一位获得诺贝尔文学奖的苏联作家帕斯捷尔纳克，在其名著《日瓦戈医生》中对十月革命的暴力从哲学和道德的角度作了某种程度的否定，呼唤基督教的人类之爱，最初只能在意大利、英国和美国出版。1958年10月23日，当帕氏获得诺贝尔文学奖的消息传来时，诗人立即给瑞典学院回电表示他对此"非常感谢、激动、骄傲、惊讶和羞愧"。赫鲁晓夫立即将苏联百科全书的主编苏科夫（Aleksey Surkov）招来询问有关帕氏的情况，这个"满腹经纶"的学者，不知是出于嫉恨、无知，还是出于对苏维埃的"忠诚"，恶毒地把帕氏指为"流氓恶棍"，说帕氏激烈抨击苏维埃制度，给俄国文学带来了灾难性的影响。赫鲁晓夫听信了苏科夫的话，结果立即在全国掀起了反帕氏的浪潮。审查制度变成了一种全民审查，一种全民精神状态。大学生包围了帕氏的住宅，愤怒地向他家的门窗扔石头。苏联作家协会迅即开除了他的会籍，一位集体农庄的主席给一家杂志写了一封"读者来信"，信中列举了集体农庄的丰收成就之后，为作协开除帕斯的会籍喝彩，因为他竟敢诋毁"在人类历史上正在建设一个新的社会主义国家的最优秀的人民"。[2]官方《真理报》和《文学报》谴责帕氏是"卖国贼""恶毒、庸俗的人""我们社会主义祖国的最大污点"……出于这种高压，诺奖宣布四天之后，帕氏给瑞典学院发了另一封电报："考虑到该奖对于我所属的这个社会的意义，我不得不拒绝已经宣布的我不配领受的奖。恳请不要不愉快地接受我自愿作出的拒绝。"

当官方有意驱逐帕氏出境时，诗人写信给赫鲁晓夫，请求领导让他留在苏联：因为"离开祖国无异于死""我是被出生、人生和工作捆绑在俄罗斯的"。尽管不断升级的全民大批判，他仍然留在苏联在平静的心情中继续写作和接受采访。从官方到民间对一位杰出诗人的打压激怒了世界舆论。当全部丑闻张扬出去时，赫鲁晓夫觉得自己上了苏科夫的当，他再次把苏科夫召来，一把抓住他的衣领，狠狠地训斥了他一顿——赫鲁晓夫

1　David Remnick, *Lenin' Tomb, the Last Days of the Soviet Empire*, New York, 1993, p. 28.
2　*Literaturnaya Gazeta*, November 1, 1958.

也不得不承认帕氏的国际声誉。

第三位获得诺奖的苏联作家索尔仁尼琴，众所周知，最初因为在私人信件中批评斯大林而东窗事发，度过了八年"劳改"生涯后又遭流放。1962年描写集中营生活的中篇小说《伊凡·杰尼索维奇的一天》，是由苏共中央批准，赫鲁晓夫亲自过目才得以出版的。到了勃列日涅夫时期，为了否定赫鲁晓夫，这部小说被公开批判。1967年苏联第四次作家代表大会召开，索氏散发了要求废除审查制度的"公开信"，结果被大会认定为"苏联作家的叛徒"。此后索氏的《第一圈》和《癌症病房》等小说，只能在西欧发表。

索氏被苏联作协开除，引发了萨特等国际知名作家的抗议。1970年瑞典学院授予索氏诺贝尔文学奖，但他的斯德哥尔摩之旅未能成行，因为当局没有承诺他出国后还能回国。1974年初，索氏开始了他的被放逐的流亡生涯，不久便前往斯德哥尔摩领取了补发的诺贝尔文学奖状。流亡期间，索氏在西方出版了他的巨著《古拉格群岛》《牛犊顶橡树》和《红轮》三部曲。苏联解体前后，索氏遭禁的一些作品才能在他的祖国陆续出版。

1990年6月12日，苏联最高苏维埃通过"关于出版和其他大众传播媒体"的新法令，取消新闻检查制度。同年7月14日，戈巴契夫颁布总统令，解开书禁报禁。这一历史进步，是由各种历史合力促成的，包括苏联作家的自由抗争，那些"思想的耗子"的信息传播和思想传播，以及他们创造的艺术美的感染力。

四

处在苏联阴影下的东欧，例如在波兰，从五十年代起，后来获得诺奖的米沃什就因为官方强制性的"社会主义现实主义"创作方法而流亡国外。甚至与政治比较疏离的诗人辛波丝卡（1996年得主）的作品，也因为"不健康的因素"被禁止出版和遭到批判。

在匈牙利包括审查制度在内的政治打压导致1956年的起义。曾经被提名诺奖的匈牙利大诗人伊利斯（Gyula Illyes）在起义中发表了写于1951年的诗篇《对暴政的宣判》，揭发专制统治的恐怖，充满悲剧精神。起义被镇压之后，诗人再度沉寂。直到东欧巨变之后，匈牙利并没有迅速变为一片真正自由的土地。2002年获得诺奖的凯尔泰斯，在一次访谈中谈到审查制度，他说"在民主社会中你必须瞄准一个市场摊位，要确信一本小说是'有趣的''引人入胜的'，这也许是一切审查中最糟糕的审查。"与那些在极权制度下严格自律的作家不同，凯尔泰斯在一种完全自由的状态下写作，因为他既不写政府愿意看到的东西，也不受市场的诱惑，根本不考虑作品能不能出版的问题。

2009年获得诺奖的德国女作家赫塔.米勒，生于罗马尼亚，在她出国之前的祖国，几乎所有作品都必须经审查后才能出版。1982年，米勒的第一本短篇故事集《低地》也只能以删节版出版。由于她多次批评罗马尼亚政府，受到秘密警察的骚扰，最后只好移居德国。在1989年接受大赦国际的一次访谈中，米勒谈到她的祖国的文学："文学不再存在，艺术或文化也没有了。齐奥塞斯库憎恨文化。文化是危险的，不能给我们任何东西。齐奥塞斯库把文化视为寄生虫的行当……审查制度是贪婪的。没有什么能够通过。国家愈没落，就愈要堵住人们的嘴巴。人们不能说任何事情，尤其不能说生活的普遍悲惨状况。当然，仍然有人试图以秘密的方式在这里或那里传播思想。"

齐奥塞斯库的下场，是我们熟悉的。可以说，憎恨文化的齐奥塞斯库是被文化推翻的，是被思想推翻的，是那些被堵住嘴巴的"寄生虫"推翻的。

五

上世纪八十年代以来，在第三世界逐渐增多

的诺奖作家中,我们可以发现好几位被禁锢的"思想的耗子"。南非女作家戈迪默的《伯格的女儿》一出版就立即遭到查禁,用当时一位检察官的话来说,"女作者把罗莎的故事用作一个导弹发射台,对南非共和国发射粉碎性的重量级攻击"。官方罗织的另一"罪状"是,小说竟然把白人写成"坏人",把黑人写成"好人"。根据1963年官方有关出版检查的法案,戈迪默的二十二本书有三本被南非当局查禁、销毁,即《陌生人的世界》《晚期资产阶级世界》和《伯格的女儿》。南非政府一直希望戈迪默离开南非,但她拒绝离开,选择了写作这种精神流亡的形式。

尼日利亚作家索因卡于1967年至1969年系狱时秘密写作的狱中笔记《此人已死》,当时靠地下渠道传阅,直到1972年才能在西方出版。1986年索因卡荣获诺奖,是进步人类对思想自由的一次社会性确证。但是,1997年,尼日利亚政府在缺席审判中判处流亡中的索因卡死刑,是二十世纪对思想自由进行的一次最严重的颠覆。究其原因,仅仅因为索因卡于当年撰写了《一个大陆的显露的伤口》一书,抨击1995年尼日利亚军政府处死尼日利亚作家肯·萨罗-维瓦(Ken Saro-Wiwa)等八名异议人士的暴行。在这本禁书中,索因卡的政治眼光不囿于尼日利亚,而是关注整个非洲的历史和现状,乃至现代世界非民主国家面临的一个共同的民族主义问题,他直接提出了尖锐的质疑:"什么是一个民族或国家的代价?"尤其是统治者以"保卫国家、捍卫主权和促进发展"的名义来亵渎人的尊严、打压异议人士、施行暴政践踏人权时,该民族的人民将付出多大的代价?

埃及作家马尔福兹(1988年得主)本人为思想自由付出的代价,是1994年他被恐怖主义分子夺去了执笔的右手,此后只能靠口授传播他的思想。由于他的和平解决争端的思想曾经激怒了阿拉伯世界的原教旨主义者,他的全部小说在许多阿拉伯国家被查禁多年。他最杰出的小说《胡同里的孩子们》写于1959年,最初在开罗报纸连载。这部小说反对政治压迫,提倡宗教宽容,否定"以眼还眼"的"正义"原则。小说连载不久就被埃及的权威宗教学者指为"亵渎"穆罕默德、诽谤伊斯兰先知的"异端邪说",结果,埃及的伊斯兰激进分子成功地封杀了该书的出版长达三十多年之久,原作一直只能以报纸连载的形式在地下流传,后来在黎巴嫩出版回流到埃及,直到1996年才在埃及出版全书。该书的出版,正好表明马尔福兹在小说中表达的一种信念:"压迫必须终结,就像黑夜必须让位于白天。我们将在我们的胡同里看到暴政的死亡和奇迹的黎明。"

阿里图里亚斯(1967年得主)是比上述几位作家更早获得诺奖的危地马拉作家,他的小说《总统先生》写于暴政恐怖阴云笼罩的1930年,他流亡归来带回来这部杰作,塑造了一位拉丁美洲专制暴君的典型,当时只能靠秘密传抄来传播思想,直到1946年才能在墨西哥出版。该书出版后产生的轰动效应,不但推动了拉丁美洲作家以揭露寡头政治罪恶为题材的创作高潮,而且在艺术手法上为魔幻现实主义开了先声。《总统先生》是作者荣获诺奖的力作之一。这部禁书妙趣横生,下面是作者对举国同庆的国庆节的一段描写——

"国庆节到了……市民们从窗口往外泼水,泼水是为了避免尘土太多,因为一会儿经过这里到总统府去的将有:举着崭新旗帜的军队,乘着华丽车马的达官贵人,穿着金光闪闪制服的将军,还有急匆匆地徒步行走的下级官员。总统先生,总统先生,你的荣誉充盈天地!总统在一群亲信的簇拥下,出现在离人群很远的地方,感谢老百姓这样报答他的德政。那个担任致辞的女人一见总统出来,立即开始演说……'人民的儿子!……让欢呼你万岁的声音传遍四面八方,永远响彻世界!祖国的功臣,伟大的自由党领袖,忠诚不渝的自由战士,青年学生的保护人,共和国宪法总统万岁!'"

这番描绘可以用来对上文引用的丘吉尔的那番话作一个重要的补充，那就是：独裁者不但需要士兵的刺刀和警察的棍棒，以加强其安全感，而且需要亲信的旗帜和愚民的鲜花，以证明其合法性。而作者的反讽笔法又告诉我们：在独裁统治下，官方的一切文字和语言都应当解读为它的对立面，例如，"人民的儿子"应当读作"人民的老子""祖国的功臣"应当读作"国家的罪人"……

六

禁书不仅发生在专制社会，也发生在民主国家。尽管美国宪法第一修正案保障公民的言论和出版自由，但书报审查比欧洲要严格得多。1938年，非美活动委员会（the House of Un-American Activities Committee）的成立无异美国特有的异教裁判所。但是，与专制国家不同，美国有各种制衡权力的机构。

这里只能以获得诺奖的两位美国作家，即斯坦贝克和福克纳被禁的作品来看美国禁书一斑。美国记者和作家协会、美国书商自由表达基金会、美国图书馆学会、美国国立高等学校图书馆协会等组织曾于 1981 年发起每年一度的"禁书展览周"，向读者展示在美国历史上曾经被查禁的书籍，以提醒审查制度的潜在危险。在展览的主要书籍中，就有福克纳的小说《避难所》和《野棕榈》，斯坦贝克的《愤怒的葡萄》和《人鼠之间》。

福克纳的作品从来没有直接遭遇来自官方的审查，而是在局部地区遭遇所谓"文化审查"。小说《避难所》，写到一个性无能的性虐待狂用玉米秆强行与一个少女做爱，而且有凶杀情节。1929 年，福克纳把小说手稿寄给一家出版社时，出版社编辑的回复是："上帝啊，我不能出版它。我怕我们两人都要进监狱。"但是，福克纳加以修改后，小说于 1931 年顺利出版。

福克纳 1939 年出版的《野棕榈》，由《野棕榈》和《老人河》两个相对独立的故事以类似音乐的"对位法"交织而成。《野棕榈》描写一对婚外恋情侣的爱情悲剧。小说中的"饥饿不在肚子里而在心里""爱不会死，只有男人和女人会死""在痛苦与虚无之间，我选择痛苦"这些人物语言，已经成为表达精神渴望和自由之恋的名言。《老人河》中两个犯人在洪水泛滥时受命救人。其中的高个子历经漂流之苦，圆满完成救人任务后回到监狱，却被荒谬地加判徒刑。小说一度改题为《我若忘却你，耶路撒冷》，主人公之一的高个子实际上带有基督原型的变异特征。小说畅销多年后的 1948 年，《避难所》和《野棕榈》在费城书店由刑警队强行下架。次年福克纳获得诺奖之后，仍然没有开禁，查禁的举措得到宾夕法尼亚州法庭的支持。

斯坦培克的名著《愤怒的葡萄》出版后就获得 1940 年的普利策奖。小说是以美国三十年代的"大萧条"为背景的史诗，主要描写美国西部的农场工被农场主盘剥而奋起反抗和四处漂流的故事。作品一问世便引起当时各州权贵阶层的恐慌，许多州，尤其是作为故事背景的加州肯郡，立即以"语言粗俗"为名禁止小说发行，在某些公共图书馆禁止陈列甚至付之一炬。自从 1936 年斯坦培克出席一次西方作家会议，同时为"红色"杂志《太平洋周报》（Pacific Weekly）撰稿之后，FBI（美国中央情报局）就开始收集他的有关资料，此时，已经有了一大叠档案。当时的 FBI 为数百位美国作家设立档案，包括那些六十年代维护民权和参与反战活动的作家，但是，FBI 一般只是睁大眼睛盯视，并不采取什么行动。

斯坦培克的《人鼠之间》（1937），书题取自苏格兰诗人彭斯的诗《写给一只老鼠》。这首诗是诗人一次耕地时犁翻鼠窝，见一只小鼠惊走，即兴而作。诗人告诉小鼠说："你不必这样匆匆逃窜！我怎会拖着凶恶的铁犁，尾随追你！"由此可见诗人对弱小生命的同情。这种怜爱，在中国诗歌中也不陌生。苏轼《次韵定慧钦长老见寄八首其一》云："爱鼠常留饭，怜蛾不点灯"。《人鼠之间》的主人公乔治和莱尼是流动农业工人，两个好朋友形影不离。莱尼有智障和病态，喜欢抓捕和玩弄小老鼠。抓到手后，老鼠既是他的宠物，又是被虐待的牺牲品，他会在无意中把它弄死。这种行为，可以视为一种暴力的象征。在佛教中，甚至钓鱼也被视为一种暴力活动。病态的暴力倾向，可以用罗素说的一个故事来解释。有一次，罗素扯开一个行凶的孩子，问他为什么欺负比他小很多的孩子，那个孩子立即回答说：因为有个比我大的孩子打我。罗素由此提升到哲学和人性的高度来分析。是的，这就是人性！在《人鼠之间》中，这种暴力的解毒剂，是乔治对莱尼的一再劝告，要他不要玩老鼠。小说思想倾向比较复杂，作者探索人的心灵深处，挖掘心理暗角，思考死亡、种族主义、性爱、贫困的绝望的问题，同时承传了彭斯诗歌的主题。但是，不少青少年的家长认为小说渲染暴力、缺乏传统价值观、带有种族偏见、渎神倾向和对妇女的不尊重，因此，在美国某些州的某些地区是禁止中学生阅读的，但也有学校把他选为课本。

1962年，斯坦培克获得诺贝尔文学奖。有趣的是，他在获奖演说中表示：他希望自己不要像一只既感激又愧疚的耗子一样叽叽叫，而应当作狮子吼，"这是出于我对我的职业的自豪感，出于千百年来从事这一职业的伟人和善者的自豪感"。当然，斯坦培克是从另一种象征意义上来采用耗子的比喻。只要取义得当，伟大作家既可以是思想的耗子又可以是行动的狮子。

七

思想，历来就是杰出的文学家和批评家所强调的文学的一大要素。诺贝尔所景仰的法国文豪雨果，在他的《<克伦威尔>序言》中赞美浪漫主义诗歌宛如一块青铜，把思想镶嵌在诗歌的格律中。"思想，在诗句中得到冶炼，立刻就具有了某种更深刻、更光辉的东西。"

思想，尤其是反叛权威的独立思想或精神上的自由，也是瑞典学院一贯褒奖的一种文学特质。在历届颁奖评语中，我们时而可以发现"思想"或"观念"的字眼，例如，泰戈尔的"诗意的思想"，罗素的"人文主义观念和思想的自由"，萨特作品的"观念的丰富"，布罗茨基的"思想的鲜明"……

更有意味的是，1999年获奖的君特·格拉斯在他的诺奖演说中，一方面清算自从苏格拉底被处死以来的言禁文祸，一方面为无权的弱者代言。他说，他的寓言小说《雌鼠》中的实验室雌鼠，代表数百万实验室动物，赢得了诺贝尔奖。格拉斯笔下的那些雌鼠，可以说是在极权制度下被当作试验品的受害者的代表，在小说结尾，在地球经历过大爆炸的后人类时代，一种半人半鼠的特殊物种得以幸存，"他们把两种最好的种属特性结合起来。人类有许多鼠性，鼠类也有许多人性。这个世界似乎是运用综合来恢复它的健康。"因此，幽默地自称为一只雌鼠的格拉斯，当然是一只"思想的耗子"，这次诺奖就是直接颁发给一只"思想的耗子"。

在人类思想的传播媒介中，文学是最迅速最有效的形式之一。在"思想的耗子"中，我们可以看到诸如人权、自由、民主、多元化等人类的基本价值的生动的形象体系。"思想的耗子"构筑的"鼠洞"是促使极权堤防溃于一旦的潜在的力量。

在中国，耗子自古就有"灵鼠"之誉。最近，科学家发现人类灭鼠失败的重要原因，是因为耗子的智商特别高，他们有极为特殊的神经系统。在一个城市投入一种新的鼠药，几个小时内，消息就可以口耳相传遍及整个鼠群，此后，它们就会敬而远之。可见，作为弱者的鼠类，反抗作为强者的人类的残暴，最有效的对策就是自由信息的传播。此外，耗子还擅长寻找维生素E含量较高的食物，因为这种物质有助于免疫解毒。耗子第一次吃一种新食品时，很难吃到致命的份量，一旦发现不对头，它们就告诫同类，保护鼠群，并且把信息遗传给下一代。在耗子的这种灵敏面前，愚昧的人应当感到惭愧。我们曾经任凭别人进行精神的"洗脑"，让别人的思想代替自己的独立思考，误以为可以"脱胎换骨"，实际上对精神的伤害早已达到致命的地步。只有智慧而勇敢的人，才能具有耗子的那些优点。

在通讯日益发达的信息社会、在愈来愈小的地球上，我们完全有理由相信，不管权势者如何打压思想的自由，"思想的耗子"总是有办法迅速传播自由的信息。

（上接第 103 页）

韩江荣获 2024 年诺贝尔文学奖之际，我自然也想到中国的莫言。莫言的文学风格和韩江非常不同，但在暴露黑暗上，在给人沉重感、伤痛感方面，有些类似。莫言就说了："我有一种偏见，我认为文学作品永远不是唱赞歌的工具。文学艺术就是应该暴露黑暗，揭示社会的不公正，也包括揭示人类心灵深处的阴暗面，揭示恶的成分。"莫言以他众多的优秀作品践行他的宣言。莫言也拿了诺贝尔文学奖，但那是十二年前。他开始成名，更是在中共执政比较宽松的上世纪八十年代。而今天，他敢写出《生死疲劳》《红高粱》《酒国》《丰乳肥臀》《蛙》这些曾经让他获奖无数的作品吗？他能吗？即使写出了，哪间中国刊物媒体胆敢发表？！哪间中国出版社胆敢出版？！

中国有四位诺贝尔奖获得者，高行健流亡他国，刘晓波死于狱中，屠呦呦落选中科院院士，莫言被踢出百年名作家之列。莫言现在是真莫言了。有人更点出：莫言之后无莫言。的确，如果文学艺术不能直面历史创伤，不能暴露黑暗，不能揭示社会的不公正，不能揭示人类心灵深处的阴暗面，那是非常苍白的，也是非常可悲的。

"一个民族，要有一群仰望星空的人。"让我们呼喊。

【序跋与导语】

《中国文化大革命史稿》（全十卷）
我为什么要研究文化大革命？
自 序

孙其明

经过20多年的不懈努力，这部长达400多万字的《中国"文化大革命"史稿》终于基本上完成了。在暗自庆幸多年的夙愿得以实现的同时，作为本书的作者，深感有必要以《自序》为题，就自己研究文化大革命以及撰写此书的若干真实想法再说几句，也算是向本书未来可能的读者吐露一点自己的"心声"，说明我撰写此书的"初衷"，便于读者们更好地理解本书的内容吧。

要说的第一个问题，是我为什么要下功夫研究文化大革命？

众所周知，自1976年底文化大革命运动宣告结束以来，特别是在中共十一届六中全会做出彻底否定文革的决议之后，国内研究文革的人也越来越多。当然更多的则是文革的亲历者，包括许许多多文革的受害者，纷纷著书写文章，或回忆文革中的历史事实，或对文革期间发生的各种事件进行分析和研究，发表自己的看法。也正是在这一大潮的推动下，我也加入了文革研究者的行列，并最终下决心下功夫对文革进行更加深入和全面的研究。不过，我决心研究文革的动机虽然与绝大多数研究者基本相同，却又有自己某些"独特"的条件和想法。

其一，同绝大多数研究者的看法一样，我也认为，中国在上世纪六七十年代所发生的文化大革命运动不仅是中国历史上，也是世界历史上十分罕见的历史事件。它的重要性、特殊性乃至所产生的深远影响，无论怎样估计都不为过。

当年毛泽东以中共党的名义发动文化大革命运动时，以及在整个运动持续的十多年间，文革都曾经被吹得天花乱坠，不仅被誉为史无前例的"伟大"的无产阶级"文化"的和"政治"的"大革命"，而且是对马克思列宁主义的"最新发展"，马列主义发展史上的"第三个里程碑"，是国际共产主义运动历史上的"伟大创举"等等。然而，毛泽东去世不久，对于文革的评价便发生了"天翻地覆"的变化。无论是官方，还是广大民众，都很快认识到，文革运动不仅给整个中华民族和全国人民，而且也给执政者中共带来了前所未有的巨大灾难和亘古罕见的"特大浩劫"。不仅如此，文革虽然发生在中国，也对整个世界产生了难以估量的消极影响，故而被国外的许多有识人士称为一场"人类悲剧"。

诚然，对于文革究竟应当如何评论，多年来国人的看法并不一致，且至今仍然见仁见智，众说纷纭，莫衷一是。但褒也好，贬也罢，也无论其是对还是错，是是还是非，都反映了一个谁也无法否认的客观事实，即文革在中国的历史上，都堪称极不寻常的一页，它的重要性绝不能小觑，更不可能像某些人希望的那样，可以视而不见，听而不闻，甚至可以随意将其从中国的史书上抹掉。既如此，凡是尊重历史的人，特别是包括本人在内的史学工作者，都不能不十分重视对文革这样重要的历史问题进行研究。

其二，我不仅学的是史学专业，后来也一直

从事中国历史，特别是中共党史、中国革命史和中国近现代史的教学和研究工作，而且也是文革运动自始至终的亲历者和参与者。无论是作为史学工作者的专业责任感，还是自己在文革中的亲身经历，无疑都对我下决心深入全面地研究文革产生了极大的促进作用。

我是1963年夏秋考入中国人民大学历史系中共党史专业的。当年的人大是全国高校中唯一设有中共党史专业的高校，该专业的执教者是包括著名学者何干之、胡华在内的一大批水平很高的教师，师资力量十分雄厚。虽然在大学学习的五年里，由于文革的发生，我和我的同学都没能读完预定的课程，但毕竟为我此后从事这方面的专业工作打下了比较坚实的基础。也正是在北京读大学的日子里，文化大革命的烈火被点燃，我也因此被卷进文革的大潮之中，成为文革的拥护者、亲历者和参与者。文革初期，我和许多同学一样，积极响应"伟大领袖"和党中央的号召，当过红卫兵，进行过各类"革命造反"活动，写过批判老师和学校领导干部的大字报，参加过许多批斗"黑帮""走资派"的大会，也曾到外地去进行过所谓的"革命串联"等等。可以说，除了没有参与过激进的"打、砸、抢、抄、抓"外，文革中其他所有的"革命行动"，我几乎都经历过。1968年12月，按照中央的决定，我从学校毕业，分配到安徽省砀山县的一个国营农场"劳动锻炼"，接受"再教育"。一年后，被调到该县的革委会机关工作。在此后的六、七年里，直到毛泽东逝世、文革运动宣告结束的前夕，我先后在县革委会的上山下乡办公室做过接待、安置知识青年的工作，在宣传部门担任过专职理论干部，继续充当文革理论、路线、方针、政策"吹鼓手"的角色。可见，我也可以算是亲身经历过文革全过程，对许多大事件都比较了解，且感受较深的亲历者之一。尽管当年我一直是按照官方的调门认识文革、看待文革、宣传文革的，谈不上任何"觉悟"，但这样的经历毕竟对我在思想获得"解放"后重新认识

文革不无"好处"。

总之，一是我的专业背景和从事专业工作的责任感，一是我在文革中的亲身经历，这两者的结合，不仅促使我后来做出了深入研究文革的决定，同时也在一定程度上为我的研究工作提供了许多不可或缺的便利条件。

其三，文革结束以来国内文革研究中所出现的许多乱象，特别是官方对于文革态度的变化，也在相当大的程度上引发了我的"担忧"，进一步激起我作为史学专业工作者强烈的责任感和使命感，促使我更加坚定自己的决心：排除万难，为廓清历史的迷雾而贡献自己的绵薄之力。

在经历了真理标准问题大讨论的拨乱反正，中共十一届六中全会做出了彻底否定文革的决议之后，国内逐渐出现了一个文革研究的高潮。这当然是一件大好事，许多文革的亲历者和研究者曾为此做出了很大的贡献。但是，毋庸讳言，很多问题也因此大量地暴露出来。由于中共中央的决议本身就存在着极大的局限性和片面性，而官方的史书又只能完全照抄照搬官方的调子，按照官方的政治需要对历史进行取舍，不能完全客观地反映历史的真相，甚至在很多问题上歪曲和篡改历史。在官方史书的影响下，许多民间学者也不敢真正"解放"思想，秉笔直书，只是重复官方的描述和观点。此外，还有许多亲历者，出于自身利益的考虑，在回忆录中只讲对自己有利的事情，而千方百计地掩饰自己的过错或"罪恶"。这样一来，必然导致广大的读者难辨真假，难分是非，乱象丛生。

这还不算，更让人无法认可的是，执政的中共当局对待文革这场早已被实践证明为"特大浩劫"的态度逐渐发生了重大变化，越来越倒退，越来越不可理喻。尽管在上世纪八十年代初，当时的中共中央所做出的彻底否定文革的决议也有很大的局限性和片面性，但它的立场和观点毕竟基本上还是正确的，并且对推动中国历史的转变和重新走上比较正常的发展道路产生了巨大的作

用。可以说，今天的人们谁也不能否认，如果没有对文革的彻底否定，就不可能有后来的"改革开放"，也不可能有八十年代之后中国社会的进步和经济的发展。不仅如此，最高层当年关于彻底否定文革的决议也对推动中国国内文革的研究产生了积极的影响。虽然在八十年代以后兴起的文革研究的浪潮中，如上所述，也出现过许多"乱象"，但只要当局允许学术界和广大民众对文革继续进行合法深入的研究，随着文革"真相"被越来越多地"挖掘"出来，人们对文革的认识自然也就会越来越清楚，高层所作《决议》的局限性和片面性也将逐步得到纠正，其结果则必然更能有效地推动中国社会的进步和经济的发展。

然而，让许多人想不到的是，随着中国政治形势的变化，执政当局对文革的态度也开始发生变化，不是在原先中央彻底否定文革的《决议》上继续前进，而是逐步走向倒退。虽然迄今为止还没有一届新的中央敢于公开否定此前的《决议》，明确地为导致"十年浩劫"的"十年文革"翻案，搞什么"否定之否定"，但最高层的所作所为却越来越让人感到匪夷所思。首先是在官方的宣传和编撰的史书中不提或尽量少提文革，即便不得不提，也都采取轻描淡写、语焉不详的手法；露骨一点的则干脆大玩起文字游戏来，转弯抹角地把"十年浩劫"说成是颇具"正能量"的"十年艰难探索"。其次是全面地彻底地"封杀"国内的文革研究。除了由官方直接主持，或由某些御用学者撰写并经官方批准，涉及文革内容的书籍可以出版外，学术界和亲历者所写有关文革的文章、书籍都不准在中国大陆公开发表和出版。更有甚者，所有提及文革内容的文艺创作，包括各种影视作品、小说、文革亲历者的回忆录等等，哪怕只有片言只语涉及文革，也都遭到严格审查，被迫删去有关内容，否则就被打入"冷宫"。当局之所以要如此倒行逆施，说穿了，就是要让亲历过文革的老人们统统忘记文革，让文革后出生的年轻人对文革一无所知，根本不知道文革这样的事情曾经在中国发生过，一句话，就是把文革从中国和中共的历史上彻底抹去。他们的"政治考量"也并不"神秘"，就是害怕中共被"抹黑"，可谓"司马昭之心路人皆知"也。但这样做的结果，不仅造成了许多学者所说的"文革发生在中国，文革学却兴旺在国外"的反常，更重要的是导致了最近十几年来文革的"残渣"不断泛起，文革的"幽灵"仍在九州大地肆意游荡的乱象，类似于文革前和文革中的许许多多言行迅速死灰复燃，某些当权者甚至开始肆无忌惮地开历史倒车。如果任其发展下去，必将对国家和民族的前途产生难以预测的巨大灾难。

当然，无论是世界还是中国的历史发展，都有不以少数人的主观意志为转移的客观规律，当局的"愚民"政策虽可逞凶于一时，却终究难以阻挡历史潮流滚滚向前。事实上，即便是在"黑云压城城欲摧"的政治高压之下，学术界和文革的亲历者中，仍然不乏天良未泯的有识人士在继续坚持文革的研究，并且取得了不小的成果。政治高压不仅未能阻止他们对历史真相和客观真理的追溯，反而更加坚定了他们永不放弃的信心。作为众多文革的研究者之一，我也与他们一样，"人同此心、心同此理"，并且将其作为自己坚持不懈，不达目的决不罢休的重要动力之一。

要说的第二个问题，是我进行文革研究所走过的"艰难"历程。

我坦承，由于自己年轻幼稚，从小接受的是中共党的教育，也不懂得独立思考，过于迷信毛泽东和共产党，故而整个文革期间，我都是文革的拥护者和参与者，几乎谈不上有任何觉悟。我的思想发生转变，是在文革结束，尤其是在中共最高层作出了彻底否定文革的《决议》之后。应该说，这样的觉悟算是比较迟缓的。不过，因为当时我正好调到安徽大学，正式开始从事高校的中共党史和中国革命史的教学研究工作，思想认识相对而言转变得比较快，也算是比较顺利地跟上了时代前进的步伐。当时，整个国家、社会和各个领域都在进行拨乱反正,自然不可能不涉及和影响到中共党史和中国革命史这一学科,影响到我的教学和研究。正是在如此的大气候之下,我也和学校的同行们一起,开始了拨乱反正。由于我在安徽工作,而中共的主要创始人陈独秀又是安徽人,且多年来受到了极不公正的待遇,故而我首先选择陈独秀问题为自己的研究课题,于1980年春公开发表了题为《陈独秀是否汉奸问题的探讨》的论文,明确指出,指责陈独秀为"汉奸",完全是中共党内王明和康生等人毫无根据的诬陷,必须予以彻底推翻。此文发表后学术界乃至社会上的反应堪称良好,使我受到了极大的鼓舞,除继续搞陈独秀的研究外,我又在母校老师胡华教授的支持、鼓励下,将陈独秀的研究范围扩大到他的全家,开始挖掘资料,撰写他的两个儿子、也是中共革命时期著名的烈士陈延年、陈乔年的传记。此后,我的研究范围又继续扩大,先后进行过共产国际与中国革命、中苏关系等课题的研究,并从上世纪九十年代开始,转而进行中共执掌全国政权之后,也就是官方所称的社会主义历史时期的研究。也正是在这一研究过程中,我越来越感到文革研究的重要,越来越认识到人们通常所说的"文革十年",是中共党史、中华人民共和国史无法绕开的极为重要的一段历史,从而萌生了将其作为重点研究课题的想法,并逐渐将其付诸于行动。

如前所述,也就在上世纪九十年代中期,我决定重点研究文革之时,此前八十年代相对宽松的政治气氛实际上已经荡然无存,当局已开始对文革之类的研究予以"封杀"。不仅有关的研究成果被禁止发表和出版,研究者还有可能在政治上遭受责难。这不能不使我感到"担忧"。有些同行和朋友知道我要研究文革,也好心地劝我不要做这样无功或不讨好的"傻事"。但经过一番思想斗争,我最终还是说服了自己:不能因风险的存在而放弃。我一直还记得已经逝去的胡华老师曾经对我们说过的一句话:"研究无禁区,宣传有纪律。"不管当局今后是否允许出版自己的研究成果,而对文革进行研究,都是没有错的。

我的主意一旦打定,自然也就顾不得风险不风险了,并且立即行动起来。我深知,"十年文革"的内容极为"丰富",我虽然是自始至终的亲历者,对于文革的研究有一定的便利条件,但毕竟个人的经历局限性很大。对于文革期间发生的诸多大事件,我虽然都知道,但也只是了解这些事件的大概情况或若干皮毛,却搞不清它的来龙去脉。要进行研究,则不能不下比较大的功夫,首先是要广泛地收集资料。也许是出于所学专业特有的敏感,早在文革期间,我实际上已经有意或无意地注意收集和积累有关的资料了。只是因为当年这样做的目的并不明确,而自己又是完全站在文革拥护者的立场上,感兴趣的都是所谓"正面"的材料,所收集的东西局限性自然极大。尽管如此,得以保存下来的部分资料,对我后来的研究还是起了一定作用的。而我真正开始有目的地大量收集文革的资料,则是在上世纪九十年代的后期。

由于至今官方还没有开放档案,我和绝大多数学术界的研究者一样,不可能从国家的各类档案中查阅到有关资料,只能从官方批准公开或内部出版的书籍中寻找有史料价值的东西。好在文革结束以来,官方党史的有关机构也先后编撰和出版了若干重要的书籍,如《建国以来重要文献选编》《建国以来毛泽东文稿》《毛泽东传》《毛泽东年谱》《刘少奇传》《刘少奇年谱》《周恩来传》《周恩来年谱》以及《中国共产党历史》的第一、第二卷等等,提供了许多重要史料。除了与中央高层直接有关的上述书籍外,各个省、市、自治区乃至地县一级党委都设立有党史资料收集和研究的机构,并先后编撰和公开出版了研究该地区历史的各类史书,同样提供了许多重要的历史资料。所有这些,都成为我努力予以收集的东西,尤其是各地出版的史书和资料,虽为公开出版,但由于所出的数量较少,大部分都难以在书店中买到，我不得不先后跑遍全国所有的省、市、自治区，直接到当地的研究部门去购买。尽管上述官方的书籍不可避免地存在着许多不尽人意的欠缺，但它的大部分内容还是符合历史事实的，故而对于其他的研究者而言，仍可算是必不可少的参考。

除了官方的东西，更多更重要的资料则来自文革亲历者的回忆和众多研究者的研究成果。由于上世纪八十年代的政治氛围相对比较宽松，距离文革时期也比较近，特别是许多文革的亲历者都还健在，故而大量的回忆录得以公开出版，民间独立的研究者所写的文章、专著也能够公开发表和出版，我也因此通过书店和订阅各种刊物，购买到了许多有关的书籍，收集到了大批有关的文章。九十年代之后，当局虽然逐渐加大了对文革研究的控制，却仍然难以阻挡人们渴求了解文革真相的热情，许多文章仍然能够通过互联网传播；一些重要的亲历者的回忆录和研究者的著作虽然无法再在大陆出版、发行，被迫转移到香港、澳门、台湾或外国刊印，但也可以通过各种途径，辗转传回境内。仅仅从我能够收集到的资料看，这方面的东西也很多，对我开展研究工作的帮助也可以说很大。诚然，由于各种原因，无论是亲历者的回忆，还是研究者的文章和著作，对于文革运动中重大事件的叙述并不一致，甚至矛盾甚多，真假难辨，作为负责任的研究者而言，自然必须尽可能地进行考证，以决定取舍。个中的难度虽然不小，但我认为，能够看到更多的材料，总比找不到材料或材料太少要好。

总之，经过十几年的努力，上述两大方面的资料，我收集到和保存的数量，粗粗算了一下，大概不会少于一亿字。可以毫不夸张地说，没有这么多的资料打底，我也不可能写出长达400多万字的书稿。在花大力气收集资料的同时，我也开始对资料进行初步的梳理。此时，我已调到上海工作，任职于同济大学社会科学系和文法学院。1997年，经过学校同意，我首先为同济的本科生开设了一门题为《文化大革命研究》的选修课。第一次开课时选课的学生就多达数百名。2002年，我又为所在的文法学院的研究生开设了同名的选修课。在同济大学的授课，实际上为我后来撰写文革史稿作了进一步的准备。

时至2010年，已经正式退休数年，早已摆脱了繁忙的行政、教学事务，且集中收集资料的工作也大致告一段落后，我自感可以心无旁骛地集中精力进行写作了，遂于当年的5月间正式动笔，开始起草《中国"文化大革命"史稿》的初稿。在此后的十多年里，除了外出旅游或继续收集新的资料外，我几乎每天都要坚持工作四五个小时，或撰写书稿，或阅读资料。俗话说，功夫不负有心人，我的不懈努力，终于获得了一定的成果。2021年初，《史稿》的初稿顺利完成。同年春夏，我又用了近半年的时间，对该书的初稿进行了认真反复的审改。到我开始写这篇《自序》之时，总算多年来悬在心中的一块石头得以落地了。人们常以"十年磨一剑"来形容所获工作成果之不易，而本书的写成，则是"二十多年磨一剑"的结果，个中的艰难也只有我自己才能真正体会得到。尽管因为我的水平不高，又受客观条件所限，所磨出来的"剑"不见得"精湛"，也不一定合乎某些读者的口味，但我深信不仅自己的"心愿"是纯真的，既不为名，也不为利，所付出的"精力"也是实实在在的，故而不管这部书稿最终能不能问世，所播下是"龙种"还是"跳蚤"，我都可以"无愧无疚"地自得其乐了。

要说的第三个问题，是我写这本文革《史稿》的宗旨、目的和设想。

对于前者，其实非常简单，一句话就能概括："为了恢复文革历史的真实面目"。毫无疑问，这不仅是我研究文化大革命，撰写文革《史稿》的宗旨和目的，而且是唯一的宗旨和目的。如果说得更具体一点，就是我要通过研究使得愿意阅读本书的所有读者，包括我们的子孙后代，了解曾经在中国发生过的文化大革命运动的事实真相，澄清执政当局某些人蓄意散布的种种历史迷雾。

众所周知，在中国两千多年来的史学研究中，从史学的祖师爷司马迁，到当代的许多史学大师，都有一个不能动摇的优良传统，就是"秉笔直书"，也就是必须写真实的而不是虚假的历史。才疏学浅的我虽然无法与大师们比肩，却不能不学习和继承他们"秉笔直书"的精神。尽管由于各种原因，要真正做到这一点并非易事，但既然从事历史研究工作，就不能不努力去做。为此，除了前面说的，首先要花大力气尽可能多地收集史料，还要在研究的过程中对史料认真进行分析、辨别，去伪存真，确保其真实可靠；而在撰写书稿时，则必须注明所引述史料的来源和出处；对于属于"孤证"一类的，如果一时难以判定其真实性，则必须予以说明。此外，也是更重要的，是不能故意掩盖、甚至篡改历史事实，既不应"为尊者讳"，也不能沿袭"胜王败寇"的做法，违背实事求是的原则，对所谓的"坏人"乱泼"脏水"，将其"妖魔化"。问题在于，虽然在主观上我十分努力，却也不能不受到主观、客观等各方面条件的局限，本书仍然难免会有诸多不足，甚至出现违背事实的地方。对此，我只能真诚地接受读者的批评和指正而别无他求。

除了在述及历史事实时有可能出现失误，我在书中所发表的各种观点，则更加难保完全正确。写历史，作者总要发表自己对历史人物和历史事件的评述，且所说不能不带有更多的主观色彩。在本书的编撰过程中，我也不想隐瞒自己的看法，至于说得对不对，那就不是我能说了算的。对我的某些观点，甚至许多评述，有读者不赞成，或强烈反对，都是无可厚非的。我的看法只是一家之言，只能给读者提供参考，绝没有强加于人的意思，自然也欢迎读者予以言之有理的批评。

对于后者，即全书内容的设想和安排，我要说的只有两点：一是本书分为两部，第一部题为《走向文革之路》，所述主要是文革前中国历史的过程，旨在说明文革是如何逐步发展而成的。当年中共九大的政治报告就曾明确地说过，"这一次有亿万革命群众参加的无产阶级文化大革命，绝不是偶然发生的。这是存在于社会主义社会中两个阶级、两条道路、两条路线长期尖锐斗争的必然结果"。我虽然并不赞同什么"两个阶级、两条道路、两条路线"斗争的说法，却认为文革的发生确有其"历史的必然性"，只是我对于这个"历史必然性"的理解，与九大的报告完全不同而已。也正是为了说明我所理解的"历史必然性"，本书才以相当长的篇幅描述了中共革命的胜利及其留下的"遗产"，特别是详细地回顾了中共夺得全国政权之后的许多重大事件。我以为，如果不了解文革之前的这段历史，就根本无法理解文革是怎样发生的问题。第二部题为《自我毁灭的"革命"》，写的是文革十年多的整个历史发展过程，以及毛泽东去世后对文革的彻底否定。由于文革的历史内容极为"丰富"，也极为"复杂"，很难理清其发展脉络，我采取了"纪事本末"的史学研究方法，亦即基本上以历史事件发生的时间为序，同时述及这一事件发生前后与之有关的重要事实，使得读者们能够了解其前因后果或来龙去脉。二是也许会有读者读了这本《史稿》之后对其提出质疑，甚至指责我只写"错误"的东西，不提或不写"正确"的内容，故而抹杀了中共执政的"伟大成就"。对此，我必须声明，我从不否认毛泽东时代也有正确的一面，也不否认中共在整个执政期间取得过若干成就。但我研究的是文化大革命这一专题，所写的是文革"专史"，而非中国共产党或中华人民共和国的"通史"，这本《史稿》的主旨是要展示文革的来龙去脉，所涉及的也只能是与文革有关的事件。试问，如果是"正确"的决策，或取得的"成就"，能够导致文革灾难的发生吗？如此起码的逻辑，想必有头脑的读者都是可以理解的吧！

最后要说的还有：如前所述，我的文革研究和写成的《史稿》吸收了许许多多文革亲历者和研究者的成果，我必须对他们表示衷心的感谢！

【序跋与导语】

《中国文化大革命史稿》结束语

孙其明

一场自我毁灭的"革命"

写完了上面的 200 多万字,将长达 10 多年的文化大革命运动的基本过程大致描述过之后,本书最后可以概括地说几句笔者对于文革的看法了,权且以此作为本书的"结束语"吧。

鉴于所谓的"文革"当年不仅被称为无产阶级的文化"大革命"和政治"大革命",而且被捧上了天,被誉为毛泽东对马克思列宁主义的"最新发展",是什么马列主义发展史上的"第三个里程碑"、国际共产主义运动的"伟大创举"等等,故而笔者不能不从"革命"两字谈起。按照中国汉语词典的解释,"革命"这个词指的是"被压迫阶级用暴力夺取政权,摧毁旧的社会制度,建立新的进步的社会制度。革命还将破坏旧的生产关系,建立新的生产关系,解放生产力,推动社会的发展",因而是进步的;反之,反对革命或"反革命",则是阻碍社会历史的前进、发展,甚至将历史拉向倒退,是落后的、反动的行为。"革命"或"革命运动"最早出现在世界进入近代社会之初,肇始于英、美、法等国的所谓资产阶级革命,此后又随着世界近代历史的不断发展,逐渐风靡于全球,并且影响到了中国。

不过,在中国的古代,也多次发生过类似于欧美的"革命",只是从来没有使用过"革命"这一名称,而被称为"造反"。尽管这样的"造反"或多或少也对推动中国历史的发展起过一定的积极作用,后来也被中共拔高为"奴隶革命"和"农民革命"等等,但并不完全是近现代意义上的"革命",它所遵循的都是"成王败寇"的原则,或成为改朝换代的工具,或被统治者们打成大逆不道的"贼寇"。真正的"革命",则开始于被中共称为"中国革命的先行者"孙中山等人发动、领导的辛亥革命,因其最终结束了在中国延续了两千多年的皇权帝制,而被视为完全意义上的近现代的革命运动。可是,辛亥革命虽然对推动中国的历史进步作出过巨大贡献,却因为它未能解决中国的根本问题,此后不久,中国又相继发生了国共合作的国民革命和中共独立领导的"新民主主义革命",并且分别为国家的进步和发展起过积极的作用。特别是中共的革命,不仅进一步实现和巩固了国家的独立,基本上解决了国家的统一,也为中国未来的长远发展创造了有利条件。正因为如此,从辛亥革命到中共的"民主革命",都应当予以肯定。

问题是,在取得所谓"民主革命"的胜利,推翻了国民党在大陆的专制统治之后,也许是被"胜利"冲昏了头脑,也许是过于笃信马列主义的教条和受到苏联太大的影响,毛泽东和中共对"革命"的认知开始出现偏差,不仅将"革命"的功能吹得天花乱坠,大加神化,奉为"图腾",而且断定中国的"革命"并未因"胜利"而结束,必须继续,必须坚持"民主革命"的成功经验,亦即阶级斗争、路线斗争和群众运动,将其作为治党治国、不断革命的新的"三大法宝"。

众所周知,正是根据上述认识,刚刚掌控全国政权不久的毛泽东和中共便又开展了一系列新的"革命"运动,诸如新区的土地改革、镇压反革命、"三反五反"等等，并在此基础上，违背过去的诺言，迫不及待地提前发动了所谓的"社会主义革命"，亦即当时所称的"对农业、手工业和资本主义工商业的社会主义改造"。也正是在所谓的"社会主义革命"运动及其与之配套的一系列"革命"措施"顺利"推进，而毛泽东和中共也因此大言不惭地宣告新的"革命"又取得了"伟大胜利"的过程中，"革命"开始"变味"，它所带给中华民族和全中国人民的已不再是"光明"和"幸福"。尤其是伴随着"社会主义革命"的胜利而开始的大规模"社会主义建设"，亦即所谓的"大跃进"和"人民公社化"运动，竟然酿成了导致数千万中国民众非正常死亡、亘古罕见的特大灾难。

面对新的"社会主义革命"和"社会主义建设"所遭受的前所未有的"挫折"，毛泽东及其掌控的中共中央高层尽管也不得不承认出了问题，却根本没有认识到，也根本不愿承认正是这新的"革命"的荒谬所致，而仅仅将其归咎于所谓的"自然灾害"和其他实际上并不存在的原因。但是，党内高层并非所有的领导人都是"傻瓜"，不可能都对客观的事实完全视而不见，无动于衷。虽然在政治高压之下，谁也不敢公开否定所谓的"社会主义革命"和"社会主义建设"，却也不可能不对某些具体做法提出质疑，特别是为了挽救困局，纠正错误，不能不提出自己的意见。于是，党内高层出现意见分歧，自然也就难以避免。其实，这并不奇怪，也不一定是坏事。如果真能实行民主，问题并不难解决。

可是，作为党内最高领袖和执掌最高权力的毛泽东，却固执己见，将党内相对比较正确的不同意见视为大逆不道，不仅不予采纳，反而怀恨在心，肆意整肃。首先遭到严厉打击的是中共开国功臣之一的彭德怀，并且株连了许多重要的官员和数百万大大小小的干部，给他们戴上了"右倾机会主义"的帽子，此后接着遭殃的则是邓子恢等人。对于地位更高，暂时还不便施以毒手的领导人，如刘少奇等，则等待时机，予以报复。正是在"大跃进和人民公社化"运动惨遭失败之后，经过几年处心积虑的准备，加之国际形势也出现了大的变化，特别是中苏关系走向破裂，毛泽东自以为时机已经成熟，遂以进行国内的"反修防修"为名，发动了一个全称为"无产阶级文化大革命"，后来被简称为"文革"的全新的"革命"运动。

由于这个新的文革运动既是毛泽东以党中央的名义亲自发动和领导的，自始至终打的又都是早已被神化了的"革命"的旗号，不仅被说成是所谓"社会主义革命"的继续和发展，且被反复强调和宣扬，它的根本宗旨是为了"反修防修"，为了巩固无产阶级专政和社会主义制度，故而无论是长期受到"革命"熏陶的党内外干部，还是早就被中共的"革命"所驯服的普通民众，都不能不热烈"拥护"，努力"紧跟"，积极"响应"，谁也不会或不敢有任何异议，甚至还期望着新的"革命"能像当局所宣传的那样，给国家、民族乃至广大的人民群众带来更多的好运。只是随着文革运动的发展，越来越"走火入魔"般地将其特有的弊病和荒唐展现在世人面前，许多人才如大梦初醒，开始意识到文革所导致的只能是巨大的灾难，并因此而深感失望。尤其是在"林彪事件"突发之后，文革的神话才逐渐走向破灭。但即便如此，由于文革的发动者和掌握党和国家最高权力的毛泽东还健在，政治高压的氛围并未出现丝毫的松动，虽然醒悟者越来越多，却仍然是敢怒而不敢言。

平心而论，文革运动所造成的灾难，不仅引发了广大的干部和民众的不满，实际上也使得毛泽东本人颇感尴尬。主要是在"林彪事件"发生之后，在民众日趋不满和灾难频频出现的铁的事实面前，毛泽东也意识到，并且不得不承认，他亲自发动和领导，曾经被吹得天花乱坠的文革运动并非完美无缺。他也因此一度采取若干措施，纠正某些明显的错误做法，企图亡羊补牢，挽回丧失的人心。但是，始终视文革为自己的"命根子",将其与他领导中共推翻国民党在大陆的专制统治并列为自己一生中所做的两件大事之一的毛泽东,却至死也不愿意或不可能承认文革运动完全搞错了。他虽然也说过文革出现过错误,但错误最多也只有"三分",而成绩则超过"七分",仍然是主要的。不仅如此,为了强调和维持文革运动的"正确性",对于他所觉察到的任何可能导致否定文革的言行,他都毫不留情地予以严厉打击。文革后期,毛泽东对周恩来,对复出的邓小平所做的,都是如此。

然而,即便是毛泽东这样的历史"巨人",似乎也未能真正懂得,凡是违背历史发展规律的,不管是谁,最终都不可能阻挡历史前进的步伐。当他仍然在世,并且掌握着最高权力时,他可以一言九鼎,甚至为所欲为,在他的统治下,任何人都难以动摇他的绝对权力,改变他的旨意。但他的生命毕竟有限,一旦离开人世,事情也就由不得他了,或早或晚,形势终将发生变化。其实,毛泽东对此也不是毫无意识,他的担心和忧虑实际上始终存在,并且在生前曾经千方百计地采取过各种措施,企图避免身后出现他生前并不希望看到的结局。但历史发展的客观规律却不以任何人的主观意志为转移,毛泽东也不例外,他生前的倒行逆施,都只能随着他的辞世而灰飞烟灭。

果不其然,毛泽东去世仅仅三、四年之后,虽然他最初的继任者华国锋等人曾经企图继续维护文革运动的神话,而包括邓小平、陈云在内的其他继承者却终究将其彻底地否定了。如本书最后所述,在邓小平、陈云等人的主导下,1981年以中共中央的名义所作的决议,不仅明确指出,毛泽东发动文革运动的所有理论观点都是错误的,而且强调:文化大革命不是也不可能是任何意义上的"革命"或"社会进步",它只能是一场"由领导者错误发动,被反革命集团利用,给党、国家和各族人民带来严重灾难的内乱"。毫无疑问,除了所谓的"被反革命集团所利用"的话外,其他的观点都是正确的,笔者基本上也都赞成。

尤其是最后一句,即"给党、国家和各族人民带来严重灾难"的话,虽然说得比较笼统,却完全符合事实。文革后的官方党史,也曾更为具体地阐述过这个问题,从政治、思想、文化、经济、党的建设等各个方面历数了文革所造成的"灾难性后果",并且同样强调对所谓的"文化大革命""必须予以彻底否定",尽管所说仍然只是挂一漏万,但还算比较客观。

最高层对文革的公开否定,无疑打消了早就对文革不满的党内外干部、知识分子和广大民众的思想顾虑,官方的决定自然促进了民间的思想解放。此后,无论是文革的受害人,还是文革的亲历者,纷纷开始撰写回忆录,发表文章;学术界也开始研究,著书立说,文革中许多已知或未知的事实,特别是大量反映文革灾难的实例和真相被披露出来。尽管能够公开发表和出版的材料,相比较于文革所造成的实际的全部的灾难而言,都只能是冰山的一角或沧海之一粟,但它给人们造成的震撼,用"骇人听闻"来形容,却一点也不过分。为了研究文革,撰写文革史,几十年来,笔者收集和阅读了文革的大量材料,也在本书中引述了相当多的内容,但还是感到笔者所写所反映的,仍然只能挂一漏万。正因为如此,广大的民众和学者将文革十年称之为史无前例的"十年大浩劫"。"浩劫"者,大灾难或特大灾难也。笔者以为,如此说,毫不夸张,甚至仍然没有完全反映出文革灾难的严重程度,只是汉语中似乎再也没有更确切的词汇可用了。

不过,笔者虽然完全赞成文革不是任何意义上的"革命"和"进步",文革是"内乱",是"特大浩劫"等说法,但又想从另外的角度对文革,特别是对它的性质和危害进行评述和说明。

笔者首先想到的是,既然文革并不是真正的"革命",那是否可以说它是"反革命"呢?对此,官方虽然给林彪、江青为代表的"文革派"戴上了"反革命集团"的帽子,却并没有讲文革本身是不是"反革命"的问题,而笔者也认为,不仅把文化大革命说成是"反革命"不合适，而且林彪、江青等人虽然有罪，却也不是什么"反革命"。个中的道理其实很简单。文革运动不仅是中共的"伟大领袖"毛泽东以党，特别是党中央的名义亲自发动的，而且就他发动文革运动的主观动机而言，虽然也掺杂有自己的私心杂念，却不能说都是坏的，或者说故意要把中国的事情搞坏。更重要的是，文革运动开展之初，它不仅得到了全国人民的拥护和响应，而且出现了几乎是"全民参与"的"盛况"。尽管事实最终证明，文革搞错了，亿万民众都上了当，受了骗，却不能因此将亿万民众曾经参与的运动贴上"反革命"的标签，充其量也只能坦承人民跟着自己的"领袖"一起犯了一个史无前例的"大错误"。

既如此，按照正常的逻辑思维，接下去人们必然要问，这究竟是一个什么样的"大错误"呢？以笔者之见，简而言之，就是在党和国家的领导者错误的领导和引导下，搞了一场"自我毁灭"的"大革命"。如果说得更具体一点，也就是无论是"革命"的发动者，还是响应号召的参与者，都因被早已神化了的"革命"所迷惑，自以为文革这场"大革命"运动能够给国家和民族带来更加美好的前景，给自己带来好运，故而都表现出前所未有的狂热。谁知大家最终却失望地发现，在既无"外敌"入侵，也没有"内奸"施虐的大背景下，打着"革命"旗号的数亿干部和民众，统统陷入了自乱乾坤、自相残害，自毁家园的泥坑，酿成了史无前例的特大灾难。

也许有读者对笔者所说"没有内奸施虐"的话不以为然，认为文革中不是出了不少的"反革命分子"，出了许多肆意打人杀人的暴徒，诸如林彪、江青两个"反革命集团"以及许许多多暴戾成性的红卫兵和"造反派"的头目、骨干吗？诚然，笔者虽然不赞成把林彪、江青等人都说成是"反革命"，更不赞成文革中出了众多"反革命分子"的说法，但也从不否认林彪、江青等人以及他们曾经支持过的许多红卫兵、"造反派"的头目、骨干，甚至还有不少承担"三支两军"任务的军队官兵和所谓"工宣队""贫宣队"的成员，确实做过不少坏事，犯有"大罪"，对文革造成的大灾难难逃罪责，称之为"坏人"也不为过，但像他们这样言行极端的"坏人"绝非多数，也没有那么大的能量把中国搅得如此"天翻地覆"，因此不应当将文革造成的大灾难完全归咎于他们。如果没有文革这个大环境、大氛围，没有最高层的煽动和纵容，没有敌我颠倒和是非混淆的所谓"革命理论"的蛊惑，没有亿万民众的狂热参与和推波助澜，他们即使想搞"破坏"，也难成大气候。换句话说，所有"坏人"和"坏事"的出现，都只是"果"，只是文革运动的产物，而不是"因"，文革运动才是真正的"因"；或者说，所谓的"坏人"，绝大多数原本也不是"坏人"，而是文革这样一开始被宣扬为完全正确，而实际上完全错误的"革命"，才把他们诱变成"坏人"的。这样的"因果关系"不能不搞清楚。笔者如此断言，当然不是妄图为"坏人"和"坏事"辩护或翻案，而只是想说明客观的事实和历史的真相。

也许还有读者质疑，文革中的受害者都是因为受到各种迫害而遭殃的，怎么能说他们是"自我毁灭"的呢？这话不假。几乎所有惨遭厄运的人，确实没有一个是自己整自己的，即便是许多"自杀"的人，也都是在运动中被逼无奈而不得不走上绝路。广而言之，文革中几乎所有灾难的发生，也都不可能是受难者自找的。但这里所说，只是每一个具体的受害人受害的具体原因，与笔者所讲的"自我毁灭"并不是一码事。准确地说，笔者的观点，即把文革认定为"自我毁灭的'革命'"，主要包含有两层意思：

一是站在整个中国、整个民族宏观的立场上看，文化大革命运动不仅自始至终是自己国家的领导人、执政党发动和领导的，并非外部的"敌人"所强加，也非受任何外部因素的干涉所致，而且曾经受到本国各民族民众的热烈拥护，被奉为史无前例的"伟大的革命创举"，又迅速发展成为数亿人参与的"革命狂潮"。因此，它最终演变成全国和全民族"自我毁灭"的特大"浩劫"，自然也就怪不得外部的"敌人"，只能归咎于自己的选择。况且，在导致大灾大难的过程中，根本没有任何外部因素在起作用。仅以数百万人惨遭厄运为例，无论是受害的，还是害人者，都是中国人。尽管也出现过不少前面提道过的"坏人"，但大量残害他人的"错事"或坏事，毕竟主要是并非"坏人"的大多数民众，在毛泽东和党中央的领导下，以"革命"的名义干出来的。这样的情形，不称之为"自我毁灭"，又能叫什么呢？

二是从所有参与过文革运动的个人的微观角度看，除了文革前早已被官方定为"阶级敌人"的地、富、反、坏、右分子，根本无权参加文革运动，只能老老实实地等着挨整，还有文革伊始就首当其冲，成为打击对象的外，文革初期，从官位处于一人之下，万人以上的国家主席，到稚气未脱的小学生，数亿中国人几乎都在"革命"的召唤下，或自觉自愿地响应毛泽东和共产党的号召，积极地参加到"革命"的行列，或随大流不得不跟着大家呼喊"革命"的口号，总之都被卷进了文革的潮流之中。而在文革运动演变发展的过程中，所有曾经的参与者，不管他或她对"革命"的"虔诚"是"真"是"假"，他们的经历是不是复杂多变，也不管他们是否做过"坏事"，或做过多少"坏事"，绝大多数人到头来都未能从文革这场"大革命"中得到任何好处，其中相当多的人因为各种不同的原因，反而被冠以轻重不同的罪名，后来受到程度不一的整肃。尽管遭受厄运的人确实不乏罪有应得者，而更多的则是被冤枉的。当然，也有少数人曾经从文革中获益，但他们大多也只是昙花一现，难逃文革后被"清算"被"惩罚"的厄运。既如此，对于上述所有文革中惨遭厄运的人而言，不管他们是否冤枉，都不能否认这是他们参与文革运动的结果，如果不叫"自我毁灭"，又能用怎样更确切的词语来形容呢？不仅如此，说得更明白一点，即便是文革的发动者和领导者毛泽东本人，又何尝不是"自我毁灭"呢？如今，凡是头脑清醒的中国人都不能不承认，正是这个文革运动，不但没有给毛泽东"伟大英明"的形象增光添彩，反而成为他一生中所遭遇的最大的"滑铁卢"，给他带来了永远无法抹去的耻辱。

行文至此，还要指出的是，笔者之所以将文化大革命称之为"自我毁灭的'革命'"，不仅仅是为了进一步解读文革运动，更重要的是想促进包括笔者在内，当年绝大多数文革运动盲目的参与者，更好地进行反思和反省。毫无疑问，发动和领导文革运动的毛泽东和中国共产党虽然应当为当年的"特大浩劫"负主要责任，首先应该进行深刻的反思，但包括笔者在内的大多数国民，同样不能不认真总结自己的经验教训。文革发生时，如本书的序言所述，笔者作为一个在校的大学生，当年也曾积极响应毛泽东和党中央的号召，积极地拥护和参与过文革运动，曾经错误地认为文革能够促进中国的进步，给民众带来"幸福"。文革中，笔者虽然没有参与过那些极端的活动，也没有做过明显违法的"坏事"，但也错误地批斗过自己的老师和学校的领导干部，批判过党内"最大的'走资派'"等等，自己虽然人微言轻，所产生的影响不大，却也对文革起了推波助澜的坏作用，且觉悟甚迟。尽管文革后我曾向自己的老师、著名的学者胡华道歉时，他说我只是一个"温和的造反派"，以表示对我的原谅，但我并未因此而稍减内心的愧疚之情。再就个人的命运而言，笔者虽算是比较"幸运"的，文革中和文革后，都没有遭受过特别的"打击"，可也浪费了好几年最能读书学习的青春时光，大学毕业后又被迫到农场去"劳动锻炼"，接受莫名其妙的"再教育"，致使文革后我不得不拼命努力，力图将失去的时间补回来。如果说自己在文革中有什么经验和教训的话，则主要是自己当年缺乏独立思考的精神，或者说根本不会也不愿独立思考，过于迷信毛泽东、共产党和所谓的马列主义、毛泽东思想的正确，人云亦云，盲目跟风。这样的教训，笔者永远不会忘记。这虽然只是笔者个人经过"反思"的一得之见，也不见得完全正确，但对未曾经历文革的年轻后代们，未尝没有参考价值。

最后，衷心地感谢能够耐心地阅读本书的所有读者们！

附一：全书概要

本书分为两部，上部《走向文革之路》（1-5册），对文革前中共革命及执政的历史追述，阐述文革发生的原因和条件，特别是毛泽东最终为发动文革所做的准备和布局；下部《自我毁灭的"革命"》（6-10册），全面展现文革从发动、发展以及最后惨败的全过程。全书共十册约400万字，是迄今为止已经出版的同类书籍中对文革及其起源描述和分析最为深入和详细的专著。

第1册一方面追溯中共革命的历史和遗产，揭示文革的发生绝非偶然，导致文革发生乃至肆虐的许多因素早已萌发于中共进行革命战争之时，尤其是延安整风运动，是走向文革之路的起点；另一方面述及中共夺取政权之后，很快背弃在中国建立民主政治制度的承诺，大搞"党天下"，最终使得"联合政府"名实皆亡的历史真相。

第2册进一步论述中共在全国掌权后，在确立一党专政的同时，不仅以建立社会主义制度为名，违背长期实行"新民主主义"经济政策的诺言，提前对农业、手工业和资本主义工商业进行社会主义改造，实现中共对国民经济的彻底垄断；同时在思想文化领域推行新的专制，为文革的发生和发展奠定国家制度的基础。

第3册描述中共在建立社会主义制度后，因违反社会发展的客观规律和民众的意愿，加之受到国际形势的影响，不得不进行若干反思。但以毛泽东为首的最高层却因深受其意识形态教条的束缚，再次食言自肥，从整风转向反右，对近百万知识精英进行残酷镇压，也为发动大跃进运动，最终导致特大灾难铺平道路。

第4册描述1957年至1960年中共违背经济发展规律，提出和制定社会主义建设总路线，以非常手段发动大跃进、人民公社化运动，导致出现经济乱象，以及灾难后仍一意孤行。在庐山会议后，中共在党内和全国范围内镇压异己，坚持错误，最终造成特大饥荒。大跃进运动的惨败是走向文革的最重要的催化剂。

第5册披露大跃进运动失败后，中共高层在应对危机、纠正错误的过程中的分歧。著名的"七千人大会"期间，毛泽东受到责难。毛泽东为了夺回失去的主导权，重提阶级斗争和宣扬反修防修，开展城乡"社会主义教育运动"，在思想文化领域再掀大批判。毛泽东为倒刘和清除异己，为文革谋篇布局，走完通向文革之路的最后一步。

第6册描述1965年11月，毛泽东批准上海《文汇报》公开发表姚文元的批判《海瑞罢官》的文章，正式揭开文革的序幕。毛频出奇招，多次发动全党全国将文革之火越烧越旺，将斗争矛头正式指向刘少奇等人，对中共领导机构进行改组，让林彪替代刘少奇作为自己的接班人，为进一步扩大文革运动创造条件。

第7册述及中共八届十中全会后，为进一步发动群众，特别是大中学校的青少年起来造反，毛泽东采取多种措施，如支持红卫兵运动，支持破四旧、立四新，支持全国性大串联，号召大批资产阶级反动路线，将文革之火烧向工厂、农村。毛泽东还亲自出马，鼓励上海的工人起来造反，致使夺权之风风靡全国，中国更加混乱。

第8册描述夺权狂潮席卷神州大地，导致全国武斗连绵不断。为了解决夺权中的无政府状态和武斗难题，毛泽东不得不让军队介入地方的文革，进行三支两军，同时处理军队支左出现的各种偏差，如武汉7.20事件，以及二月逆流和5.16兵团的反周喧嚣等。

第9册描述全面夺权导致全面内战，形势濒临失控的情况下，毛泽东不得不采取措施亡羊补牢，如毛周联手抛出王力、关锋、戚本禹等人，同时派出工人和解放军，突袭清华大学，制止武斗，随后加紧建立各省革命委员会，召开九大，重建最高领导机构，达到由乱到治的目的，且由此开始更多灾难的斗、批、改。

第10册描述中共在重建新秩序中，权力再分配引发党内高层斗争，毛泽东和林彪反目为仇，导致1971年9.13事件的发生，及其巨大影响，同时披露文革最后几年间，毛泽东顽固坚持无法持续的继续革命，先后与周恩来、邓小平等人进行的博弈和对广大民众的镇压，直到其本人去世，四人帮被抓，以及新的中共中央在善后过程中发生的斗争。

附二：作者介绍

孙其明，1945年2月生于江苏省丹徒县（现为江苏省镇江市丹徒区）。1968年12月毕业于中国人民大学历史系中共党史专业，本科学历。同年分配到安徽省砀山县棉花原种场劳动锻炼，次年进入县革命委员会机关工作。1976年调到安徽大学，先后在政治系、马列主义教研室，担任政治理论课教师。1988年6月调至南京师范大学历史系，任副教授、副系主任。1992年12月，调同济大学，先后任社会科学系副系主任、系主任、文法学院院长，1994年任教授和硕士生导师。2005年退休。

自大学毕业后，即开始从事马克思主义理论的宣传和研究工作，曾在安徽省砀山县革委会宣传部门担任理论宣传、教育干事和县委常委学习秘书；1976年调入安徽大学后，即一直从事高校政治理论课的教学和研究，先后为所在学校的本科生、研究生开设过诸如中共党史、中国革命史、马克思主义经典著作选读、中国革命与共产国际、近现代国际关系等近10门课程，主编或参编过中国革命史讲义等教材；在担任马克思主义理论教育专业硕士生导师的过程中，直接指导、培养了数十名硕士研究生，此外，还为同济大学社会科学学科的硕士点建设作了大量的工作，主持创立了10多个硕士点。

在主要从事教学工作的同时，还积极地进行学术研究，主要的研究方向为陈独秀研究、毛泽东思想研究、中国革命和社会主义建设研究、中苏关系的研究等。由于在教学和研究工作中取得了一定的成绩，先后获得过各种奖励，其中比较重要的有：所撰写的人物传记《陈延年》，1986年获得安徽省社会科学优秀成果二等奖；论文《共产国际和农村包围城市的中国革命道路》，1991年获得中国中共党史学会优秀论文一等奖；1997年获宝钢优秀教师奖；1998年获国务院特殊津贴。

在从事教学和研究工作的同时，多年来还兼任过学术界和教育界的若干职务，如安徽省中共党史学会秘书长、全国党史人物研究会理事、新四军和华中抗日根据地研究会常务理事、中国文化学会陈独秀研究会副会长、上海市学位委员会硕士点评审会的专家组成员、上海市高校职称评审委员会专家组成员、《同济大学学报》（社会科学版）主编等等。

近30多年来先后独立编撰、主编或参编过10多部专著和辞书，主要著作有：《中国革命史辞典》（1987）、《和谈、内战交响曲》（1992）、《东北王张作霖》（1997）。 （下转第127页）

【艺术与媒体】

原色：母亲徐坚白与她的油画创作

阿　陀　[美]

先母离开已快八年了，朋友传来纪念视频。大家还记得她。

母亲岁月黄昏的最后五十天里，我曾问过她：林风眠本人，以及他的学生赵无极、吴冠中和苏天赐等，后来都走上中西合璧、油画中国化的路。为什么你……？

母亲答：各人追求不同，我是我。我就是想把油画得更像油画，原汁原味。

一

八十年代初，有晚和母亲外出回家，路上我问她：大家都在出画册，办画展，现在许多名人，包括你的学生都已经开过个展了，你……？

母亲答：我又不是名人。别人是别人，我是我。不赶，想什么时候开就什么时候开。

1985，父母画展终于筹备在省博物馆开幕了。那时我年轻，不知天高地厚，随手就为画展写了一篇前言：在满街"酒干倘卖无"的流行曲时代，两位老画家还执着于"大眼鸡渔船"。

母亲看了喜欢，就连画一起送交美协主办单位。官方自然是不会用一无名之辈的无忌童言作序的，可能碍于情面，还是将原文作为"一位青年的话"以语录旁白形式挂上墙。

有意思的是，过了三十多年后，陪伴母亲最后时光，在一次闲聊时母亲才告诉我：第一次画展，你写的那个（语录），开幕后有人看了很紧张，过来悄悄对我讲，这个人攻击你！

我听了哈哈大笑，好开心啊！

二

原色？什么才是徐坚白追求的"原色"？

七十年代中期的至暗时刻，母亲在教学大楼的画室里悄悄画一幅瓶花，画面奔放，色彩奇异，尤斑斓绚丽。这只是一幅静物写生，给我的观感却像是在读雨果的小说《巴黎圣母院》。九十年代初母亲曾到法国，在巴黎圣母院附近写生。画面中塞纳·马恩省河畔狂野的柳枝，令我联想到文革中的这幅花。两者之间似乎有某种内在的联系。

某日，女画家郑爽无意中闯进画室……惊诧，欲言又止，脱口道：你还画这（不合潮流，小资色彩）？母亲吓得赶紧把画用布盖起来。

幸亏，幸亏不久春天降临了。

《广东文艺》第一时间将这幅取名"春花"的油画选作封面。

2017年3月2日母亲去世后，我悼文《黄昏的天空》，卷首引用了泰戈尔一句诗："我的心像黄昏的天空，对色彩怀着无限的向往"。

母亲执着追求的原色，是否也体现在这种对自由深深向往的压抑中？

这表现在她的写生画中尤为自如、洒脱和纯粹；在人物画中表现会更为含蓄、质朴和诚恳；一旦涉及主题画，则常以一种异常复杂扭曲的方式呈现……

三

这个视频色彩效果难尽人意，所录繁杂，良莠不齐，有的屡屡见报入展，有的则是长年堆放在家中阁层烟熏尘覆的习作,既然公开出来就得让人评说(爸爸还曾将黎雄才伯伯一幅画的败笔指给我看)。仁者见仁,我外行就不班门弄斧了。只就其中一幅"代表作"《旧居前的留影》(简称《旧居》)我还是有些可能不合时宜的话,如鲠在喉,不吐不快。

1957年,母亲在反右补课"拔白旗"运动中,和阳太阳副院长一起,被作为广州美院的两面"白旗"代表被"拔"出来,内定"右派"。对母亲的处分是取消预备党员资格及教研组长身份,停止课堂教学,连带原来安排给她的助教黄源清也突然被调离美院下放。[1]

1962年春,中央"七千人大会"后,政策全面调整,周恩来和陈毅亲自来广州做报告,为知识分子"脱帽加冕"。母亲幸得"解放",恢复教学和创作。于是便和父亲一同前往阳江闸坡渔港"体验生活"(以完成创作反映社会主义新时代面貌作品的任务)。《旧居》就是这次阳江之行的结晶。据母亲说,1964年《旧居》被上报省,选送全国美展,最初学院意见并不一致,最终入选,并被中国美术馆收藏,王永祥书记还亲自跑到母亲下乡四清农村点语重心长告诫:不要骄傲!(不要翘尾巴)

从此,《旧居》便成了官方钦定的母亲的代表作,每逢画展必定摆在大厅的入门显眼位置。除了画面本身展示的"社会主义好"主题,也蕴含一个旧时代知识分子被成功改造的示范意义——又一个缩小版的丁玲《太阳照在桑干河上》[2]。

四

2017年3月28日,母亲去世当月,广东省美术馆举办了我父母油画捐赠展及研讨会。

朝代只是更叠,《旧居》仍摆在原位。但是,会上有评论家对这幅忆苦思甜的主题画居然有独特的观察视角,记得表达的大意是:政治性大可以忽略不计,在特殊年代不得不借助政治题材(或利用这个平台),去表现、探索并传授西方油画(印象派)绘画技巧,才是其价值所在!

首先我非常感谢这位评论家对母亲善意的理解和赞赏。

其次认同此说所阐述的道理。我曾经问过母亲是否后悔1949年回国?母亲表示从来没后悔过。至于为什么不后悔,她也从来不跟我说。我是从和母亲长期相处的感受中,从历史真相的挖掘中,也从她的一代代学生黄源清、关则驹、涂志伟、司徒绵……等人的言谈中,才渐渐明白,西方印象派油画技巧,在中国长期被排斥,仅仅只能是作为一种异端,卑微地潜伏着。如果没有林风眠和他这一批关门弟子的坚忍坚守,今天中国油画的面貌,必然还带着畸形的残缺。母亲只是众多在沙漠中艰难地存活下来的一名植树人,她从来不在乎自己是否能享有学长吴冠中、赵无极那样的盛名,也成为参天大树。印象中她一生中最快乐的一段时光,就是春花绽放的那段忙碌的日子——她急不可待地向如饥似渴的青年学生传授西方油画。

但是这评论客观、全面吗?朝代只是更叠,评论家如此聪明地回避,抽离画作的社会属性(创作背景和社会效果),单纯就技巧去评价一幅半个多世纪以来一直在产生巨大宣传效果的画作,就因为他是一名领朝禄的职业评论家。

五

原色!《旧居》的原色是什么?!如果有,重

---

1 拔白旗运动虽然是反右运动的延伸,惩治对象却并非一定有什么"右派言论",当时是有的放矢在全国各行各业重点打击被认为走白专道路"翘尾巴"的知识分子尖子。惩罚一般较前定"右派"更轻。
2 丁玲,1904-1986,著名左翼作家。1936年赴延安,1942年因在延安发表杂文《"三八节"有感》被批判。1951年,她创作的长篇小说《太阳照在桑干河上》获斯大林文学奖。1955年在批判胡风运动中再次被批判,1957年被打成右派。

复一遍——那它一定是一种被扭曲的,极为复杂的存在!

多年来,我一直在思考和寻找这个"原色"。

2017年3月画展研讨会上,遇到父母早年的学生,我少年时代相熟的大姐姐廖慧兰教授,我直言对母亲当年创作《旧居》的不解和疑惑。不料廖教授讲,她就是这幅作品的见证人。当年她因为先期抵达渔港,和渔民很快混熟,便成了老师下来"体验生活"的带路人。更巧的是,半个世纪前母亲画作的原型之一,当年的三同户,一位阳江闸坡渔妇,此刻正访住在她家。我大喜过望,散会后马上随车赶往廖家,意外得到一个关于这幅画完全不同的解读版本——原来画面呈现的"社会主义好"立竿见影的宣传与背后的真实故事竟南辕北辙,是完全相反的两码事。于是我连续两天对廖老师和她当年的三同户渔妇作采访,留下了珍贵的口述历史记录。

我想,我和母亲心是相通的,一生都在寻找"原色"。

长夜未尽,后续故事只能等到天亮再讲了。

(上接第124页)

《陈独秀身世、婚恋和后代》(1995)、《中苏关系始末》(2002)、《抗日战争事件人物录》(1986)、《抗战时期的对外关系》(1997)等。

论文、人物传记60余篇,其中比较有影响的有:《陈独秀是否汉奸问题的探讨》《陈延年》《陈乔年》《试评斯大林在大革命时期关于中国革命理论和策略》《试评抗日战争时期国民党政府的外交政策》《1945年的中苏谈判和中苏条约及其影响》《民主革命时期中国共产党外交政策的演变》《试评建国初期实行"一边倒"政策的利弊得失》《试评抗日战争时期中日苏三国关系的演变》《意识形态分歧与中苏关系的恶化》《国家利益冲突与中苏关系的破裂》等。

【艺术与媒体】

原色与底色
——徐坚白的艺术人生

杨小彦

从前没想过徐坚白年轻时的油画是什么样子。在我印象中，徐坚白作为一个老师，她和善，谈话轻，从不对学生作品指手画脚，即便知道她有看法，也明白她不会使用很重的字眼，那阵子相信艺术和性格有关系，所以认为徐坚白老师年轻时的油画大概是柔和的。

做学生时和徐坚白老师接触久了，明白她还有一份稳重与矜持，特别是，在这份稳重与矜持的内里，一直透着淡漠，那可是隐藏得很好的清高。

她那一辈人知道，清高不是个好东西，弄不好会带来祸害。已经有太多才华横溢的人，因为一点点清高而落难，甚至丢掉性命，更遑论从事艺术了。所以，我猜想徐坚白老师一定下过狠心，革除与生俱来的清高。但也正因为与生俱来，所以，即使下了狠心，还是无法革除。结果，言谈举止之间，稍不留意，就能让那份清高流溢，表现出来，是一丝淡漠。

尽管如此，一看徐坚白老师的油画，我就明白，她的艺术和清高没有关系。从我进入广州美院油画系向徐坚白老师学习油画开始，就觉得她是一个色彩高手，更重要的是，她的色彩是借助奔放的笔触与流畅的画刀表现出来的，她的画面有一种难得的质朴与粗犷。我甚至怀疑，有一段时候班里同学喜欢用画刀作画，是受了她的影响。

那时我就想，徐坚白老师唯有沉浸在纯粹的色彩中，才能让清高升华，然而，当我面对她画于 1944 年的一张油画自画像时，竟然想起了清高。

画中女性长得朴素，不事装扮，脸上没有表情，嘴角纹丝不动，眼睛有点不太对焦地注视着前方，显得颇为清高。画面色调处理得极好，冷暖对比恰当，略重的背景衬托着一脸青春般的骄傲肤色。有意思的是，这是一张平光作品，视觉效果不靠强烈的明暗对比获得，而是靠色彩处理。

那一年徐坚白 19 岁，受业于林风眠门下，那一年抗战进入最后关头，中国的苦难似乎看到了尽头，那一年艺术并不重要，经历过民族危亡的中国人，更需要奋起而不是审美。

我至今无法还原 1944 年学习艺术的学生们，他们的情感状态是什么样子的。我固然可以从历史文献中寻找其中的蛛丝马迹，但是，文字毕竟只提供了想象性的描述，和直观仍然有明显区别，所以，当我审视徐坚白的自画像时，我发现了一种当年的表情。这表情稀罕，不仅被尘封多年，而且还被扼杀了，被扔进了历史的暗道，国人早就习惯了一种由愤怒或谄媚的视觉意识形态组织起来的五官，这五官让渲染过度的仇恨与幸福所塑形，以便符合国家主义美学对绘画的要求。

多年以后，徐坚白老师退休，重新变成纯粹的画家，回到 1944 年画自画像时的状态。她画风景，尤其是海景，偶尔也画肖像，1981 年，她为老画家，也是多年的同事周大集画了一张肖像，肖像尺幅不大、用笔有力，色调沉着，画中周大集一脸的不屑与激愤。双目聚焦，紧盯着观众，让注视他的人无可遁逃。

一张是1944年的表情，一张是1983年的表情。跨度有半个世纪，两张不同的表情却述说了一段相同的历史。

周大集也是我老师，上素描课，我们刚进校时他是个看门人，同学们以为他是临时雇来的，还没回过神，就到我们班来上课了。他长得高大，一脸花白胡子，头发蓬松。有意思的是，他说话大气，说到愤怒时，一口的武汉脏话马上横空出世，让我们既惊喜又惊讶，断断续续听到周大集老师不少故事，然后又断断续续地忘记。现在的年轻人不会知道广州美院曾经有过这么一个倔老头，五十年代以后开始守大门，骂骂咧咧过了许多年，最后重新执掌教鞭。

从1944年的表情开始，到1983年的表情终结，我知道，其中有一种清高已经一去不返，人的原色在政治长河中被淘洗，再清高的人也禁不住漩涡的袭击和大浪的拍打。徐坚白稳当度过了那些艰难的日子，晚年落脚美国，最后在加州去世。这说明在她的清高里，自有一份本性在，内敛而刚强。徐坚白的女儿坚妮曾经撰文回忆过去的岁月，发现她母亲人缘很好，她估计那是不争名利、退让人后的回报。同时，作为补偿，徐坚白把兴致全都放在了艺术上，通过艺术回归自然。纵观徐坚白大半个世纪的艺术实践，坚妮不无困惑地发现，她母亲几乎不画工厂和工人，只画农村和农民，而且特别酷爱大海，酷爱外光，酷爱阳光。徐坚白还特别喜欢画鱼，买回来的鱼，冰鲜的鱼，水中嬉戏的鱼，等等。鱼群在她笔下，单个也好，一群也好，一定画得特别有质感，又不失表现力。在中国的油画领域，画鱼能够到徐坚白这种境界的，恐怕还找不出第二个。这说明，1944年那个19岁女性的清高，一点一滴全化在灿烂的光色与明暗中，耀眼之余，又消散在无尽的空气里。

徐坚白那一代人是在思想改造中走过来的。置身于革命风浪里的"知识分子"日子一点也不好过，总有人提醒他们过于"干净"，身上缺少"牛屎"的污迹和"泥土"的气味。哪怕已经和土地打成一片，也无法洗脱知识的原罪，但徐坚白由衷地喜欢大自然的本色。她的内敛与退让其实是一种进取，好为自己赢得狭小的空间，来营造艺术的后花园。今天的画人们对此可能不屑一顾，因为他们自有足够的私人空间到处炫耀，可那个年代不容你如此富足。

要知道，徐坚白大半生就生活在一种我称之为"风格权势学"的艺术现实中，来自苏派的油画风格，从造型趣味到构图原则再到创作思想，一直以来都是中国油画界一统天下的主调。本来，主调也没有什么，你画你的，我做我的，和平相处，让风格在自由广场上彼此相交，只会让广场更有魅力。但那个年代偏偏没有自由广场，只有权势操场。风格在操场中受到军训，稍一迈错步子，就被严厉批判。周大集不幸，些许闪失便被放逐。更加名不见经传的还有王道源，甚至死在了劳改场中，至今无人理睬。人生残酷，生命无常，徐坚白以内敛退让来争取空间，当年的现实也只能让她小心翼翼，即便沉浸在自然光色之中，也要有革命题材的包裹，同时尽力把个人感受零打碎敲散落其间，以求私底下的陶冶。

还好，一切都过去了，改革开放了，新的学生经过考试一代又一代地走向广州美院油画系。尽管徐坚白担任过一段时间油画系主任的工作，但她不久就退了下来。她一生劳碌，在运动中学会内敛，也在运动中学会沉默。她这么多年来一直不停地作画，但似乎还没有完全按自己的思路来画。因为有很多心事尘封在记忆中。

多少年了，徐坚白很少谈起当年的恩师林风眠，因为林风眠也很倒霉，建国后居然有一段时间不被承认是画家，只是上海美协的一个普通工作人员。后来，林风眠重新出来了，他到了香港，再也不肯踏上罗湖桥重新走回来。但至少徐坚白作为林先生的弟子，是可以去看望恩师的。当年杭州艺专的传统正是由林风眠开创下来的。那是一种自由的传统，用个人感受而不是谄媚来工作。

同学苏天赐和吴冠中也出来了,他们久经磨炼,大气已成,引领一代风骚。

原来尘封中的记忆是一种原色。

原色在,艺术就会在。徐坚白明白这一点。

在她晚年,记忆得到了确认。对于一个老艺术家来说,已经没有什么好犹豫的了,好害怕的了。所以徐坚白开始持续地作画,她把所有的事都放下了,只拿起了油画这件事。还是过去多年的题材,但已经有了不同的品质。1993年画的周大集肖像就是一个明证。那种激愤,从前是不能画也不敢画的,现在却要表现出来,而且还要表现得淋漓尽致,不留半点回旋的余地。

从1944年到1983年,从清高到愤激,有一种原色不能被玷污,否则,艺术就不成其为艺术,艺术家也丧失了本性。大半个世纪惊涛骇浪,还好,原色尚在,徐坚白最后用全身心的生命证明了这一点,阳光和大海成为她最后的生命真实写照。

附:徐坚白年表

1925年7月4日生于济南,原籍杭州。

1928-1933年

在上海、长沙、汉口、常德等五地读完小学,又逃到香港失学一年。香港沦陷之前随家人逃难到云南,就读昆明昆华女中,后转学甘肃兰州女子师范附中完成中学学业。

1941年

考入重庆国立艺专西画系。

1946年

毕业于林风眠画室。徐坚白在国立艺专毕业前创作尚保存下来的油画有《自画像》、水彩画《肖像》及《静物》等。

1946-1947年

任南京市立第二女子中学美术教师。

1947-1949年

留学美国柴纳累斯学院及芝加哥艺术学院。留学期间,阅读后来成为她的丈夫的谭雪生寄来的进步刊物并参加留学生爱国运动。美国留学时的习作有油画《半身裸女像》、素描《人体》及水彩速写等作品。

1949年夏天

从美国留学回来,先到香港,参加香港"人间画会"。年底与谭雪生一起参加"粤、赣、湘边区纵队独立教导营"。

1950年

调入广州军管会文艺处美术工作组工作,参与接管留外同学会、美术宣传及电影审查工作。

1953年

任华南文艺学院美术部讲师,参加广东云浮土地改革工作,任云浮县文艺创作组组员,参加创作土改宣传画。

在文艺处美术工作组及华南文艺学院,与谭雪生主要画领袖像和宣传画。期间,两人共同创作《彭湃领导农民运动》组画。谭雪生创作海丰农民运动宣传画,徐坚白创作革命历史油画《东江纵队成立大会》,后由中国历史博物馆收藏。

1954年

《红领巾》《女解放军》参加第一届全国美展。

1955年

参加全国素描教学会议。

1956年

参加全国油画教学会议。《钢城之晨》参加湖北省美展,被中国美术馆收藏,作品《鱼》刊登在《中国油画集》第一集,《海战》刊登在武汉《长江日报》发表,《海南民兵》刊登在南方日报》。

1957年

在反右补课"拔白旗"运动中,被作为广州美院的"白旗"代表,内定"右派"。取消预备党员资格及教研组长身份,停止课堂教学。《老革命徐大妈》参加全国"三八"妇女画展,《"二七"大罢工》被武汉江岸"二七"纪念馆收藏。儿童教育连环画《越早越好》在武汉出版社出版。

1959 年

《"三八"妇女号渔船》入选广东省美展。

1960 年

《海》刊登于《南方日报》，《晒网》刊登于《广东美术家作品选集》，《老妇人像》为中国美术馆收藏

1961 年

《叶挺在省港大罢工》历史油画被叶挺纪念馆收藏

1962 年

春，在中共中央召开"七千人大会"之后，政策全面调整，周恩来和陈毅来广州做报告，为知识分子"脱帽加冕"。徐坚白恢复教学和创作。

1964 年

《旧居前的留影》入选全国美展，被中国美术馆收藏

1964-1966 年

到阳江、阳春参加社教工作两年。

1968 年

徐坚白、谭雪生两人被下放三水，英德"五七"干校劳动。

1972 年

调回广东文化厅参与组织全国美展，后调回音专、舞校合并的广东人民艺术学院任教。

1974 年

《虎门要塞》被虎门抗英纪念馆收藏。

1977 年

与谭雪生合作《今日长缨在手》参加"八一"建军五十周年纪念画展；与鸥洋合作《情深似海》被毛主席纪念馆收藏；与王莉莎合作《橘子洲头》参加美展。

1978 年

创作油画《春花》；创作纪念周恩来总理的《鞠躬尽瘁》参加省美展；创作《战友》参加省美展。

1978-1979 年

任广州美术学院油画系副教授及第一届油画研究生指导组组长，带领研究生赴西藏及兰州敦煌考察写生；当选为"第四届全国文学艺术界代表大会"代表并赴京出席大会。

1979 年

《春风吹又生》参加省美展，《女科学家》参加全国科技美展。

1980 年

当选中国美术家协会广东分会副主席。

1980 年

《两位老画家》（记与广州市美术创始人胡根天、冯钢百喜逢于参加全国文代会途中）刊登于《画廊》、广州美术学院校刊《美术学报》，被广东美术馆收藏；创作《油画家廖冰兄像》，被广东美术馆收藏；《爱》被广州市儿童艺术中心收藏；《欧阳山像》被欧阳山故居纪念馆收藏；创作《关山月像》（背景梅花由关山月自绘）；创作《秦牧肖像》现被广东省图书馆秦牧专馆收藏。

1980-1981 年被评为广东省高等院校优秀教师及全国"三八"妇女红旗手，赴京出席全国艺术教育工作会议。

1981 年

《渔妇》《荔枝》参加广东油画会年展。

1982 年

为白天鹅宾馆作壁画《乐山大佛》。

1983-1984 年

任广东油画协会首届会长、广州美术学院油画系主任。徐坚白《堤边》《鱼》《冰虾》《水果》《爱》等五幅作品参加广东女画家"三八妇女节"展、广东油画会年展，分别刊登在《广东画报》《南方日报》和《羊城晚报》。

1984 年

赴四川大足、贵州、新疆等地写生，参观四川美术学院及访问青年画家。

1985 年

被聘为中国国际文化交流中心广东分会理事、广州少年宫艺术中心副校长。广东省美协举办"徐坚白、谭雪生油画联展"；同年 10 月澳门赵斑斓文化艺术馆举办"徐坚白、谭雪生油画展"。

《女人体》被该馆收藏；作品《葡萄》参加日本"亚细亚现代美术展览"。

1986 年

赴福建东山岛、深泸渔港、鼓浪屿写生；参加侨委会主办的"广东归侨名画家展"。

1987 年

任广州美术学院油画系教授。广州美术馆举办"徐坚白、刘盛夫、谭雪生联展"，徐坚白《青海塔尔寺》被该馆收藏。

1988 年

广东开平举办"谭雪生、徐坚白油画展"，徐坚白《花果山》《荔枝、芒果》被该馆收藏；广东美术出版社出版《徐坚白油画小辑》。徐坚白油画展在纽约第三大道王缙画廊展出。

1989 年

谭雪生与徐坚白两人应美国芝加哥艺术学院邀请，前往交流访问，举办讲座。台湾隔山画馆举办"徐坚白油画展"并出版《徐坚白油画集》。

1992 年

谭雪生与徐坚白两人定居美国，同年赴法国巴黎和意大利访问考察，经香港探望林风眠恩师，寓巴黎访问赵无极、朱德群学长。

1994-1995 年

谭雪生与徐坚白共同创作油画《孙中山与李铁夫》，参加《孙中山与华侨国际美术展览》，参展作品后由国家博物馆收藏。

1995 年

《浪滩礁石》《大丰收》等作品在台北"国际艺术展览会"展出。

1996 年

台北奕源莊画廊先后举办"中国前辈画家——谭雪生"个展和"徐坚白油画个展"。

1999 年

创作《林风眠像》，参加"林风眠诞生百年纪念"活动，被林风眠故居纪念馆收藏。

2000 年 9 月

广东美术馆先后举办"感怀大自然——谭雪生油画个展"和"礼赞生命——徐坚白油画个展"。谭雪生《大眼鸡渔船》《枫林河畔》等 5 幅作品被广东美术馆收藏，徐坚白《鱼》《两位老画家》等 12 幅作品被广东美术馆收藏，分别出版与展览同名画册。

2006 年

广州美术学院举办"徐坚白艺术展"，出版画册《徐坚白油画》。

到美国北卡罗来纳州写生，其写生作品在维吉亚洲费尔菲斯县 S 俱乐部展出。

2007 年

中国美术馆举办"女油画家徐坚白作品展"。

2017 年 3 月 2 日

在美国洛杉矶橙县疗养院安详辞世。

（本文选自《原色——徐坚白、谭雪生捐赠作品集》）

【艺术与媒体】

近事打油七首

张宝林

跪 包

开封府外曝奇闻，跪拜冤民泪雨纷。
尽是新朝秦氏女，官家不认认包君。

（本事：大陆冤民在开封包拯府外喊冤）

霸 凌

同为丱角少年人，此若鹰雕彼若鹑。
无解何来仇恁大，舐腥嗜血叹沉沦！

（本事：邯郸少年霸凌杀人埋尸）

纪 念

五十五年前一役，几多勇士掷头颅。
若无其事该多好，居然猛提无水壶。

（本事：俄国隆重纪念达曼斯基岛（珍宝岛）战役死难官兵）

二 水

一水荣尊一水卑，世间福祸每离奇。
悔教瓶盖倭旗色，琰琰辉光只自吹。

（本事：有人借农夫山泉董事长去世，打压另一民企娃哈哈，甚至说娃哈哈水瓶盖是日本国旗色。）

官 补

记得官宣已脱贫，小康人足自家殷。
忽闻日补六毛七，尬煞千金一掷人。

（本事：今年最低收入者月补二十元，合每天六毛七。）

新 词

词典难寻此异名，旌旗庠序已高擎。
袁郎自是才倚马，口占谁堪与抗衡？

（本事：领导每有新词，必有人引经据典，相加阐释。有的大学立马成立新词研究中心。）

思 政

口腔医学关思政，定稿庄严聚大咖。
道是入魂先入脑，可怜老朽是呆瓜。

（本事：同济大学承办《口腔科学》定稿会，一位专家提出思政方面的专业修改意见。我看了半天，还是不懂。）

七绝一首（2024年6月28日）

烈 女

竟无一个是男儿，幸有姑苏烈女奇。
鸦噪蛙鸣听一片，应惭番馆半哀旗。

（本事：日本国驻华大使馆2024年6月28日发布于北京：惊闻胡友平女士经抢救无效不幸离世。我馆深感痛惜。胡友平女士以一己之力从歹徒手中保护了无辜的妇幼，相信她的勇气与善良也代表了广大中国民众，我们在此向胡女士的大义之举致敬，愿胡女士安息。）

（下转第150页）

【艺术与媒体】

现代诗三首

郭小林

新 愿

楼梯
攀缘植物之一种
缠绕巨大石柱
向上爬升

电梯则是方形的井
钢缆拽着方形钢桶
盛满欲望与惊警

视觉是眼睛的
光合作用
人都讨厌黑暗
明明有连串的路灯
仍然点亮两盏
变光灯笼
躲在水泥之塔里
偏要凿那么多窟窿

那么容易，就
可以得到安宁和平？
世界上怎么会有
如此多的
本拉登！

贪腐分子最善于学习
看见人家
往坑道里灌海水
马上学会
往导弹里注一氧化二氢……

火山患感冒
打个喷嚏
岩浆大军立即采取
"特别军事行动"

地球抖抖
身上的虱子
华屋美宅
成片覆倾

和马斯克讨论一下：
组建一支AI大军
彻底消灭恐怖主义
有没有可能？
　　（2024年1月17日）

萤火虫

刺破夜幕的努力
终归于失败
大陆不再适合生存
萤火虫移民海洋
于是有了
波光粼粼

高压铁塔
空架子维系
对电能的管控

电缆挡不住风
只好让风车出面
作揖打拱

思想放入冰箱
能保鲜多久？
真理煮熟后
可否不朽？
只有欲望
永恒

皇帝的纪录
驾驭佳丽三千的后宫
全国的男人
都是他的孙子
称斯大林为父亲
有据可证

冷光源
是萤火虫的专利
凿壁偷光
囊萤映雪
是中国人的发明

没有萤火虫
青铜器兵马俑都堕入
蚯蚓掘出的
哈马斯 黑洞
暗物质暗能量
博大精深
　　（2024年2月28日）

抛　空

薄如蝉翼的肠衣
挂满树丛
比蝉翼更薄的尿脬

漫天飞腾

啃尽筋肉的白骨
玉砌雕栏
血浆在中国
用来刷墙
更是美味食品

杀猪宰牛残忍吗
剖腹取肝血腥否
战争
死亡最多的是
妇女儿童

恒河与黄河
谁的水更神圣
撒哈拉可适宜建造
海滨浴场
雪道滑冰？

南极洲植树
北冰洋种草
或许
有几亿年要等

不如拜托马斯克
用星舰
把报废电动车电池
把坦克大炮
把核武器
都抛去太空

最终分解为原子
即使坠毁
也不会污染
大一气一层
　　（2024-3-27）

【人物】

《星火》杂志的接力者
——刘鹤守与他的《时文汇编》

从 鹤

刘鹤守，1925年9月6日生于广州，1944年重庆沙坪南开中学毕业，1949年上海交大航空系毕业。上学期间，加入中共。先后在北京、河南、兰州等多个单位工作，1955年肃反被隔离审查一年，1959年因未向党交心，开除党籍。1979年平反，任广州能源所主任，高级工程师。1986年离休，1987年到香港，1995年回南京，1998年创办民间刊物《时文汇编》，2009年停刊。2016年6月27日逝于广州，享年91岁。

一、《星火》熄灭38年之后，刘鹤守接过火炬

我不认识刘鹤守，但我得到过他的馈赠——大约是2012年，刘先生从南京给我寄来的五大本《呼唤》，这是刘先生从他办的刊物中精选出的文章的结集。集中的作者多是自由派知识分子，袁伟时、秦晖、单世杰、雷颐、萧雪慧……现在看这些文章，不禁感慨——如今的媒体上再也看不到这类文章，《呼唤》记载着时代的进退。

我关注刘鹤守，因为他是我的前辈同行，他创办的《时文汇编》，是兰州大学右派学生在天水劳改时创办的《星火》之后的第一个民间刊物。《星火》创办于1960年元月，"主题是为农民鼓与呼，作者们描写了大跃进造成的甘肃农村农民饿死的惨状，批判了人民公社制度，痛斥了《人民日报》虚假宣传，指出了社会的两极分化，执政党已经变成了骑在人民头上的特权阶层，并力图在马列主义思想框架中，为中国寻找新的解放之路。"[1] 这是一本油印的十六开的刊物，只出了一期，印了三十多份。九个月之后，与该杂志有关的43人即悉数被捕。三人遭处决，其余人都被送去劳改多年。

1998年刘鹤守在南京创办了《时文汇编》，距《星火》创刊已经38年。那年，他73岁。

21世纪的第一个十年中，随着互联网的兴起，大陆民间掀起了一个小小的办刊潮，《往事》《往事微痕》《巴山夜雨》《黑五类》《赵紫阳研究》《胡耀邦》《记忆》《昨天》……在所有的办刊者中，刘鹤守是在党最长的，也是年纪最大的。

我2014年去南京，见了胡杰、邵健、陈远焕、邓伍文、邓伍文妻、陈白尘的女儿陈虹。当时不知道刘鹤守，也不认识刘鹤守的助手唐美华。后来唐老师通过《记忆》找到我，说，刘鹤守当年找不着接班人，要是认识你，他的事业就有了传人。

我对刘鹤守的深入了解，要感谢南京的邓伍文和济南的谈敬莲。他们给我寄来了刘鹤守编撰的书，读其书，观其人，一个问题像雪球一样，在心中越滚越大：这个老党员为什么要在古稀之年，搞起了民办刊物？身体力行"两头真"呢？

---

[1] 谭雪蝉编著，《星火：兰州大学"右派反革命集团案"纪实》内容简介，国史出版社，《记忆》344期。

二、党把他推向了"两头真"

台大外语系教授,文学评论家齐邦媛在《巨流河》中提道她父亲齐世英的名言:"一个知识分子,二十岁以前从未迷上共产主义是缺少热情,二十岁以后去做共产党员是幼稚。"抗日年代,刘鹤守与齐邦媛同在重庆沙坪的南开中学读书。他们的大多数校友都属于二十岁以前不缺少热情,二十岁以后仍然"幼稚"的知识分子。刘鹤守曾是其中的一员。

齐世英的这句来自丘吉尔的名言,丘吉尔的原话是:"年轻时不信奉自由派(liberal),是没良心(no heart);年长时不信奉保守派(conservative),是没脑子(no brain)。"丘吉尔的左(自由派)与右(保守派)比齐世英的实指更宽泛,他的良心与头脑,比齐世英的热情与幼稚更准确。齐世英的中国化和明确化的同时,也把事情简单化了。

"迷上共产主义"是二次大战前后的世界潮流,加入共产党是各国进步知识分子的共同选择。萨特不惑之年亲近社会主义,国民党中委张治中五十岁归顺共产党,81名中科院院士有70余名拒绝去台湾。一二·九、一二·一、五二〇运动中的大批知识青年投奔延安。一场席卷全球,持续百年的国际共产主义运动,岂能用一个"幼稚"了得!

回到原来的问题,文革后,中国为什么会出现"两头真"?具体到刘鹤守,是什么力量使他在晚年抛弃了原来的信仰?站到了共产主义的对立面?重新启蒙?答案是推和拉:推——毛治国三十年,发动了五十多场运动,以人为刍狗,以国为试剂,无辜死者无数,个人受伤受辱,家庭破碎支离,政治黑暗、经济崩解、道德沦丧,国将不国。可以说,1949年之后,毛泽东和他的同事们所从事的最悲摧的事业,就是将大部分国人推到他们遵奉的主义、制度和道路的对面。

刘鹤守从学生时代就追随共产党,40年后期入党,1952年要与初恋邢淑吉结婚,因邢在中学时集体参加过三青团,党告不许,他听党的话,大哭一场,与邢分手,与刘世珍结婚。1955年肃反被隔离审查一年。1959年因未向党交心被开除党籍,从北京下放兰州,刘世珍受其连累,不能出国进修,被贬到新乡,带着孩子艰难度日。他恪尽职守,勤勤恳恳,十年浩劫,被批斗,遭凌辱,扣工资,关牛棚,生不如死。其南京的祖宅,先被抄家,后被侵占。父亲刘东驺,著名的兵工专家,文革中备受摧残,1976年11月病故。母亲被"革命恶邻"欺凌而亡。他本人蒙冤受屈二十年,1979年才恢复党籍。他将一颗火热的心献给了党,而党却以迫害他的父母为乐,以污辱他的忠诚,践踏他的青春为荣。

三、资本主义把他拉向了"两头真"

1987年圣诞,刘鹤守走过了罗湖海关,来到了香港。从1987年到1995年,他在那里待了八年,刘鹤守夫子自道:"我本来是身陷体制中的人,住体制给的房子,拿体制给的工资,做体制安排的工作,还接受体制的思维。这次我不愿意在大陆安度晚年,贸然到一个陌生的地方闯荡,就是迈出了离开体制的第一步。"[2]这一步至关重要,刘鹤守从此迈进了一个与内地完全不同,既新鲜又混乱的世界。在这个世界里,刘鹤守从一个体制内的离休干部变成了一只闲禽野鹤,从一个高级工程师变成了一个四处刨食的小工。

租房、打工,为报纸写稿以换取生活费的刘鹤守看到了真正的资本主义。这是一个充满风险也充满机会的世界,因缘际会,有人成功,有人失败,有人发达,有人潦倒。这里也扫黄打黑,但警员依法办事。没有大陆黑警殴打涉事人员的事情发生。这里也有失怙的孤儿,无助的病人,和拾荒的老者,但是香港的媒体,会将这些弱势群

---

2 《香港生活编辑后记》,载《随波逐流记平生》第二辑香港生活,页427-8。

体的情况及时报道披露，当局唯有支持新闻自由，绝看不到屏蔽、封锁负面信息的行径。尽管贫富悬隔，香港的冬天，路上也有冻死骨，但港府和志愿机构会开办"露宿者之家"，知名艺人会寒夜驾车为露宿者送毯。尽管穷人居笼屋，做苦工，在社会底层挣扎，但并非无助无望，很多社会救济机构和民间慈善组织会伸出援手。娱乐圈义演，商家义卖，学生义募，所得款项用于救助穷人。大陆红十字会贪污善款的丑闻在这里闻所未闻。

刘鹤守说，"在开放和自由言论的环境里，我渐渐用中性或独立的眼光观察世事，疏离了体制""在香港后期，随着国内政局的变迁，我不讲政治。转而关注社会，与体制外的朋友相处，选择社会现象作为写作题材。在思想上，我追求个性解放。厌恶教条，我的种种变化追求于不知不觉发生""我要做一个知情知性，有血有肉的人"。

他如讲政治，就绕不开邓小平用军队屠杀学生，这会让他上黑名单。以后回大陆，官家要找他的麻烦。所以，他把目光转向了社会。为香港报刊撰写小方块，揭露和批判大陆社会的新病旧疾。在一篇谈论深圳警方对付不了卖淫女的文章里，作者发出这样的感慨："大陆的根本问题是体制问题，不求其治本，即使对付这小小女子，也显得无能为力。"[3]

八年间，香港彻底改变了这位老共产党员。在人生的暮年，他"萌生了自我意识"，走向了"自我回归。"[4]

丁东问李锐，你们这一代人，是什么时候开始重新反思社会主义与资本主义的关系的？又是如何反思的？李锐回答，是从一九七九年出访巴西、美国开始的。对此，他有一番夫子自道："到巴西、美国的那次考察，应该说是大开了眼界，不仅仅是看了他们的水电事业。而是从整个资本主义的经济也好，建设也好，社会文明的程度也好，都有了一个初步的全方位的了解，这次出访，应当讲，对于我们自己一贯自诩的社会主义的优越性，在我脑子里面是没有了，不单是水电，而是从整体的社会主社会生活和制度来讲，人家的资本主义更符合人类发展的规律。"[5]

"谁掌握了知识和信息，谁就有了支配别人的权力"，换句话说，谁不掌握知识和信息，谁就沦为当权者的精神奴隶。刘鹤守走向"两头真"，是因为他到了香港。人们批评香港，有自由没民主。但是，即便就是这个自由，也充分满足了人性，也足以创造这块殖民地的繁荣昌盛。是的，香港有黄赌毒，有走私有黑社会，有资本主义的一切弊病。但是，它也有社会主义所没有的好处，你可以自由地选择三观，自由地选择做什么人，干什么事。你可以办报创刊，你针砭社会，批评时政，没有人上门约谈。总之，你在这里可以尽情享受中共早早就写进了宪法，却始终没有兑现的自由和法治。

享受到了信息自由的刘鹤守，想到了国内的同学，他开始剪报，把人家扔掉的报纸拣回住处，剪下有价值的文章，集到一起，寄往国内。香港为他后来创办《时文汇编》积累了经验。

四、喻舲居为他揭开了历史真相的一角

刘鹤守在香港见到了很多南开的同学，真正扩大了他的思路，打破了他闭塞的是喻舲居和徐东滨。[6]喻舲居是他南开的老同学，1949年跟国民党撤到台湾，80年代到香港，任《香港时报》主编。他讲的"吃光运动"，改变了刘鹤守的三观。

1947年5月20日，国民参政会四届三次大会开幕，津宁沪苏杭的上万名学生，以"反饥饿、

---

3 《电话娇声》，载《史伯专栏》1990年12月13日。
4 《香港生活编辑后记》，载《随波逐流记平生》第二辑香港生活，页427-8。
5 丁东策划，采录，李南央整理编辑：《李锐口述往事》，页366-7，香港，大山文化出版社，2013。
6 刘鹤守编著《随波逐流寄平生》第二辑，香港生活，页1。自印书，2013年。

反独裁、反内战"相号召,举行联合示威游行,涌向国民党的首都南京行政院。据中共党史:国民党当局在南京布下重兵,前往南京的6000多名学生,遭到军警水龙、皮鞭、棍棒袭击,学生重伤19人,轻伤104人,被捕28人;天津学生有17人被捕,近50人受伤;这就是震惊全国的"520"惨案。

当时在中央大学念书的喻舲居告诉人们,为了给"反饥饿"提供理由,中共地下党事先布置了一个"吃光运动"。

"当年大学生享有高度自治性和自主权。中央大学如同其他国立大学一样,除了学生自治会、院系代表会之外,还有一个有关学生民生问题的学生伙食自治管理委员会,以上组织均由学生,以院系为单位直接选举产生代表,再组成全校性的代表机构。"

"中大学生伙食常委主席,就是我们法律系同班一位女同学,她平时热忱和蔼,笑容可掬,又积极活动,很有人缘,所以当选,有人更捧她为我们的'班花'。之后很久,才知道她是'进步学生'。这位全校伙委会主席一天以常委会名义贴出很多张大字报,声称因伙食日差,同学们营养不足。决定自即日起开展'吃光运动',办法是餐餐加菜,好好吃它一星期。伙食费吃光后,叫当局拿钱来。"

喻舲居记得,"这个星期的菜式有:清炖鸡汤、清蒸鲤鱼、油爆虾、红烧肉、南京板鸭、镇江肴肉、肉末豆腐、榨菜肉丝等等,每桌七八大盘""年轻人久少荤腥,得以大快朵颐,当然无人反对,一连几天大鱼大肉,胃口开始不佳,看着满桌剩菜,也无人下箸。一个月的伙食费,一个星期吃光,无以为继,接着就是'反饥饿'了"。[7]

刘鹤守当时正在上海交大上学,是"反饥饿"的积极参加者。他只知道,"520"是中共在国统区开辟第二战场的计划之一,没想到还有这么一个"用心深沉"(喻舲居语)的"吃光运动"。"吃光运动"使人们不能不想到,1945年昆明的"一二·一"民主运动,1947年的"沈崇事件",会不会是中共的另一个"用心深沉?""吃光运动"的曝光,也唤起了人们对历史的好奇:1927年的"四一二"反革命政变,1937年的"七七卢沟桥事变",是否与大陆官家说的不同,而另有原因?

喻舲居对"520"惨案发生的背景有如下说明:"那时正值复原期间,但抗战惨胜,各地残破,政府财经十分困窘,即使如此,国内各大专院校一切设施费用,以及全部教职员工薪金仍由政府预算全包支付,学生一切住宿、水电、伙食、三餐等全部学杂费用由政府全包。学生可以一毛不拔,白吃白喝。在当时法币贬值、物价高涨的情况下,伙食难免水准日低,引起学生不满。"喻舲居不解:"我始终不明白,为什么不能共体时艰,却要先大吃大喝,吃喝光了又要上街去'反饥饿'呢?"[8]

——白吃白喝就不能闹事吗?谁让你是执政党?物价高涨更应该抗议,抗议你国民党一党专政!共体时艰?哈哈,共产党凭什么要跟"清共"的国民党共体时艰?对你们是时艰,对我们是时机。共产党之所以能够夺取天下,一是不屈不挠,二是抓住时机。1972年日本首相田中角荣访华,说到战争赔款,毛说不用赔,我们还得感谢你们呢,应该发给你们一个最大的奖章(大意)。毛泽东说自己兼备虎气和猴气,猴气是什么?猴气就是流气+痞气,我是流氓我怕谁?因此,他敢说出其他中共领导人不敢说的真话。确实,日本侵华挫败了"攘外必先安内"的国策,为中共赢得了生存空间。坊间传闻,"七七事变"也是"用心深沉"的结果——当高层遵奉"不撒谎办不成大事"

---

7 同上,页 41-3。又见喻舲居:《故人故事》香港富达,2006。
8 2002年5月,喻舲居参加中央大学百年校庆时,询问大陆的同学,那位常委主席,班花怎么没来?答曰:早在运动中自杀了。刘鹤守编著《随波逐流记平生》第二辑香港生活,页41-43。

（林彪）的时候，坊间就会按照这种逻辑，造出很多蜚语流言。

2002年，喻舲居到南京参加中央大学百年纪念盛会，一个激情四射的当年地下党在演说时，脖子僵硬，不能转动。喻好奇，问旁人。告曰，文革被斗落下的残疾。喻再问：那位发起"吃光运动"的校伙食委员会主席、班花，为什么没来？告曰：早在运动中自杀了。喻大吃一惊。刘鹤守见怪不怪——这种事，他知道得多了。"班花"在毛时代注定会沦为改造对象。不甘屈辱而自杀，滔滔者天下皆是矣。"降级安排，控制使用，就地消化，逐步淘汰"是中共1950年代定下来的对地下党的基本原则。那些曾经为解放南京立下大功的中共地下党员，有几人不是被整得七死八活？领导人陈修良蒙冤入狱多年，情报骨干李扬群1968年死于酷刑，陆兰秀1972年被枪毙……刘鹤守想到很多很多，从他的父亲到他自己。

五、徐东滨给他启蒙，促他反思

刘鹤守的另一位南开校友徐东滨，给他的教育更直接，更有震撼力。中共进北平时，徐东滨在北大念书，一年后，他逃到香港，随即在香港发表了一篇文章：《叛徒——献给我们之间的友情被时代吞没了的那些朋友们》。作者称其为小说，其实它不是什么虚构性的小说，而是纪实加评论的散文。

《叛徒》的主人公叫林志铭，林的思想左转始自1945年的"一二·一"惨案，四个学生被军警打死，使"千百个青年从此对政府绝望"。一年后，北大女生沈崇被美军强奸，国民党当局对美军阿曲袒护。更使"许多知识青年深切感觉到……现在必须彻底另起炉灶了。他们因此对从事夺取政权的共产党渐渐感觉同情。"这时，家里来信告诉林，政府"征粮非常重，抓兵尤其可怕。他的哥哥被抓去了，只得卖了一块地，买了一个人顶替下来。地方上的恶霸和驻军勾结起来作恶，简直令人无法忍受。"

林对国民党怨恨失望，溢于言表。成为中共地下组织的发展对象。在一地下党的引荐下，他参加读书会，看到了马列毛的书。这些读物使他相信，只有共产党才能救中国。1947年底，他成了中共预备党员。但两年之后，林志铭逃往香港。

林之大彻大悟，要归功于下面三件事。

第一件，共军进城后，实行军管。没有新闻，只有《人民日报》一统天下。除了《新民报》，其他的民营报纸都被查封。林问《人民日报》的编辑，政府的新闻政策是什么？那位回答说："政府的新闻政策，就是一切报道必须经过政府决定。报纸是一个最有利的教育工具，不能令人看了胡思乱想，步调不一致。应当让人民知道的，就让他们知道，不应当让他们知道的，自然不让他们知道。这对革命工作的进行是非常必要的。"徐又问："这不是愚民政策吗？新闻自由还谈不谈了？"答曰："你这思想太迂阔了，现在不但新闻自由，连言论自由，说老实话该暂时牺牲了，这是为了革命，没有办法。"林再问："你们人民日报上的报道是否属实？"答曰："任何报道都要服从大原则。举个例子吧，假如苏联兵和美国兵在柏林开火儿了，即使先动手的是苏联兵，我们报道当然说美国人挑衅。"[9]

第二件，北大学生会组织了一个门头沟矿工参观团，大会开过之后，林与一个四十多岁的矿工闲谈。矿工告诉他："到现在才发现做主人并不太容易，解放以前我们每天做八点钟，现在翻了身，自己做主人了，为了加紧生产，每天要做十点钟了。有时候各单位发动什么竞赛，要不就是全体来个'献工'还得做更多的时候。做完了工还不算，三天两天还得开会，学习了、评议了，练秧歌了，我这些日子老是累的话都懒得说。可是开会的时候你要不说话还不行，以前没解放的时

9　同上，页72、73、77。

候要是太累了，还可以躲在旁边歇一会儿。现在可不行了。"

林问，你们现在的待遇怎么样了，比以前好点儿了吗？

矿工含糊地回答："也差不多。不过以前我家里面老婆孩子吃窝头，我自己可是吃白面，因为我要吃白面才扛得动煤筐，现在呢？我们一家子都吃窝头了。"

林问：这么说，你比解放前更苦了？

矿工："大家伙全一样，现在为了革命没办法儿呀，我们自己做主人了，翻身了。"[10]

第三件，1950年暑假，系总支批准他到东北参观。他在东北停留了半个多月，住在东北局的招待所里。有时候招待所的人领着他们这些观光者到工矿机关去参观，他有时也会独自到街上闲逛。他所发现的就是东北老百姓的生活比华北的人还苦，而且一般精神都很颓丧，街上走路的人大都是垂着头，脸上带着饱经忧患的衰疲表情。他在北平时曾听人说，日本投降后，苏联军队在东北纪律很坏，到处强奸妇女，他始终不敢相信。现在他和老百姓谈话中完全证实了这集体的兽行。他记起了沈崇强奸案。美军的暴行固然是侮辱中国人民，但苏军这些更多的暴行呢？为什么共产党要讳莫如深，口口声声恭维伟大的红军、伟大的友邦？心酸、羞愧、愤怒在他心中交融成一片，他本来还可以再停留一个星期。但他已无心再参观这些被劫掠的支离破碎的工厂，无心再倾听人民无声的呻吟。他决定提早回北平去。[11]

实践是检验真理的标准。林志铭遇到的这三件事，当时的绝大多数知识分子，包括费孝通、萧乾、冯友兰等留洋教授，都遇到或听说过。他们为什么依旧相信中共？显然，他们接受了人民日报编辑的说法：为了革命，为了大原则，自由和真相应该暂时被牺牲。

经过文革，他们才发现，这种说法不过是"为了达到目的，可以不择手段"的变种。林志铭为什么没有被这套说法忽悠？是因此他尚有"独立之精神，自由之思想"，由此，我们可以理解，为什么陈寅恪为王国维写的这两句话，从1980年代至今被知识界顶礼膜拜。

刘鹤守在香港见到了阔别多年的老同学徐东滨，读到了这篇发表于1950年的文章。徐告诉他，他就是林志铭。2013年，刘鹤守将此文收入《随波逐流记平生》之中——林志铭的经历让他刻骨铭心。而最最震撼其心灵的，是林志铭临行前，给北大文学院支部书记和党团员的信：

你们看到这信时，我已经脱离了共产党的束缚去追寻足以促成中国真正的新生，造成真正民主自由社会的道路去了。无疑的，你们要指斥我是叛党者、反动分子、人民公敌等等，对此，我无意申辩。我只请求你们一件事儿，我以一个有理性有良心的人的身份。恳请你们也拿出理性和良心来冷静地独立地思考两个问题。第一，中国人民需要什么？第二，在共产党统治下，我们能不能获得我们的需要？如果你们真能独立冷静的思考，你们就会发现。第一个问题的答案是，中国人民需要政治民主、经济平等、生活自由、国家独立的一个新社会。而第二个问题的答案是，共产党绝不能造成这样一个社会。

你们一定会叫起来，说我思想错误顽固，你们的论辩我太熟悉了：民主集中制才是真民主，将来取消私有财产，就有了经济公平，认识了必然就得到自由。国家独立是违背国际主义的狭隘的民族情操。可怜的先生们，你们错了。以前我痛恨国民党的统治，幻想共产党能符合我们的理想，我也曾糊糊涂涂地受共产党这一套巧妙的迷彩所蒙蔽。谢天谢地，我的理性虽会被盲目的热情冲昏，他却终于苏醒过来，刺透了这套美丽

---

10 同上，页79。
11 同上，页81-2。

的谎言。[12]

林志铭1950年提的问题，三十年后，事实做了回答。刘鹤守反躬自问：当初，我为什么没有思考这两个问题？我的理性，我的良心到哪里去了？林志铭被蒙蔽了两年就觉悟了，而我为什么这么多年一直糊糊涂涂地受蒙蔽？

林志铭在信中谈了自由，他质问支部书记——

共产党说认识必然之后就得到了自由，可是一个人认识到假如他把一篇批评政府的文章送到报社去，必然不能发表，他自己还要受到迫害，因此他必然要把想说的话痛苦地闷在心里。这时他得到了言论自由吗？无聊的生物学家们认识到，他们不能继续传统生物学家的研究，必然要违背良心去跟随米邱林派，这就获得了思想自由吗？集中营的劳工认识到他们必然要重新受到奴役迫害，这就获得了人身自由吗？没有基本人权的保障？哪能有自由？没有自由哪能有民主？

接下来，林志铭谈到了民主，他质问党团员们——

共产党自称真民主，事实上却没有人敢公开说出对政府的批评。没有任何反对党，没有任何方式取消共产党的执政，军队、警察都与共产党打成一片，选举成了粉饰的形式，或甚至根本不用选举……对新闻严密封锁、操纵，使人民对国内外消息只得到共产党的一部分歪曲、夸张、捏造的报道，真相丝毫不知，这就是真民主？……不论人民民主专政或无产阶级专政，其实质必定是极少数人，或一个人的专政独裁……下级服从上级，全党服从中央，中央的中央就是毛泽东，这还有民主的影子吗？

林志铭又讲了经济平等——

中共的极权政治取消私有制，消灭了地主、资本家，用另一种剥削来代替原有的剥削。劳动者"没有任何反抗余地，罢工不能，怠工不能，连换一个雇主都无希望，他们只有卖力卖命，把劳动所得全部交给统治者。统治者用剥削所得豢养军队、党员、秘密警察。

最后，林志铭讲到了中苏关系和国际主义——

苏联的国际主义是以本身利益为前提，正如以前日本的大东亚共荣圈儿，表面说互相提携，实际上还是为日本的利益一样。东欧各国服从苏联利益，经济上受压榨，政治上受控制，苏联在东北搬走了20亿工厂设备。中共解释说，我们并不需要，苏联拿去使用更能有效，即使中国真的不需要这些机器吧？我们拿来卖给苏联不好吗？就算只卖10亿。十亿元对战乱十余年的中国工农业还是能有不小的补益，可是苏联就狠心的侵吞下肚，谢谢都不说一声。我们需要社会大同，但绝不需要各藩邦向天朝那里进贡的世界大同。[13]

刘鹤守把这些文字读了又读，他仿佛从一间阴暗憋闷的地窖里走出来，头上是蓝天白云，脚下是一望无际的绿野，他举起双臂，大口大口地呼吸着清新的空气——林志铭关于自由民主的诘问，像雷鸣，震撼着他的灵魂；像狂风，驱散了他心中的迷雾。几十年来，他从来没有这样畅快过。但是，他又很快地陷入深深的痛苦之中——经过七十年的加固，极权专制成了更强大的存在。刘鹤守扪心自问：如果前四十年我受骗上当，还情有可原，那么，今后我应该做些什么？我还能干些什么呢？让下一代不再受骗？

六、刘鹤守与《时文汇编》和《呼唤》

五十年代的台湾知识分子，有句自嘲的话：你心里想的，最好别说出来，你口里说的，最好

---

12 同上，页67。
13 同上，页68—9。

别写出来，如果你写出来，最好别发表，如果发表了，你要立刻否认。这话也适用于七十年后的中国大陆，刘鹤守跟党打了半辈子交道，深知在国内办刊的风险，如何规避风险，他咨询了律师，律师告诉他，最保险的办法，是把那些公开发表的文章汇编到一起，印成书，寄给需要的人。

刘鹤守订了四十多种报纸杂志，从中选出有深度有文采的文章，印刷装订成书，寄给需要的人。每年18辑，平均每一个半月出一辑。其中有12辑是专题性质的，6辑是时文选编。那一年是1998年，他73岁。阅读这么多报纸杂志，工作量巨大，刘鹤守请来了尉天纵。尉天纵是他的南开校友，退休前是中学的地理教师。两位老人不接受赞助，不牟利，也不赠阅，只收成本费。

尉天纵虽然比刘鹤守小五岁，但也进入垂暮之年。跑邮局，寄刊物，联系读者，收集意见需要年轻人，2006年，1944年出生的唐美华老师毛遂自荐，成为这个编辑部中最活跃最有生气的一员。用她的话说，那一年"我开始做一件特别有意义的事——以自己微薄之力参与了刘鹤守先生和尉天纵先生编辑出版启蒙杂志的工作，这让我的思考上了一个台阶，我的眼界和朋友圈大大扩展。"在一篇纪念刘鹤守的文章中，唐老师写下了如下的文字——

杂志广受欢迎，尤其一些老人不会电脑，又一辈子关心时政、关心民主启蒙话题的，更是月月盼着杂志。稍晚发出，催问的电话就响个不停。其中还有八九位港台和美国读者订阅。就这样，没有广告，没有任何宣传，单凭口耳相传，自费订阅读者就达到了600余人。

订户基本是干部、报人、作家、教授、学者、各领域的专家。随便罗列几位自费订阅者的姓名，就知道此刊物的质量了：资中筠、李普、丁东、何方、杜光、茅于轼、邵燕祥、许良英、许医农、张思之、朱厚泽、丁弘、钟沛璋、冯兰瑞、程巢父……，真是群星荟萃大师云集啊。他们有时也推荐文章，包括自己的作品……在这份杂志的读者中，有七八位1951年清华毕业的老总工，他们从企业退休，退得早，收入少，几人合订一份杂志，每月定专题聚会，有人准备材料主讲，有的介绍内部传达的消息。[14]

在赢得读者的同时，杂志也引起了有司的关注——国保警察和扫黄打非办两次找上门来，请刘鹤守"喝茶"。刘先生向他们解释，他不过把自己喜欢的文章，集到一起，装订成册，寄给同学校友，免得他们再花钱订报。警察询问了资金来源，扫办的查看了文章的出处，知道办这两个耄耋老者，既没有组织，更没有外国势力。实在找不到下嘴的地方，两拨人都灰溜溜地走了。

执法者走了，老伴可吓坏了——"你往里面搭钱，我没说话；你为它耗神费力，我没说话；你那天跑印厂，差点儿没摔倒，我没说话；现在，我得说话了。从今天起，你给我把这个杂志放下！你再不听，小心人家断了你的口粮！你看看，连站都站不起来了……"老伴说得不错，那时，八十开外的刘鹤守，经常斜靠在床上编他的杂志。

从1998年下半年到2007年，《时文汇编》出了141辑，刊出了2031篇文章。大约一千万字。2008年，刘鹤守着手做了另一项工作——他从1998年到2007年的《时文汇编》中挑选出部分文章，编成《呼唤》丛书，这个丛书共十卷。每年一卷，每卷按思想、历史、政治、经济、社会和文化来归类。书末附有作者介绍及索引。还有《时文汇编》1998年到2007年的总目录。这套丛书有纸版和电子版两种。

刘鹤守在丛书的前言中告诉人们，此书之所以叫"呼唤"，是追随鲁迅的"呐喊"："八九十年前，鲁迅在呐喊，时至今日，我们仍需呼唤。呼唤什么呢？每个作者和读者都可以有自己的诠释在这里。编者说出一家之言，呼唤权利，什么权利？

14　唐美华：《启蒙杂志给我的启蒙——纪念刘鹤守和尉天纵先生》，《记忆》第339期，2023年7月10日。

人的权利。这些权利包括人权、选举权和被选举权，言论、出版、集会、结社、游行、示威的自由，宗教信仰的自由。人身自由，住宅不受侵犯，通讯自由和通讯秘密，对国家机关和工作人员批评和建议的自由。"这些权利都是写在中华人民共和国的宪法上，而迄今没有兑现的。"人的权利在中国是稀缺之物，人们只知道集体组织，不知道有个体。也就谈不上其权利。编者在交心运动曾经历过，不但身不由己，而且灵魂也不属于自己的，内心思想也要交出来。当人们被褫夺一切权利，处于被支配地位，这个世界、这个社会必然是畸形的、悲惨的、不公正的、没有生命力、创造力的。"15

2009年，刘鹤守84岁，尉天老79岁，最年轻的唐美华65岁，却得了肺癌。《时文汇编》急需接班人，这个人不但要衣食无忧，还要有余款投入。同时，他还要有能力有兴趣有水平有社会责任感，肯无私奉献。这样的人，上哪儿去找？2009年底，刘鹤守、尉天纵寄出《时文汇编》的最后一期。这个刊物从1998年到2009年，一共活了十一年。人去刊歇，这是所有民办刊物的命运。16刘鹤守逝世后，刘先生生前好友写了一篇纪念文章《没有南山之寿，却有泰山之重》。我摘了两段，放在这里——

这套系列书籍的书名虽有"随波逐流"四个字，但他的晚年却一点也不随波逐流。他最特别的不随波逐流之处，就是对历史的反思和对人生的彻悟。现如今是否敢于正视历史和如何正视历史是国人所面临的一个最严峻的现实，也是未来的社会变革走向法治文明无法逾越的现实。

如今被迫遗忘历史、有意改写历史、回避历史、粉饰历史、历史虚无主义在官方在民间依然盛行。依然充斥着假话和虚伪，依然奴化和毒化着人们的心智。说真话依然会有风险，说假话依然会不以为耻反以为荣。然而，刘鹤守作为老一辈的知识分子，在经历了人世沧桑，颠倒沉浮之后，变得清醒而充满勇气。他没有随波逐流，他以严谨的学术精神来对待家族的历史，审视自己的人生，不夸张荣誉，更不掩饰荒谬。还原真实的历史，剖析时代的弊病。绝不误导子孙，更给身后留下一面历史的镜子，成为真实的历史见证和案例。

刘鹤守是我的前驱先导。我应该纪念他，宣传他。我有二十多个笔名，知道了刘鹤守之后，我又多了一个笔名。

---

15 刘鹤守主编《呼唤》第一卷，前言。自印书，2008。
16 据唐美华老师讲，上海大学的某学院院长刘学尧接手了这个刊物，并将其更名为《时文便览》。在一青年教师赵玉成的协助下，2010年1月出版了第一期。这个更名后的刊物一直坚持到2015年。之后如何，不得而知。

【人物】

爸爸的遗愿

——邓小平与"潘杨王"案

于向真 [新加坡]

早在 2003 年秋天，我爸爸于明病重，自知不久人世，把一件沉积心中的事托付给文笔好、住家近的老友——新华社资深记者陈健阿姨，恳请她帮助自己把一件未了之事写成文字留给后人。哪知 16 年后，陈健阿姨感觉自己无法完成朋友所托，开始数次催促儿子找我，于是那个似轻还重的历史包袱经四次传递，突然交到第五人我的手里，烫呼呼的捂着，发生在 1957 年党内斗争的一件旧案——河南省当时的省长将省委书记定为"潘杨王反党集团"，随后二把手扳倒一把手并取而代之。这件旧案困惑了党史专家，明显不合常理却理不清头绪，那天我在陈健阿姨家，无意间窥见了序幕拉开时的一件秘闻，前因后果间多出一个隐藏着的环节。

潘杨王事件的背景简介

"潘杨王"曾是河南省委的三位领导人，河南省委第一书记兼省军区政委潘复生；河南省委书记处书记杨珏；河南省委副秘书长王庭栋。潘杨王在推行农业合作化问题上主张稳妥慢进，省委第二书记吴芝圃遵照毛泽东旨意主张冒险激进，因此毛泽东在《中国农村的社会主义高潮》一书中，批评主张慢进的人是"小脚女人"。

我去见陈健阿姨，她告诉我：1957 年春天，当时的中央书记处书记邓小平密召河南省省长吴芝圃进京，两人密谈，邓告诉吴：中央认定河南省省委书记潘复生是反革命，决意将"潘杨王"集团扳倒，邓面授机宜让吴领导揭发批判潘复生等人的反动言行，中央会公布对潘杨王集团的定性，三人将被撤职并被调离，由吴芝圃接任河南省委书记。

吴芝圃回河南后，照办邓指令，河南省大张旗鼓开展反右运动，并成为人民公社的发起者和大跃进的急先锋。由此引发的大饥荒令吴芝圃转胜为败，60 年代初惶惶无奈中，他把 1957 年春邓与他密谈之事告诉我爸爸于明，并郑重嘱托"只对你一个人说了这件事，你要用文字如实保留下来。"接下来一场运动接一场运动。

吴芝圃按照中央部署，1957 年 8 月召开河南省委扩大会议，批判潘复生"右倾错误"，这一年河南省 7 万人被打成右派分子，占省干部总数的 12.7％，占全国右派分子总数 55 万人的 15％。1958 年 5 月中央撤销潘复生河南省委第一书记等职务，由吴芝圃接替，同时撤销了杨珏和王庭栋的职务，潘复生下放到西华农场任副场长，杨珏下放到孟津县洪水公社寒亮大队当社员，王庭栋被批斗后押送到襄城县孙祠堂公社柳林生产队当社员。1962 年，他们三人被低调平反，并相继安排复出。

1958 年，河南省在北京来的谭震林副总理坐镇、吴芝圃指挥下，列出八条罪状猛批"潘杨王"，揭批运动中大字报铺天盖地，全省揪出"小潘杨王"十多万人，受株连的干部群众不下 20 万人，很多农民误以为"潘杨王"是"潘阎王"，干部群众为自保参与残酷迫害，直接摧残致死就高达百多人，引发一系列惨绝人寰的悲剧。

大跃进期间，河南不断推出经验，《人民日报》一次次介绍并推广，使河南省成为全国"大跃进"的旗帜，"共产风"中全国第一家人民公社，第一家公共食堂，都出自河南，均受到毛泽东的称赞。随后的大饥荒，河南在重灾区中排名靠前，饿死了数百万人，作为省委第一书记的吴芝圃却没有受到处分。1962年4月，吴芝圃仅被免去河南省的职务，调广州出任中南局书记处分管文教的书记。

1962年1月，吴芝圃沉痛地说："省委和我犯的错误严重得很，罪恶也大得很，组织上无论如何严肃处理，我都没话讲的。处以极刑，我也应引颈受戮。"后来又数次痛心表示："我欠河南5000万人民的债一辈子也还不清。"吴芝圃到广州后，有一次中南局召集所属几省干部会，吴芝圃到河南省干部的房间一一拱手谢罪，说："我有罪，我对河南人民有罪！"（注：以上五个自然段的文字，均摘录自杨继绳先生巨著《墓碑》第一章"祸起中原"。感谢并致敬杨继绳先生！）

无论如何，吴当年亦步亦趋，甚至忍辱负重执行错误命令，在党性上能说得通，若以公正道义来评判，"潘杨王反党集团"事件彻头彻尾是莫须有的罪名，吴芝圃心知肚明。因此无论在执行经邓小平授意后施以政治迫害，还是协助毛泽东率先在河南推行人民公社，协助推动荒谬绝伦的大跃进，制造出饿殍数百万河南民众惨绝人寰的大饥荒，吴芝圃犯过大罪，罪无可赦。他的悲惨结局与违背良知助纣为虐有直接关联，在延绵不绝极端残酷的内斗中，吴芝圃与"潘杨王事件"都不是孤例。触动人心之处在于像吴芝圃这样一个酷爱读书、不擅长阴谋诡计的人，竟然充当了独裁者的急先锋，虽风光一时却迅速坠落。

吴芝圃与于明的关系

第一当事人邓小平，我不必介绍，从第二人吴芝圃说起。1926年，毛泽东在广州办了第六届农民运动讲习所，吴芝圃（后来的河南省委书记）领着几位早期中共党员到广州参加交流与学习，结识了讲习所老师毛泽东，从此吴对毛尊称老师，一辈子恭敬顺从。尽管在学术界有吴芝圃曾经在毛泽东面前"掉书袋"引用古书言辞卖弄才学的传言，但熟悉吴芝圃的人都知道，吴"从没违逆过毛旨意"。作为长女，我听爸爸于明说过"他在毛面前，永远一副学生样儿"。

2006年深秋一天，我去西山干休所看望退役将军徐树森，徐叔叔是吴芝圃的杞县老乡和老部下。那之前北京刚开过"吴芝圃诞辰百年座谈会"，我陪妈妈去参会，听到十多名新四军老人对吴芝圃的功绩、学识与人品褒奖有加，当晚我发博文简单复述了几句，招致评论区骂声一片。那天在徐叔叔家，聊起我在网上挨骂的起因全是替吴芝圃说句实话，徐叔叔当着吴芝圃最疼爱的女儿吴永杞、女婿李祥义（战争中牺牲的老战友的独子）对我直言："你挨骂因为他（指吴芝圃）太愚亏（豫西方言，意为愚笨、呆板、死脑筋）！"二姐夫妇听父亲的老部下这番负面评价，居然一个劲点头认可，我的理解是吴芝圃违背原则对毛言听计从，成为他人生的致命弱点，连家人都无法否认。

我爸爸于明在新四军四师曾兼任师部党支部书记，四师政治部主任吴芝圃是他的直接领导。四师师长彭雪枫于1944年9月牺牲在一次对日作战的战场上，爸爸对我说当时他就在现场，看到刚刚停火的阵地，突然飞来一颗流弹击中彭师长，站在彭师长身边的吴芝圃立即拦腰抱住，两人随即倒地。吴芝圃写文回忆当时的情景"流弹力量不大，没有穿透身体，却击中要害，倒地后我看到他刚才还明亮的眼睛顿时失去光泽，心想坏了，师长性命难保！"

彭师长的牺牲让四师全体官兵悲痛不已，他是个难得的帅才，人品人缘都好。我曾听我公公王剑青说过一件事，从一个侧面印证彭雪枫的人品。新四军四师成立之初，正面对应侵入中原的日军，战事吃紧，军部急派机要科长王剑青驰援四师，有一次彭师长接连催促破译电报内容，王剑青回怼"人又不是机器，你急我还急呢！"态度同样不冷静。事后，旁边的四师参谋长调王剑青去抗大三个月，嘱咐他"之后直接回军部，四师的任务完成了。"彭雪枫再到军部办事，特意找到王剑青，诚恳地为那次发脾气接连催促而道歉。

战争期间，彭雪枫与吴芝圃在新四军四师是最受尊重的领导，彭雪枫是能征惯战的指挥员，吴芝圃有学识以文化相辅。爸爸说抗战初期，部队打了胜仗皆大欢喜，每次打了败仗总难免有人当逃兵。我问过爸爸"你想过逃跑吗？"爸爸否认并给我讲了两件事：一是游击大队时与日军周旋，撤离村庄前吴芝圃写过一张通告，通篇以四字诗警告日军，声言抗击入侵有理，两军作战不得危害平民，日军军官看后赞叹中国军队有高人！此事曾在河南杞县传为美谈。另一件事，新四军组建前吴率部打了场败仗，那次伤亡和逃兵很多，余下不多人马跟着吴芝圃撤退，傍晚路过村庄时不好意思进村烦扰乡亲们，故避开村庄绕行，吴芝圃随即背诵一首马致远的词"枯藤老树昏鸦，小桥流水人家，古道西风瘦马，夕阳西下，断肠人在天涯。"元代戏剧家的词，吴芝圃脱口而出，竟然与当时战败撤兵情景如出一辙，令读过私塾也喜爱诗词与戏剧的于明佩服，从此坚守在新四军队伍中。

抗战结束后，吴芝圃让我爸爸于明给他当秘书，爸爸不接受，劝了几次，最后那次说"打完仗我带你去鸡公山转转"，向往游山玩水的爸爸同意了，没想到这一点头竟然当了六年多秘书。从爸爸描述的情况看，他俩的关系与如今首长与秘书的情况大相径庭，竟然有些兄弟般的情谊。比如1950年还是51年，爸爸发现吴有段时间沉迷买书看书，就劝他应该下基层，吴马上安排去了石漫滩、板桥水库现场。1953年春我爸爸说什么也不愿意再给吴当秘书了，坦言相告，不久有人向他透露省委刚开会决定调他出任省文化厅长，不愿意当官的爸爸啥也没说，马上背个小挎包去了西郊国棉一厂，把自己下放"从头干起"。这件事后，他居然没跟老领导吴芝圃闹翻，两家人继续保持交往。

我爸爸参与郑州国棉一厂、国棉三厂建厂后，被派到西安党校学习，大鸣大放时，河南九个学员按主管工作发言，主管工业、农业、教育等六人均被打成右派。我爸爸从1948年起到1953年下放工厂前，兼管河南省统战工作，属于给党擦粉增光，侥幸全身而退，党校毕业被派回郑州任市委宣传部部长。1958年秋，两名北京来的干部找到于明，劝说他"到北京去学英语，然后当新华社驻外记者"。我爸爸抗战期间在新四军办过《拂晓报》《前进报》，对新闻不外行，只是从未出过国，对驻外感觉陌生，正巧出任河南省委书记不久的吴芝圃刚从东欧出访归来，听到我爸爸的顾虑，当即说"我宁愿不当省委书记，更愿意去当驻外记者。"于是爸爸果断地离开市委宣传部，决定去做一名驻外记者，1958年12月，我们兄妹随父母来到北京。

七千人大会后，吴芝圃离开河南到广州出任中南局书记处分管文教的书记，他每次从广州来北京开会，只要我爸妈在京，总会被叫到他住的北京饭店聊天，有一次爸爸刚见面就生气地问他，为什么大饥荒期间在黄河景区给政治局常委每人建一栋别墅？吴芝圃委屈地说："不是我的主意，是中南海行政主管专门到郑州找我，见面就责备主席去别的省都有地方住，唯独河南没个住处""那次他拿来图纸，我不得不按着图纸盖了那几座别墅。"爸爸听到这个情况，没再指责，"要是我也顶不住"，爸爸说。记得那次聊天我还问爸爸"没个住处？之前毛去郑州住哪里呀？"爸爸说"住省委大院附近的招待所，条件还可以。"

吴芝圃家风好，子女都低调朴实。七千人大会后，吴离开河南，全家搬去广州，文革前几年，二姐吴永杞在北京航空学院读研，暑假在我家度过，和我睡一张床，半夜起来我俩曾一起抓蚊子。

于明对吴芝圃的态度

叙述这么多往事，为帮助读者理解吴芝圃为什么把1957年邓小平密诏他进京，当面暗授机宜一事托付给于明。于当过吴六年多秘书，两人彼此信任。吴所托之事，即潘杨王案出台内幕，此莫须有冤案的后果是潘杨王被驱离中原，吴芝圃主政河南；前因用逻辑推导只有一种可能，彼时党务主管邓小平唯毛泽东指令是从，因潘复生没有吴芝圃听话，毛钦定的大跃进遭到抵制。"潘杨王反党集团"如若不是毛认定，邓岂能自定。想来这一点邓不会泄露给吴，胆小谨慎的吴也不敢追问。

1966年8月下旬，我父母从布加勒斯特回到北京，赶上破四旧打砸抢，紧接着揭批揪斗走资派，郑州和广州陆续来人逼我爸爸写"揭发交代吴芝圃罪行的材料"，爸爸保留下一份涂改多处的草稿。爸爸去世后，天安门广场东侧的革命博物馆（之后与历史博物馆合并为中国历史博物馆）文物征集处的陈宇处长找过我家人，希望提供一些革命文物，妈妈捐出了战争期间我爸爸获的奖品：一台德国蔡斯相机，一只限量版派克金笔。那两件是张国华（后任西藏军区司令员）在颁奖大会上发给荣立战功的于明的重奖，陈宇得到非常开心，谢了又谢。妈妈还让他从老照片中挑选几张，陈宇拿回去后，很快托人把用老照片放大许多张的一大叠照片送给我妈妈。

2004年我在帮妈妈收拾爸爸遗物时，见到那份钢笔字的揭发材料原稿，妈妈说"那些年每次来人，你爸爸经常抄录这几页。"看到那七页纸片上修修改改的笔迹，文革中爸爸被迫揭发老领导的纠结显而易见，我仔细看了，真的没有落井下石的诋毁之词。即便1966年秋冬吴芝圃厄运当头时，爸爸写的"揭发交代"材料中，对吴芝圃"只对你一个人说了"的那件1957年邓小平召吴进京面授机宜扳倒"潘杨王"一事，也是守口如瓶只字未提。

上世纪90年代，我爸妈离休后，赶到广州看望吴芝圃的遗孀，他们的宋大姐宋传芬，宋大姐量了身材，给爸爸手织了一件花纹精致的毛背心。爸爸故去后，妈妈把那件毛背心带到郑州让姥爷穿了几年，姥爷百岁后无疾而终，姥爷的房产存款我妈妈放弃了属于她的那份，只把宋大姐亲手织的毛背心带回北京，又交给我，我至今还保留着。

建国之初，姥爷理至善因从事地下工作遭受组织审查，被从开封军区司令员岗位离职，他要求南下渡江参战留在广东，出任过佛山市市长、肇庆市税务局局长、副局长，每次政治运动都在劫难逃，不断降职降薪。理至善抗战在国民党卧底期间跟随魏凤楼冲锋陷阵，中条山战役他作为军法处长所在的团，激战之后全团官兵仅余包括他在内的四个人。长期行军打仗他患上严重的胃病，在广东因消化不了粗糙大米日渐瘦弱，吴芝圃到广州任职后听说这种情况，用毛笔小楷工工整整给河南省政府写了推荐信，请求旧部把"在解放战争中率部解放过17个县的功臣理至善同志调回原籍安排工作"，不久我姥爷回到郑州，被对口安排进郑州税务局二七分局工作，这位1927年年初入党的老党员文革初差点被打死，却大难不死活到101岁无疾而终。姥爷长寿与调回原籍绝对有关，吴芝圃那封写满三页信笺的信，我姥爷一直存留着，也给我看过，我家人对吴芝圃的尽力帮助心存感念。

吴芝圃的无奈与于明的选择

我哥哥和我稍微懂事后，爸爸于明陆续给我们讲些事理，帮助我们明辨是非。比如1967年春天，红海洋兴起之初，妈妈带妹妹出去玩，爸爸关上门说"你俩是中学生，该懂事了"，然后隐晦地指出毛不该迫害老战友们，叮嘱哥哥和我不要跟着做坏事。爸爸说过的人和事，比较多的是吴芝圃，他俩彼此太熟悉太了解了，其中爸爸说过的一句话很有代表性，他曾对吴芝圃说"你不适合当省委书记，最适合你的是当河南大学校长。"爸爸还告诉过我，吴芝圃是宋史专家，他每次来北京开会，一有机会就逛旧书店，收集各种版本的宋代著作。吴病故改开后，吴芝圃的家人把吴的藏书悉数捐给广州图书馆，从此那座图书馆成为集宋代古籍最全之处。

1963到1966年爸妈在新华社驻布加勒斯特分社，那些年吴芝圃到北京开会时，总会抽空到家里来看望我兄妹，每次来不空手，有一次提了一大袋红元帅苹果，我第一次见到那么红艳硕大的苹果，好奇地问是什么？吴说"红元帅苹果"，我忙说"苹果也有元帅？没见过这么大个的"，吴告知"特供商店买的"。我早听说吴伯伯和家人生活极其简朴，省吃俭用的钱都被他拿去买书，他家人八成吃不到红元帅苹果呢，此事至今记忆犹新。他是爸爸的老首长，这么照顾老部下的孩子，现在的首长与秘书还有这种关系吗？所以1967年听到吴芝圃被迫害致死的消息，我很难过，也替二姐感到伤心。吴伯伯与我爸爸虽然是领导与秘书的关系，因为是新四军老战友，加上二人都是爱读书的文化人，尽管吴芝圃身背骂名，尽管我爸爸死活不做官，不服从老领导的安排，二人却难得地彼此信任与关照。

吴芝圃及家人与于明的关系，加上从小到老，我听到看到很多有关吴芝圃的事，也听闻到社会上对他太多的负面评价。从2006年我开始在网上发博客，数次因为对吴说过几句公道话，被不少人诅咒谩骂，也被朋友们不理解，其实大家不清楚吴对毛既有顾念老师的顺从，又有强推人民公社关键时段毛特派谭震林坐镇郑州等隐情。吴芝圃身为河南省早期中共党员、省委主要领导，为毛冲锋替毛顶罪，长期以来欲罢不能、骑虎难下，1967年被恶批狠斗，60出头就悲惨离世，饱读诗书为人厚道的他，那份无奈与悲凉几人知晓？

行笔到此，突然醒悟到我爸爸于明从1953年到1980年起码有三次辞官不做的经历，本文前面说过1953年和1958年的事，到了1980年底，于明因在司法部党组会讨论时，打破冷场率先反对邓小平对魏京生、傅月华案"避开司法程序，继续关押"的内部批示，发言说"文革已经结束，不能再做回避司法的事了"，会后被魏文伯部长警告"下不为例"。爸爸很快离开部机关，与老战友庄重一起创办了《法制日报》。我以前没想过爸爸的反常之举究竟为什么？刚才一下子明白过来，他的直接领导吴芝圃的际遇分明是个重要原因啊！

我家老相册里有三张并排贴着的120老照片，两张吴芝圃在石漫滩和板桥水库视察的工作照，一张蹲着看图纸，一张站着听汇报，还有一张吴省长与当地干部农民二十多人的合影。我翻看老相册时询问，爸爸讲过一些陈年往事，爸爸说：1950年，有段时间吴芝圃情绪低落，托病不上班在家看书，爸爸跟他急了，"这么多事你不处理，也不下基层，像什么话？"吴问"下基层？去哪里？"爸爸说"兴修水库任务急迫，你不去督促一下说得过去吗？"于是，吴很快去了水库工地。建国初吴芝圃为什么闹情绪？我已经无处询问，爸爸也没说过，不难想象官场中的难言之隐犹如刺伤人性的利剑，爸爸在吴芝圃身边很早就领悟到了，他一辈子避之不及啊，这才是他一次又一次辞官不做的缘由。

还有件事，以前我只对好友李振盛老师提起过，那次在方庄李老师家里欣赏他的文革照片，见到一张他拍的1967年批斗潘复生的现场照片，我想起爸爸说过"潘杨王"被定性反革命集团离开河南后，"吴芝圃借出差之机，曾到潘复生住处看望过他，二人达成了谅解，不久后潘复生复出担任黑龙江省委第一书记。"爸爸透露给我这件秘密时，以及那天我对李振盛说起吴潘私下和解这件事时，我还不知道1957年春邓吴密谈之事，对潘吴两位官场敌手居然能和解，我一直感觉不可思议。

人性与制度

这件事被我爸爸埋藏心中，从未提及。我爸爸离休后，邓小平已经贵为党和军队元首，此事更无法碰触，直到临终前才托付给陈健阿姨。2019年3月在陈健阿姨家，她让我"用文字记录下来，传给后人。"16年半之前爸爸对她说的"原话"又传给了我。

这件1957年春邓小平秘传吴芝圃，一对一告知"党中央决定"；吴照办害人害己，60年代初，吴芝圃一对一嘱托我爸爸于明"用文字如实记下来"；2003年秋我爸爸病重，让我妈妈叫来陈健阿姨，一对一托付"写成文字留给后人"；2019年3月在陈健阿姨家又一对一传递给我。

历史是由一件件大事小情累积构成的，内幕与细节往往最有说服力。人性复杂多面，趋利避害是大概率，与其改造人，不如促进制度进步。

（上接第133页）

七律一首（2024年7月3日）

感 事

微屏刷罢每书空，日日新闻总不同。
陵雨失魂频割地，天龙盲目倒栽葱。
宠臣翻做幽囹客，凶汉居然大网红。
偶上云端观虎斗，氉毹弄棒俩衰翁。

（本事：陵雨，暴雨。近月各地暴雨成灾，时闻溃坝、泥石流淹没村寨消息。6月30日，天龙号火箭发射失败，局部地区引发火情。末联，指美国拜登、川普竞选斗法。）

（2024年3至4月）

【往事】

难忘的一零一中学
——一个所谓"红二代"的人生轨迹（2）

陈楚三

一九五六年寒假后，我就到北京一零一中学报到。分到班里之前有个考试，我记得很清楚，算术没考及格，印象最深的是平方公式答错了：$(a+b)^2=a^2+b^2$，少了一个 $2ab$；当然我没有因此而降级。就这样，我上了一零一中，直到一九六零年高中毕业。

在北京一零一中学的四年半，对我的人生有着极大的影响，令我终生难忘。

一、一零一的老师与同学

我是插班生，分到初二一班，班主任是方春英老师。当时学校的卫生条件不像现在这样好，我在北京又没有家，长了头虱；方老师发现后，亲自给我理发，烧开水为我烫衣除虱（袁异凡也有类似的经历）。那时不少同学养蚕，我也加入养蚕队伍，为了让蚕宝宝快些长大，我们常常在夏天的午睡时间，偷偷溜出宿舍，到学校后面的小树林采桑叶；方老师发现了，怕我们午睡休息不好影响下午上课，就守在我班同学的宿舍外面判作业，常常一守就是整个中午。我还清楚地记得，听到蚕宝宝吃桑叶的沙沙声，心里特别舒服；当蚕宝宝准备吐丝作茧时，我们就在茶缸口用皮筋绷紧一张白纸，把几只最大的蚕宝宝放在上面，它们只能沿着纸面一边爬一边吐丝而无法做成茧子，最后我们就能得到一张圆形的蚕丝饼。方老师放弃自己的休息，业余时间一心扑在我们身上；她自己回忆，做这个班的班主任两年半，其中有一年半十分辛苦，"每天必须早起，打起床铃以前就要到达学生宿舍门前，否则他们不起床""天热了，我不能午睡，每天中午总在学生宿舍门前的大树下批改作业。我在门外，同学们不敢闹，安静下来也就睡着了""晚上有自习必须到班上去看看"，还要"到教学班去辅导""熄灯了，等同学们安静下来了，我才能回宿舍备课，十二点以前休息是很少的""即使到了星期日，也要判测验卷，考试卷，有半天时间给自己的孩子就很不错了"[1]。方老师对我们的关怀爱护无微不至，像对自己的孩子一样，我至今想起来都感到十分温暖。同时，也为我们当年的调皮、不守纪律使方老师费尽心血、日夜操劳以至不能给亲生子女更多关爱，而深感歉疚。

这个班以郭延金（郭洪涛之子）为首的一些同学非常调皮，仅举我虽是耳闻但印象深刻的两个例子：其一，冬季的一天，有同学把宿舍门开个缝，将一些垃圾放在门框上，想让老师进门时撒一身垃圾；其二，班上同学杨绍明（杨尚昆之子），在宿舍里有个暖瓶存放热水，被郭延金恶作剧，在他的暖瓶里撒了一泡尿。还有一个例子是我亲眼所见：教地理的蒋守则老师教学水平很高，但个子较矮，有个子较高的同学一下课就走上前去，摸着蒋老师的光头炫耀自己。

---

[1] 摘自方春英：《无怨无悔》，2006。

周伯昆也是插班生，比我还晚一些，所以学号排在我后面。他的记忆力非常好，文学水平也很高，他的一段回忆极其生动而传神：有一次语文老师让郭延金朗读《白洋淀》的课文，"郭延金站了起来，手捧语文书，面无表情，双眼似闭非闭像念经般地念起了课文，听得同学们昏昏欲睡。可当快念到'小船像箭一样钻进淀里'的时候，突然他把嗓门提高了好几度，大声念道：小船像箭一样钻进腔里……话音刚落，同学们哄堂大笑，以至有捧腹滚到地上者。而郭延金依旧面无表情，垂目继续念书，但谁都不知道他念些什么。"

方春英老师在回忆中这样描述，准备接班主任时，"听说这个班纪律极差，上课乱讲话，老师在前面讲课，同学在下面接下茬儿，整堂课安静不下来""由于纪律差严重地影响兄弟班的正常学习和生活规律，几乎每天都有人到教导处告状""值日时大多数值日生都逃跑了，教室里乌烟瘴气，乱七八糟""同学之间的恶作剧经常发生，杨绍明的暖水瓶被郭延金尿了尿；小预备铃响后，班上几十个人的铅笔盒突然都失踪了，没有笔怎能听课记笔记？教室里顿时大乱等等"。因此，这个班曾经把原来的班主任老师气哭、气走，方春英老师在这个班初一下学期接任，是第二位班主任，可以说是"临危受命"。当然，班上的小淘气们不会服服帖帖，几个同学就想给新来的班主任一个"下马威"。那时班主任要在同学上自习课时到班里"巡视"，一次自习课前，有同学在教室门内放了一条蛇；方老师回忆到这件事，"一天下午，自习课的预备铃响后，我习惯性地推开教室门，结果大吃一惊，正对着门内，地上盘放着一条蛇！同学们鸦雀无声，几十双眼睛紧紧地盯着我""如果我表现出恐惧，他们就胜利了，今后再管理就困难了""虽然我是学生物的，但我也讨厌蛇。不过我知道只要抓住蛇尾巴不停地摆动，由于它的椎骨散了，就不会咬着人。但是，真要抓蛇，我实

在有点怕""我暗暗告诫自己，怕，也要装作不怕。我下定决心抓起蛇，摇晃了几下，蛇没有反应，我知道是死蛇了"，方老师提着死蛇不动声色地走出了教室[2]。后来，方老师给同学们介绍蛇的生活习性等，大家听得入了迷。就这样，方老师逐步在班上建立了威信，为扭转班风打下了基础。袁异凡在回忆扭转班风的一次班会时写道：

"经过一段时间调教，方老师认为时机成熟，决定召开以'我们热爱老师'为主题的班会，为此她进行了精心的准备，关键是要启发郭延金等的'觉悟'，简单说就是要他们能在班会发言，方老师做到了，几位事先准备好的同学相继发言，从各个侧面叙述老师对学生的关怀和培养，实例作证，声情并茂，阐述为什么要尊敬老师等等，旁听的老师感动得掉眼泪，郭延金等也发言，表示态度。那次班会极为成功，成为班风的转折点。

"考高中的作文题目是：'记一次活动'，我写的就是这次班会，……高一的班主任耿直老师告诉我，她正好是阅卷老师，对我的作文印象很深，她说那个班会太感人了，给了我最高分。这不是我的作文好，而是班会好，耿老师是新调来的，没有旁听那次班会，可见影响之深。"[3]

袁异凡个子较矮，他曾回忆高年级同学说他是"小嘎巴豆"，双手把住他的脖子"拔萝卜"，班上同学叫他"圆豆"。他活泼好动，我还记得他给大家唱的儿歌："夏天夜晚星星多，田里的蛤蟆爱唱歌，咕（儿）呱咕（儿）呱咕（儿）咕（儿）呱，这边唱来那边和。奶奶奶奶听我说，我知道蛤蟆唱什么，它说今年收成好，一亩能打千斤多！" 2010年，在我们从一零一中高三毕业五十周年之际，袁异凡为此精心制作了PPT在纪念活动上演示，受到热烈欢迎，此是后话。我到班上时，方老师耐心细致整顿班风的工作已经颇见成效，郭延金的淘气"指数"也已下降很多，但我因为瘦弱矮小，仍然成为他欺负、捉弄的对象，袁异凡至

---

[2] 摘自周伯昆初中回忆。
[3] 摘自袁异凡回忆（初中），2005年。

今还记得郭延金往我脖子里放毛毛虫。特别让我"铭记在心"的是，这年冬天的一次课间休息时，郭延金走到我面前，突然两手分别抓住我脖子上的围巾两端，用力拉紧，以致我竟然一时失去知觉，要不是他适时松手，说不定我就提前"光荣"了。我当年由于从山西来京，说话有口音，个子矮小，又是插班生，在班上受欺负，所以寡言少语，性格内向；同班的王杰很同情我，常为我说话，我们因此成为好朋友。这年暑假期间，王杰正在南池子自己的家中，班长习富平（习仲勋之子）骑车来找他，二人一起到位于北池子的习富平家，见到一个中年人，习富平向王杰介绍说是陈楚三的哥哥（应该是我大哥陈鹄）。中年人向王杰了解我在班上的情况后，希望他多多帮助我，特别是要我更多地和同学交往，改变孤僻的性格。王杰说我哥哥要求他和习富平对这件事保密，所以他一直没有对我说起，只是到五十六年后的2013年，一零一中校友会的春节联欢会上才告诉了我；我大哥对此已经毫无印象。习富平，从一零一中毕业后，我们只在校庆聚会时见过面，但没有机会交谈；1997年新年后，我到海口参加所在公司的年终总结会，习富平那时是海南省司法厅长，他利用上班前的半个小时到我住的酒店，我们在大堂聊了二十多分钟，没想到1960年一零一中毕业后三十多年的这次短暂见面交谈，竟成永诀！当然，他也没有提起我哥哥到他家的事。

这个班在方春英老师的带领下，一年多的时间里从全年级最差的班走到了年级前列。方老师高度的责任心和出色的工作成绩得到学校和上级的肯定，后来担任了教导主任，我高中毕业时，方老师是一零一中副校长。

一零一中前身是1946年在解放区张家口建立的《张家口市立中学》。后随军撤出张家口，与张家口市女中、回民中学合并，更名为晋察冀边区联合中学，经过战火的洗礼，有着光荣的传统。迁入北京后与师大附中合并改名师大附中二部，后来又改为师大二附中。1955年交由北京市管理，更名为北京一零一中学。当时北京的中学只有六十多所，取名一零一，据说因当时莫斯科有所名校叫101中，把它作为学习榜样，故名。后来由郭沫若为学校创作的校歌歌词中有"一零一、一零一，你是永不自满的象征"，使校名又有了"百尺竿头，更进一步"的寓意。我进一零一中时，学校还没有女生，一九五六年秋季才开始招收女生。

一零一中时任校长王一知[4]，是中共最早的女党员之一。许多文章说她的入党介绍人是俞秀松[5]和刘少奇，王校长在《回忆太雷》的文章中也说，"刘少奇同志介绍我加入了中国共产党"；不过知情人告诉我，"文革"中有人揭发王一知是假党员，有关部门组织外调，当年担任中共上海和江浙地区负责人的徐行之说，王一知不是假党员，她的入党介绍人是他徐行之本人和施复亮[6]。由于这所

---

4 王一知（1902-1991.11.23），女，侗族，湖南省苍江县人。1922年参加中国共产党。1925年，王一知同张太雷在广州一起工作，共同生活。新中国成立后，曾任上海吴淞中学校长兼党支部书记，北京101中学校长兼党支部书记。文革后继续担任101中校长兼党支部书记，1981年离休。曾为第四届、第五届全国政协委员。

5 俞秀松（1899.8.1-1939.2.21），在新疆化名王寿成，浙江诸暨人。上海共产主义小组的5个发起人之一。参与创建中国社会主义青年团，并任临时团中央书记。1935年6月，联共中央派俞秀松等25人到新疆，被盛世才任命为新疆学院院长，省立一中校长等职，并担任反帝会秘书长主持工作。1936年7月与盛世才之妹盛世同结婚。1937年11月，王明、康生回国路过新疆，污蔑俞秀松是托派，盛世才将俞逮捕入狱；1938年6月俞被押往苏联；1939年2月21日，被判处死刑。1962年，俞秀松被国家民政部追认为烈士，1996年8月，俄联邦军事检察院为其彻底平反。

6 徐行之（1893.8.12-1997.1.17），原名徐梅坤，浙江萧山人，印刷工人出身。1922年1月加入中国共产党，是中共第一个工人党员。曾出席中共三大并当选为中央候补委员。1927年因叛徒出卖被捕入狱，与党失去联系。新中国成立后，曾任国务院参事。1954年致信中共中央要求恢复党籍，1981年6月经中央组织部批准重新入党，党龄从1954年11月算起。施复亮（1899.12.15-1970.11.29），原名施存统，浙江金华人。上海共产主义小组的5个发起人之一，并创建东京共产主义小组。参与建立中国社会主义青年团，在中国社会主义青年团一大上当选团中央书记。大革命失败后宣布脱离共产党。抗战胜利后，积极参加民主运动，参与筹建中国民主建国会。新中国成立后，曾任劳动部副部长，全国人大常委会委员，全国政协常委。

中学从边区迁入,是"自己人"办的学校,因此很多党政干部都把子女送到这里读书,开始时是一所干部子弟学校(但从1956年秋季开始,取消干部子弟的限制,成为普通中学)。我所在的班里,就有毛主席的侄儿、毛泽民的独子毛远新,以及高岗、杨尚昆、习仲勋、廖承志、王震、谢觉哉、罗青长、冀朝鼎[7]、廖鲁言[8]、郭洪涛[9]等高级官员的孩子。学校所在地圆明园离城较远,大家都住校,这些高干子弟也和其他同学一样睡上下铺;除个别例外,周末回家及返校并没有车接车送,而是乘公共汽车;我在后面提到的各类劳动,他们也同样参加,没有一点特殊或照顾。

王一知校长、汪瑞华老师与高三四班三组同学合影,摄于1960年一零一中学校庆

我插班时,班上所有的同学都戴着红领巾,只有我除外。在山西太原九一小学时,我没能戴上红领巾;上了中学后,正要发展我入队时,我又转学了。在一零一中,寒假后入学,"六一"儿童节时就入队戴上了红领巾;因此,我十分珍视"少先队员"的荣誉,以致多年后只记得当时班上的"两道杠"黄申是少先队中队长,"三道杠"毛远新是大队主席,而不记得班长、班委是谁,近来看到其他同学的回忆,才知道习富平是班长,生活委员是王启明,而我的好朋友王杰是卫生委员。这条绸子做的红领巾我一直戴到高中二年级退队为止,虽然那时班里论年龄还有比我小的同学,但全班只有我一个还是пионер(俄语:少先队员。我所在的班是俄语班)。我把这条红领巾叠好珍藏在箱子里,直到上大学;文革中我被蒯大富[10]绑架后,宿舍也被抄,箱子始终没有找回来。

高中我仍然考在一零一中。本来,初中时方春英老师的生物课生动活泼、引人入胜,听她说过人的大脑皮层的功能有很大一部分还未知,我曾想以后学医来填补这些空白;但上高中后学校的一次体检,发现我有红绿色弱的缺陷,色弱是不能学化学、也不能学医的,因此在高二文理分科时我只好报了文科班——四班。到高三时,其他三个理科班都有同学想改学文,四班也有同学改学理工,于是,四班改学理工的分别到其他班上课,其他班改学文的则到四班上课,但其他活动都按原有班级进行。我仍然想学理工,经查高校招生简章,发现色弱不影响报考自动控制专业

---

7 冀朝鼎(1903-1963.8.9),山西汾阳县人。1927年加入中国共产党。1929年赴美在美共中央中国局工作。1941年回国后在国民党政府内从事财政金融管理工作,被认为是中共"第一经济间谍"。新中国成立后,曾任中国国际贸易促进会秘书长、副主席等职,是我国开展民间外交工作的杰出领导人。

8 廖鲁言(1913.11-1972.11.19),江苏南京人。1932年加入中国共产党。新中国成立后曾任中共中央农村工作部副部长,国家农业部部长等职。文革中受迫害,病逝于秦城监狱。

9 郭洪涛(1909.11.16-2004.3.12),陕西米脂人。1925年加入中国共产党。是陕甘革命根据地的创建人之一。新中国成立后曾任铁道部副部长,国家经委副主任,全国政协常委等职。中央顾问委员会委员。

10 蒯大富(1945.9.14-),出生于江苏滨海。1963年考入清华大学,曾任班级团支部书记。1966年,响应中共中央和毛泽东号召,积极投入文革;因为质疑工作组,被打成右派学生、"牛鬼蛇神",在全校开展"反蒯斗争"。中共中央决定撤消工作组,周恩来亲自在全校大会上为蒯平反。之后,蒯成为北京大专院校造反派组织"首都三司"负责人之一和清华大学"井冈山兵团"主要负责人。1967年4月,担任北京市革委会常委,首都大专院校红卫兵代表大会(首都红代会)核心组副组长。1968年,蒯挑起清华大学大规模武斗,造成严重后果;7月27日,毛泽东派工宣队进清华制止武斗,蒯下令抵抗,致工宣队5人死亡,731人受伤,为此毛泽东严厉批评了蒯大富。1970年11月,蒯回到清华接受审查。1983年3月被以反革命宣传煽动罪等罪名判处有期徒刑17年,剥夺政治权利4年。1987年底刑满释放。

和数学专业，于是我也改学理工科了。

四班的班主任是汪瑞华老师。汪老师教语文，每周都会布置小作文；对每个同学的小作文，她都是认真仔细地评阅，不放过任何一个错别字，不放过任何一个不当用词，当然更不会放过任何一个好句子，她往往在她认为好的句子下面画上红圈，还常常加上评语。因此，四班同学的写作能力和文学水平提高较快。上世纪九十年代的名演员文兴宇就是我们班的；他在粉碎"四人帮"后上演的话剧《枫叶红了的时候》中初露头角，特别是在电视连续剧《我爱我家》中的表演，常常使观众捧腹，我想这至少有一部分要归功于汪老师吧。

班上的同学和汪老师的关系也十分融洽。高三的寒假过春节时，我们留校的同学在食堂自己包饺子吃，还特意给汪老师家送去一大盆热气腾腾的饺子；我们包饺子时，有少数饺子分别以糖块、辣椒酱做馅儿，甚至还包了两个气饺子（空心，煮熟后吃时如不小心，就会被饺子内的热气烫了），汪老师后来告诉我们，她的一个孩子正好吃到了辣椒酱饺子，辣得直哭鼻子。

中学是长知识长身体的黄金时期。一零一中老师的责任心特别强，师德很好，水平很高，短短的几年中，这所从"乡下"迁来的学校就在北京"拔尖"了，教学质量拔尖，文艺、体育也拔尖。

今天的一零一中金帆交响乐团享誉国内外，当年的一零一中在北京市中学生文艺会演上也屡创佳绩。我没有文艺细胞，初中的音乐课只是及格而已，但离开母校时的大合唱《我们是高三的学生》，我却是全身心地投入，演唱时感觉到一种告别父母即将出征的豪情。一零一中的《校史联唱》，有激情、有抒情，有烽火硝烟、也有活泼欢乐，以艺术形式对学生进行革命传统教育，效果斐然，我特别喜欢其中的《西黄泥抒情》和《行军小唱》；多才多艺的体育老师王伯英和音乐老师章连启，分别是《校史联唱》的词曲创作者。也难忘当年校内流行的男声小合唱《我们的小理发馆》："我们的理发馆，嗨！真是不简单，不管推平头、推分头，还是推光光，样样咱们都能干"，分别由王成文和陈晓树作词作曲，袁异凡记得他本人就曾剃了光头表演过这个小合唱。我现在印象深的在一零一中传唱的歌曲大多是本校的老师、同学自己创作的，这也说明学校里音乐人才辈出；施光南就是其中的佼佼者。施光南虽然英年早逝，但他的许多作品至今仍然脍炙人口。我在贵州猫跳河的山沟里工作时，单位的文艺宣传队最受欢迎的保留节目《五好红花寄回家》，就出自施光南之手[11]。

一零一中的师资水平很高，因此教学质量也很高。当时语文、数学、物理、化学、生物、地理、体育、英语、俄语等各科都有一级教师。老师们不仅传授书本知识，而且传授学习方法。学校的学习空气很浓，班上各科的课代表也非常负责，记得当时上早自习时，各科课代表每天轮流出一两个小题目让大家答，收回答卷后课代表认真阅判再发回，共性问题课代表还会上台讲解。同学之间关系融洽、真诚友好，学习上取长补短、互相帮助。毕业班学生大部分都能考上重点大学，每年考入清华、北大的学生都有数十人。在这样的学习氛围下，我的学习成绩也一点一点提高；五十多年后的现在，我仍然能背出门捷列夫元素周期表，总的感觉基础知识比较牢固，这确实是一零一中教学水平的体现。

当时的学生负担不算重，除体育外，民乐、军乐、美术、武术、生物等各种课外活动也丰富

11　施光南（1940.8.22-1990.5.2），出生于重庆市。施复亮之子。在北京一零一中学高中毕业。其作品《五好红花寄回家》曾获全军第三届文艺会演优秀创作奖，后改为《立功喜报寄回家》。1964年毕业于天津音乐学院作曲系。此后创作了近千首歌曲、歌剧、芭蕾舞剧、京剧作品，其中许多曲目脍炙人口，广为传唱。1979年后，被选为中国音乐家协会理事、副主席，全国青联委员、副主席。去世后，被文化部追认为"人民音乐家"。

多彩。我那时五音不全，体育、图画都不行，喜静不喜动，没有参加这些课外活动组织，就看了大量课外书，《钢铁是怎样炼成的》《卓娅和舒拉的故事》《团的儿子》《无脚飞将军》等苏联的英雄故事都是中学期间读的，马卡连柯的《教育诗》给我也留下很深的印象；涉及地质学的一本书让我知道了地球的变迁，至今还记得二叠纪、三叠纪、寒武纪、奥陶纪、白垩纪这些词；我还特别喜欢看俄罗斯民间故事，如《铜山娘娘》《孔雀石箱》等。

一零一对我最大的影响：身体与思想

一零一中对我影响最大的是两条，一是身体，二是思想。

一零一中有良好的体育传统。我在校的几年里，每年的北京市中学生运动会上，一零一中的成绩都名列前茅。我印象比较深的，一个"永长"，一个"得中"，施永长是长跑健将，刘得中则是中距离跑的能手，施永长后来考上清华大学，仍然是清华的长跑名将；短跑有名的是吉新军，是当时百米校记录的创造者，他的妹妹吉新玉后来成为我的妻子，但在学校时我并不认识吉新军，只闻其名，还以为他的名字叫作"急行军"呢！

受四年牢狱生活的影响，我的身体底子不太好，个子矮小、瘦弱无力，记得刚到一零一中不久的一次体育课上，进行爬绳测验，而且是手脚并用，但我只爬了两三把就上不去了，结果当然是不及格；在老师的督促下，我每天练爬绳，经常做俯卧撑和单杠引体向上以增强臂力，过了一段时间进行补考时就顺利爬到顶，这学期的体育成绩是三分，总算及格了。

那时在一零一中，锻炼身体已经蔚然成风。每天早晨起床号声一响，大家都迅速穿好衣服、拿上放着毛巾等洗漱用具的脸盆，排队跑向操场；到了操场，把脸盆放在一旁，然后就开始锻炼，跑、跳，爬绳爬杆，单杠双杠，篮球排球足球，各得其所；锻炼结束，拿着脸盆到自流井洗漱完毕，才上早自习。每天的课间操时间，许多班级同学都围成一圈托排球；高二时我们班教室在西一排，面临少年湖，有一次托排球时，排球飞向湖水，一位同学（好像是欧阳鼐）奋不顾身把球救到岸上后，控制不住惯性，自己脚还在岸边，双手却撑到水里，肚皮贴着水面，留下精彩瞬间。

使我终身受益的体育锻炼活动是跑大苇塘。当时学校大操场外有一条走马车的土路，路北是圆明园"福海"旧址，那时的"福海"旧址长满了芦苇，所以我们把它称为"大苇塘"。我们下午课后，大家不约而同从操场东北的一个出口跑上土路，向西再向北，沿着一条杂草丛生的小路绕大苇塘跑一圈后回到学校，全程约两千四百米。除了夏天太热以外，其他季节都坚持跑；而且跑大苇塘那时似乎成为风气，光是我们四班就有很多人跑。尤其是冬天，北风呼啸，顶风跑步时呼吸都感困难，但没有人退缩。在考上清华大学后的第一年，因为出清华西门就是圆明园，我仍然经常跑大苇塘；由于粮食定量只有每月 32 斤[12]，下午课后常感腹中空空，实在无力坚持了，才停止。

虽然我在清华大学期间没有上过马约翰教授[13]的体育课，但在一零一中时却听过马教授的"课"。方春英老师曾带我们访问马约翰教授，那时马教授已经七十多岁高龄，但他声如洪钟、身

---

12 粮食定量。从五十年代开始，国家制定粮食统购统销政策，对城乡居民的基本生活物资实行"定量供给"制度，粮食定量是其主要内容，以粮票形式实现；全国粮票可以全国通用，地方粮票只能在本地区使用，有的地方粮票还分粗粮、细粮、米票、面票。其他生活物资，如棉布、糖、食用油、肉、鸡蛋等，也曾实行定量供应。1993 年，取消粮食定量。

13 马约翰（1882-1966.10.31），福建厦门人。从 1914 年开始在清华大学任助教、教授，体育部主任等，一生积极倡导体育，为体育事业贡献了毕生精力。1949 年 10 月起，任中华全国体育总会副主席、主席；1954 年起任中国田径协会主席。

形矫健,给我留下深刻印象的,是他强调体育锻炼带给他一身活力,记得他说他七十多岁了跑百米,成绩是十六秒,比很多大学女生的百米成绩还好。

一零一中使我养成了注重健康、锻炼身体的习惯,特别是长期坚持跑苇塘,极大地增强了自己的心肺功能,使原来较虚弱的身体底子得到逆转;跑大苇塘,既强健了身体,更磨练了克服困难的勇气和坚持到底的意志。这也是应该感谢母校的。

一零一中对我思想方面的影响,主要是通过劳动培养劳动人民的思想感情,热爱劳动,艰苦朴素,反对特殊化;把人民利益、党的要求放在第一位,发扬集体主义精神,努力克服个人主义;严格要求自己,虚心接受批评,认真改正缺点。

热爱劳动,艰苦奋斗,反对特殊化,这是一零一中引为自豪的传统,也是王一知校长根据本校特点而大力提倡、始终坚持的。当时大家都说王校长是张太雷烈士[14]的夫人,后来我才知道,张太雷的夫人叫陆静华[15],张太雷和王一知1925年在广州共同生活时,陆静华正带着儿女在常州照顾张太雷生病的母亲。王校长从事地下工作二十余年,担任过许多重要职务,听说解放后组织上给她定为行政8级,但她主动放弃,要求降为行政12级,并选择从事中小学教育工作;她曾在上海担任过中学校长,后来调入北京,仍然在中学当校长,长达三十余年。当时一零一中学教学楼的东面是一排平房,各科老师的备课室以及教导处、党支部等行政办公机构,都在这排平房内;王校长放弃了组织上在城内给她安排的条件很好的住房,就住在这排平房中间的一个套间里;她满头银发,平易近人,对老师同学都一样和蔼可亲,丝毫不摆架子,王校长自己给我们做出了清贫、平凡、不搞特殊化的榜样。

学校特别注重劳动教育,培养学生的劳动人民思想感情。学校有自己的生物园地、果园,学生们种小麦、种菜、养猪、积肥、浇水。大约是一九五九年,学校果园的桃子丰收,同学们特意挑出又红又大的鲜桃装了一篮,托毛远新转送给毛主席。我印象最深的是积肥劳动:一块长约十米、宽约五米的土地,四周培土做埂,我们从学校的各个厕所担来一桶一桶的粪尿倒进里面,铺上满满一层粪尿后,同学们用铁锹从四周往里扬土,免不了粪尿溅射,许多同学的手上、衣服上甚至头上、脸上都被溅上粪尿,但没有人嫌脏嫌臭,直到填满土,晒干后再切成一块一块粪饼,就是极好的肥料。

学校后面的小河,我们曾经清淤挖河泥,由于久未清淤,河泥又黑又臭,不时从河泥中蹦出泥鳅和黑鱼,令大家意想不到的是,在黑臭的泥浆中突然之间出现一条红色的鲤鱼!惊奇之余,我班同学小心地把红鲤鱼放到一个洗干净的脸盆中,加入清水捧回了宿舍,它在水里欢快地游动,大家围着脸盆看不够;可惜,大约由于"水土不服",没过两天红鲤鱼就死了。学校大操场南侧的游泳池,是学校组织我们利用圆明园废旧船坞,亲手清除数十年的淤泥、修理池壁而成。挖河泥、修游泳池清淤,可不像现在有挖土机,那时全靠我们的双手,用铁锹挖、铁镐撬、脸盆运,差不多每个人的脸盆都是满目疮痍。在我们自己修的游泳池里游泳,感觉真是棒极了!我就是在这里学会游泳的。记得刚学会换气不久,游到水深一点

---

14 张太雷(1898.6.17-1927.12.12),江苏常州人。1920年即参加了北京中共早期组织。是中国社会主义青年团创始人之一,曾任第三届团中央总书记。曾参与过中共领袖、共产国际代表、苏俄使者同孙中山等国民党要人的多次重要会谈。是1927年12月广州起义的主要领导人,在战斗中以身殉职。是四届中央候补委员,五届中央委员,"八七"会议上被选为临时中央政治局候补委员。

15 陆静华(1897-1968.6.23),1918年与张太雷结婚,育有二子一女;1925年5月,张太雷奉派赴广州后,陆静华携子女在常州照顾张太雷瘫痪的母亲;始终鼓励和支持子女参加革命。新中国成立后,曾去北京参加国庆观礼,后在常州市妇联和军烈属协会工作。文革中多次遭到批斗,于1968年6月23日与大女儿张西屏双双自缢身亡。

的地方时，因为人多，碰到别人了，就喝了一口水，想停下来，可脚够不到池底，心一慌又喝了一口水，扑腾几下看见两米外有个同班同学站着，赶紧再拼命划几下到他身边，抱着他的脖子让他把我送到水浅的地方。

入冬时，储存大白菜是我们的一项重要任务。在学校南部的土坡上，挖了几个大的菜窖，宽三四米，长十多米，我在里面差不多可以直起腰来；白菜运到时，就组织学生，在师傅指导下，把白菜搬到菜窖里码放整齐，为使空气流通，每垛白菜之间保持一定距离。在漫长的冬季，菜窖中相对湿度较高，隔一段时间还要整理菜窖，去掉烂菜帮子和烂菜叶，调整白菜的位置，重新码垛。

每到冬天，教室和宿舍都要靠火炉取暖，生火是我们的"必修课"。每个宿舍有值日生，在两节晚自习中间休息时，值日生就要回宿舍，清理前一天的炉灰，掏干净炉膛，填进几块劈柴，劈柴上面放一些煤球，用几张废纸点燃。这是个"技术活"，我开始就不行，弄得满屋子烟，熏得眼泪直流，呛得不停咳嗽，还是点不着劈柴，或者劈柴烧完而煤球还是黑的；后来有经验了，两节晚自习间休息的十分钟，基本上就能生着火，下了晚自习大家回到宿舍时，炉火也烧旺了。

学校有个金工车间，暑假期间，我们一些留校同学曾参加车间的劳动，我印象最深的是车螺栓。在一张很大的工作台上，固定着几台夹钳，每个学生一台，在夹钳上把一个没有螺纹的螺栓夹紧，然后用一件已经定好口径的工具（这工具的名称可能叫手工绞盘，恐怕早就"失传"了），压紧咬住螺栓，左右手抓住两端，一边使劲下压一边用力顺时针推转十几圈，硬生生把这个拇指粗的铁家伙车出螺纹，方能完成一个。我们都是光脊梁，戴着帆布手套，车上几个螺栓就会满身大汗，手心红肿，一天下来手就会磨出血泡，手套也会磨破。大家一干就是十多天。

农忙时，学校组织学生到农村劳动。一九五九年六月底，我们到冷泉村参加收麦劳动，三天中和社员们同吃、同住、同劳动，深深体会到"谁知盘中餐，粒粒皆辛苦"。还记得劳动休息时，蔡元元多次为同学们表演他自创的"唐老鸭舞"，大家则用《天鹅湖》舞曲为他"伴奏"。蔡元元初中就和我同班，他在上小学期间，参加拍摄电影《鸡毛信》，扮演主角海娃，灵活、机智地和日本鬼子斗争，终于把鸡毛信送到八路军连长手中，八路军根据这封情报打了一个胜仗；蔡元元创造了一个当时的小朋友十分喜爱的角色。

1959年6月30日，蔡元元表演自创的"唐老鸭舞"

说到劳动，不能不提一九五八年的大炼钢铁和深翻土地。

大炼钢铁是当年"三面红旗"中"大跃进"的重要内容。现在大家都知道大跃进、大炼钢铁严重背离经济规律，给当时的中国经济造成了灾难性后果，但对那时十六七岁、在红旗下长大的我们来说，大炼钢铁却被我们当作是亲身参加祖国社会主义建设、直接为"十五年超过英国"做贡献的最好机会。那一年要"钢铁元帅升帐"，钢产量要翻一番，从一九五七年的535万吨翻到1070万吨，于是全民动员大炼钢铁，学校停课，校内建了好多个土高炉，日夜奋战。

在我们1960年高中毕业的那个暑假，张小平曾应学校要求，写过一篇《我们为1070而战——记炼钢炉旁的日日夜夜》作为校史资料，详细地记录了我们高二四班在大炼钢铁中的活动；这篇文章的草稿，张小平一直珍藏了五十多年。当时，学校决定我们班在全校第一个参加炼钢大战，取得经验后再全校推开;张小平文章中忆述了我班同学在全校大会上的誓言:"我们保证,用最短时间炼出圆明园第一炉钢!"

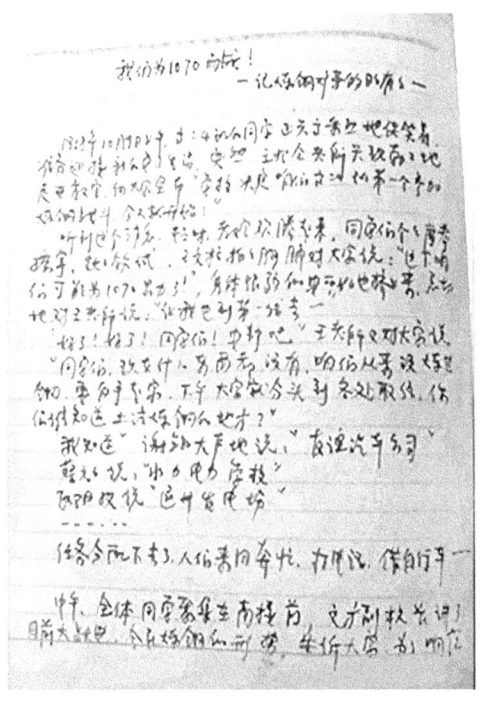

张小平《我们为1070而战》首页

炼钢要用转炉、要用氧气,技术要求高,我们无法做到,就向外面取经,用坩埚炼钢。记得当时最重最累的活,一是用大铁锤把生铁块砸碎成小块,以便能装进坩埚里,二是拉风箱,要两个人不停地拉,以便使坩埚的温度上升到一千二百多度,才能炼出钢来。然而,坩埚的温度始终上不去,当时也没有什么检测手段,只是看铁水的颜色;经过多次的失败,终于有一天下午,根据铁水的颜色判断温度上去了,能炼成钢了,大家小心翼翼要把坩埚取出来,可是用钳子刚一夹,坩埚就破了,钢水流到地上,很快凝固。等到凝固的钢块冷却后,拿到学校的机工车间用砂轮打,车间的师傅认为打出来的火星确实是钢花,"还是中碳钢呢!"这时天色已晚,学校正在开晚饭,我们十多个同学排着队到了礼堂即大饭厅,登上礼堂的舞台,敲锣打鼓向全校同学报喜!我高举着这个形状很特别、很"自然"的钢块,另一位同学拿着一个铁锤敲着它,"当——当——当——",清脆的声音响彻礼堂,正在吃饭的同学们纷纷放下碗筷鼓掌。没有仪器检测,没有质量控制,很可能它并不是真正的钢,然而它是我们所处时代的象征:激情、忘我,所以这个场景深深地留在我的记忆中。据张小平的文章记载,此后,我班又试验成功反射炉和炒钢炉炼钢,然后全校铺开;从10月9日我班投入炼钢开始,到10月30日全校结束炼钢大战,学校的大炼钢铁历时三个星期。

我所不知道的是,大炼钢铁投入了大量农业劳动力,各地都有大批粮食烂在田里没人收获;同时,在大跃进、公社化的高潮中,一度"放开肚皮吃饭,甩开膀子大干",又浪费了很多粮食,一方面少收了,另一方面多吃了,这一少一多是造成1959年春天饥荒的原因之一。大炼钢铁还使国家的矿产资源被滥采滥挖,茂密的森林被砍光,多少座青山变成秃岭,生态环境遭到严重破坏。大炼钢铁中,许多地方古城墙上的千年砖块被拆下来砌了炼铁炉,价值连城的金属文物化成了铁水,给我国灿烂的物质文化遗产造成不可弥补的损失。更不要说,土法炼出来的"钢"只是滥竽充数而已。

深翻土地是1958年北戴河会议的要求和《人民日报》社论的号召,也是"大跃进"的重要内容。大约十月底十一月初(可能学校的停课大炼钢铁已进入尾声或刚结束),我们到郊区的一个人民公社[16]参加深翻土地的劳动。我记得,要求深翻的厚度是超过半米,要整整三铁锹,因为这里的土质含沙量较大,挖下去三铁锹并不困难;但是

---

16 人民公社。1958年夏,毛泽东推动、中共中央决定,在全国掀起人民公社化运动。政社合一的人民公社既是基层政权组织,又是经济组织;当时曾被认为是"向共产主义过渡的最好组织形式",成为中共大力宣扬和肯定的"三面红旗"之一,但实际上它是"左"倾错误的产物,对农业生产力造成严重破坏。改革开放后农村推行联产承包责任制,并逐步实行政社分开,到1985年人民公社实际上被废止。

劳动量大，消耗也大，当时是公社化不久，食堂吃饭不要钱、不定量，不少男同学一顿饭能吃下一个一斤的大窝头，我们叫它"黄金塔"；我也有一次一顿吃了一个黄金塔，但一般只能吃多半个。和大炼钢铁不同，至少我当时没有直接听到对大炼钢铁的异议，但深翻土地时就听到有社员说，深翻地把生土翻上来、把熟土翻到底下，来年庄稼肯定长不好。这期间还出现了一次霜冻。记不清当时大田里还有什么农作物怕霜冻，公社要求采取措施；头一天晚上，在大田里隔不远准备一堆杂草干秧，第二天早上四点多钟大家就起床赶到田头，分工把一堆堆杂草干秧用火点燃，大田里烟雾弥漫、人影晃动，终于避免了结霜。我当时穿着一双球鞋，在大田里零度的气温下，冻得不停地跺脚。

有文章认为，一九五八年春夏的"除四害"运动是大跃进的序曲。从"除四害"运动轰轰烈烈的程度及发动群众的广泛性来看，此说有一定道理。所谓"四害"是指老鼠、麻雀、苍蝇、蚊子；当时真可以说是全民动员"除四害"。最能说明"除四害"运动全民性的例子就是轰麻雀。开始还能用弹弓打，后来麻雀真成了"惊弓之鸟"，离人远远的，它会飞，打不着、捉不住；人们就想，它不能总在天上飞，总有累的时候，于是看到麻雀落在地上、树上、房上，就喊叫、拿竹竿轰，因为到处都有人轰，听说果真有些麻雀累得飞不动了就掉下来。我们学校当时是郊区，人口密度还不算大，都能让一些麻雀累得筋疲力尽；可以想见在城里掉下地的麻雀会更多。

消灭苍蝇，一是往厕所茅坑撒666来消灭蝇蛆，另外就是打苍蝇；那时人手一拍，见苍蝇就打，记得班上的团支部宣传委员是薛恩，我们每天中午放弃休息，拿着苍蝇拍到各处（特别是厕所）打苍蝇，薛恩则负责统计灭蝇数目，直到多年后同学聚会时，大家还记着她的吆喝声"报苍蝇数咪！"

一零一中位于圆明园旧址，校内就有几处水面，蚊子特别多，蚊帐是每个住校生夏秋天的必备行头，晚上熄灯后一静下来，就会听见满屋子蚊子的"嗡嗡"声；即使有蚊帐，只要你睡觉时胳膊腿挨着蚊帐，可恶的蚊子照样能隔着蚊帐咬你许多疙瘩；那时还没有敌敌畏，只能用666[17]熏蚊子，睡觉前一个多小时就把门窗关上，用火点燃一小包666，大家都在室外活动，一个小时左右再进去打开门窗让毒烟散出，然后大家睡觉。有两次大规模熏蚊子的活动，似乎是全市统一行动；我们都分派了任务，每人两包666，全校各个角落都有人负责。记得有一次我被分在学校大门进校道路东边的芦苇荡里，一条小路上，还有同学在比我更靠里面的地方；开始点火了，我点着了一包，但第二包却划了几次火柴也点不着，这时更里面的同学已经一个一个地跑出来，有一个同学帮助我终于点着第二包，我们用手绢捂着鼻子、冒着周围滚滚的毒浓烟跑出苇荡。其实，不管我们怎样努力，蚊子照样肆虐。

学校里老鼠似乎不多，只记得有一次我班同学在饭厅后面的厨房抓住两只老鼠，把一只弄死了，另一只拿到厨房后的水塘边，在它尾巴上浇了一点煤油，点着了以后马上放开，老鼠尖叫着，像一个火球般窜向水塘。

麻雀后来被"平反"，"四害"改成苍蝇、蚊子、老鼠、臭虫，现在的"四害"是苍蝇、蚊子、老鼠、蟑螂。有文章认为，这些生物的存在也是生物多样性的体现，它们是"除"不尽、"灭"不完的，一旦连这些比人类古老得多的物种也无法生存、真的灭绝了，人类早就从地球上消失了，所以结论是：人类被"除"，"四害"仍在。

学校每学年都要在各年级评出红旗班集体。在1958年，我们整个高二年级表现突出，被学校评为红旗年级。红旗年级，这在一零一中学的历

17　敌敌畏（DDVP）和666分别是两种杀虫剂的中文名称。两种杀虫剂均有毒，敌敌畏是有机磷杀虫剂，666已经停止生产。

史上恐怕也是绝无仅有的一次。

我1956年寒假后到一零一中，那个年代的大环境，一零一中本身的小环境，以及自身的家庭背景，都潜移默化地影响着我：要把自己炼成"一零一号钢材"；所以无条件地拥护共产党、拥护毛主席；认为人民利益高于一切，真诚地相信共产党代表人民的最高利益，因此党叫干啥就干啥。

我的生母于1959年6月调入北京，在中国科学院电子研究所工作，担任一个研究室的党支部书记；为了我入团和上大学的事，我曾几次和她顶撞，差点闹僵。我很早就提出加入共青团的申请，但直到高三上学期也没能入团。母亲对我说，你们一零一中怎么搞的，到现在不发展你？我说，可能还不够团员条件，还要努力。她说，你们发展团员比我们发展党员还严格啊？我看你都够党员条件了。我回答，要求高并不是坏事，我要是够条件了，团支部会发展我的。

有一次，母亲又对我说，你入团了就给你一支金笔，你考上大学就给你一块手表；我认为这是物质刺激，立即说，我不要！母亲生气地说，怎么，你不想入团，不想上大学？我反驳说，我要入团，也要上大学，但是我入团不是为了得到金笔，考大学也不是为了得到手表！母亲发了脾气，说你不听话就不要回家；我也赌气说，不回就不回！扭头就回学校了，此后一个多月没回家。后来，母亲请她的一位同事（常来母亲家，我认识）到一零一中找到我，劝我说妈妈那么讲是好心，是对我的鼓励，要我不能伤了妈妈的心；我才又回家。

高三毕业时，我本想上久已向往的哈军工[18]，但学校党支部决定选送二十六名同学到苏联留学，我也名列其中，当时上哈军工是由学校保送，而留苏则须参加高考，于是我只好放弃哈军工而准备参加高考；这年夏天，中苏关系恶化，苏方削减留苏名额，我校减到只能选送六名，而且只能学文科，党支部通知这六人中仍然有我。我毫不犹豫接受了。但回家跟母亲一说，她坚决不同意。她说，她已听了传达，苏联变修，并背信弃义撤回全部专家；我原来留苏是学理工，她同意，现在改学什么政法之类的文科，对我们建设没有用处，不能去。她要我向学校党支部说我不同意。我当即表示，留苏的事要求学校党支部、本人和家长三方一致才行，家长不同意肯定去不成，我一定如实向学校告知家长的反对意见，但党支部既然决定了，我本人就要服从，不能说我不同意。为此又和母亲吵了一架，母亲很生气，强拉着我要到中组部找帅妈妈，我相信帅妈妈不会支持母亲的意见，就随母亲进了城。我们没能见到帅妈妈；我仍坚持按自己的意思向学校汇报，当然我是去不成了，我们这一届的留苏人员也因此减少到五人。后来听说，这五名同学虽然进了留苏预备班，但只有一人留学并且不在苏联而是在匈牙利，其余四人也上了国内大学，此是后话。遗憾的是，就因为母亲强拉我进城，错过了当天学校组织的毕业班分组照相活动，我班的毕业纪念分组照片中没有了我。

班里申请入团的同学，自发地组织了团课学习小组，我参加的团课学习小组有四个人，其中就包括文兴宇，还有徐鸿祥，以及女同学谭晓雯；我们常常在一起交流思想，互相帮助，开展批评和自我批评，有的还把自己的日记给其他人看；记得文兴宇曾在日记中流露了对班上一名女同学杨世昌的爱慕之情。现在，文兴宇和杨世昌都已去世，徐鸿祥则和班上同学"失联"五十多年，直到2017年7月才联系上。谭晓雯是班上的化学课代表，人长得漂亮，又很活泼，用现在时髦的话说是我们的"班花"，接触多了，我对她也心生好感；在一次谭晓雯生病期间，我和另外两名同学去她家中给她补课，趁其他人不在身边时，我向她做"自我批评"说："你的优点很多，我觉得有

---

[18] 哈军工。全称为中国人民解放军军事工程学院，校址在哈尔滨。1952年开始筹建，1953年9月1日开学；培养目标是维护、使用现代化武器装备，后改为研究、设计、制造。首任院长兼政委是陈赓大将。1966年转业改制。

点喜欢你；这不好，我不该这样想……"，当然，我这是"试探气球"，她却落落大方地回答我："没关系，年轻人有这些想法很自然。"她的回答让我自惭形秽。我后来才知道，当时我们班和别的班都有同学在"追"她，人家都是帅哥，我算哪根葱？

要想做一名共青团员，就要不断克服自己的缺点，经常取得团组织的帮助。那时，我差不多每周都要给团支部写思想汇报，谈对形势的认识有哪些提高，检查自己的"私心杂念"和"个人主义"。考上清华大学，去报到时自己拿着本人的档案袋，厚厚的，当时很奇怪：我才十七岁啊，档案材料怎么会这么多？后来有人告诉我，里面大部分是我写的思想汇报！

高三下学期，我在一零一中度过的最后一个校庆日（3月20日）一周之后，1960年3月26日，四班团支部大会同意我加入共青团，介绍人是宁新和欧阳焘。入团后不久，我又向学校党支部写了要求加入中国共产党的申请书。

回想起来，中学时代我对自己的要求确实是严格的，开展批评和自我批评确实是认真的。那时班上每隔一段时间就要召开班会，除了讨论班上的大事之外，一项重要内容是开展批评和自我批评，而且不留情面。有一次班会给我留下深刻印象。在这次班会上，有两位同学对我提出意见，说我担任俄语课代表不能平等待人，是骄傲自满的表现。会后我请提意见的同学谈得更具体些，才知道他们因为俄语学习较吃力，常常找我这个课代表问问题，我有时就不耐烦地说：这么简单都不懂？他们感到我盛气凌人。这件事对我触动很大。这以后几十年里，我常以此为戒，提醒自己时时处处要尊重别人，注意克服骄傲自满情绪。

一零一的传统与精神

可以说，无条件地拥护共产党、拥护毛主席、党叫干啥就干啥，是一零一传统的重要组成部分；其实，不仅一零一中，这恐怕也是那个年代大多数中学生的政治态度。是一零一的传统、一零一的精神始终鞭策着我。难忘一零一，首先是难忘母校对我人生道路的影响，难忘含辛茹苦教育我们的母校各位老师，也难忘同窗数年、结下深厚情谊的同学。一零一的传统、一零一的精神，是以王一知为校长的领导集体和全体老师辛勤耕耘的结晶。除了前文已经提道的王一知校长、方春英老师和汪瑞华老师，还有很多老师、以及很多同学的言行都潜移默化地影响着我。

我进入一零一中时，就是文方副校长主持学校的教学工作，他为一零一中的校风建设做出了重大贡献，深受老师和同学欢迎。文校长曾经教过我们化学课，他讲课和他在大会小会上的讲话一样，深入浅出、活泼风趣，我很爱听他的课。有一次课上，他出了一个题，记得是某化学反应的结果，几个同学举手回答之后，我也举了手，但回答和他们的不同，文校长肯定了我的答案，并借题发挥，意味深长地教育同学们说：有时候真理在少数人手里，学习是如此，其他事情也是如此。这句话深深地印在我的脑海里。

文校长在文革中受到冲击，文革后复出担任海淀区教育局长，1982年退休后又遭冤屈。1984年春夏之交，我见到时任中共北京海淀区委书记的贾春旺[19]，他知道我是一零一中毕业生，告诉我，一零一中有位领导向中纪委状告文方，一条是文方反对周总理，另一条是文方把毛远新[20]拉入党内（文校长的妻子冯静吉老师是毛远新高中三年的

19　贾春旺（1938.5-）北京市人。1962年加入中国共产党。曾任北京团市委书记，中共北京市海淀区委书记，北京市委副书记，国家安全部部长，公安部部长，最高人民检察院检察长等职。是中共第十二、十三、十四、十五、十六届中央委员。

20　毛远新，1941年出生于新疆乌鲁木齐，毛泽民之子。幼年时在新疆军阀盛世才和国民党监狱中坐牢四年。1960年在北京市101中学加入中国共产党。1966年初从哈军工毕业。文革初期回到哈军工参加了"红色造反团"，后来曾担任

班主任,也是毛远新的入党介绍人之一);中纪委很重视,邓小平做了批示,北京市委要求海淀区委尽快查明情况上报。贾春旺问我是否了解。我当即表示,第一,文方不可能反对周总理,应当拿证据和事实说话;第二,毛远新在中学表现确实很好,才能在中学就入党,他到哈军工后表现也很出色,连年被评为五好学员,不能因四人帮问题而否定毛远新的过去。此外,毛远新入党是学校党支部一致通过的,告状人当时是党支部书记,怎么能说是文方把毛远新拉入党内呢?贾春旺认为我反映的事实比较客观,说要进一步了解情况后如实上报。据了解,告状信还说文方反对当年刘少奇提倡的"两种教育制度、两种劳动制度"[21],但贾春旺没有向我提起。北京市委和海淀区委就此事调查数月之久,证明告状信内容为不实之词[22]。

在写作本书时才看到共识网上曹培的回忆文章,提到汪瑞华老师在文革中扶助王校长的事迹。"最难能可贵的,是在劳改队里时,当汪瑞华老师自己也饱受迫害折磨、生死未卜的情况下,她还一直坚持着照顾王一知校长""每次劳动或挨完批斗回来,王校长都一头栽倒在床上,不能动弹了,汪瑞华老师就立即帮她打水,洗脸洗脚,擦拭伤口,换洗脏衣服,还帮她去打饭。打饭时也常遭到不明真相的食堂大师傅的谩骂,说她是王一知的'走狗';有时还故意只给她们糠窝窝吃。就连劳改队里的其他老师,也劝汪老师说:'你就别管她啦,你要照顾她到什么时候?'可是汪老师始终没有放弃。在那水深火热、人人自危的日子里,汪老师用她那瘦小的臂膀,紧紧地托住王一知,一起在苦海里挣扎沉浮"[23]。患难见真情,逆境显人性。汪老师自己在文革初期就遭到毒打,当时又和王校长同在劳改队,却不顾自身安危,顶着污言冷语,坚持照顾扶助王校长,这需要多么坚强的内心和多么坚定的信念啊!

梁红伍是四班的团支部组织委员,因表现突出也在高中就加入了中国共产党。在班里,他是我学习的榜样;高三毕业后我们继续保持着通信联系。我还记得,有一次我给他写信,谈到社会上的一些不良现象,可能流露出难以理解之意;梁红伍回信,说一个人生下来之后如果只接触红色,而没见过其他颜色,那么他就不会知道什么是黄色、什么是黑色,只有既接受了正面教育,又广泛地接触社会,才能提高辨别是非的能力,只有努力学习、严格要求自己,才能增强免疫力。这封信给我留下深刻印象。

文革初期,正在中共中央高级党校工作的梁红伍就公开表达了对康生的"怀疑"和对江青的反感,被打成"反革命分子"。文革结束后的1978年10月,梁红伍就写出一份揭发康生的材料,交给时任中央党校副校长的胡耀邦转呈党中央,这是中共中央接到的第一份系统揭发康生的材料,曾发到随后召开的十一届三中全会上。

梁红伍后来在中共中央对外联络部研究室工作,因表现出色,曾被中联部授予"优秀共产党员"称号。1980年,党中央提出废除领导干部职务终身制,他多次在会议上表示非常赞同党中央的这个决策,"痛恨终身制,主张任期制";1983年,梁红伍被任命为副处长,他向研究室领导表示"我给自己规定的任期是五年,五年后无论我担任何种领导职务,我将自动辞职"。1988年,梁红伍给自己规定的任期将满,已经担任副局长的

辽宁省革委会副主任,沈阳军区政委。毛泽东逝世后,毛远新被"保护审查",1986年被判处17年徒刑,开除党籍。1989年3月保外就医,刑满后在上海工作,2001年退休。
21 两种教育制度,两种劳动制度。1958年5月30日,刘少奇在中共中央政治局扩大会议上提出"两种教育制度,两种劳动制度"的主张,即一种是全日制的学校教育制度和八小时工作的劳动制度,一种是半工半读的学校教育制度和半工半读的劳动制度。1964年,刘少奇再次提倡"半工半读,亦工亦农"。刘少奇的这一教育思想,对新中国教育事业的发展产生了巨大的影响。
22 告状人是复出后继续担任一零一中校长的王一知。
23 曹培:《劫后拾珠——记北京101中学文革中的几件小事》,2015.11.8,来源:共识网。

他连续三次向中联部干部局及部领导提交辞职报告，并坚决要求降一级（他认为"只有做到了辞去某一领导职务的同时，不再享受该级别待遇，才算真正做到了'能上能下'。"）他之所以坚决辞官，一是赞赏废除终身制并要身体力行任期制；二是不愿违心地按照上面的"口径"说话和写文稿，原因在于不能接受与党中央"思想上保持高度一致"的错误要求，他认为，这个要求实质上剥夺了党章明文规定的党员可以"保留"和"提出"不同意见的正当权利。最终他的辞官和降级请求均获批准。在"官本位制"的现实中，中联部大部分人不理解梁红伍主动辞官的行动，而他却表示："我能理解他们的'不理解'"。

1989年"六四"期间，梁红伍亲眼看见军队开枪造成流血的场景，万分震惊，悲痛难忍。经过一年多的认真思考，他除保留对"事件性质"的不同看法外，还下决心不再承担起草文稿的"任务"，只从事资料工作。他向研究室领导郑重表明："我认为，去年'六三'（开枪日子）之后，总的指导思想和路线、政策偏离了党的十一届三中全会所确立的正确轨道。因此，我对于一系列重大问题，或有不同看法，或思想不通。在此情况下，我决不违心地说和做。就工作而言，第一，我只做综合资料工作，而不参与起草阐述观点的文稿；第二，我将潜心研究苏联和东欧国家的剧变形势及其经验教训，认真思考我国的改革问题，以期为改革开放和四化建设事业贡献自己的力量。"[24]此后，他还不断就一些重大政治问题"上书言事"，曾就"中直党委布置党员学习'左'的材料应当取消""人民日报载文对赵紫阳同志的批评不实事求是""刹一刹领导人到处题词之风""又在搞个人崇拜那一套""政治体制改革不进反退"等等敏感问题，向党中央领导提出意见和建议。他退休之后，依旧关心国家政治形势和改革开放进程，发表了不少网络文章，就改革开放争论、政治体制改革、舆论监督、文革教训以及社会主义理论等等问题，阐述自己的观点。

中学毕业后的最初几年，我班不少同学每逢一零一中校庆日都要返校聚会。记得在1964年聚会时，张小平的讲述给我留下了深刻印象。张小平高中毕业后考上了中央民族学院（现中央民族大学），在少数民族语言文学系藏语言文学专业学习。西藏于1959年平息了少数反动上层发动的武装叛乱后，开始民主改革；1963年春天，张小平去西藏拉萨的堆龙德庆县农村实习了5个月，除学习藏语外，一个重要内容就是参加民主改革。他在那里深入翻身农奴家中，为推进民主改革、建立互助组，做了大量艰苦细致的工作，而必要前提就是和翻身农奴同吃、同住、同劳动；其中，"同吃"关特别难过。张小平举例说，西藏农牧民那时习惯吃生肉，他开始时看到血淋淋的生肉，很犹豫，后来把生肉切成薄片蘸上盐吃，习惯了以后觉得生肉很好吃，甚至还嚼出了"香味"。

张小平选择学藏语，是因为他和同学们在中学毕业前参观的一个展览，这个展览揭露了西藏封建农奴制度的残酷，同学们都看到了农奴主用于挤出农奴眼珠的刑具等等令人毛骨悚然、震撼心灵的实物；"我第一次知道世界上还有一种封建农奴制度，我看到了血淋淋的人心，被剁下来的手和脚，还有用人皮做的鼓，用头盖骨做的碗，而这一切都是农奴的血和肉。中国竟然还有这样的角落？！"[25]展览深深地震撼了张小平，使他热血沸腾，高考报志愿时毫不犹豫报了"藏语专业"，从此与西藏结下了不解之缘。他在大学毕业时曾经写血书要求到西藏最艰苦的阿里地区工作，未能如愿，被分配到中央人民广播电台当了记者。他参与过筹建中央台藏语广播和建立中央台驻西藏记者站的工作，实现了国家电台对西藏地区的拉萨藏语广播节目的正式开播和中央台记者直接从拉萨向北京传送稿件。

---

24 有关引文见梁红伍：《我的政治经历片断》，2008年10月。
25 有关引文见张小平：《关于我和西藏的一些话题——写给西藏友人》，2002年6月10日第二稿。

作为中央台的记者，他走遍西藏高原、拉萨、山南、日喀则、那曲、林芝、昌都、藏北草原、阿里无人区、雅鲁藏布江留下了他的足迹，喜马拉雅山、冈底斯山、唐古拉山、昆仑山、喀喇昆仑山和横断山脉深处留下了他的身影。他采访过西藏的藏族、门巴族、珞巴族、回族、汉族以及僜人和夏尔巴人，接触了上至自治区主要领导，下至各族农牧民、工人、机关干部、知识分子、学生、驻藏人民解放军、武警官兵，以及上层统战人士、喇嘛、尼姑和旧西藏地方政府的高级官员，从不同的层面了解了西藏的过去和现在，西藏的政治、经济和文化状况以及藏族同胞和援藏干部的心理状态，从而对党和国家的治藏方略能够进行深层次的观察与思考。

至今他已经进藏四十多次，走过了世界屋脊上的60余个县，行程长达两万余公里。他发表了上百万字有关西藏真相的报道和文章，其中不少是鲜为人知的。他曾经作为"超龄"的中直机关首批援藏干部在西藏连续工作两期，长达六年之久，他的妻子就是藏族人。他参加了十世班禅转世灵童金瓶掣签和十一世班禅坐床典礼宣传报道的组织领导工作，在大昭寺现场目睹了这一历史事件的全过程；作为制片人之一，他用一年的时间参加了我国第一部反映西藏当代历史的大型纪实性电视连续剧《西藏风云》的拍摄工作，并以此作为向中华人民共和国成立50周年的献礼。他本人退休后，63岁起又应邀担任了中国西藏网的总编辑，继续向外界介绍真实的西藏，他要"把一个真实的西藏展现给世人，把一个充满活力和希望的西藏告诉全世界"。用他自己的话说，"我和西藏今生与来世永远相依相伴"，西藏已经成为张小平的第二故乡。

我亲爱的妻子吉新玉，也是一零一中的校友。前已提道，她还是我在新疆监狱中的小难友。听老一辈讲，当年在监狱中，我们二人经常一起"过家家"，回到延安后在小难友们的集体照《饱尝铁窗风味的孩子们》里，我们二人也是紧挨着；而且巧合的是，吉新玉从小就认了我母亲王韵雪为"干妈"、我继父方槐为"干爸"；都说"有情人终成眷属"，看来吉新玉和我从小就是"有情人"。她还记得，监狱中虱子很多，她那时太小，被咬得难受又不会抓，只能哭；一天夜晚，哥哥新军举着一盏煤油灯照亮，妈妈在灯下给她捉虱子，哥哥不小心碰翻了灯罩，滚烫的灯罩落在她的肚子上，她被烫得哇哇大哭，妈妈赶紧把灯罩拿开，但她的肚皮已经被烫掉一层皮，直到现在还留有疤痕。

回到延安后不久，我和吉新玉就分开了；她跟着爸爸妈妈到了东北，后来又到了内蒙，1950年到北京。1958年她进入一零一中读高中，比我低一届；这时我们已经分别十多年，互不相识。有一次我的母亲来校看我，同时也看望了原来的新疆狱中小难友毛远新和吉新玉；她找到吉新玉说话时，我站得远远的，那时的我对当年父母亲等中共人员的新疆监狱斗争所知甚少，还没有"新疆情结"，所以也不关心我母亲和谁谈话。直到后来我母亲带我去吉新玉的家中看望她的父母亲时，才和吉新玉重新相识。她高中毕业后上了哈尔滨军事工程学院。文革中我们相恋、结婚，两地分居数年后终于在北京团聚，同时调入石油化工科学研究院。文革后我们又同时参军，一起调入总参炮兵研究所，她成为研究室的业务骨干；她执笔撰写的《导弹测试周期的研究与确定》论证报告曾被评为研究所1988年优秀论文，在她这年转业到地方后，该报告仍被军械维修工程学会维修性专业组评为一等优秀学术论文。

当然，同样在一零一中学习，甚至在同一年级同一班，而且是同样的家庭背景，但离校后的表现可以有很大不同。究其原因，我以为首先是每个人本身的素质不同，一零一这座熔炉再好，也不能把各种不同的原料都炼成钢材；其次是离开一零一后的经历不同，所接触的环境也不同，即使同样的环境，因个人素质的差别导致所受的社会影响也不同。大多数一零一校友没有辜负母校的培养，在各自平凡的岗位上把自己的知识和经验默默地奉献给祖国和人民；其中更有一些校友做出了突出的贡献。和很多同学一样，我总是为一零一取得的成绩而高兴，为一零一的杰出校友而骄傲，同时也为少数一零一校友的不良行为而感到羞耻。

记得1967年8月底9月初，我同一些清华和哈军工的同学到大庆油田，住在一幢干打垒[26]的接待站，当天又有六七个中学生入住，深夜听到走廊上吵吵嚷嚷，出门一了解，说是这些中学生有几个是男女生同住一屋，受到接待站干涉而吵闹。第二天接待站人员告诉我们，这几个中学生是北京一零一中学的；我当时几乎无地自容，恨不得地上裂个缝钻进去。至于极个别校友当了高官后权欲熏心，腐化堕落以致犯罪，更是给母校抹黑，他们是一零一的败类。

中国人很看重给孩子起名字，有的名字取之于典故，有的与出生地有关，有的与生肖有关，也有的干脆按出生顺序排序取名。前面提道我的名字"楚三"算是取之于典故，我在山西的名字"延生"，则意指延安出生；祁生姐姐是在山西祁县出生；我的初中同班同学毛远新，名字中的"新"字含有新疆出生之意；习富平，是在陕西富平县出生；廖恺孙（现名廖晖），廖仲恺的孙子，等等。上官一彪与我在初中、高中都是同班，我们平时都"简称"他"上官"，他在文革中曾经把姓名改为"上进"；他的弟弟也是一零一中校友，他叫一彪，弟弟就叫二彪；上官一彪的女儿比他有名，女儿上官文青，是中国中央电视台《新闻联播》节目的导播，每期节目结束时都可以看到她的名字。

我这一届高中毕业生，在一九五四年考初中和一九五七年考高中时都很难，录取率都很低，学生人数比前后届相对也少，结果却造成这届毕业生的高考录取率较高；据说1960年高考招生30万人，但当年高中毕业生只有28万，所以考大学时就相对容易了，有一些身体健康状况不完全符合录取条件的应届毕业生也被录取了。我参加了高考，以各科平均85分的成绩被清华大学自动控制系录取。

"左"风影响下的一零一

回顾过去，我们肯定和颂扬一零一传统、一零一精神，是发自内心的肺腑之言，而且希望能继续发扬光大；同时也知道，一零一中只是共和国肌体上的一个细胞，国家的病痛和创伤，必然会影响到学校。我们在一零一读高中的三年，正是国家的政治和经济生活发生重大变动的三年：反右斗争、"大跃进"都影响到学校（但中学生中不搞反右斗争，未波及我们）。

1958年，中共中央、国务院发布《关于教育工作的指示》，提出"教育工作方针，是教育为无产阶级的政治服务，教育与生产劳动相结合"。当时最大的"无产阶级政治"毫无疑问就是"大跃进"，教育为无产阶级政治服务，学校必须投入到"大跃进"之中，并让学生亲身参加大炼钢铁、深翻土地的实践，实行"与生产劳动相结合"；于是，伴随"大跃进"产生的弄虚作假的浮夸风也不可避免地会刮进学校，无形中影响教师和学生。

前已述及，我们曾停课三个星期"大炼钢铁"，也曾到农村深翻土地。我们还曾投入所谓"四红"运动，具体哪四"红"已经记不清了，很有可能是要求按照不同的年级或年龄段，分别达到"劳卫制"（《准备劳动与卫国体育制度》的简称）的三个等级（少年级、一级、二级）和三级运动员标准这四个"满堂红"；我们高二年级应当达到劳卫制二级，但这个二级劳卫制的标准并不低（要几个单项同时达标），不少同学达不到，可是如果拿到某个单项的三级运动员，也算通过。我选择的是羽毛球，记得达到三级运动员的标准是：战胜三

26　干打垒是在两块固定木板中间填入粘土的简易筑墙方法。此处指用干打垒方法筑墙所盖的房屋。

个三级运动员，或者战胜六个非等级运动员；在同学们的"配合"下，达到这个标准并不困难。有的同学选择中长跑，就要在其他同学的鼓励甚至大家带跑、陪跑的"帮助"下才能勉强"达标"。文校长曾经回忆他当时在同学、老师的鼓励下"达标"，是否说明"四红"也包括教师在内？很明显，这样通过的大多数等级运动员都名不副实。

1958年的"大跃进"，刚刚成立不久的各地人民公社纷纷争放高产"卫星"，一零一中也为"卫星"造假助了一臂之力，袁异凡还记得，"半夜让我们起来，趁黑把其他田里的稻子搬到一块田里，就在现在圆明园主要遗迹'大水法'的旁边，大家静悄悄的，卖命挑担子，女生两人抬，事后多年才知道那是为了创亩产万斤"[27]，当地的人民公社很清楚，这样的活动不能在光天化日之下进行，学校组织学生"配合"只能是在半夜。可是在学校自己的劳动园地，要创"卫星试验田"就不必半夜行动了，吉新军回忆是在白天，"把几亩麦子拔出来，集中到一亩地里，长几天，再收，算一亩的单产"[28]，他记得当时还拍了照片留念。曾经参与这些活动的老师和学生，当时恐怕很少有人意识到这是在弄虚作假。

文革前的"无产阶级政治"越来越"左"，越来越强调"阶级斗争"，因此，"为无产阶级政治服务"的教育领域，也越来越"左"。实事求是地说，当时的一零一中，对某些"左"的东西是有所抵制的，例如一些所谓"出身不好"的同学，只要表现好，可以入团，可以担任班长、班委及团支部书记、委员，并没有歧视；我们年级有一个女同学曾犯过小错，高三毕业时班里不让她参加毕业照，学校知道后予以纠正，让她参加了。但是学校并非世外桃源，不可能避开"左"的思想影响，而且许多事情并不以学校的意志为转移，体现在高考报志愿及录取问题上更为突出。

重点高等院校，重点专业，都会对录取新生的政治条件提出要求，但这些要求在高校的《招生简章》上是看不到的，属于高校内部掌握；一零一中的主管领导及毕业班班主任老师应当大致知道这些要求，尽管为一些优秀学生不能报考重点高校或心仪专业而感到遗憾，但也无能为力，只能做这些学生的工作，婉言相劝。就在我们这一届高三毕业生中，有品学兼优的同学报考医学院校却被分配到农业大学，也有同学一心想考清华大学却被班主任老师劝说"不合适"而迫不得已报其他院校，有好几名同学被意外分到师范学院，更有甚者，有的同学不能报考大学而是直接分配当教师或工人；这些同学并不是学习成绩不佳，如此遭遇的唯一原因就是所谓"政审"即政治条件不合格：有的同学是地主出身，有的同学父母亲中有右派或"历史问题"，有的同学父亲虽然是革命干部，但有"海外关系""政审"也通不过。高考录取时改院校改专业，可能和中学无关；但报志愿时的"劝说"工作，是否有一零一中本身对学生的政治条件要求过于严格（即"左"）的因素？因为我所在的数学力学系，当时号称是清华大学五个机密系中的三个重点系[29]之一，而我们班里就有地主出身的同学。

"无产阶级政治"的极端，就是文化大革命。文革中，一零一中也成为北京市中小学的重灾区之一。按照王友琴的考证，北大附中的学生早在1966年6月8日就开始"用手臂粗的木棍""包有塑料皮的金属条""铜头军用皮带"和"铁制的火钩子"等凶器暴力殴打校领导和老师，清华附中学生也较早"用棍子、鞭子和皮带"对校长、老师进行毒打；但师大女附中则是第一个打死老师的学校，8月5日，五名校领导被打，"强迫他们

27　引自袁异凡 2012.9.18 回忆的邮件。
28　引自吉新军：《我是吉新军》，2003 年 4 月。
29　当时清华大学的五个机密系是：工程物理系、工程化学系、工程力学数学系、自动控制系和无线电电子学系，其中前三个是重点系。

跪在地上，用带钉子的棒子打他们，从锅炉房提来开水烫他们"，经几个小时折磨，第一副校长卞仲耘（女）终于身亡，另一位副校长胡志涛（女）被打骨折[30]。

而一零一中，是北京市第二个打死老师的学校。8月17日，学校原美术老师陈葆昆被毒打致死。一零一中的一名1966届初三毕业生（网名"林家铺子"）在新浪博客上记述了陈葆昆老师被打死的经过：

> 在教师办公室门外，我们的美术老师陈葆昆被揪了出来，一群同学开始用武装带抽打着这名做过胃切除手术，每天要吃五顿饭的男人。一开始是手握着武装带的铜扣，用皮带抽打着陈的身躯，到后来则将皮带调了过来，直接用皮带的铜头抽打陈的头和脸，每抽打一下，老师的脸上便增加了一道血痕，但陈老师仍然一动不动地站立着。突然，一名身强力壮的男同学冲了过去，当胸一拳，将陈老师打倒在地。
>
> 倒下的陈老师静静地躺在地上。
>
> "他装死！把他扔到喷水池里！"
>
> 被扔进水里的陈老师开始挣扎着要站起来，立刻就有几个人跳了下去，"我让你装死！"皮带和拳头又接二连三地落在陈老师的身上。
>
> 又一顿暴打之后，陈老师被面向地面推倒在喷水池里，鼻子和嘴全部淹没在污水之中。在一片"我让你装死！我看你起不起来！"的呼喊之中，他伸开四肢，背部朝天，一动不动地浮在池水中……
>
> 足足有几分钟的工夫，呐喊声突然沉寂了下去，围在喷水池周围的人全都一声不吭地注视着这具既熟悉又陌生的躯体。一名仍站在水中男生走过去，将陈老师的躯体翻了过来……
>
> "快叫救护车！"不知是谁大叫了一声。救护车开来了又开走了，救护车不拉死人。

林家铺子回忆说，"陈老师的尸体放在荷花池边上的一间办公室里，我与其他两名同学负责夜间看守，等待着他的妻子前来收尸"[31]。他的回忆应当是可信的。

王友琴说，"101中学的红卫兵以暴力性和破坏性强在北京出名"——

> "1966年8月17日在101中学被毒打的，除了陈葆昆以外，还有十多名该校的教师和副校长、教导主任等人，即当时在'专政队'里的所谓'牛鬼蛇神'。红卫兵强迫他们在校园小路上爬行。路面是用煤渣铺的，当时正值炎夏，人们穿单裤或者短裤，在煤渣路上爬行一段以后，他们的手和膝盖都鲜血淋淋。他们一边爬行，一边被打。有红卫兵学生在他们身后，用铜头皮带抽打他们的头和后背。一名当时的学生说，她看到，在爬行过程中，有一个红卫兵学生，脚穿厚重的军用皮鞋，走过去一脚踩住了一位女老师的手，然后转动他的脚，使劲在老师手上碾了几圈。这些被打的人中的女老师，已经被剃了'阴阳头'"。
>
> "8月18日大会后[32]，校园暴力继续发展升级。101中学一共有一百多名教职工，先后被关进'专政队'的有60多人。到了1966年秋天，还把北京市教育局的领导人张文松等也抓到学校里'劳改'"[33]。

陈葆昆原是一零一中的美术老师，文革前因与男学生的同性恋行为，被判处三年有期徒刑监外执行，在北京一个工厂劳动。但他有"问题"并不能成为毒打他以至剥夺他生命的理由，那一时期北京官方公布被打死的1772人，哪一个没有"问题"？"地主婆""走资派""流氓""右派"……不都是"问题"吗？

---

30 引自王友琴：《1966：学生打老师的革命》，原载香港中文大学出版社《二十一世纪》，1996年10月号。
31 引自新浪博客，林家铺子：《文革亲历与思考》.大批判，2012.1.27。
32 文革中，毛泽东等领导人曾在天安门八次接见各地来串连的红卫兵，1966年8月18日是第一次。
33 引自王友琴：《文革受难者》，香港《开放》杂志出版社，2004。

涉及一零一中文革的回忆文章不多，有一篇62届高三五班学生孙立博的文章，里面间接提道"田凤歧老师被当作特务斗得很厉害，也多次挨打，但是他挺过来了"[34]。比较详细涉及一零一中校领导和老师在文革中遭遇的，是共识网上曹培的回忆，曹文着重发掘文革恶浪中"闪亮的珍珠"，用工人师傅刘德新、贺文昆，校医段箴大夫，校总务处任彤云和汪瑞华老师、雷天奕老师，以及三位不知姓名的女同学等人的行动诠释什么是"人性的善良"，赞美"永恒的人性的善之光"；与此同时，也披露了当时学校内的恐怖气氛和部分校领导、老师所受的迫害和折磨。

曹文指出，"1966年'红8月'期间，学校红卫兵中有个'夜老虎队'，专门夜晚出动到干部老师家里抄家打人，学校家属院夜晚常听到有人高喊：'红色恐怖！红色恐怖万岁！'""副校长文方首当其冲，多次被红卫兵殴打。他家旁边有条不太深的水沟，文方和夫人冯老师都曾被打到水沟里过""政治教研组长陈司寇老师在残暴的殴打下，几乎丧生。语文教研组长汪瑞华老师，在一天晚上，被红卫兵揪到操场上毒打，扼住喉咙几乎窒息，遍体鳞伤""王一知作为101中学的'头号走资派''刘少奇的黑爪牙'，在劳改队里饱受迫害：挨的打最多，干的活儿最苦，受到的各种虐待折磨也最多"，1967年的11月，稻田里已结了层薄薄的冰，劳改队的老师们被驱赶去搬运稻捆，负责劳改队的学生命令王校长"只能自己搬，不许参加传递；还给她指定了一大堆稻捆的任务，不搬完不许休息；每次抱上两捆还不行，一定要加到三捆。王校长吃力地在泥水中跋涉着，挣扎着，一刻不敢停顿。稻茬把她的腿和脚扎的血淋淋的，学生们投掷的泥巴土块，不断地落到她的头上和身上"；仅这两篇文章就指出，王校长、文校长，以及汪瑞华、田凤歧、陈司寇、卢念能、冯静吉、杨文荣等多位老师，都曾经遭受过毒打。[35]

文革不堪回首。我们梦魂牵绕、没齿难忘的母校，为什么会成为文革的重灾区？我们的教育究竟出了什么问题？看来，是教育方针、即教育的目标出了问题。"教育为无产阶级政治服务"曾经多年被奉为我国教育方针的核心，后来具体提法上虽有变化，但为政治"服务"这个核心实际上并没有变。

中小学属于基础教育。有很多文章诟病我国的基础教育问题，上海复旦大学附中黄玉峰老师的文章是颇具代表性的一篇。

黄老师认为，"教育的最终目的，是让人自由生长，是让人性升华，是要让人快乐""是使人有健全的人格，健康的心态，有一颗善良的充满爱的心，当然，还要有健康的身体"。

黄老师说，我国的教育走的是功利主义路线，"它的着眼点，不是在培养人，而在能不能够成为为国家服务的'一种有用的机器'，'一种服务于政治的劳动工具——劳动者'；不是在关心人的成长，而实际上是在压制人的和谐发展，健康成长。要求做一颗革命机器上的一个螺丝钉""而功利主义最大的危害，正是在于牺牲健全的人格，健康的心态，以及对社会的责任与对他人的爱"；在这样的教育体制下，"长期以来用斗争的理论去教育孩子，用爱憎分明，去武装他们的头脑""最可怕的是，几乎完全不会将心比心，完全失去了同情心，失去宽容精神""这样的教育，把每个人都训练成为没有思想、没有个性的没有独立人格的工具""限制人的自由发展，限制人的个性发展，不让学习者有独立的思考""我们的同学们确实已经失去了独立思考的能力……独立的人格没有了，不会思想了，只会人云亦云""就这样，独立的人格不见了，独立的思想不见了，自由的精神不见了。'人'不见了"。黄老师已经触及教育问题的要害，"这不仅仅是教育本身的问题，它的背

---

34 见孙立博：《101在我心中》，载北京一零一中学网。
35 引自曹培：《劫后拾珠——记北京101中学文革中的几件小事》，见2015.11.8共识网。

后是'体制'"³⁶。

一零一中为什么成为北京市中小学的文革重灾区？我的同班同学梁红伍曾经对此进行过中肯的分析。他认为，如一零一中这一类中学"注重'革命传统教育'，对我们学生产生了正、负两个方面的深远影响。一方面，培养了我们朴实、正直、勤劳、敬业，刻苦努力，奋发图强，热爱祖国等优良品德；另一方面，又给我们灌输了不少错误的、甚至荒谬的'革命''革命斗争'和'阶级斗争'观点""特别是，这种革命教育，把社会生活的许多事物都打上'革命'的烙印，都赋予'革命'意义""这种革命教育，把'革命'和'斗争'宣讲的无处不在，无时不有，硬把'革命'和'斗争'普遍化、常态化、绝对化，甚至暴力化，搞到荒谬地步，使青年学生笃信无疑，为之献身，在所不惜"。梁红伍列举文革中不断宣传毛泽东含有暴力倾向的语录和讲话，指出"革命斗争中使用暴力手段，原本无可非议。既然反动派首先对革命者施以残酷的暴力和屠杀，那么革命者'以其人之道还治其人之身'，就是天经地义的。但是，革命胜利、夺取政权之后，在和平建设时期，在思想分歧和政治争论中，依旧崇尚革命斗争，必然导致滥用暴力，酿成巨大灾祸""在这种'极左'的、具有暴力倾向的舆论宣传鼓动下，深受'极左'革命思想熏陶的青年学生们，自然能够心安理得地以过激行为甚至采用暴力手段对付被列为'阶级敌人'和'革命对象'的人，哪怕是自己的老师和校长，也毫不'心慈手软'。于是，就发生了以'革命觉悟高''革命斗争性强'自豪的101中的学生们凶狠打死自己的美术老师，'重点中学'师大女附中的花季少女们活活打死慈祥的女校长等等骇人听闻的悲惨事件。显然，哪个学校'革命斗争教育'成绩大，'革命性'和'斗争性'强，哪个学校必定是文革重灾区，就'顺理成章'了"³⁷。实际上，在"左"的影响下，"革命对象"不仅是老师，而且包括同学，林家铺子回忆，"那时我们学校的大门口放着一个条凳，几个'红五类'手提'板带'（武装带）在门口守着，凡是'狗崽子'（出身不好的人）必须从凳子下面钻进"³⁸。

"101中成为文革重灾区的另一个重要原因，是我们那种灌输式的、强制性的、绝对化的思想教育方式，戕害了青年学生"。在我国的教育中，从小就灌输党和领袖"伟大光荣正确"的理念，必须"听党的话"，要"把一切献给党""做党的驯服工具"，要绝对服从等等，对此，有些文章谓之"党化"教育，梁红伍更是一针见血，称之为"奴化"教育。他说，"这种打着革命旗号的意识形态宣传教育，近乎'奴化洗脑'，致使学生对党和领袖产生迷信、盲从和愚忠的心理，彻底丧失了独立思考和辨别政治是非的能力，完全被'极左'的'革命思想'牵着鼻子走。文革前的101中学，一方面强调政治学习，对学生灌输革命思想；另一方面则对极个别不盲从灌输说教、能够独立思考、有个人见解的学生，进行批判和打压。上个世纪50年代末，101中有位高中学生勤于思考，质疑'弄虚作假'的'大跃进'运动，私下和讨论会上坦诚谈论他的种种怀疑、不满以及自己的独立见解，表示对'灌输式的教育、高压的政治空气、荒唐的群众运动'（该生语言）极为反感，结果被学校领导视为'散布反动言论'，遭到批判和压制。这种批判和压制，致使学生们的独立思考窒息，只能乖乖地接受'相信党''永远跟党走''阶级斗争是我们一门主课'等思想灌输"³⁹。

我们常说，教师是"人类灵魂的工程师"。国家的教育方针政策，教育的体制机制，教师的言传身教，从不同的层面塑造着受教育者的灵魂。

---

36 引自黄玉峰：《"人"是怎么不见的？》，2009年2月23日在复旦大学社会科学高等研究院"中国深度研究"讲坛的讲演，见2014.10.5小花生网。
37 引自梁红伍：《一零一中学何以成为文革的重灾区》，2016.5.20。
38 引自新浪博客，林家铺子：《文革亲历与思考》.大批判，2012.1.27。
39 引自梁红伍：《一零一中学何以成为文革的重灾区》。

被"奴化洗脑"的人，丧失了独立思考和辨别是非能力的人，就是黄玉峰老师所说没有独立、健全人格的人，这样的人实际上是没有灵魂或者灵魂被扭曲的人。一零一中副校长程翔的一篇文章，也提道"人性美"和"独立人格"。程翔认为，"教育是有灵魂的，灵魂就是培育学生心中的太阳"，文章在指出"这颗太阳闪耀着爱国主义的光辉""这颗太阳闪耀着成功和自信的光芒"之后，重点论述"这颗太阳闪耀着人性美和人情美的光芒"。文章认为，"人性美的核心是具有人道主义精神，具有良知，具有悲天悯人的情怀。教师要教育学生具有恻隐之心"，他以文革中学生打死老师的事实，指出"丧失了人性，即便是中学生也能做出野兽一般的事情来"；"人性美还包括要尊重他人，具有平等观念""尊重和平等的观念，是人性中最美好的品性，是人性善良的表现"；文章特别指出，"在人性美中，独立人格非常重要。缺乏独立思考，是中国人人性中的弱点"，但程校长说"旧中国长期奴才教育的影响，使得学生精神成长普遍缺钙"，我不能苟同，旧中国的学生精神并不"缺钙"，比如那时的清华大学就崇尚"独立之精神，自由之思想"，从"五四"运动到"一二•九"运动，从北京的"三一八惨案"到昆明的"一二•一惨案"，都是那时的学生不"缺钙"的证据；现在相当一部分国人独立人格的缺失，恰恰是新中国建立后长期"奴化"教育，并对有"独立人格"者长期打压的结果。程校长的文章还提倡"景仰并敬畏崇高"，强调"无法无天的人掌握大权，是一件很可怕事情，他很可能会给国家和民族带来灾难"[40]。程校长的文章，没有提"为政治服务"，没有被"政治"绑架，可能代表了一零一中领导层对过去教育弊病的反思，值得一读。

---

[40] 引自程翔：《教育是有灵魂的》，见 2012.7.16 中国高校之窗。

【往事】

非常年代
——我的文革岁月

刘雅君

很早就有人劝我写一下那个年代的那些事，在当时，我说说都要伤心落泪，还要心慌气短，可以说那真是一部血泪史，自己不愿意想，更不愿意写。事过四五十年了，还有人劝我写。我想这也是一段少有的经历，在我回首往事时，这段历史也挥之不去，趁还有些记忆时写写吧，虽然没什么用，也算是记录一段真实的历史。但写了一些总觉得像是记豆腐账，完全没有血泪，没有情感。也只有这样了。

一、我也上了大字报

1966年文化大革命风暴席卷全国，领导考虑到221厂肩负着特殊使命，初期上级规定主要是学习，厂内不搞大鸣大放，科研工作照常，只是听报告、学习《人民日报》社论等。但随着文化大革命的迅猛发展，厂内也开始了"破四旧"，砸烂"封、资、修"的活动，大礼堂前焚烧厂里京剧服装、道具等；许多建筑物墙上贴大字报；在厂内成立了相互对立的造反派；批厂长、书记、各层领导，以至夺权、夺印。到后来批专家学者，包括世界著名的王淦昌等都挨了批斗，他们的罪名是"反动学术权威"。最后连我这个最底层的业务小组长也上了大字报，我官太小算不上"走资派"，也算不上"学术权威"，把我为筹建剂量防护室电子组时，用自己办公桌换成组里实验台、从厂里办的剩余物资展览中领取的元件柜等，都说成是本位主义，手太长……

还扯上个人问题，大字报居然说我找对象条件高，要找蒋介石。当时我已结婚，真是又气又冤，有理无处申。委屈、难过，那一时期天天魂不守舍，一次在食堂打完饭又去打菜，回到饭桌竟然把别人的碗当成自己的；还有时饭前打完开水，吃完饭把别人的暖壶提走……好在我还有个家，虽然这个家不到4平方米，也没那么热乎，但它是我的避风港，我感谢、感恩和我共患难的他。这还只是苦难的开始，以后的事更是不堪回首。

二、勒令回厂

1969年4月的一天，在天津休产假的我收到青海发来的电报，电文是："速回厂参加运动"，发报人江××。我十分惊讶，是谁发来的，我不认识江××，为什么在产假期间要我回厂？我怀疑电报送错了，为此弟弟帮我到邮局去查过，电报没送错，无疑是给我的。可是当时我不仅是在休产假，还正患着风湿热，医生要我住院治疗并警告："风湿热早治疗可不留后遗症；如果不治或延误治疗，会落下风湿性心脏病，后果严重。"

医生给我开了住院通知书，还出具了诊断证明。我一并寄给单位，同时给单位发了电报："因病请缓，见信"。可是第二三天就又收到电报："限×月×日到厂，否则开除厂籍、党籍"。发报人还是江××，具体日期和人名记不清了，其他内容一字不差。这是什么领导，产假是国家规定的法定假期，不让休限期回厂，否则还开除！连一点人道主义也没有！我不回，不信他们会把我怎么样。但是过两天收到爱人的来电："速回厂，我不能接，嘉梁"。这下子我明白了：单位来电一定要照办。

我陷入了沉思，回想当初决定在天津生小孩儿，是因为我大龄生育，天津医疗条件较好，考虑到我家里有老有小，妈妈照顾不过来，所以定好了快生时爱人利用年度休假来津照顾。他3月份就该来了，可是到时候只见到他的电报，说来不了，也没说什么原因，当时我也没顾上想什么，现在看到他新来的电报，知道一定是单位那边出了什么事。事后知道，当时他在没得到上级批准的情况下，私自逃到了西宁，在准备买去天津的火车票时，被抓了回去，想当时他有多难！他临阵来不了，搞得天津这边家里抓瞎，那是在文革时期，没有保姆、月嫂可请，只有自己和家人受累。

文革中医院秩序紊乱，我临产时住进市里最好的天津市妇产医院。可是医院除了检查和治疗，护理方面几乎全由家属负责。产妇必须有家属陪护，我家里除了八十多岁的老奶奶，就是不到十岁的弟弟妹妹，只有妈妈一人白天忙完一大家子的三顿饭后，晚上来医院陪护，每天来回折腾。还有医院不提供三餐，吃饭也要家里送，那时医院附近没有可供三餐的饭店、地摊，更没有外卖等。我的饭是让八九岁的弟弟跑大半个天津城给我送的。

在我临产那天，早早就被送到产房，开始有大夫护士值班，过了会儿，有人通知要练革命歌曲，于是他们都走了，产房只有我一个产妇，屋里空荡荡的，很冷，扩音器里不停地大声播放着革命歌曲，我不时地阵痛，一个人低声地呻吟。过了很长时间，痛得越来越厉害，觉得小孩儿快要出来了，我急得叫人，喊声被扩音器的声音压过，没有人过来，急得我不知如何是好，真是叫天天不应；叫地地不灵。又过了一会儿，感谢上帝，恰巧一位护士过来取东西，看到我说："呀，忘了这里还有个人呐！"走近看到我的情况，小孩儿都露头了，赶紧去叫大夫，大夫护士急忙过来，一通忙活，小孩总算平安生下来了。现在回想起来，还为那时两条性命处于危险和自己无奈的心情感到悲伤。小孩儿是个健康漂亮的女孩儿，她一落地，一下子我感到无比的轻松和满足，这是运动一年多以来仅有的片刻，但永生不忘。

女儿出生后没过多会儿，就放在小车里推到我的病床边，以后大人、小孩儿的生活、护理都要自己管。我住的病房有8个床位，挤得满满的，男男女女，老老小小，每天乱哄哄的。我刚生产完回病房后要小便，护士给了一个尿盆，不知道竟是漏的，产后第一次小便量很大，都洒在床上了，我要求换垫子，护士说没有，自己想办法。天已很晚，没有公交车，那时候也没有出租车，走回去更不可能；打电话让家里送吧，没有电话，而且家里也没有人能来，没办法，只有将就着睡吧！就这样我和妈妈用身体把湿淋淋的垫子捂干。这可能是我落下风湿病的原因，现在想起妈妈为我前后吃的苦，还止不住潸然泪下。

说起上厕所，以后都是自己下地去了，穿过一面是窗的走廊，几扇窗户的玻璃都没有了，过堂风呼呼地直吹过来，厕所里满地污秽，水没过随地放的砖头，没法下脚，要小心地踩着有两块砖摞起来的地方走……那情景真让人难以想象。

出院后，因家里实在没有人手，疏于照顾，女儿得了肺炎，我又陪住院。儿童医院条件更差，住观察室两天，小孩长了一身虱子，小小的身体满是红肿，让我扎心地痛。后来有了床位，住到病房，必须有家人陪护，婴儿床太小，我只能睡在小床下的水泥地板上。因为儿童病房经常有患儿要抢救，所以病房的门白天黑夜总是开着的，冷风从门口不停地吹进，那年天津四月还下了一场大雪，在月子里的我，又潮湿又寒冷，心里还为孩子的病着急，怎么能不得病？在女儿的病得到控制出院时，我查体温38度，血沉45mm/h，还有其他如关节痛、腿肿等症状，医生诊断风湿热，必须及时治疗。就是这个时候，如开头所讲收到的莫名电报，勒令我回厂参加运动。

三、回厂参加运动

过去多少年我的身体一直都很好，从小学到大学到工作，从没请过病假，工作后加班加点，吃苦耐劳，而且还是市级的运动员，可是当下得了风湿热，要赶快抓紧治病，不能让自己得上心脏病，即便真的被开除厂籍、党籍，我也相信党，最后会落实政策。可是又想到在北京看到过的上访的人的境况：在政府机关门前排着长队，带着铺盖卷，衣衫褴褛，神情疲惫的样子。如果真的被开除了，走上访的路太难了……我左右为难，见到爱人电报后我才决定：还是去吧！到了那里有厂医院，领导看到我的病状和天津医院的诊断，总不能不让人治病吧！

决定后首先是要把女儿送到无锡奶奶家。孩子太小，而且刚大病一场，实在让人心疼，而且无锡家里只有爷爷奶奶，都六十多岁了，但也没别的办法！妈妈陪我一起从天津市到无锡乡下。农村还是比城市好，很快在这里找到阿姨，要给小孩断奶，小孩不配合不肯喝牛奶，真是急人！限期就要到了，我从医院和生产大队开了乘车照顾的证明信。在那年代卧铺票非常难买，有证明信，还托了人，才买到火车卧铺票。家里还不放心，把在甘肃工作的我爱人的弟弟叫回来，专程一路护送到青海。我顾不上几个月来辛苦照顾我的老妈，顾不上哭哭啼啼不喝牛奶的女儿，还有接下来要养育这么小的孙女的奶奶和爷爷……千挂万念！而且还疾病缠身，况且还是在休产假期间，真难啊！现在想想也还止不住地伤心落泪，但不得已！总算可以如期回厂了。写到此我后悔写这些，太伤心了，悲不自胜！

到青海，住在西宁221厂招待所。后边的路程还有一百多公里，因为保密，家属不能跟去，弟弟只好回甘肃了，接下来的路要自己想办法。

当时没有去厂里的班车，西宁到海晏的火车也停开了，眼看着过了规定期限，可是也只有等在那里。过了两天，终于等到有一个人也要上去，他设法雇了辆马车，早晨我们一起乘车出发，下午3点多钟到了非工作人员可能到达的最接近厂区的地方，马车只能到这里。这里是海拔3300公尺的高原，没有人接，也见不到一个熟悉的人，我只有自己大包小包地拖到了总厂。到这里得知各分厂的人不在总厂生活区，吃住都在各个厂区，在那里搞运动。现在我都想不起来是怎么到达十几公里外的七厂区的。

天色已晚，领导安排我和同一个室的女同志们住在一起，七八个人一个房间，是原来的一个大实验室。几张铁床，我的床上没有被褥，床面是用1厘米多宽的钢条稀稀拉拉地编成的。我向领导申请被褥，因为他们知道我在青海家里的东西都随单位搬迁运到四川了，青海这里没有家，没有铺盖。既然叫我来，总该有法住吧，七厂有招待所，过去我们加班都住在那里，不管在哪儿至少要有被褥啊！可是领导回答我：被褥自己解决！我刚风尘仆仆地远道来青海高原，厂区孤零零在大草原上，没有商店，没有居民，我上哪儿去解决被褥！写到这里我又抑制不住地哽噎。大冷的天，我只能和衣睡在冰冷的铁条床上，每天咳的都是粉红色泡沫痰，胸痛、气喘，经医务室诊断：风湿性心脏病，心衰。但领导根本不当事，说草菅人命一点都不过分。他们还一次又一次地让我写检查：为什么没如期回厂。我辩解说晚的两天是因为西宁到厂区没有车，我不能步行一百多公里！但他们完全不讲道理，还是要给我处分：停发工资，每月给生活费15元。这15元我要给无锡家里寄10元，还要存钱设法买被褥。此时我想到了为什么有人在运动中会自杀：不讲道理，逼人太甚！但是我不会自杀。我每天只吃几两主食，那时候没人敢借给我钱。我非常感谢一位同事，吴德花在我还没买到被褥时借给我一条褥子，比雪中送炭还可贵。

四、爱人成了反革命

我到草原（我们习惯这样称单位所在地）的第二天，参加七厂全体职工大会，有一千人左右。领导讲了阶级斗争的形势，我没记住，只有第二个议程：把×××李嘉梁押上来，没听清冠的是什么罪名，但看到我爱人被两个人按着头押了上来，我震惊了！不敢相信所看到的，气都喘不过来，后边说了什么，我一点也没听到，直到散会。我知道我现在是反革命、特务家属，呆呆地人就像死了，没魂儿了，幽灵般回到办公室。忽然，一旁的同事迅速爬到窗台上，对我说了声："雅君，这只手表送给你！"话音还没落，他已经从窗口跳下去了。当时我的第一闪念是：这是三层楼，很高……然后想到，不好，跳下去会没命的，应该抓住他，但已经来不及了。

上边的两件事让我失魂落魄，同时也充分认识到形势的严重性。在我刚到厂的前两天，厂里进行形势教育，看了为配合运动自拍的纪录片《毛泽东思想没有照耀到的地方》，片中讲的都是我们厂的事。记得突出的画面是垃圾，乱纸片横飞……解说里有流氓阿飞四处活动，反革命案件频出等，但我不记得片中有解说词里的画面。

还进行阶级路线教育，听报告、学文件、联系自己检查，批判资产阶级思想、作风……我觉得很长时间忙于工作、任务，在政治思想上没有好好学习，自己的委屈是小事，厂里形势如此严重，是应该好好检查总结一下，提高觉悟，参加战斗。在当时轰轰烈烈的运动感召下，真觉得自己思想里有许多资产阶级的东西要批判，我深刻检讨了自己的个人主义，表现在只顾自己身体，不考虑革命需要，有病就不革命了吗！这是资产阶级活命哲学作祟。当时有些人特别讲卫生、娇气等都遭到大小会批判，当时极左的思潮冲昏了头脑，我也是，还觉得这是人民内部矛盾，批判是为了改正错误思想，能更好认清形势，参加运动。

五、三大反革命案件

所谓的反革命案件，指的是三大案：电厂爆炸、二厂车间（加工核材料的）爆炸、七厂绝密资料被盗。因为发生了这些案件，所以这里要军事管制，集中搞运动，而且案件已经定了性：反革命、特务破坏、盗窃机密资料。厂里工职都必须住在办公室，参加运动，接受审查。保密检查把每人家中的被褥从头到脚摸遍，看有没有保密资料、胶卷之类；装米、盐、糖的袋子、罐罐要倒出来，查微型胶片；检查中还把有些人在家里自拍的亲密照等都翻了出来并进行批斗；日记也要审查，从日记里找反动言论、罪状，有的写了不当的话，作为定罪的证据……总之非常恐怖。

我刚回来几天，真搞不明白，离开厂没多少时间，怎么好端端的单位，一个艰苦奋斗、独立自主研制成功两弹的单位，变成了反革命案件频出，特务、流氓、坏分子集聚，毛泽东思想没有照耀到的地方？

运动期间，这里最大的领导叫赵启明，还有另一位高级人物，人们称他"中央首长"，据说是林彪亲自指派的，名叫赵登程，很有魄力，有尚方宝剑，掌握生杀大权。就在这时，我们厂区又发生了"杀人案件"。当时上级从全国各大军区挑了大批在伍的军官和战士，战士取下领章帽徽不准回家直接到厂，平均不到两个职工就有一个战士（称老战士）。军官在运动中担任各级的领导，他们带着军衔，从连级到军级成为科室到院级的军代表，来厂协助搞运动。据说还在全国下内部通令，凡是从国内到国外的各港口、海关严查失窃机密文件。

我是反革命、特务家属，还犯了错误（没如期回厂），在这次运动中二赵总结出的规律是：现代新生的特务有几个特点，一出身好；二党员；三技术骨干，他们说有了这些条件才容易得到敌人信任和能拿到重要情报、当上特务，种种理由，我有特务嫌疑，一开始就被审查，每天要早起打扫厕所，白天写检查、揭发材料。我被安置到一个墙角，不能坐椅子，只能坐小板凳，面向墙壁，紧对着我的墙上贴着大幅对联，左边"坦白从宽，抗拒从严"；右边"顽抗到底，死路一条"；横幅"彻底交待"。在一天之中时不时地被叫起来罚站，一站就是一、两个小时。晚上1点之前不准睡觉，这是最让我受不了的,我的心脏有时每分钟跳150多次，有时跳跳停停，咳血是经常的，腿肿到膝盖以上，一按一个深坑。我要求去医务室看病，但回答是："反革命、特务还要看病，（这时我还没被点名为特务）人民的药不能给你们吃！"不准看病。我只有得过且过，这样一直到后来搬迁去四川。

六、死刑立即执行

我来厂第五天，厂里开万人大会，全体职工、军代表，所有人都要参加。地点在总厂办公楼南边的大草原上，不需要围墙，因为这里不可能有外人，但是四周还是有解放军站岗。会场主席台是临时搭的棚子，坐北朝南。职工按原来的各分厂以科室为单位纵列排满整个会场，大家都坐在自己带的小板凳上，眼看着主席台上陌生的红幅大字：……宣判大会（前边的字记不清了）。

大会开始了，主席台上有人宣布：宣判大会现在开始！会场立刻从乱哄哄到鸦雀无声。主席台上押来几个人，被反绑着，头低着，脖子后边插着一根木条。主席台上的人宣读第一个人的罪状：大意是阶级报复，杀害解放军战士。这件事我们之前就听说了，有一位解放军战士在打靶时出了事故，脑袋炸开，脑浆流出来，送到医院，已不省人事。这位被押的人是厂医院的外科主任，早期调来草原的著名外科医生，经他抢救无效，战士死了。据说查到他那天的日记中写了"今天又报销了一个"，加上他出身是地主，所以定性阶级报复。宣读完罪状后，宣读判决书：死刑，立即执行，然后两个解放军把他押下，穿过会场人群，到会场南边的空地上。同时主持人让大家向后转，再后听到一声枪响……就这样没有辩护，没有上诉，就枪毙了，人没了，让人不敢相信这是真实发生的！

主持人让大家再转回来，面向主席台继续开会，会场鸦雀无声。宣判下一个，是年轻的技术人员，清华大学毕业比我晚一年。他的罪状是破坏产品，给国家造成巨大损失，判决死刑……最后一个判决的是个十多岁的孩子（不记得他够不够18岁），罪状是组织流氓集团，强奸幼女，也是死刑。宣判完听他喊了一声："妈……"后脖子被勒紧，人也瘫了下去。两个解放军架着他穿过会场到刑场。（平反后落实：当初认定被他强奸的所有幼女处女膜都完好无损。）大会共宣判了六个人，都是死刑，就在我们眼前执行的，触目惊心！

领导明确这次宣判大会是杀鸡给猴看，无产阶级专政的铁拳不会放过任何反革命、特务分子，无产阶级专政不是吃素的。死不悔改，拒不坦白交待，就是今天这几个人的下场！在以后的批斗中，不时地有人用"吃枪子"或"吃黑枣儿"威吓被斗的人。宣判大会把运动推向新的阶段，坦白、揭发、批斗，还有坦白控诉大会，接下来是漫长痛苦的折磨。

三大案件中绝密资料被劫，是七厂的事，发生在从青海往四川搬迁时，那时我爱人是室主任，室里所有保密资料、技术总结都曾经过他的手，所以他当然是特务，最早被点了名。我偶尔看到他，被人押着，当然不能和他说话，但我了解他，知道他的脾气，没干过的事一定不会承认，这样的下场很可能就像那几个人。运动中听到好几个很熟悉的人自杀，我怕他想不开，请求老战士把女儿照片给了他，他还没见过女儿，事后他说他懂得我的意思。

我在另一个室是业务组长，我们室、我们组出了不少"特务"，他们的罪行都是给苏修送情报，情报就是技术总结，我们组的技术总结都经过我的手，我自然也跑不了，而且据上边掌握的情况，特务是打着文革中的派进行活动的,我那派的头头都是"特务"了。我熟悉的人也越来越多地被点了名为"特务"。我虽然不相信这些,但看着军代表那鲜红的领章、帽徽,他们整天忙忙碌碌,难道证据都是假的,他们没有理由搞欺骗啊?当时除了对党中央、毛主席信任,对其他包括自己都持否定态度,甚至曾经怀疑自己是不是上了派头头们的当,误入了特务组织。后来我认真回忆文革以来自己的所作所为,也仔细地算过我的收入支出,看有没有谁以各种借口给过我钱,因为被揭的特务都拿了特务经费。经过认真仔细地回想,最后我才认定自己没有稀里糊涂参加特务组织。

七、我被点名

随着运动继续发展,我室军代表一次次在大小会上旁敲侧击点我,模棱两可地说着一些事,如出身好、党员、业务骨干、组长、为特务组织四处活动,企图蒙混过关,那是痴心妄想!像是说我,但是又不点名。我每次一到开会就提心吊胆,听到这些话时,心就像跳到嗓子眼了。我害怕被点名,因为每次点了名,这个人就会被揪着脖领、按着头押上台,然后拳打脚踢,挨斗。我的病一天比一天重,怕一勒一吓,心脏骤停或出什么状况,突然死了。我不想这么不明不白地死,当特务被人们唾弃,死有余辜,死后还不知何时能平反,要牵连家人,让孩子也背上骂名,这个时候我真的很怕死。每次开批斗会时我都先把内、外衣领口的纽扣解开,防止突然被衣领勒死,同时还要像就义一样,随时手里紧握毛主席语录,表示我不是反革命,这些日子最最难熬。

我的心除了生理的伤,还有心灵的痛,我难过的是,我无限忠于的党把我当敌人整,我家三代工人,父亲三十年代就参加了共产党,我从小受革命教育,少先队——共青团——共产党,一路过来听党的话,好好学习、努力工作,为党的事业献出一切是我的终身奋斗目标。可是如今被打成"反党、反社会主义的反革命、特务!"每天夜里难过得泪水沾满枕巾。

忽然一天,听说上次搬迁留下的室也要从青海搬迁到四川去。阿弥陀佛!四川海拔低,心脏病会好过一些,我得救了!搬迁时我们坐的专列是没有窗户的闷罐车,一个车厢几十人,睡在车厢的木地板上。我发现地板有缝隙,真想写封信或纸条扔下去,告诉中央这里的运动有问题,但是一来有人看着,二来也没笔没纸,可惜了一个机会。

八、"牛鬼蛇神"们

到四川后,汽车绕着大山盘旋多时才进入我们的山沟,真是深山之中,在这里很难找到大点的平地,连住的宿舍都不是建在一个平面上的。安顿好后我们便开始了新的生活。"牛鬼蛇神"们每天要劳动,都是重体力的,这里到处是山石,要搬石头修路、翻地种菜……本来因为气候太潮湿,我的心脏病症状不见好转,反而加重了,心慌气短、心律失常,但不能休息和治疗。我们一个室有二十来个"牛鬼蛇神",有的人和我一样,还没被点名,集中看管。翻地时"牛"们排成一排,大家一起向前挖,但我的前边常常是被两边的"牛"挖过了,我心中默默地感激。在白色恐怖下(平反结论定性:法西斯专政、白色恐怖),那理解、体贴更让人感动和欣慰。

我们的生活非常压抑:时不时揪去批斗;除了交待罪行,不许和任何人讲话;上厕所必须要看管人跟着;吃饭排队有人赶着走,遇到小孩儿走过时会向你吐口水,扔石子;吃饭只能买最便宜的菜;有病不准看病……比只是失去人身自由还苦。那些日子我每天早晨醒来都想:又熬过了一天,就这样熬着。可能是人有寻求快乐的本性,有一次翻地时一个"牛"挖出了一个瓶盖,很普通的瓶盖。恰好看管人不在跟前,他捡起瓶盖看了看说:"金子做的。"另一个"牛"凑上去:"真的,金子做的。"一群"牛鬼蛇神"围着瓶盖看了又看,都笑了,笑得那么天真,那么难得。也可以说是有寓意,大家都知道特务是假的,但主要是寻开心。

我被关在屋里交待时,也常常思想溜号,我在想:我现在最想吃的是什么?最想见的人是谁?最想做的是什么事?听了真让人失望,我最想吃的是饼干,不是红烧肉,不知为什么,虽然一年也没吃到一块肉了;最想见的人,许多作品都会写"妈妈。"不,我最想见的是毛主席!因为只有毛主席可以为我们平反,在这种情况下,想的是快快能平反。我觉得那些写小说的人有的可能自己没遭到过这种处境。

我最想做的事,是不要人跟着上厕所、上小卖部,真没出息!但的的确确是我的真实想法。这些当然是在多少次批斗后的小小插曲,毕竟我当时没被点名,还能幸运地有这种心情。想想那些定为特务头头、纵火犯、杀人凶手的人,日子可怎么过呀!他们由解放军看管,戴着手铐。那种手铐是解放前只有西藏、青海才有的,带上后一动就会勒紧,属于行刑性质,所以解放后禁用了,而这次居然全都用上了还不够。

九、我成了"特务""反革命"双料货

这样批斗、交待、劳改,一段时间后,终于在一次大会上点了我的名,所冠的罪名好像是"特务"。两个人像押别的"特务"一样,押我上台。真庆幸,心脏没有停止跳动,而且我觉得完全没有想象的那么可怕。两个人架着,都不用迈步就到了台上,这时反觉得轻松了,点了名再不用提心吊胆了。当场批斗自然免不了挨打,我挨的比别人还多一点,因为我不弯腰,头也低得不够深。这是我早想好的,我看到前边好多人挨斗时,被迫弯腰、低头很深,但到后来坚持不下去,起一点就要挨打,有的人身体很好最后腿都颤得站不住,还骂你熊,踢着让你站起来。我想我肯定更不行,索性趁开始身体还能顶一阵时,就不弯、不低,而且长时间弯着腰,会落下病的。在批斗时我还不停地喊:"毛主席说要文斗,不要武斗!""毛主席教导要摆事实、讲道理。"这时批斗的人竟说出"对反革命讲什么道理"的话。虽然他们说我嚣张,但毛主席的话对他们总会有点威慑力,最后,批斗会就是一场武斗。这样的批斗会我经历了许多次。从大到小,各连轮番批斗,各组也时不时地斗。我的头发被揪得一把把地掉,枕头上留下密密麻麻的血迹。有些人专用主席语录的书脊打人,一边骂着:"你个特务还不低头!"一边用语录打头、打脸;还有老战士穿的都是部队的大头皮鞋,踢人最痛……每次批斗会对于我除了心灵的伤痛,还留下身上一块块的青紫,不过皮肉之苦比担惊受怕的感觉好多了,真算不了什么。

一天军代表找我谈话,一上来就让我交待把什么资料给了特务组织,拿了多少经费?我知道这是为了找证据诱供,心里有恍然大悟的感觉,知道坦白交待的人是怎么回事。为了更清楚些,我说300元,军代表:你还这么不老实!我说:500,军:你不要以为说少了罪过就轻。800,好了,你要继续交待问题!我几乎完全明白了,我周围怎么那么多承认拿了经费的"特务"了。

这些时间每天早晨在看管人的喊骂声中,这些"牛鬼蛇神"们还要排着队跑圈,并要大声喊:"坦白从宽,抗拒从严;顽抗到底,死路一条。"跑步时我经常心律失常,有时心慌得有濒死感觉,所以很怕跑步,心想若不是心脏病,我怕跑步!我是获过许多奖的运动员啊。劳动时规定不准说话,说话就是串联,被看管人看到,罪加一等。但有时如平整地面,挖大石头要两个人搬,偶尔会单独在一起。一次我冒着罪加一等的危险问一个坦白了的"特务":"你真的是特务,还拿了经费?"他说:"瞎说的,不说就定死罪,还是先认下来,活着还可以翻案嘛!"这样,我百分之百证实了原

来的判断。

从那以后我想把我对运动的看法分析都写出来，有机会递出去。这段时间对我的批斗都没有什么效果，我想可能是顽固不化，等待判决吧。每天主要是让我写交待，读毛主席著作，指定读："敦促杜聿明投降书"，这篇文章不长，当时我都全文背下来了。我把书摆在面前当幌子，下边偷偷写东西。我知道递出去的可能性不大，而且被发现会斗死我，但既然我清楚地看到运动伤害了很多好同志，这些经过严格审查、三代历史清楚、思想业务好，在大西北极艰苦的环境下，为我国核事业献身的人们，运动确确实实搞错了。作为共产党员应该说出来，不是我觉悟多高，只是要这样做。

当时要写东西也很难，像我这样的人，纸都是写交待时才给一两张；笔倒是没有收走。因为怕看管人随时可能收笔，我曾偷偷保存了一个翻地时发现的5号电池的铅芯。没有纸我就用手纸，幸好我用的手纸是毛边纸，可以写字。最难的是要在看管人的眼皮底下写，不被他发现。趁他上厕所、去买东西、午睡等等，时间还是有的，我要随时准备好他来时把写的东西藏在哪。为了不至全部被抄走，要放在不同地方，枕头下、被褥下、床下……但总有突如其来的时候，每次吓得我心惊肉跳。为了写时省时间，夜里我在脑子里打草稿，还默默地一遍遍修改，很快我写了好几页。

除了写，有一次我还在上厕所时趁看管人没出来，迅速跑到厕所对过的军代表办公室，那里有管整个实验部的军代表，南京军区派来的，姓汪，六级干部。我见他正在，上气不接下气地急着说："你们搞错了，冤枉了好人。你们对不起人民，对不起党！"我抢着说完这些，后被押走，然后是一连串的批斗。同时他们翻出了我写的东西，抄走了。连里军代表声嘶力竭地对我喊："你说，谁被冤枉了！"他让我一一写下来。我写了十多个人，说还有其他。为特务翻案，否定运动成绩，都是大罪状，这之后我的罪名又加了个"反革命"，

因为领导早就三令五申：破坏运动就是反革命。从此，我成了"特务"加"反革命"双料货。奇怪，自从被点名后，我不再伤心落泪，也不再考虑死后如何，批斗造成的皮肉之苦真的不算什么！现在想起来那句话很有道理：死猪不怕烫。

十、洪洞县无好人

草原上这次运动揪出了特务集团，挖出了上千个特务，而且还在不断地增加。破案组明确地说：两个人的口供就可定案，加上他们又不停地逼供、诱供，这里真是洪洞县无好人了。原来的政治、业务骨干基本上都是特务。

眼下革命群众为数不多，积极分子更少，还有老战士。老战士不了解情况，当然要相信领导，说谁是特务，就恨他，斗他。有时这些"特务"们也反感用非法手段整人、肆意用酷刑的人，如当时让被整的人站在烧热的砖头上；用烧热的炉钩子烫人；脚踢男人的下身，听说有一个人被踢得生殖器肿得向足球那么大。

还有他们那种小人得志，趾高气扬的样子，时间长了总得想法教训他们一下。有两个"特务"利用打开水的机会，把纸条趁湿贴在暖水壶下边，传递消息：揭发一个运动积极分子。于是积极分子也成了"特务"，尝到当"特务"的滋味，这让许多老"特务"们庆幸。到这个时候，其实运动已经没法整下去了。

十一、平反

比晴天打雷还突然，1971年5月的一天，全所开大会，宣布给被整为特务的人平反。刹那间乌云散去，捆在身上的绳索松开了。不敢相信这一天真的到了，没有兴奋、没有悲伤，只是默默地接受，这以后平反的文件、个人的待遇等等一件接一件。但是我的身体却吃不消了，一下子倒下来，住进了职工医院。　　（下转第190页）

【往事】

我是怎样参加 115 师的

唐昭东[1]

1937年平型关战斗后，10月寒露天气还不算太冷。115师杨成武的一团四连在梁格庄一带活动时，日军为了报复他们的十二人被杀，把北山地主武装缴了械。70多名地主的"连庄会"士兵被日军烧杀在梁格庄火车的上水楼子和火车头卸灰渣的地方。本来地主武装想效忠日军当汉奸，不知什么缘故，发生了误会。日军怀疑他们是八路军的队伍，出其不意地缴械了他们的枪支。用铁丝绑上炸弹将他们捆挤在火车头的上水楼子中一起放火烧杀。仅逃出的两个人，诉说了日军的残暴。

我们农校的行宫也成了日军的监狱和杀人场。看到可疑的乡民和青年学生便盘问，如不对他们的口味便抓起来。我的亲戚和同学也有被杀害的。集市也不能活跃，怕日军抢劫不给钱。由于票子不值钱，日军收缴铜板和银圆。当时的社会景象是，火车停运，铁轨拆毁，桥梁炸断，物价上涨，民不聊生。

1937年11月上旬，115师的一团四连在许家峪（旺隆村西的山沟里）抓了我的父亲。我弟弟才十五岁，也被看管起来。我在营坊老家看家，守着那些家具房产。一天，突然接到一封鸡毛信，向我们家要枪、要钱，限期交付。我接到信，头脑炸痛。当时我家实在交不出这些东西，砸锅卖铁也拿不出来。决定赶快到旺隆村家中告诉父亲。可当我走到旺隆村边，从树林中走出一个穿破旧衣服、持南方口音的人和我拉近乎。我以为是前线作战下来的伤员，就和他一同进了村。可到了芦老汉家，他就把我交给了军队。这时我才明白，我、父亲和弟弟父子三人都被抓了起来。后来才来得知，和我一同进村的人是四连的侦察员，姓冯。

我们被抓的罪名是我父亲曾在梁格庄帮助日本人干事，家中还有两个上学的学生，一定存有满清时的老财底。是当地一些不了解真相的群众，乱言飞语诬蔑所致。当天晚上，把我们父子三人和其他一些人带到另外一个山村审问。同去的人也都说出真情实话，我父亲一人在外做事，遇到社会巨变；两个儿子上学，还帮助乡亲们收割庄稼，他们有什么罪过，也被抓起来？我母亲当时有身孕七八个月，还有一个十三岁的妹妹，家中只剩下怀孕的妇女哭嚎，哀求邻舍亲友出来说话相救。

无奈，被抓起后的一天晚上，我扯了谎。我说自己是同族送信的，和父亲无直系关系。同时亲友也串通好，蒙混过了军队的长官。出于我家的现实情况，再扣押我就不通情理了。于是第二天上午，被迫将我放回家料理这遭难事。但我出来没跑几里，后边便开始放枪追捕。我跑回营坊见到我二舅，又躲在我大爷爷唐子洲家的柴草垛里，天黑了才出来。我大爷爷陪着同我托村中亲友们说情，找了村内能跑腿办事的马星五、何赞臣等，还找了村长商议。村长对我家也知底细，说是先保人要紧。我拜求作揖，求乡亲们出来作

---

[1] 唐昭东（1920-1998）河北易县人，1938年参加河北抗日武装，同年入党，1983年离休，离休前任中央气象局气象科学研究院党委书记。

保。经大家跑腿帮助，联合了二十多个村庄，写了真情实况的保证书，才算是初步稳住了形势。

有一天晚上，他们押着我弟弟到我营坊老宅，在屋内、屋外、房前，房后刨地，也没刨出任何财宝，只翻出地窖中存放的书、父亲做文书时的一些书信和几袋白面大米，没有违禁物品。把父亲过去做事的文档、证章、书籍和我们从学校拉运回来的书籍清查后，弄清了我家是诗书门第，未干过坏事，也未参加过什么党派。其中有几张是我父的磕头弟兄金兰谱的，也没有什么财宝价值。他们用枪威胁我弟弟，结果手枪走了火，差点没把我弟弟打死。子弹从胸臂中间穿过，打到墙上飞出窗外。带队的长官和村中的人都很惊讶，说和着算是拉倒而去了。

村上给部队送去了保证书，他们不再要钱、要枪了，但是要我们送给部队慰劳品。村上筹备了十几块钱，托马星五化装成商人，带着我去易县城找我三舅，由他求地主老财假冒贩货的商人，在商铺家舍欠日用百货文具、信纸信封及布匹等等，大约五六十银圆的东西，装了一大挑子。再由他们商号的人护送出城门，连夜赶回到营坊家中。后来，又把我家当年养的肥猪杀掉，做了些生熟肉食。最后，托何赞臣等人带上筹借的五六十元钱买的物品和我家的肉食给部队送去，算是告一段落。又过了几天，他们审查清楚了，才把我放回家。全家算是经受了一场倾家荡产"为了抗日"的教育。

我弟当时是十五岁的高小学生，也懂得些抗日的道理。他在我父被放出之前，就不再受看押，可自由行动。我父亲在被扣押期间曾问他是愿意回家，还是留在部队打日本。他思考后，便割舍骨肉情肠决定参加抗日部队。这样，他在1937年11月便先于我参加了晋察冀一分区的部队。以后听说在军事测绘班学习，不久就当了见习参谋。

我父返回家中后，料理我母亲生我小弟弟和其他善后事宜。到1938年1月，日军大部队突然从梁格庄路过，西进扫荡。那时我母亲在营坊坐月子才十多天，托人躲进梁格庄意大利天主堂避难。等日军过后，地方武装高鸿飞的队伍占据了梁格庄。他们向当地有点名气的人家要枪、要钱，筹备抗日，实际上是变相绑票。2月里的一天，又把我从营坊抓去，向我家要人、要枪。当时父母妹弟都到山沟里去了。他们明知我家已遭受过洗劫，还这样无理取闹。看我家弄不出油水，便动员我当兵参加他们的队伍。我被押了十多天，看到他们是土匪底子的乌合之众，不会真正抗日，我没有同意。我向他们解释家中离不开人照顾的情况。面对这种情况，我父找到了在高鸿飞部队当参谋处长的阎某（沾点表亲）来说和，由父亲代替儿子去参加他们的队伍，在参谋处工作。我算是又过了一关，回到山沟与母亲和妹妹身旁度日。

我父被迫参加高鸿飞部队后，了解到当时各地抗日民众武装和他们内部的情况（都是土匪），和八路军队伍相差太多，但又无法脱身。他了解到赵玉昆十路军部队是家乡受到群众好评的抗日部队，人员也多，其指挥部的参谋长是他磕头弟兄宋学飞。我父想去投奔，但他担心他走后，我一个人在家待不住，再惹祸则不好收拾。经父母商议，将我母亲、妹妹和小弟藏在西山沟佃农亲友家，租借了6斗粗粮。等我们走后，再迅速由岭东村迁去许家峪山里。

我们父子乘夜离开了家乡，天亮时已绕过易县至塘湖镇的公路，到了赵玉昆的十路抗日军的防地东邵村，找到他们的指挥部。宋学飞参谋长当即收留了我们。

【往事】

青海：我抛洒青春的第二故乡（三）
——社会底层之底层

李耿立

西宁的活血库

有一天，我管下的电工金明奇背倚着工作台坐在地下，耷拉着脑袋，脸色蜡黄，出着虚汗，大口喘气。我问他：你怎么啦？生病了？他有气无力地说：没有事，不要紧的。赵裕丰把我拉到一边，悄悄地告诉我，他这是卖血卖多了。金明奇体重最多有80斤，一下子卖了400毫升血。这个样子怎么能干活呢。后来我才知道我们车间很多就业职工长期卖血，已经影响了车间生产，车间就派人到各医院走访调查。但调查很不顺利，各医院先是不肯提供卖血人的名单，后来提供了，上面也找不到我们车间人的名字。因为我的手下也卖血，我也自告奋勇参加了调查。省医院血库的小大夫张留柱和我的初恋白红棉中学同班，因此和我成了好朋友，我从他那里了解了不少内幕，加上几位管教干部不懈的努力，终于揭开了卖血黑幕的一角。

原来那个时代没有献血一说，医院救命的血全靠卖血人提供。而多数人科技知识不够，认为卖血会损伤生命，只有穷极关头别无门路才去卖血。我们厂有西宁最大的劳改就业职工群，他们工资低下，生活困难，有多人常年卖血，形成规模。所以一有大手术血库不足，医院的人就开车到我们厂下边的南川商场，脱了白大褂，私下找到我们厂任一个卖血人（明着来找厂里不让），告诉血型，要几个人。就业职工一串联，一会工夫人就找全了，直接拉到医院采血就行（采完血就不管送，有的人喝碗糖水就算是奢侈了）。东关的回民也有卖血的，但比较分散，急切时找不够人，所以我们厂逐步成了西宁的活血库。

医院明知卖血中有许多猫腻，也得保护买血人。厂里调查人员多次交涉，医院顶不住，终于提供了卖血人的登记表，我看到车间的几个人，其中倒废油烧伤的那个家伙，照片还是烧伤前的样子，他们全部用的假名字。医院一个月最多给一个人采300毫升血，他们就在好几个医院都办采血证，有的人一个月采过1000毫升，真是不要命了。当时西宁100毫升血卖18元钱，一般情况抽300毫升，医院给54元，这是一笔不小的钱了。卖血的多半是文化程度低，没有技术的就业职工，他们只能干些力气活儿或开简单的机床，工资每月33元（青工出徒还52.5元），如果有家口，确实不够生活。相信多数人是补贴了家用，但也有一些单身是去解决生理需求了。

听说厂周围的村子里有半开门的女人，这些人拿了钱去嫖。有个就业职工外号叫牛皮纸，就是他去嫖的时候，讲好五元一次，他拿出钱，那女人只脱了一条裤腿，说是一条腿五元，两条得十元，猴急的档口，他又拿出五元。这家伙是个惯偷，完事之后，出门时他拿牛皮纸换回了五元钱，回来吹嘘得了这个外号，可见可怜之人也有可恨之处。

卖血不是简单事，早就形成了黑链条。先是验血一关，有些不合格的（比如乙肝携带者）就得请别人代验，抽血时再自己去。这一关要找代替的人，自然得打点，请吃饭或送一只大公鸡等等，还要堵住医院采血大夫的嘴，让他睁一眼闭一眼，不再深究是否是同一个人，每人一个月采几次也不严格限制。我跟张留柱说：咱可别做这样的事，那不是救命而是害人了。张留柱说：大立哥，我绝不做那生孩子没屁眼的事。但有些卖血人为了方便还是老黏糊他，帮助他买春节回家火车票哇，给做一件衣服哇，扔下一包烟呐，平常就联络着感情，尽管他只是个刚上班的学员。管事的大夫那就更得大手笔了，不过他不知道内情。验过血你也不能自己去卖血，得经过血把头。

我们车间有个小把头，是个四川籍的就业职工（名字忘了），粗脖大头，很是壮实，胖面环眼，有点凶相。车间里的人卖血要经过他，让他提成。城里有个女人是中把头，他也向那女人定期进贡。我们车间一个北京籍的就业职工王联武，没有经过他们，自己偷偷跑到外地卖了血，那儿100毫升血20块。车间那个小把头通过他们的渠道知道了，几个人把王联武打了个鼻青脸肿，我见到王联武走路一瘸一拐的，脸上有青淤，问他怎么回事，他说不小心摔的，过了好久车间才知道真相。总之卖血的内幕很深，黑社会加上某些利益相关的人结成了一个大网，垄断了卖血渠道。凭我们一个厂的调查掀不动他们，只能约束一下我们厂的就业职工。可怜那些沦落到卖血救急的人，还要被层层盘剥，卖300毫升血真正到手不会超过45块钱。而接受输血的病人还要冒感染的巨大风险，常有输血后病重的报道就不足为奇了。

"土匪"也愿意嫁

车间有个就业职工（名字忘了），以前当过土匪。他的长相有点凶，一边太阳穴还有个大疤，人们就叫他"土匪"或"大疤"。一天大疤找到管教干部说他要结婚。对象是湟中县一个农村姑娘。这可是我进厂以来第一例就业职工搞对象，鉴于有王军那样的败类，车间决定要好好把关，绝不能让就业职工再骗了人。管教干部庄永才叫大疤把那姑娘领来询问，正好没活儿，我也好奇地到管教办公室听，车间刘书记和副书记王明章都在，足见车间的重视。那姑娘约有20岁左右，个子超过一米六，圆圆的脸，小眼睛，脸颊是黑紫色的高原红，在众人的环视下，手拽着衣角头也不敢抬。问过她家里的情况，有奶奶、父母、哥哥、妹妹和一个小弟弟，成分是贫农。贫农女子怎么会下嫁这样身份的人，不会是被"土匪"骗了吧？庄永才问："你知道他是什么人嘛？""知道，劳改过的。""知道他还戴着帽吗？""他说是三类。"（注：就业职工按改造程度每年定类，改造好的是一类，差的是四类，待遇不一样）"他挣多少钱知道吗？""33块。""他告诉你他多大年龄了？""38岁。""你以前有过对象吗？""没有过。""你家里愿意吗？""愿意！"。几个干部交换了一下眼色，看来"土匪"没有对她家撒谎。可贫农家的大姑娘，嫁给长相难看工资最低的劳改就业职工，政治身份太不对等了。书记不甘心，问："你家有党员吗？""没有。""有团员吗？""哥哥当过，年岁到了，退了。"看来从党团组织上干预是不行了，"你愿意吗？"她抬起头说："我愿意。""真的愿意？""愿意！"没有什么法规和组织原则限制自由恋爱，车间只好同意，他们最后结婚了。过后我们了解到，她那个村子每人每天才四两口粮，满工分一天一毛多钱。她一出嫁，村里立刻停了她那份口粮。跟了"土匪"，她可以吃饱饭，比原来的家强多了，活命才是最要紧的。后来经过"土匪"的介绍，她们村里又有两个姑娘嫁给了车间的就业职工。都是车间同意，村里乐意，女方愿意，就业职工满意。

拿介绍信要饭

青海是个穷地方，除了湟水河河谷，其他地方都靠天吃饭，农村的人温饱都成问题，不料还有人到青海来要饭，那多是甘肃定西一带更穷的山区人。一天我在安甫家聊天，听见敲门声，出去一看是个二十五六岁的年轻男子，并不认识。正猜疑间，那人拿出一张纸递上来，只见上写着：介绍信：兹有我村贫农×××，前去你处打粮，以度荒年。希协助为盼。有效期自×月×日——×月×日。下款是：甘肃省×县×公社×村革命委员会，还盖着一个圆圆的红章子。我和安甫看了半天介绍信不是假的，但一般要饭的都是老弱病残呐，便问他，你年轻轻的干点什么不好，为何来要饭？那人说，他原来在部队当兵吃得饱，复员回家就不行了，他们家在定西地区的黄土高原上，十年九旱，没有河，一旦天不下雨或霜冻早，粮食就收不下。往往种一簸箕，收获一碗。离城市远，没有别的营生可以干，没有办法才组织起来出外讨饭，地主富农还不让出来呢。他年轻力壮四处讨要，还有老人小孩走不动，就在车站广场晾晒要来的粮食。因为西宁天干，馒头之类不发霉，他们就碾成馒头渣，凑够一袋子就发运回去，家里还有实在出不来的人等着救命呢。安甫一听，拿出家里仅有的半袋子面全给了他，我跑回宿舍，把大家以前没吃完的馒头搜罗了一大包，邻居们也都你拿几个馒头，我拿一包面给他，他千恩万谢地走了。

几天后我去西宁火车站接站，果然看到几个包头巾的老太太在地上用石头和木棍把馒头干碾成渣，在车站广场一角摊开晾晒。旁边已经堆了2麻袋晾干的，够他们几天的口粮了，大概和那复员军人是一个村的。后来听说因为影响市容，公安把他们撵走了。

就业职工的思想波动

1972年中美建交，美国总统尼克松访华，在世界和国内引起了很大的轰动。厂里就业职工的思想也起了波澜，但当时没有发生什么事。到了1975年春天，天气还有点冷，厂里忽然来了一队人参观，年龄在50-60岁，一律穿新的黑色四兜制服，黑棉裤，头戴黑色双耳软沿棉帽，脚蹬高帮黑棉布鞋。他们慢慢地绕着各个机床转着圈看，看到新奇的床子，还有人停下来看床子动作。但没人发问，也没相互交谈，静静地走了一圈就到隔壁金工一参观去了。过后我们才知道来参观的人是即将释放的国民党战犯，他们都是团级（或相当于团级）以上官职，是经人大常委会讨论后发文特赦的，他们出狱后就成为公民，可以选择去向，比如回家回原籍投奔亲友，国家根据他们的情况安排适当的工作。那套新衣服是他们脱下囚服后国家发的，是他们多年来头一次穿的普通人服装。这次参观算是对他们出狱前做的爱国爱党的教育，让他们知道在共产党的领导下，过去只能造马掌、锄头的青海已经可以生产汽车了。当就业职工知道了这批人的身份后，他们的思想波动很大，有的人闹了起来，还有人找了红头文件质疑厂里对他们的管理不合法。总的论调是：美帝也和咱们和好了，老反革命也都成了好人了，我们这些小反革命倒在这儿受管制，大不公平了。

当时有个叫朱谷生的老头，和我们一起参与动力科长陈忠纯组织的液压螺旋锤攻关。他是上海人，学历只有小学，但他人很聪明勤奋，自学了很多东西，一手图画得干净漂亮，据说他六十岁时自学了高等数学，一般的计算他也能行。他是个幽默开朗的老头。常见他画完了一张大图，连抽几大口烟眯着眼欣赏。他的口头语：戒烟太容易了，我已经成功多次了。他的外号"猪八戒"，就是由屡次戒烟得来。解放前他曾负责大西北公路修建的技术工作。因为不是国民党员，只能当甘肃省公路局的副局长（据说官职是少校），而正局长才够团级。特赦战犯们参观走后，朱老头沉默不语了好多天，最后病倒了。陈忠纯带人去看他。他抓住老陈的手老泪纵横："我为什么没入国民党哪？入了就够团级了。我对不起儿女们哪！"

事情就是这么吊诡，他因为清高，不肯和国民党党棍为伍，不肯加入国民党，只能当副职。恰好差了半级不够特赦的线，只能继续当就业职工，回不了上海的家。这些问题厂里怎么处理的我不清楚，好像对他们的管理宽松了些。几年后政策更清明了（我已经离开青海），全部就业职工陆续被摘了帽，不再按就业职工管着，成了公民。

社会的最底层

我们这些平民百姓凭自己的劳动挣份工资，平日里为柴米油盐操心，买到了过冬的煤，车间分了肉和菜，月末还剩了几块钱，就觉得很高兴。要是碰到事给朋友帮忙吃了顿酒席，更要得意几天。厂子发展了，汽车造多了，有自己一分辛劳在内，人人腰杆挺直，脸上有光。我们既不是官，也发不了财，算是社会的底层。在我们周围还有更底层的一群人，比如就业职工、偏僻农村的人们，他们活得更艰难和压抑。看看他们，我暗自庆幸没有沦落到他们那样悲惨，也隐隐有一种责任感滋生，想去改变点什么。可自己的力量像一只蚂蚁太微不足道了，只能脚踏实地苦干，或许能感化几个人，大家像愚公一样挖山不止，让我们的祖国变得更富强更清明起来，从根本上消除历史遗留的贫穷落后，使最底层的人越来越少，也不枉来世上一回。

我们厂开始是叫青海新生汽车配件厂，大约72年才改叫青海汽车制造厂。厂名中凡带有新生字样的，都是劳改厂（场）。判了刑的犯人在这些厂里服刑劳动改造，也有服刑期满不能回原籍留下就业的人，归属劳改局管理。

1969 年我们厂造出了 25 辆汽车，参加了五一节游行，争得了制造汽车的资格，改归机械局领导。留下已经服刑期满技术较好的男职工，而把其他犯人都送到柴达木盆地的劳改农场去了。留下的人统称（劳改）就业职工，大约有一千多人。这些人理论上已经服刑期满，可以恢复公民身份了（像内地服刑的人，刑满释放就回原单位或街道工作去了），实际上他们仍然比普通人低一等。特别是我们厂的犯人都是上海、江浙一带来的，当地的知识青年大批下乡，大学生都分不进去，各单位招工只能由子弟顶替退休的老职工，根本没法收容他们，留在青海就业是他们唯一出路。有专门的管教干部管着他们，干活时到各自的床子上，下班后集中居住、吃饭、学习，进城要请假，到外地要批准，每年冬天要整训，评出改造类别，改造差的要带上"帽子"，甚至关禁闭。

为了不犯政策错误，我们自然要跟管教干部和车间老师傅了解他们的情况，因何犯罪，表现怎样等，有时也直接问他们自己，他们一般不愿意说支吾过去，我也没有寻根究底，给他们保留一点尊严吧。所以有些事情听了没有核实，可能记的有误，只有请以后见到此文的知情人补正了。

就业职工也有三六九等

厂里就业的没有政治犯，只有刑事犯和劳教人员，比如小偷、诈骗犯、贪污犯、流氓、会道门、犯重大错误的等等五花八门。其中有些就业职工技术上有绝活儿，在西北五省职工技能大赛中，靠他们我们厂拿了好几个第一。总装车间有两个修车有绝技，站在边上听汽车开过，就能知道毛病在哪里；冲压车间一个钣金工，凭一把木榔头和气焊枪，不用拆开就能把撞瘪的汽车外壳修复如初，据说在服刑期间就有人把他请出去修汽车（再送回来）；铸工车间一位据说可以凭手摸焊接有沙眼的发动机气缸；西北气割冠军也是我们厂就业职工。至于用钢丝钩开各种锁，削个土豆一会工夫刻出个公章来，能做的人就多了。我们车间一个姓曹的老车工，是在日本学的徒，车间让他在精度最好的波兰床子上干细活。另一位张老头（名字忘了）专车零活儿，凭内卡钳和外卡钳能车出合适的配合来，只是不知他们为何"进来的"。带我机修的赵裕丰因是一贯道的点传师而判刑，入狱前是银匠，挑着担子走街串巷给人家打首饰。我们厂做毛主席像章的冲压模子都是他用小錾子一下下地剔出来的，我在工具房窗台上的小盒子里看到有十几套，精细极了。车间里好多土机床都是他主动琢磨搞出来的。这样的人通常年纪较大，安心干活，要在普通厂子都是劳动模范。车床上一位叫包耀增，解放初期，他是苏北某县的区团委书记，为给对象买东西，钱不够就用了点团费，准备发了工资还上。他运气不好，在发工资之前被发现了，以挪用公款罪被判刑，而且挪用的是团费，更罪加一等。如果没有这事，他可能已经是大干部了。他是就业职工小组长，帮助管教干部监管他们，平常干活兢兢业业。多数就业职工都是老实的，干部叫干什么就干什么，但也有一些不服气的，一般不敢顶撞干部，而是消极抵制耍心眼儿偷懒，我就碰到过。

一个青海籍的职工（名字忘了），人高马大，圆脑袋粗脖子，力气很大，可以一只手抓两个转向节（将近100斤，而且不好抓），他负责转运物料，干点粗活。他的罪过是听说一个女人是石女，就去强奸她想验证一下，给女方造成了伤害。一天他开个液压压套机床干烦了，就把三相电机的接线换个头，然后来机修房找我说床子坏了。我去查了半天，没找到毛病，因为那个床子很简单，没有几个部件，每个部件都没毛病（我没有想到是他欺负我经验少）。我就兀自念叨：会不会是电气的毛病，泵响声不对（电机反转，泵不能吸油，反倒往外排气）。他一听心虚了，赶忙说：我改改电线试试。床子一下子好了。看他点头哈腰一脸油汗地认错服软，我警告了他却没有到管教那儿告他的状。

另一个就业职工（名字忘了）开铣床，也是说工作台不动来找我修，换变速挡位也不行，从电机查过去，各处没问题，怀疑是电气的故障，我去叫电工，回来还没动手就好了。原来是机床上布置有好多微动开关，实现几个方向工作台连锁。工作台上一般会放些待加工的工件，他把一个工件压在了微动开关上，锁住了工作台。那些微动开关很小，触头冒出不过1、2毫米，谁也不会注意。让你修理，他就歇一会儿，歇得差不多了，他把工件挪一下，微动开关触头松开了，自然就没毛病了。这些狡猾的就业职工不在乎你干部的身份，欺负你不懂或想不到，没准私下里还要吹嘘自己如何高明来贬低你。我瞥见了他整理一下工件，床子就好了，但现场破坏了，没法抓现行。

再修床子的时候，我也学精了，杂物都要从床子上先清理掉，嘴里再念叨着这些容易做手脚的地方，吓唬一下他们。这个家伙也因为懒遭了报应，我们周四下午要早点停床子，让操作人用柴油或煤油清洗机床。清洗后的废油要倒进废油桶里回收，废油桶在机修房旁边，离车间有一段距离。他清洗完铣床后懒得走远，半路上直接端着油盆把废油泼进铁匠房的锅炉里。他的手还没来得及放下，只听砰的一声，支撑锅炉的砖墙炸倒了半边，铁匠房的墙也炸出了个大窟窿，火蛇顺着他泼出去的油流窜出来把他包住了，他半身着火，乱跳乱窜，我和崔金德上去按住他，扒掉了他的衣服踩灭了火头。他的脸烧坏了，一个多月才长出粉色的嫩肉，后来长出的肉变黑了，他成了五花脸。车间又垒好了铁匠房，他受了伤，就没再处罚他。

不太老实的就业职工有一部分是罪过轻或自觉冤枉的人。一个江苏籍的叫吴小弟，是个孤儿，他的年纪很轻，长得很清秀。他的罪名是惯偷，我看过他的材料，是60年大饥荒的时候，他夜里跳墙偷了公社碾米厂的一麻袋稻谷。谁想那个麻袋有个小口，第二天人们顺着雪地上的稻谷粒抓到他和那袋稻谷。材料上写着他盗窃50余次，偷的都是四邻的碗、盆、炉勾之类，于是判他劳教。他不服屡次和管教干部吵闹，就给他加了几次刑，到了我们厂。车间干部对他的情况心知肚明，顶多就是个盗窃未遂，其他50多次，无非是孤儿过日子缺东少西，拿了邻居的物件没还，所以也不难为他。他后来娶了一个上海女高中生，那女子很漂亮，高个长辫子，只为逃避下乡才下嫁他。他的工资很低，只有30多块（青工出徒工资53

块),两口人的日子是很清苦的。他老婆就给火柴厂糊火柴盒,糊一千套(装火柴的内盒加上擦燃点火和保护用的外盒)挣7毛钱,靠这她攒下10元钱,偷偷放进旧信封里压在褥子底下。不料吴小弟那天来了勤快劲儿,收拾了和废报纸一起卖给收破烂的了。两人大吵起来,那女子哭的天昏地暗,真是贫贱夫妻百事哀啊。我离开青海几年后,政策更明晰了,厂里的就业人员都摘了帽子恢复公民身份,而包耀增和吴小弟是第一批。

听就业职工自己讲的情况(没核实),有很多人入狱是冤枉的。我们车间有厂里唯一的铁匠房,因为有个老铁匠手艺高超,打常用的工具比如内、外卡钳,划规之类不在话下,外车间也常来找他打些买不到的工具。老头的脾气很偏,不管什么人都敢呵斥。我们都愿意帮他打二锤,他小锤点哪里,你就用大锤敲哪儿,看那火红的铁块一锤锤逐渐成形很有成就感。一次我帮他打了一阵,他喊起来:去去!你下去,太笨!我只好放下大锤让给别人。后来我才找到问题所在:铁砧放在一个埋在地里树墩子上,高度适合个子一米七以下的人,我个子太高,大锤打下去后手高,打不成平面,他小锤点的地方,我打出的是个斜坑。我想再试试,这个倔老头怎么也不肯。他原来在上海开了个铁匠铺,由于手艺好,口碑相传生意兴隆,生活算是小康。快解放时他雇了个苏北的保姆,一个月后,那保姆的男人找了来,他留住在家。过了几天,苏北来人把那人抓走了,原来他是个地主,家乡土改逃到上海来的。于是老铁匠以包庇逃亡地主罪被判刑。

还有一个开车床的姓沈(名字忘了,只记得他脸色特别黄),他说是因为57年给车间党支部书记贴了大字报,正巧他操作不当,把进给箱的齿轮打了,一个齿轮不值几个钱,但床子上正在加工一个大齿轮毛坯,而这个大齿轮,又是一个大设备上的部件,书记让按大设备停工几天计算损失,以造成国家重大损失罪入刑。

还有个小伙子平常老老实实,遵纪守法,干活卖力,但就是认死理。不知听谁说的,认定自己就是周总理的儿子,是总理在上海做地下工作时托付给一户工人养大的。他几乎每年逃跑一次,逃到北京就在中华门外蹲守,想等总理出来时认亲,自然是很快就被中央警卫团捉住遣送回来。回来至多是关几天禁闭,也没法再惩罚他。还有一个原来是快毕业的大学生,57年他拿着一幅民国时代老地图说苏联侵占了我们100多万平方公里的领土,既然都是社会主义兄弟国家,老大哥应当还回来。反右派的时候,他以"反苏"的罪名被判了刑。这样的人被判刑后往往不服,和管教干部闹。但判刑在法院,服刑在监狱,监狱一般很少会为你平反找法院的麻烦。只要一闹就加刑,反倒要坐更长时间的监。

其他车间也有类似的人,很轻的错误也重判了。金工一个姓傅的就业职工原是浙江一农民,挑了生产队的一担棉花去卖,拿到钱他跑到青海我们厂找他的堂兄傅小元,傅小元是金工一车间的干部,就安排他当了工人。他挣够了棉花钱后,把钱寄回了老家大队。本来大队找不到他,也就没人追究了,一知道他的去处,一份信函过来。干部写了一张条子,他就从工人宿舍搬到劳教队去了。

铸工车间有个李福胜,瘦高个子,红脸膛,见人就傻兮兮的笑。听人说过他服刑的故事,一次运动中把他抓了,审讯中发现年龄、口音、原籍和预期对象不一样,估计是因为同名同姓抓错了。审讯人员说:你先出去,我们研究一下。他就到门外蹲在那里,正好一名解放军士兵押着一队犯人放风从这儿过,见他吼了一声:你蹲在这里干什么?入列!他是没文化没见过世面的农村人,没敢问就入列跟着队走了。审讯人商量后都认为抓错了,准备放他回家,出门来没有看到人,以为他自己走了,也没再管。过了一阵,劳改队发现多了一个人,问他怎么进来的,他也说不清,又不敢随便放他,他就稀里糊涂的服刑了。后来真的罪犯抓住了,终于弄清了原委,他自己不愿回老家，就在我们厂当了工人，后来成了七级木模工。木模工可不简单，汽车发动机是我们厂自己制作的，缸体上孔洞、沟台相当复杂（我们这帮大学生学过制图，对照着实物看图纸，仍然好多处看不明白）。木模工要根据图纸做出铸造木模来，那水平不服不行，七级木模工更不得了。后来他的外号就叫"入列"，车队司机和他开玩笑说你就是傻×。他反击说：开车最简单，吊一张大饼在驾驶楼里，狗都能学会。他其实是个很心灵手巧的人。

解放初期，罗瑞卿当公安部长，肃清了国民党派来或留下的特务、土匪，扫掉了旧社会遗留下的流氓、恶霸、反动会道门、小偷、妓女、吸毒等社会渣滓，为稳定新生的革命政权，保障人民安定的生活起了很大作用。但58年前后，有些地方的公安系统扩大化搞了"十无运动"，大约就是无小偷、无流氓、无诈骗、无恶霸……等等（还有的地方政府甚至提出"百无运动"），某些人民内部矛盾也做敌我矛盾处理了。后来得到了纠正，但有些人赶上点了，都判了刑或劳教。如果在内地服刑，刑满或纠偏之后，就放了回家。但一到青海服刑那就只有当就业职工一条路了。

除了上述情况的人，也有恶习难改的。有一外车间就业职工是惯偷，就业后每年都会多次偷东西，他倒也不挥霍，都做好记录存放起来，到冬季整训时，他推着小车一一送还失主。他说看到好偷的东西他的手就痒，明明知道是犯罪，但不偷心里就难受。据说一次他被拷了双手在背后游街示众，居然用头发挂回了一支围观人的钢笔。

也确有极少数的就业职工，是对政府社会极端仇恨的。我们车间一次跑了一个（名字忘了），直到半年后才抓回来。他的父亲是解放初被镇压的恶霸地主，和共产党有刻骨仇恨，他看每一个人都眼含恶狼般的凶光，毫不掩饰。我看到他的交代材料，原来他辗转跑回了老家广西，先去找他在山区的姐姐，姐姐被男人抛弃是靠卖淫为生，留不下他，他就藏到十万大山里打柴卖、到饭馆里吃人家剩饭，混了半年听别人说广东好混，他就跑去了。因为语言不通，找不到工作，他饿得受不了，就到华侨办说是从香港游水过来的，能证明身份的东西都掉到海里了。侨办的人很客气，给他安排食宿，然后和他聊天，什么香港水荒啊，最近什么电影红火，哪个明星如何啊，他哪里知道，自然是漏了馅儿，派出所当即扣住了他。车间派了彭茂勇、温国模两位复员兵把他押了回来，关到楼梯下的小黑空里。关着也不是办法，他不干活，还要陪上两个人看押他，耽误三个工，只能靠别的就业职工"帮助"他一回。放出来后，这家伙不说话还是狠呆呆地瞪着人，并不服气。

就业职工逃跑的事时有发生，听说曾有一个跑到了香港，他通过广播电台隔空喊话，感谢某管教干部批准他探亲（表现好的就业职工可以探亲，但不是一年一次，且要干部批准），使他有机会逃到香港，于是这个管教干部受了降级处分。所以管教干部责任很重，轻易不敢批准他们探亲，一旦有逃跑的，立即组织人追逃。一心逃跑的就业职工都是处心积虑精心准备的，不一定都能追得回来。我们车间庄永才讲过他追逃的故事：有个就业职工长得比较瘦小，他化装成一个青海农村的老太太，包了个头巾逃走了。他没有立刻乘火车走，使到火车站汽车站截查的管教干部们扑了空，而是步行往乐都方向走了100多里，找到一个部队营房，说是来找当兵的儿子的，丢了地址，走不动了。部队没疑有诈，留他住了几天，他估计风头已过，坐了火车往内地去。厂里的管教干部们已经扩大了搜寻范围，几趟开内地的车上都有人在沿着车厢寻找。老庄走到他坐的车厢，开始并没有认出来，走到车厢头只是下意识地回身，那人心虚，恰此时也抬头望了一下，两人对了下眼光。老庄走到另一车厢，忽然心动，又走回来，两人又对了一次眼光，那家伙赶紧低下头，老庄一下子起了疑心，走近来装作绊了一下，抬手蹭掉了那家伙的头巾，于是他落网了。还有一次，金工一的就业职工跑了，管教杨鸿勋在兰州郊区找到了他，他在前面跑，老杨在后面追。后来他上了房，老杨也追上了房。老杨是空军下来的转业干部，人高马大，胸宽背厚，体重足有200斤，兰州的民房是平顶连成一片的，追着追着，老杨一下子把老乡的房顶踩漏了掉进窟窿里，两手支住卡在那里动不了。那就业职工回头一看，忙跑了回来，架住老杨的胳膊把他拖了出来。老杨刚出来，他放下老杨接着再跑，老杨大喝一声：还敢跑！他还真的站住束手就擒了。

底层其他一言难尽的人

我的同学里张振光和韩秀林都到附近农村当过工作队员，时间是一个月左右，具体任务我没留意过。他们说到一些政策不清的情况，我印象很深。藏传佛教有转世灵童一说，活佛不灭，而是转生到某处，人们按那个方向去找刚出生的孩子，就是上世活佛转世了。各个小的寺庙也有活佛。张振光就和一位20多岁的小活佛成了朋友。据村里的干部讲小活佛相当于地主，但农民、牧民们依然把他当活佛尊敬有加，连村干部也不去找他的事认真监管他。那小活佛没学过经典也不传教，像普通人一样。村里的地主多半是马步芳军队的旧军官，他们是被管制的对象。但这些人的老婆（还有的是小老婆）却是当年红四军团的女红军。

原来红四方面军奉中央军委的命令西征，打通到苏联的通道，以便取得共产国际的援助。他们一路苦战，沿河西走廊西进，这一带地广人稀，没有群众基础，没有后勤支援，和国民党马步芳的骑兵反复拼杀，弹尽粮绝，最后除去李先念带出几百人杀出祁连山返回延安外全军覆没。被俘的男战士集中到西宁一个庙里全部机枪扫死。没来得及吞金自杀的女兵则被马步芳分给手下的大小军官当老婆。解放后如何对待这些当年的老红军政策不明确，有的在村里被当成伪属地主婆看待。她们找工作队要求恢复老红军身份，至少不能当地主婆对待，张振光他们哪里能决定，只能说向上级反映。我们几个私下里说，这些女子也是爬雪山过草地为革命九死一生的，有的还两次过草地，若不是被俘，哪个不是开国元勋，革命功臣？即使不能封一官半职，也应当养起来让她们安享晚年，毕竟她们也是为革命事业做了贡献的。即使有错误，也不至于当敌人对待。我们想不通，同情她们是我们太讲"小资人情味"了吗？

我的大姨夫也有类似经历。他曾是八路军抗日军政大学第四期的学员，毕业后组指派他和另外三位同志到冀中开辟根据地。通过封锁线时，被日本人发现打散了。他只好先回了保定老家，找不到组织，就先做小买卖。期间被日本宪兵队抓到石家庄，没查到什么，关了一个月释放出来。他经商有一套，居然和一个日本人合了伙做生意，把日本人需要的棉花、苎麻等物资从根据地运出去，再把八路军需要的药品、布匹、机具等从日占区运出来，两头做买卖，赚了一些钱。他和我讲过，邯郸安阳一带是八路军的根据地，火车一到那儿，他的人把货往下扔，路基两边都是八路军等着接收。后来日本投降了，那个合伙人没钱回国，还是他借了钱给那人回了日本。

解放后他在北京一个机械厂当总工程师。那个厂的厂长、副厂长接了私人的活儿，用公家的材料、人力干，挣了钱私分。事情败落后，把他和厂长们都抓了。做私活是瞒着他的，审讯时他拒不认罪，大骂审判员。于是以公器私用，贪污、咆哮法庭罪判了刑，先是到天津茶淀农场劳改，后来又发送到新疆巴楚农三师继续劳改。直到20多年后文革结束了，他才平反无罪释放回了北京。

受他的影响，1964年我二表姐没能考大学，分到同仁堂当学徒；到65年，和我同在北京四中一届的大表哥在学校四清中作为白专典型被批判，也没让考大学（他成绩很好，20个志愿全报的是清华。但在档案里有"不得报考大专院校"的批示），去一个小工厂当了车工。文革开始后，为了不再影响三个表弟的前途，我大姨和他离了婚，改嫁了一个通县的贫农。我在青海的时候，他正在巴楚服刑。这个情况下，家里人不得不和他划清界限，不方便联系他。可亲情不是能隔断的，于是表姐她们寄东西给他，都是通过我中转。他在那儿吃不饱，来信让我给他买点酥油寄去。可西宁酥油不是随时可买到的，等我知道消息赶去城里，酥油早买光了。我就不时设法换些全国粮票寄给他（全国粮票里含有一定比例的食油，可以全国通用。只有出差或探亲才可以凭介绍信用本省的粮票和油票到粮店换，有人用不完，手头会存一些），所以大姨夫和我非常亲。

他平反回了北京，和大姨又复了婚。我去看他，他说起在农三师时，一天上级领导来视察，其中一位女首长竟然是他抗大的同学，见面不胜唏嘘。女同学临走让团里照顾他，给换个适合的工作。后来团里让他跑业务，买到了几台当时紧缺的推土机。他一直想找当年错判他的崇文区法庭的法官要个说法。可法院总是推诿，他至死未能如愿。

中国的社会是复杂多变的，人也不是像文宣作品、教科书里那样非黑即白，简单地贴了好人、坏人的标签。当权者一定要慎之又慎处理；平民百姓也不要戴着有色眼镜按标签看人，得有自己的判断。因为一旦成了"坏人"，就一辈子难得翻身，还祸及子孙。

（上接第 179 页）

病情较稳定后，领导让我到海边兴城的海军疗养院去疗养。

在离开四川到北京后，我特意来到天安门前——这个代表着国家的地方，全国人民向往的地方。我在宽阔的大道上来来回回地走，仰望湛蓝的天空，凝视庄严的天安门，看着过往的行人，充分享受着来之不易的自由。我两手伸向天空，要拥抱这自由的蓝天，抓住这自由的空气，像个精神病，此时除了解脱的轻松，更多的是心酸。我不停地走着，还是几乎不相信这是真实的。没有失去过自由的人，不会体会自由的可贵，真的，它比生命更可贵！

后来有人问起："你们工作兢兢业业、吃苦受累，试验成功了还被打成反革命、特务挨整，当时或现在后悔过吗？"说老实话，我从来没后悔，而且想都没想过后悔的事，我相信我们这些人都不会后悔，都会觉得这一生很值。虽然有这么一段，当时吃了不少苦，甚至现在想起来还止不住地伤心，但这完全是两码事。这一段与我们为之奋斗的事业，与那战天斗地、惊心动魄的流金岁月，与那紧张的分分秒秒和那成功的喜悦、那为事业做贡献的光荣和自豪相比，连皮毛都算不上！

【读者来信】

本刊编委，独立学者康迺希来信，认为刊中提到的李大同关于平型关歼灭日军人数的说法有诸多疑点。康信如下：

季刊 2024 年第 6 卷第 3 期，刊载的于向真《大闹一场，悄然离去——〈用新闻影响今天〉读后》一文中有如下文字：

李大同查看了一系列文献资料，发现大陆方面对平型关战斗的记录自相矛盾，比如林彪说"大概歼灭日军一个营 600 多人"，而 1942 年彭德怀讲话中说"打死日军 200 多人"；1970 年庐山会议谈到平型关时，林彪说"我军吃了亏，是任弼时决定打的"，任弼时早就过世了，他们嘴里有实话吗？（第 130 页）

读后感觉不甚严谨：

1. 1937 年 9 月 26 日，也就是平型关之战的次日，林彪、聂荣臻致毛泽东、朱德、彭德怀的电报称："昨日与敌第二十一连（联）队战斗一昼夜，将敌歼灭一千余人。"不知林彪说的"大概歼灭日军一个营 600 多人"出自何处？

2. 1937 年 10 月 3 日朱德、彭德怀致蒋介石、程潜、阎锡山的电报称："……职部截至十月一日止，总共缴获汽车八十余辆（均已烧毁）、九二野炮一门、子弹七三七五、小炮弹三千余、获步枪三百余支、机关枪廿余挺、其他军用物品甚多，并毙敌千余人但以检藏不慎被敌枪炮毁步枪百余支、机关枪十余支……"虽然这个"毙敌千余人"还包括其他一些零星战斗的战果，但绝大部分来自平型关之战。彭德怀非平型关参战者，他 1942 年"打死日军 200 多人"的说法出自何处？有何依据？

3. 1970 年的庐山会议是中共史上的第三次庐山会议。林彪谈平型关之战是在第一次庐山会议期间，具体时间是 1959 年 7 月 31 日，见李锐《庐山会议实录》1989 版 223 页。∎

2024-10-24

【美国华忆出版图书总目录】

中华学人文革论文集第一卷（文献与综述）/$46.00/启之主编/学术著作/362P/2019
中华学人文革论文集第二卷（思想与文化）/$46.00/启之主编/学术著作/348P/2019
中华学人文革论文集第三卷（学校与地方）/$46.00/启之主编/学术著作/314P/2019
中华学人文革论文集第四卷（政治与群众）/$46.00/启之主编/学术著作/304P/2019
中国电影：一个制度与观念的历史（上卷）1949-1966/$48.00/启之/学术著作/289P/2019
中国电影：一个制度与观念的历史（下卷）1966-1976/$48.00/启之/学术著作/290P/2019
总统制造：美国大选/$24.00/张程、乔晞华/学术著作/127P/2019
社会问题40问——西方社会学面面观/$24.00/张程、乔晞华/学术著作/125P/2019
我的美国公务员之路/$29.00/张程、乔晞华/回忆录/247P/2019
我和我的学生们：一个教师的工作札记/$30.00/张子扬/回忆录/119P/2019
云南文革史稿（上）/$48.00/周孜仁/学术著作/270P/2019
云南文革史稿（下）/$48.00/周孜仁/学术著作/280P/2020
"梁效"顾问冯友兰/$46.00/郭罗基/学术著作/330P/2020
回顾暴风雨年代——北大文革亲历者文集（第三集）/王复兴/$40.00/回忆录/320P/2020
光荣的背后：我的军旅见闻/$46.00/刘家驹/回忆录/230P/2020
孙谦的如影人生/$40.00/王学礼/传记/280P/2020
北京大学文革资料选编（一）/$46.00/胡宗式、章铎/学术资料集/325P/2020
北京大学文革资料选编（二）/$46.00/胡宗式、章铎/学术资料集/332P/2020
北京大学文革资料选编（三）/$46.00/胡宗式、章铎/学术资料集/330P/2020
文革群众运动的动员、分裂和灭亡：以社会运动学视角/$46.00/乔晞华、Philip Monte、James Wright/学术著作/287P/2020
世界总有两种面孔/$40.00/暖秋、Helen Yao/诗集/150P/2020
被西风吹尽——中国现代化进程与未来/$40.00/楚天江/学术著作/150P/2020
北京盛夏一日 1966年"八五"事件：回忆、反思与争论（1）/$46.00/王本中、启之/学术资料集/355P/2020
北京盛夏一日 1966年"八五"事件：回忆、反思与争论（2）/$46.00/王本中、启之/学术资料集/350P/2020
北京盛夏一日 1966年"八五"事件：回忆、反思与争论（3）/$46.00/王本中、启之/学术资料集/344P/2020

Mobilization, Factionalization and Destruction of Mass Movements in the Cultural Revolution: A Social Movement Perspective (Paperback)/$55.00/Joshua Zhang, Philip Monte, James Wright/学术著作/381P/2020

Mobilization, Factionalization and Destruction of Mass Movements in the Cultural Revolution: A Social

Movement Perspective (Hardcover)/$165.00/Joshua Zhang, Philip Monte, James Wright/学术著作/381P/2020

启蒙美学文化论集/$42.00/毛崇杰/学术著作/310P/2020
《赵氏孤儿》与《中国孤儿》/$42.00/范希衡/学术著作/100P/2021
南京师范学院附中教育改革文献资料（1964-1966）[上]/$42.00/王虹主编/学术资料集/250P/2021
南京师范学院附中教育改革文献资料（1964-1966）[下]/$42.00/王虹主编/学术资料集/245P/2021
聂元梓遗稿——检查、交代、申诉及访谈/$42.00/王复兴主编/学术著作/355P/2021
云烟未散——记忆与思考/$42.00/宋书星/回忆兼学术/310P/2021
追求与命运——造反者自述/$40.00/黄玉梅/回忆录/210P/2021
星火可以不燎原——中国社会问题杂论/$30.00/乔晞华、张程/学术著作/131P/2021
阴阳五行与日本古代文化/$42.00/管宁/学术著作/120P/2021
仰望与追寻：一位中国老人穷其一生的思考/$42.00/方延曦/学术著作/293P/2021
古稀回望人生路（上）/$40.00/方延曦/回忆录/234P/2021
古稀回望人生路（下）/$40.00/方延曦/回忆录/247P/2021
当代中国人物：聂元梓/$45.00/方惜辰/学术著作/300P/2021
前半生年华 1950-1986（上）/$30.00/戴相陵/自传/234P/2021
前半生年华 1950-1986（下）/$30.00/戴相陵/自传/258P/2021
挣扎与奋斗：一个地主崽的一生（上）/$36.00/韦文德/回忆录/290P/2021
挣扎与奋斗：一个地主崽的一生（下）/$36.00/韦文德/回忆录 310P/2021
不周山下/$36.00/文青/自传体小说/350P/2021
紫苑/$24.00/赵品华/自传体小说/120P/2021
红色教育：高等教育/$42.00/方惜辰/学术著作/266P/2021
红色教育：中小学/$42.00/方惜辰/学术著作/283P/2021
吴忠将军口述——几件大事亲历记/$30.00/陈楚三、李大震/回忆录/100P/2021
梅花劫/$30.00/赵品华/小说/188P/2021
梦断繁花似锦时/$30.00/赵品华/小说/181P/2021
上山下乡与大返城：以社会运动学视角/$46.00/乔晞华/学术著作/158P/2021
青春无歌/$30.00/沈言真/自传体小说/215P/2021
下岗/$30.00/赵品华/小说/100P/2021
不堪回首——中国人民大学校史管窥（1966-1970）/$48.00/田子、啼晓主编/学术著作/389P/2022
多边恋——我的亲历、学习和成长/$24.00/梦桥/回忆录/144P/2022
历劫志不摧——翻译家范希衡的风雨人生/$30.00/淼焱/回忆录/212P/2022
那些年·那些人·那些事/$24.00/张晓京/回忆录/130P/2022
清华大学文革：蒯氏黑牢/$40.00/胡鹏池、陈楚三、周宏余编/回忆录/315P/2022
寒空中的小星星/$46.00/于向真/散文集/340P/2022
黑与红——断层年代的白描叙事/$30.00/甄皓/回忆录/173P/2022
镇反沉冤——我的劳改三十年/$24.00/王丕忠/回忆录/110P/2022

Thirty Years in Forced Labor Camps: Memoire of a Survivor/$46.00/Wang Pizhong, translated by Emma White/回忆录/250P/2022

北京大学文革研究文选/$55.00/胡宗式、章铎/学术著作/406P/2022

北京大学文革资料续编/$55.00 胡宗式、章铎/学术资料集/421P/2022

中国电影与时装、时尚——兼论电影产业语境中的时尚造型师/$30.00/张程、乔晞华/学术著作/137P/2022

清华文革亲历记/$48.00/罗征启/回忆录/250P/2022

北京大学文革史榷（上）/附北京大学文革大事记/$55.00/胡宗式、章铎/学术著作/347P/2022

北京大学文革史榷（下）/附北京大学文革大事记/$55.00/胡宗式、章铎/学术著作/380P/2022

画说我的一生（上）/$48.00/刘海鸥/回忆录/135P/2023

画说我的一生（下）/$48.00/刘海鸥/回忆录/132P/2023

风起莲月/$48.00/冯敬兰/回忆录/224P/2023

两京记（上）/$30.00/毛崇杰/小说/156P/2023

教育叙事（1949-1966）：北京师范大学附属女子中学/$48.00/王本中/学术资料集/339P/2023

Red Spy/$20.00/Anhua Gao/小说/84P/2023

顾准和他的时代（上）/$45.00/王晓林/学术资料集/306P/2023

顾准和他的时代（下）/$45.00/王晓林/学术资料集/300P/2023

The Funeral Singer/$20.00/Anhua Gao/小说/47P/2023

南师附中文革反思录（上）/$45.00/傅中人/学术资料集/366P/2023

南师附中文革反思录（下）/$45.00 傅中人/学术资料集/361P/2023

社会解放的哲学与宪政社会主义/$55.00/闻天道/学术著作/180P/2023

洗脑：毛泽东和后毛时代的中国与世界/$55.00/宋永毅、夏明/学术著作/334P/2023

鸿鹄少年蒙难记：1972年上海中学生反革命集团案始末/$25.00/陈江岚/回忆录/227P/2023

终迷失道：汪光荣小说集/$30.00/汪兆荣/小说/341P/2023

The Down to the Countryside Campaign and Return to the City Movement (papercover) /$50.00/Joshua Zhang, Philip Monte/学术著作/84P/2023

The Down to the Countryside Campaign and Return to the City Movement (hardcover) /$150.00/Joshua Zhang, Philip Monte/学术著作/84P/2023

钟声在这一天敲响：记1968年清华大学7.27事件/$45.00/刘朝驹执笔/回忆录/142P/2023

案镌耻碑：中国先予执行强拆透析录/$40.00/芮少麟/回忆录/152P/2023

一粒星法/$25.00/赵品华/小说/100P/2023

中国文化大革命史稿（1）：走向文革之路/$50.00/孙其明/学术著作/376P/2023

中国文化大革命史稿（2）：走向文革之路/$50.00/孙其明/学术著作/383P/2023

中国文化大革命史稿（3）：走向文革之路/$50.00/孙其明/学术著作/371P/2023

中国文化大革命史稿（4）：走向文革之路/$50.00/孙其明/学术著作/357P/2023

中国文化大革命史稿（5）：走向文革之路/$50.00/孙其明/学术著作/363P/2023

中国文化大革命史稿（6）：自我毁灭的革命/$50.00/孙其明/学术著作/404P/2023

中国文化大革命史稿（7）：自我毁灭的革命/$50.00/孙其明/学术著作/403P/2023
中国文化大革命史稿（8）：自我毁灭的革命/$50.00/孙其明/学术著作/404P/2023
中国文化大革命史稿（9）：自我毁灭的革命/$50.00/孙其明/学术著作/392P/2023
中国文化大革命史稿（10）：自我毁灭的革命/$50.00/孙其明/学术著作/413P/2023
良知的拷问：一个清华文革头头的心路历程/$45.00/孙怒涛/回忆录/435P/2023
南师附中文革备忘录/$45.00/王虹主编/回忆录/201P/2023
酸刺林：农民与政府与毛泽东的关系（不敢靠前）一卷/$45.00/周浙平/口述史/200P/2023
酸刺林：农民与政府与毛泽东的关系（把口袋扔给你）二卷/$45.00/周浙平/口述史/310P/2023
酸刺林：农民与政府与毛泽东的关系（用狗肉汤浇地）三卷/$45.00/周浙平/口述史/380P/2023
酸刺林：农民与政府与毛泽东的关系（偷活）四卷上/$45.00/周浙平/口述史/195P/2023
酸刺林：农民与政府与毛泽东的关系（偷活）四卷下/$45.00/周浙平/口述史/227P/2023
酸刺林：农民与政府与毛泽东的关系（棒棒队打人哩）五卷/45.00/周浙平/口述史/237P/2023
酸刺林：农民与政府与毛泽东的关系（一出勤两送饭）六卷/$45.00/周浙平/口述史/374P/2023
酸刺林：农民与政府与毛泽东的关系（天意）七卷上/$45.00/周浙平/口述史/203P/2023
酸刺林：农民与政府与毛泽东的关系（天意）七卷下/$45.00/周浙平/口述史/278P/2023
花谢花开（1）：求索/$35.00/蓝宇曦/小说/360P/2024
花谢花开（2）：磨难/$35.00/蓝宇曦/小说/355P/2024
花谢花开（3）：回归/$35.00/蓝宇曦/小说/379P/2024
两京记（下）/$35.00/毛崇杰/小说/234P/2024
凝固的生命——清华文革死难者实录/$55.00/孙怒涛/学术资料集/618P/2024
哦松书屋诗文集/$55.00/汪洪生/诗词/684P/2024
我的工农兵学员档案/$45.00/李红云/学术著作/528P/2024

《记忆》（季刊）投稿须知

本刊要求首发。为使论文符合人文社会科学界通行的方法，对论文撰写特做以下规定：

1. 总体要求

资料可靠，论据充分，文字精练，文责自负。论文要求 WORD 文档格式，简体中文。

2. 字

2.1. 字体：正文、脚注采用宋体。

2.2. 字号：论文题目 14 号（四号），论文副标题和署名 12 号（小四号），正文 10.5 号（五号），脚注、注释、参考文献 9 号（小五号）。

2.3. 加粗：论文题目、论文副标题、署名、文中标题（包括"注释""参考文献""摘要""关键词"四个标题）。

2.4. 位置：论文题目、论文副标题、作者名字中间对齐，标题左对齐，正文每段开头空两个字符。

3. 段

3.1. 正文行距 1.2，脚注、表格、附录行距 1.0。

3.2. 空行：论文名、作者名、标题隔空一行。

4. 论文组成

4.1. 论文格式包括：题目、作者姓名、内容提要、关键词、正文、注释、参考文献。

4.2. 内容提要与关键词。论文超过 4,000 字，必须有提要和关键词。其中，提要不超过 200 字，关键词三至五个，各词用顿号隔开。

4.3. 脚注。单个脚注不得超过 100 字（含标点符号）。超过者在脚注中标明注释号，然后放入文末编号的注释。

4.4. 参考文献。详细的文献信息只能在文末的参考文献表内出现。

5. 标题

5.1. 论文需要分段，并注有标题，允许三层标题，用阿拉伯数字排序，数字后加"."。

5.2. 第一层，如："1."，"2."，"3."。

5.3. 第二层显示第一层的顺序，如："1.1."，"2.3."，"4.2."。

5.4. 第三层显示第一、二层的顺序，如："1.1.3."，"2.3.5."。

6. 数字

6.1. 时间用阿拉伯数字。如：2021 年 12 月 20 日上午 9 时 30 分。

6.2. 测量、计数量用阿拉伯数字，超过三位用分节号。如：5.4 千米，6,124 人。

6.3. 大约数量，有具体数字的用阿拉伯数。如：约 150 人，30,000 多人。无具体数字的用中文。如：数十辆车，几百万人。

6.4. 成语和俗语用中文。如：一针见血，不管三七二十一。

6.5. 事件用中文。如：四.五事件，六.四事件（月与日用点"."隔开）。

6.6. 通知、通告用中文。如：五.一六通知，八.七通告（月与日用点"."隔开）。

6.7. 组织用中文。如：清华四.一四，贵州四.二二。

6.8. 军队编制。"军"用中文，"师"及以下用阿拉伯数字。如：陆军第三十八军180师36团5营4连1排3班。

6.8. 其他：十以内用中文，十以上用阿拉伯数字。如：比赛有五个项目，12名选手，十个单位。

7. 引语

7.1. 直接引语：较短的引语用双引号，放在句中。

7.2. 三行以上的引语，以单独段落呈现并使用楷体。

8. 内文中的引证

8.1. 只列出作者名、出版年、页数（出版年与页数之间用冒号隔开，用"-"表示"至"）。如：（方惜辰，2005:20），（林洛、乔晞华，2015:9），超过三人用"等"，（森智海等，2019:123-124）。

8.2. 只列出版年。如：方惜辰（2005）谈到……。

8.3. 多篇文献用分号隔开，按年顺序。如：（方惜辰，2005；乔晞华，2019）。

8.5. 引用网文须注明文章名、网址及最近登录时间。如：蒯大富。2017。"人生权术三十六则"。https://wenku.baidu.com/view/ca69dac6a1c7aa00b5acb25.html。最近登录时间：2017年3月15日。

9. 文末参考文献

9.1. 参考文献按第一作者姓的拼音排序。

9.2. 著作书写顺序：作者。出版年。书名。出版社驻地：出版社。如：

（1）刘家驹。2020。《光荣的背后》。美国：华忆出版社。

（2）乔晞华、Philip Monte 和 James Wright。2021。《文革群众运动的动员、分裂和灭亡：以社会运动学视角》。美国：华忆出版社。

9.3. 期刊书写顺序：作者。出版年。论文名（用双引号）。期刊名（用书名号），期刊卷数、期数与页数。（1）如：方惜辰。2021。"工农化与化工农"。《记忆》，第3卷第2期，第1-18页。

9.4. 编著书写顺序：作者。出版年。论文名（用双引号）。页数。编著名（用书名号）。编者。出版社驻地：出版社。如：（1）徐友渔。2019。"文革中的造反派是什么人？"第309-321页。《中华学人文革论文集：政治与群众》。启之主编。美国：华忆出版社。（2）文军。2020。"卞仲耘与宋彬彬"。第27-29页。《北京盛夏一日》（之二）。王本中、启之主编。美国：华忆出版社。

10. 外文的使用

10.1. 如果参考文献是中译本，必须用中文。

10.2. 如果参考文献是外文，必须用外文。

10.3. 正文中尽量避免外文的出现，除非必要。如作者坚持，英文可以放在脚注或文末。

www.ingramcontent.com/pod-product-compliance
Lightning Source LLC
LaVergne TN
LVHW081456060526
838201LV00057BA/3055